# Sobre las culturas y civilizaciones latinoamericanas

**Floyd Merrell**

University Press of America,® Inc.
Lanham • New York • Oxford

#42454417

Copyright © 2000 by
University Press of America,® Inc.
4720 Boston Way
Lanham, Maryland 20706

12 Hid's Copse Rd.
Cumnor Hill, Oxford OX2 9JJ

**Library of Congress Cataloging-in-Publication Data**

Merrell, Floyd.
Sobre las culturas y civilizaciones latinoamericanas/
Floyd Merrell.
p.    cm.
Includes bibliographical references and index.
1.    Latin America—Civilization.  I. Title.
F1408.3.M467  1999    980—dc21    99-049112 CIP

ISBN 0-7618-1541-4 (pbk: alk. ppr.)

™ The paper used in this publication meets the minimum
requirements of American National Standard for Information
Sciences—Permanence of Paper for Printed Library Materials,
ANSI Z39.48—1984

# ÍNDICE DE MATERIAS

# CAPÍTULO ONCE

## UNA UTOPÍA PROBLEMÁTICA 145

# CAPÍTULO DOCE

## TRADICIONES Y TRANSFORMACIONES 155

# CAPÍTULO TRECE

## EL UTOPISMO REVISITADO 171

# CAPÍTULO CATORCE

## ¿CIVILIZACIÓN O BARBARIE?:

# PREFACE

The volume you have in your hands offers the story of a meeting of many worlds, and of their mergence into a complex, pluralistic whole. It is a story of how Columbus's voyages ultimately gave rise to utopian dreams the ramifications of which led to a brilliant display of hybrid cultures, changed the ethnic composition of two continents, accelerated lines of commerce that helped set the stage for the coming industrial revolution, and refashioned the Western World's diet.

The story begins with an overview of Latin America's topographical features and a discussion of her ethnic composition. It then takes you through the "discovery," conquest, and colonization of the New World, and on to Independence and the national period, from the 19th century to the present. Rather than pack your mind with a labyrinth of "facts," however, the goal is to set a certain *tone* with the idea of creating a general *mood*. This *mood* should allow you more effectively to *sense* Latin America's languages, cultures, and civilizations. During the process you will be able to gain *insight* into the hopes and fears, the joys and sorrows, the periods of euphoria and depression, of a talented, industrious, and energetic but problem-ridden and long-suffering people. In order that you may gain this *insight*, I have selected and foregrounded what I consider to be the most significant of Latin America's events, places, dates, and names; others, though certainly not unimportant, must unfortunately remain in the background due to the limitations of this text. In addition, acquisition of this *insight* is most effective by means of a *conceptual approach* to Latin America, that is accessible solely by way of your collaborating with my story in the creation of a *mood* regarding the continent's *Cultures* and *Civilizations*. *Insight, concepts, mood*: when you have finished the adventure this book offers, I would hope you might have a certain *feel* for Latin America.

Of course, the broad range of Latin America's *historical experiences* cannot simply be ignored. History exerts an undeniable influence on the area's peoples, geographical conditions, institutions, and everyday practices. But a historical perspective of the continent should not be lost in a maze of *concepts*. If there were no focus on the changing tides of time, there could be no creation of a general *mood* regarding Latin American *Cultures* and *Civilizations*, and any *concepts* that might be presented would surely remain empty of significance. On the other hand, without the generalities afforded by a *conceptual approach* regarding what Latin America is all about, the chronological sequence of history would hardly be more than a formless rush of events, places, dates, and names from a mysterious, irretrievable past into an unknown future. Thus, a careful balance between an all-encompassing view and focus on historical particularities is essential. It should provide a key with which hopefully to unlock the door to Latin America's heart and soul, a key that cannot be forthcoming either by way of a mere scattering of events, places, dates, and names or by way of empty generalizations about Latin Americas rich traditions.

A historical and conceptual grasp of *Latin American Cultures* and *Civilizations* in a solitary textbook might appear to be an ominous task indeed. Nevertheless, since this book is so designed as ultimately to evoke *insights* regarding the subject matter without the use of myriad details the vast majority of which would soon be relegated to the dusty closets of forgetfulness, I believe it will be quite effectively equipped to pique curiosity and create new attitudes.

Your own reading of the pages that follow will tell the tale.

\*\*\*\*\*\*\*\*\*\*\*\*\*\*\*\*\*\*\*\*\*\*\*\*\*\*\*\*\*\*\*\*\*\*\*\*\*\*\*\*\*\*\*\*\*\*\*\*\*\*\*\*\*\*\*\*\*\*

But before you begin, a few words should be forthcoming in regards to this book's organization. A *Vocabulary* list and a *Glossary* of terms are both included at the end of this volume under the heading "Glosario-Vocabulario." A large part of the italicized words in the text consist of key terms most of which are found in the *Vocabulary* list, and many of which are given more extensive definitions in the *Glossary*. Some of these terms and concepts will re-emerge as the chapters unfold in order that they may be given further emphasis within new contexts. Many of the idiomatic expressions and certain technical phrases are defined or otherwise explained in footnotes. Discussion of the more important concepts is provided in boxes along the margins of the text. They should be read in conjunction with the flow of the narrative for the most effective comprehension.

At the beginning of each chapter you will find (1) a list of *general concepts* that you should bear in mind as you proceed through the reading material, and (2) a list of important *terms* attention to which will aid you in answering the *Questions* at the end of the chapter. Following the list of *Questions*, you will find (1) a brief list of suggested *Topics* for further discussion and/or writing exercises, and (2) a controversial issue for the purpose of a brief classroom *Debate*. Focus on these issues will give you an opportunity to think through some of the more complex problems regarding Latin America and verbalize your ideas in the company of other students. The *Topics* and *Debates* will at times tax your mind. They often ask you to make comparisons and contrasts between certain aspects of Latin American cultures and between those and the predominant culture in the United States. These comparisons and contrasts will involve your active engagement in the subject matter at hand. They will require thoughtful interpretation and penetrating reflection; in fact, occasionally some of your own values may even be up for questioning. In this light, before engaging in a dialogue regarding some or all of these issues, it is advisable that you review the previous chapter or chapters carefully, and if time allows, you might find it helpful to consult some outside sources, an ample list of which is included at the conclusion of the last chapter.

So, enjoy.

# ACKNOWLEDGMENTS

I wish to express my appreciation to Purdue University for granting me the opportunity to teach a class on Latin American Cultures and Civilizations over the past two decades, during the latter years of which I have presented my students with various versions of the present text. I must, consequently, also acknowledge these students' input in the form of their encouragement and their bringing to my attention many of the shortcomings of my pedagogical efforts. While teaching my class with this volume in photocopy versions, from the students I have been met with a variety of smiles and nods, but occasionally with some puzzled glances and even a few grimaces and groans. What alternative did I have but to pick myself up once again and make what at the time seemed to be necessary alterations, deletions, and additions? Through it all, I would like to hope that my efforts brought about improvements rather than additional muddles.

My thanks also goes to the staff of the University Press of America, whose patience at times went beyond the call of duty. I wish to express my appreciation to Penguin and Alfred A. Knopf for permission to reprint the maps that follow this volume's text. But most importantly, this volume could never have been put in its present incarnation without the editorial assistance of my wife, Araceli, whose persistence, and knack for catching me during my moments of carelessness, can only be met with admiration. Thank you.

# CAPÍTULO UNO

# ¿PUEDE HABER GENERALIDADES SOBRE LATINOAMÉRICA?

**Para facilitar la lectura de este capítulo, fijarse en:**
- El *problema* en *darles* a todos los países al sur de los Estados Unidos *un sólo nombre*.
- La *dificultad* de *formar generalidades* sobre Latinoamérica.
- La *diversidad* de la *geografía* del continente, que *dificulta* su *desarrollo económico* y la *distribución* de sus *riquezas*.
- La *variedad étnica, que dificulta* la integración social.
- Las *contradicciones* que prevalecen acerca de *Latinoamérica* y los *latinoamericanos*.
- La *necesidad*, ahora más que nunca, *de comprender* a los *latinoamericanos*.

**Términos importantes:**
- *Coca, Concordato, Localismo, Mestizo(a), Monocultura, Mulato(a), Oligarquía, Socio-Político-Económico.*

## Un problema de nomenclatura

La gente al sur de los Estados Unidos (EE.UU.) se ofende de que nosotros, los norteamericanos, nos llamemos "americanos." Y con razón. Ellos también son "americanos." El nombre *"América"* viene del italiano Amérigo Vespucci (1451-1519)—piloto de cinco expediciones al Nuevo Mundo entre 1497 y 1502—quien describió sus viajes a América a sus amigos en Europa. Las descripciones, después de publicadas, fascinaron tanto a un cartógrafo alemán que bautizó al Nuevo Mundo con el nombre de "América" en honor a su autor. Poco a poco, "América" como nombre del continente alcanzó cierta popularidad en muchas naciones europeas, aunque España siguió usando el nombre de las "Indias" para referirse a sus colonias.

Hoy en día, los latinoamericanos prefieren hablar de EE.UU. como "Norteamérica" y de nosotros como "norteamericanos." ¿Entonces ellos? ¿Quiénes son? No pueden ser sencillamente "sudamericanos," porque la parte de México al norte del Trópico de Cáncer queda en Norteamérica, y la parte del sur de México, en conjunto con Guatemala, El Salvador, Honduras, Nicaragua, Costa Rica, y Panamá, constituye América Central (véase los Mapas 1-4). El escritor Peruano Víctor Raúl Haya de la Torre (1895-1979) propuso la denominación "Indoamérica," y el Argentino Ricardo Rojas (1882-1957), "Eurindia," para toda la región. Estos nombres sean quizás razonables para los países que tienen marcada influencia indígena, como Bolivia, Ecuador, Guatemala, México, Paraguay, y Perú. Pero "Indoamérica" y "Eurindia" no son nombres válidos si tomamos en consideración a Argentina y Uruguay, la gran mayoría de cuya población es europea. Existen zonas de notable influencia "afroamericana," sobre todo en el Caribe, las Guianas, las costas de Centroamérica, Colombia y Venezuela, y en el noreste de Brasil. Esta influencia afroamericana se debe a la concentración de esclavos africanos en estas zonas desde el período colonial hasta el siglo XIX. Entonces el nombre "Afroamérica" sería igualmente regional en vez de general. Con mucha frecuencia, se oye el término "Hispanoamérica." El problema es que este nombre excluye a "Lusoamérica" (Brasil), "Francoamérica" (Guadeloupe, Haití, Martinique, Surinam, y otras islas), y "Angloamérica" (las Bahamas, los Barbados, Belice, Jamaica, y otras islas)—sin mencionar la presencia de Holanda en el Caribe. Igualmente el término "Iberoamérica" excluye a Francia, Inglaterra y Holanda. Lo más factible, parece, es que nos quedemos con la denominación "Latinoamérica," ya que casi todo el territorio durante el colonialismo pertenecía a tres países con lenguas de origen principalmente latina: España, Francia, y Portugal.

Vemos una vez más que la diversidad de la región resiste clasificación. De todas maneras, vamos a usar el término "Latino-américa," aunque no sea tan preciso como quisiéramos.

## Un panorama de lo más "general"

Latinoamérica tiene un poco más de 7.9 millones de millas cuadradas, casi igual a Europa y EE.UU. combinados. La distancia, desde la frontera de México y EE.UU. hasta la Tierra de Fuego al sur de Argentina, es de más de 7.000 millas, aproximadamente la distancia de Londres a Cape Town, África (en cuanto al área, la población, y la economía de los países latinoamericanos, véase las Tablas 1-3).

La mayor parte de Latinoamérica se encuentra en el trópico. Sin embargo, en las zonas montañosas, la altura sirve para cancelar los efectos de la latitud. Como gran parte de Colombia, Ecuador, Perú, y

Bolivia está incluida en la cordillera andina, una parte de esta área es de clima templado en vez de tropical. Por ejemplo, Quito, la capital de Ecuador, tiene una altura de más de 9.000 pies sobre el nivel del mar, y un promedio de temperatura de solamente 55°F durante el mes más caliente. Además, la distribución de lluvias en el continente es irregular. La costa del Océano Atlántico por regla general es más húmeda que la del Océano Pacífico. En las grandes cuencas de los ríos Amazonas, Magdalena, Orinoco, y Paraná, hay lluvias torrenciales durante las temporadas menos cálidas, que dan origen a grandes extensiones de selva casi impenetrables. En los desiertos del norte de México, del noreste de Brasil, y de la Patagonia en el sur de Argentina, las lluvias son esporádicas. Y en las costas de Perú y el norte de Chile, llueve muy poco o casi nada. En resumen, aproximadamente la cuarta parte de Latinoamérica está cubierta de montañas, la misma cantidad de selvas, y el resto consiste de llanuras, desiertos y áreas semi-áridas.

A pesar de que Latinoamérica tiene cuatro de los cinco sistemas fluviales[1] más grandes del mundo—el Amazonas, el Magdalena, el Orinoco, y el de La Plata—la topografía irregular del continente presenta obstáculos para el transporte y el comercio, porque segmentos de esos grandes ríos son innavegables. Además, hay grandes cordilleras que son casi impasables. Las principales son (1) la Sierra Madre Occidental y Oriental de México y las montañas de Centroamérica, que de repente suben de las llanuras costeras y se abren a mesetas de entre 3.000 y 7.500 pies de altura, y (2) los Andes de América del Sur, cordillera superada sólo por la Himalaya de Asia. Debido a estas regiones montañosas, hay obstáculos para el transporte y la comunicación, obstáculos que han dado lugar al fenómeno llamado *localismo*. El *localismo* es una característica de pueblos separados de otros pueblos por valles y montañas escabrosas, aunque esos pueblos estén relativamente cerca. De este modo, los pueblos aislados mantienen una autonomía que evita su interacción en la corriente de la vida nacional del país (acuérdese del término *localismo*, porque con frecuencia va a entrar en la discusión de los países latinoamericanos contemporáneos).

Aparte de los obstáculos de comunicación y de transporte, existe también el problema de terremotos, que a través de la historia han causado mucha destrucción y un número bastante elevado de muertes. De hecho, casi todas las grandes ciudades establecidas en o cerca de las regiones montañosas—Cuzco de Perú, la ciudad de Guatemala,

---

[1] Sistema fluvial = watershed (of river system).

Mendoza de Argentina, la ciudad de México, Quito de Ecuador, Santiago de Chile—han sido destruidas repetidas veces. Los volcanes igualmente han sido devastadores, sobre todo en Costa Rica, Chile, Ecuador, Guatemala, y México. También hay otras zonas donde la vida es insegura. Los huracanes en el Caribe han destruido ciudades y campos enteros. Y las inundaciones periódicas a lo largo de los cauces[2] de los grandes ríos han sido instrumentos de múltiples daños y muertes.

En Latinoamérica existe además el problema de la producción de suficientes comestibles. Con la excepción de la *Pampa* argentina, el sur de Brasil, los valles centrales de Chile, y otras zonas menores, relativamente poca tierra de Latinoamérica se presta a la agricultura sin mucha dificultad. Hay problemas con la inaccesibilidad de agua para la irrigación (el noreste de Brasil, México, Paraguay), y de zonas demasiado frías para la agricultura (Patagonia de Argentina, el sur de Chile, las alturas de la cordillera andina). Aunque en las últimas décadas han abierto grandes extensiones de selvas en Brasil, Colombia, Venezuela, y Centroamérica a la producción agrícola, el problema es que dentro de varios años esas tierras resultan infértiles, sin la vegetación acostumbrada, y no tienen defensa en contra de la erosión.

Por otra parte, las zonas montañosas ofrecen una abundancia de riquezas minerales. Los yacimientos de hierro en Brasil y Venezuela se encuentran entre los más ricos del mundo. Además, Latinoamérica produce una abundancia de minerales que se combinan con el hierro para la fabricación de acero. Hay manganeso en Brasil, Cuba, México, y el norte de Chile, cromo en Cuba y Guatemala, níquel en Brasil y Cuba, tungsteno en Argentina, Bolivia, Brasil y Perú, y vanadio[3] en Perú. Pero desafortunadamente el carbón, ingrediente básico para el desarrollo de la industria siderúrgica,[4] se encuentra sólo en cantidades menores, y muchas veces es casi inaccesible o queda lejos de los depósitos de hierro. En cuanto a otros metales, hay plomo y cinc en Bolivia, Guatemala, México, y Perú, estaño en Argentina, Bolivia, Brasil, y México, plata en México (es productor número uno en el mundo), Bolivia, Perú, y Centroamérica, oro en Brasil, Colombia, México, y Perú, y platino en Colombia. Chile ha sido el productor número dos del mundo en cobre, y hay cantidades notables del metal en México y Perú. México sobresale en la producción de azufre. Y hay petróleo en todos los países menos

---

[2] Cauce = riverbed, channel.
[3] Vanadio = vanadium.
[4] Industria siderúrgica = steel industry.

Paraguay y Uruguay. México y Venezuela son los grandes exportadores del "oro negro," y Argentina, Bolivia, Brasil, Colombia, Ecuador, y Perú tienen suficiente para el uso de las crecientes necesidades internas. La producción de gas tiene importancia solamente en Argentina, México, y Venezuela.

En comparación con Asia, África, y Europa, hay un nivel relativamente alto de homogeneidad lingüística en Latinoamérica, debido a la imposición del Español y Portugués a las poblaciones indígenas durante la época colonial. El Español es el idioma oficial en dieciocho países dentro de los cuales la mayor parte de la población lo habla. Pero todavía se usan dialectos indígenas con bastante frecuencia en Bolivia, Ecuador, Guatemala, Paraguay, Perú, y el sur de México. Hay alrededor de 130 grupos lingüísticos indígenas en Latinoamérica, de los cuales los más importantes son el Náhuatl y el Quiché-Maya (México y Guatemala), Quechua y Aymara (Ecuador, Perú, y Bolivia), y Guaraní (Paraguay). Se calcula que en la actualidad hay aproximadamente 28 millones de amerindios en Latinoamérica. Hay que decir "se calcula" y "aproximadamente," porque es difícil establecer una línea divisoria entre "amerindio" y "mestizo,"[5] ya que ha habido una fusión étnica en la mayor parte de las regiones. Lo seguro es que el número de amerindios de ninguna manera se está disminuyendo. De hecho, pudo haberse doblado durante las dos últimas décadas.

Hay regiones en donde hasta el siglo pasado los esclavos de África formaban la base principal del trabajo, y hoy en día la presencia afroamericana es muy visible. Estas regiones incluyen el Caribe y las costas de Centroamérica, las costas de Colombia y Venezuela del Atlántico y de Ecuador en el Pacífico, y sobre todo, Brasil, 6% de cuya población es negra y 38% *parda* (es decir, *mulata*),[6] con la mayor concentración en las costas del noreste. En muchas partes de Latinoamérica donde la influencia afroamericana es más notable, hay un alto índice de pobreza. Eso se debe en parte a la "discriminación"[7]

---

[5] *Mestizo(a)* = A mixture of two ethnic groups, most commonly Spanish and Amerindian.

[6] *Mulato(a)* o *Pardo(a)* (Port.) = mulatto, mixture of European and African ethnic groups.

[7] Observaremos más adelante que la "discriminación" en Latinoamérica es más bien de índole "social" que "prejuicio racial," aunque de todos modos es difícil definir el término "prejuicio-más-bien-social-que-racial" para un público de la

desde los tiempos de la esclavitud, que ha moldeado los valores culturales hasta la actualidad.  La pobreza y la discriminación se encuentran sobre todo en las costas de Colombia y Ecuador, y en ciertas partes de Brasil—sobre todo en las *favelas*,[8] donde hay más concentración de gente de etnicidad afroamericana.

Para los afroamericanos tanto como los amerindios pobres de las zonas rurales, la migración a las ciudades les ha ofrecido una promesa.  Pero muchas veces esta promesa ha desaparecido.  En primer lugar, en las zonas urbanas, el índice de desempleo generalmente es alto, y en segundo lugar, muchos de los trabajos requieren capacidad técnica que no tienen los campesinos de las zonas rurales.  Incluso hay evidencia en Brasil y Colombia de que los afroamericanos recién llegados a las ciudades viven en condiciones más paupérrimas que los no-afroamericanos.  Pues, los pocos trabajos que se les ofrece son de sirvientas, jardineros, trabajadores sin oficio, y vendedores en la calle. Sin embargo, cada vez más afroamericanos en Colombia tanto como en Brasil han podido recibir una educación formal y se han integrado a la clase profesionista, sobre todo cuando han migrado a las ciudades que tienen una proporción alta de europeos, como São Paulo de Brasil o Medellín de Colombia.

En fin, esta composición étnica de Latinoamérica le da un aspecto único en el mundo.  Si la región pudiera resolver sus problemas que se deben principalmente a las tensiones entre clases sociales, entonces serviría como un gran patrón para otras partes del mundo (Europa, Rusia, el Medioeste, EE.UU.) donde ahora existen graves problemas de etnicidad, unos nuevos y otros antiguos.

## Una variedad perpleja

En vista de nuestras observaciones hasta ahora, debemos estar concientes de que en realidad, "Latinoamérica," en el sentido puro del término, no existe.  Lo que existe son veinte repúblicas principales, y otras entidades políticas que incluyen las Bahamas, los Barbados, Belice, Guadeloupe, las Guianas, Jamaica, Martinique, Puerto Rico, Surinam, Tobago, Trinidad, y algunas islas más.  Latinoamérica no es, desde luego, una región fácil de comprender.

---

cultura Anglo-Sajona en vista de nuestra larga tradición de "prejuicio-más-bien-racial-que-social."

[8] *Favela* (Port.) = ghetto; lower socio-economic area of a city.

Cada país tiene su propia individualidad, y algunos países se distinguen radicalmente de otros. Por ejemplo, menos de cien millas separan a Uruguay de Paraguay. Sin embargo, el contraste entre los dos países es enorme. Durante las primeras décadas del presente siglo Uruguay fue uno de los países más avanzados del mundo respecto a sus programas *socio-político-económicos*, gracias a los esfuerzos del gran estadista, José Batlle y Ordóñez (1856-1929). Paraguay, en cambio, se quedó en el siglo XIX. Hace cincuenta años, Uruguay fue considerado la "Suiza de las Américas" por su alto nivel de conciencia social, su sistema democrático, y su impresionante desarrollo económico. Paraguay, en la misma época, tuvo una población en su mayor parte analfabeta. Además, Paraguay desafortunadamente ha sufrido de una larga serie de dictaduras. La época más desastrosa de su historia fue de 1864 a 1870 cuando el tirano, Francisco Solano López, obligó a los paraguayos a luchar al mismo tiempo en contra de Argentina, Uruguay y Brasil. Esa "Guerra de la Triple Alianza" acabó con una gran parte de la población masculina del país, lo que agotó sus recursos humanos.

Otro ejemplo. Al norte de Sudamérica están Colombia, Ecuador y Venezuela. Aunque la geografía los ligue—los tres países tienen zonas costeñas y tropicales con una cordillera de por medio—difieren radicalmente en cuanto a su historia. Se ha dicho que Venezuela es producto de un cuartel militar, Colombia de una universidad, y Ecuador de un monasterio. La clasificación, por supuesto, es exagerada. Sin embargo, lo cierto es que Venezuela ha sufrido de una larga tradición de dictaduras brutales. Colombia ha sido tradicionalmente dividida

> El término, *"socio-político-económico"* se usará con frecuencia, en primer lugar porque el conjunto de los aspectos sociales, políticos, y económicos facilitan una articulación de las condiciones generales de *Latinoamérica*, y en segundo lugar porque una consideración de lo *social*, *político*, y *económico*, en conjunto con las artes y la vida cotidiana, revelan en el sentido más amplio lo que son las *Culturas* y *Civilizaciones* del continente.

entre dos facciones, liberales y conservadores, que han entrado en debates tan enardecidos que muchas veces terminaron en guerras civiles; sin embargo, los colombianos siempre han dado prioridad a la educación. Y Ecuador, con un gran número de gente indígena, ha existido bajo mucha influencia eclesiástica—hasta el punto que en 1863 hubo un *Concordato*[9] entre el Vaticano y el presidente-dictador Gabriel García Moreno.

Disparidades económicas también crean distinciones agudas entre varias naciones de la región. Venezuela ha gozado de una riqueza petrolera que hasta las últimas dos décadas le ha dado a la clase media y la aristocrática los recursos para mantener un nivel de vida relativamente alto. Ecuador, en cambio, es un país pobre en recursos naturales—aunque últimamente ha podido exportar un poco de petróleo. Mientras que la gran mayoría de la población de Bolivia es indígena, con el índice de pobreza más alto de América del Sur, su país vecino, Chile, tiene una población más bien europea que indígena, con un nivel de vida relativamente alto. Y al otro lado de los Andes, Argentina a principio del presente siglo gozaba de una economía que competía con la de EE.UU.—aunque desde los años 1930 se ha quedado atrás. Existe otro problema que ha contribuido a la disparidad económica dentro de algunas sociedades: *la plaga de la cocaína*. En Bolivia, Colombia y Ecuador, esta droga es extraída de las hojas de *coca* que cultivan comunidades enteras de indígenas en las cordilleras. Los campesinos venden la *coca* a precios muy bajos, pero cuando el producto, la cocaína, aparece en las calles de las ciudades de EE.UU., vale oro.[10] Entonces la "industria" de la cocaína mantiene pobres a los pobres y enriquece a un grupo pequeño de personas que viven fuera de la ley.

Así es que, con algunos ejemplos vemos que existen muchas diferencias entre los países latinoamericanos. Pero a la vez, tienen varias características en común. Todas las *sociedades* latinoamericanas manifiestan contrastes asombrosos—entre ciudades y campo, gente educada y gente analfabeta, aristocracias y clases populares (es decir, los pobres, la gran mayoría de los cuales son amerindios, afroamericanos, mestizos y mulatos). Con respecto a la *política*, hasta hace poco tiempo hubo de todo, desde dictaduras militares hasta democracias electorales y el régimen socialista de Fidel Castro. Pero afortunadamente en los últimos años la tendencia ha ido hacia gobiernos relativamente democráticos. Por lo que toca a la *economía*, por regla general Latinoamérica pertenece a los países "en desarrollo," y sufre de problemas tales como disparidad de salarios, desempleo, inflación sin

---

[9] *Concordato* = concordat, an agreement between the Pope and a sovereign government regarding the regulation of ecclesiastical matters.

[10] Vale oro = it's worth it's weight in gold.

control, y a veces *monocultura*—esto es, mucha dependencia económica de un sólo producto (petróleo en Venezuela, café en Colombia, Azúcar en Cuba, bananas en Honduras).

## Y una condición compleja

En fin, la región latinoamericana parece sufrir de cinco *contradicciones* principales.

(1) *LATINOAMÉRICA ES A LA VEZ JOVEN Y VIEJA.* Es *joven* porque desde el principio la conquista y la colonización crearon un orden social que el mundo hasta entonces no había conocido. Ese *nuevo orden* estaba basado en la combinación, la jerarquización, y la asimilación mutua de las culturas indígenas, africanas y europeas. La intervención europea cambió profunda e irreversiblemente a las civilizaciones indígenas. Sin embargo, los amerindios no dejaron de influir también directa e indirectamente en las culturas dominantes de los colonizadores. Además, el mercado de los esclavos de África y la influencia que los afroamericanos tuvieron en las culturas dinámicas de las Américas han contribuido profundamente al *nuevo orden*. Por otra parte, lo *nuevo* de Latinoamérica es en cierto sentido ya *viejo*. Latinoamérica es *vieja*, porque una mezcla profunda de culturas y grupos étnicos, que tiene una historia remota en Latinoamérica, apenas está comenzando en otras regiones del mundo—por ejemplo, la mezcla entre gente de Latinoamérica y del Oriente con gente de EE.UU., gente del Medioeste y África con gente de Europa, gente de Europa del Este con gente de Europa del Oeste. Además, Latinoamérica es en cierto sentido *vieja*, porque la mayoría de las repúblicas consiguieron su independencia política—de España y Portugal—a principio del siglo XIX, más de cien años antes de los movimientos anticoloniales en otros países del llamado "tercer mundo."

(2) *LATINOAMÉRICA TIENE UNA HISTORIA DE ESTABILIDAD, PERO HA HABIDO PERÍODOS ESPORÁDICOS DE TUMULTO.* La conquista de América inició una tradición de violencia e inestabilidad que sobrevivió el colonialismo (siglos XIV a XIX). Durante el período nacional (siglos XIX y XX) muchas veces esa tradición ha culminado en golpes de estado, intervenciones militares, asesinatos, y movimientos sociales. Ha habido violentas confrontaciones ideológicas entre liberalismo y conservadurismo, y entre capitalismo y socialismo. Sin embargo, a pesar de tanta violencia e inestabilidad, hay estructuras *socio-político-económicas* antiguas que han perdurado casi intactas. Como veremos en los Capítulos Dieciseis y Dieciocho, hasta

en países que han tenido revoluciones sociales—México (1910), Nicaragua (1979)—muchos aspectos de la sociedad tradicional han sobrevivido.  La Revolución Cubana (1959) parece ser la única excepción a esta generalidad, pero aun en Cuba, muchas costumbres tradicionales siguen con una obstinación notable—además del hecho de que en los últimos años Cuba está "capitalizándose," con creciente influence de EE.UU. y Europa.

(3) *LATINOAMÉRICA ES INDEPENDIENTE Y A LA VEZ DEPENDIENTE, ES AUTÓNOMA Y A LA VEZ CONTROLADA*.  A principio del siglo XIX un gran esfuerzo por parte de las colonias para lograr su *independencia política* tuvo éxito hasta el año 1830, menos en algunas islas del Caribe.  Pero a la vez, hubo una nueva penetración colonial de forma económica por parte de naciones poderosas tales como la Gran Bretaña, Francia, y EE.UU., que pusieron en riesgo a las jóvenes repúblicas latinoamericanas.  Ya había *independencia política*, pero estaba acompañada por una nueva *dependencia económica*.  Esa *dependencia económica* con frecuencia limitaba las alternativas disponibles de los países latinoamericanos; es decir, habían llegado a ser países políticamente *autónomos*, pero ahora estaban *controlados* por fuerzas económicas internacionales.

(4) *LATINOAMÉRICA ES TAN POBRE COMO PRÓSPERA*. Desde la conquista, ha perdurado la imagen del continente como un tesoro de riquezas, una *cornucopia*[11] de opulencia fabulosa.  Hoy en día existe en Latinoamérica, según parece, una abundancia de petróleo, gas, cobre, hierro, café, azúcar, ganado, frutas tropicales, y verduras, y otros productos. Y la idea de riquezas incontables perdura.  En contraste, hay también una visión de pobreza:  campesinos sin tierras, trabajadores sin empleo, niños hambrientos, madres sin esperanza.  Hay dos refranes que a veces se oyen entre los latinoamericanos y crean una imagen fiel de la paradoja *riqueza/pobreza*:  "Latinoamérica parece un limosnero sentado en una montaña de oro," y "Latinoamérica consiste de unos cuantos ricos en cima de un montón de basura."  Son crueles, ¿no?  Siento decir que desafortunadamente, tienen algo de razón (véase las Tablas 4 y 5).

(5) *LATINOAMÉRICA ES CULTA Y A LA VEZ HA QUEDADO ENCARCELADA DENTRO DE LA IGNORANCIA*.  En Latinoamérica hay ingenieros que escriben poesía, abogados que enseñan literatura en las universidades, políticos que publican libros de historia, novelistas que llegan a ser presidentes.  Uno puede encontrar grandes empre-

---

[11] Cornucopia = horn of plenty.

sarios[12] tanto como choferes de taxis que leen las obras clásicas de literatura. Hay gente alfabeta que se esfuerza por entender libros de economía, política, antropología e historia. Es así, porque los latino-americanos por regla general tienen mucho orgullo de lo que saben; tienen un interés fino en su propia cultura y en otras culturas. Por otra parte, con la excepción de Argentina, Chile, Uruguay, Costa Rica y Cuba, el analfabetismo desgraciadamente siempre ha sido uno de los grandes problemas sociales. Los indígenas del sur de México y de Bolivia, Ecuador, Guatemala, y Perú, los afroamericanos del noreste de Brasil y del Caribe, y en general los campesinos de todos los países latinoamericanos, quedan *marginados*. Es decir, no tienen suficiente educación formal para entrar en la corriente principal de la vida de su país y contribuir activamente a la economía.

Bueno, estas cinco *contradicciones* desafortunadamente le dan a Latinoamérica un aspecto de "subdesarrollo." Pero hay que reconocer que las grandes ciudades de Latinoamérica son tan "modernas" como las de EE.UU. y Europa, aunque la vida en el campo a veces se mantiene casi igual como desde hace siglos. Pues, a fin de cuentas,[13] no hay cultura que no tenga sus propias contradicciones. ¿Puede Ud. nombrar algunas contradicciones de su propio país? ¿Cómo son en comparación con las de Latinoamérica?

## Latinoamérica y los Estados Unidos

Históricamente EE.UU. ha tenido fuertes relaciones políticas con los países latinoamericanos. Sin embargo, en el presente siglo, sublevaciones en las repúblicas del sur por parte de grupos revolu-cionarios de *izquierda*,[14] y respuestas represivas por parte de gobiernos y ejércitos de *derecha*,[15] han presentado problemas para la política exterior de EE.UU.

---

[12] Empresario = entrepreneur, business tycoon.

[13] A ... cuentas = in the end, in the final analysis.

[14] La izquierda = leftist political groups, including liberals, socialists, and Marxists.

[15] La derecha = right-wing, conservative political groups, traditionally supported by the upper classes, the military, and the Church.

Hay *oligarquías*[16] tradicionales que siguen en poder en algunos países latinoamericanos. Estas oligarquías resisten el cambio, y resisten la verdadera democratización. Pero son precisamente esas clases sociales conservadoras las que gozan de las relaciones más fuertes con las grandes empresas estadunidenses. Entonces, ¿cómo puede EE.UU. promover tendencias democráticas (en contra de los sentimientos de las oligarquías) y al mismo tiempo proteger el capital que sus empresas han invertido en Latinoamérica? Hay aquí un conflicto de intereses. Si EE.UU. promueve la democratización del continente, tendrá que combatir a las oligarquías, y entonces los empresarios de EE.UU., que tienen el apoyo de las oligarquías, estarán inconformes. Si EE.UU. se hace amigo de las oligarquías, lo más probable es que tendrá que olvidarse de la verdadera democratización del continente, lo que irá en contra de sus principios más profundos. Este conflicto desafortunadamente ha causado tensiones en las relaciones diplomáticas entre EE.UU. y los países latinoamericanos.

A pesar de estas tensiones, algunas veces en los últimos años parecía que había un poco más de diálogo entre los líderes de EE.UU. y los países latinoamericanos. Pero las apariencias muchas veces engañan. Por ejemplo, en 1980 después de su inauguración, el presidente Ronald Reagan tuvo una reunión con el entonces presidente mexicano José López Portillo. Pero, como notaremos en el Capítulo Diecisiete, algunos años después, hubo un desacuerdo profundo entre los dos países—tanto como con la mayoría de las otras repúblicas—respecto a la simpatía de EE.UU. hacia los "contras" en su intento de eliminar el gobierno "sandinista" de Nicaragua. Otro ejemplo. En 1993 unas semanas antes de su inauguración, Bill Clinton tuvo una conferencia con otro presidente de México, Carlos Salinas de Gortari. Esa conferencia dio renovadas esperanzas a todo mundo de que ahora pudiera haber un entendimiento mutuo y duradero. Pero en realidad no hubo. Después, durante la presidencia de Clinton, y con la aprobación del Tratado de Libre Comercio (TLC, "North American Free Trade Agreement" [NAFTA]), otra vez hubo esperanzas. Sin embargo, el mismo día de la inauguración del TLC, en el estado de Chiapas hubo una sublevación de campesinos que puso en riesgo[17] el Tratado y las relaciones entre

---

[16] Oligarquía = oligarchy, a small factio. of conservative and powerful people, generally of the aristocracy and composed of families related by intermarriage, who largely control the political and economic affairs of the country.

[17] Poner ... riesgo = to place at risk, jeopardize.

EE.UU. y México. A principio de 1995, y en vista de una fuerte crisis económica en México, Clinton, contra el sentimiento de muchos legisladores de EE.UU., le concedió al país vecino un préstamo de 20 mil millones de dólares. Desgraciadamente ese acto sirvió para agravar las hostilidades entre ciertos grupos de EE.UU. contra México. En fin, esa clase de relaciones ahora amistosas y ahora discordes, ahora calientes y ahora frías, marcan toda la historia de los acuerdos y las contiendas entre EE.UU. y Latinoamérica.

Hay, además, un fenómeno que no deja de ser importante: la "hispanización" de EE.UU. Esta "hispanización," que la periodista norteamericana Betty Holcomb ha llamado "the browning of America," se debe a la influencia de inmigrantes, sobre todo de México, Puerto Rico, Centroamérica, y el Caribe. Desde Florida, Texas y California, en Los Angeles, Nueva York, Chicago y otras ciudades principales, y hasta en las zonas rurales del medio-oeste de EE.UU., hay cada vez más familias de hispanohablantes. Sin embargo, un gran número de norteamericanos sigue en la ignorancia respecto a los hispanos de EE.UU. y los países latinos al sur. Algunos ciudadanos de nuestro país están pidiendo un control de la inmigración y medidas a veces crueles con respecto a los inmigrantes que ya radican aquí en EE.UU. Al mismo tiempo, siguen los estereotipos: los latinoamericanos son "sencillos," "volubles," "volátiles," "irracionales," "desorganizados" y "flojos," aunque "hospitalarios" "alegres," y "orgullosos de su herencia." Además, existe la tendencia a que se perpetúen los estereotipos fomentados por las imágenes de "Frito Bandito," el café de "Juan Valdéz," la "Chiquita Banana," ese perrito ridículo que anuncia "Taco Bell," los "Latin lovers," las "mulatas brasileñas" del carnaval y las playas de Copacabana, y el amerindio mexicano con su sombrero ancho y durmiendo debajo de un cacto. Piénselo Ud. ¿Hasta qué punto pueden estos estereotipos enmascarar lo que es la *realidad* latinoamericana?

Bueno, ya basta de observaciones preliminares. Ahora hay que tratar de comprender esa enredada complejidad que es Latinoamérica.

## Preguntas

1.  ¿Por qué a los latinoamericanos no les gusta que nos llamemos a nosotros mismos "americanos"?

2.  ¿Cuáles son las razones para quedar con el nombre de "Latinoamérica"?

3.  ¿Por qué es arriesgado hacer generalizaciones sobre el continente?

4.    ¿Cuáles son las zonas geográficas principales de Latino-
      américa?
5.    ¿Cómo es que la geografía de Latinoamérica limita el
      desarrollo económico del area?
6.    ¿Cuál es el problema principal de la distribución de los recursos
      minerales de Latinoamérica?
7.    ¿Qué composición étnica tiene el continente, y cómo está
      distribuida?
8.    ¿Cuáles son las contradicciones de Latinoamérica?
9.    ¿Qué problemas hay entre Estados Unidos y Latinoamérica?
10.   ¿Por qué es más importante hoy que nunca que comprendamos
      a los latinoamericanos?
11.   ¿Qué es la "hispanización" de los Estados Unidos?

## Temas para discusión y composición

1.    Hagan Uds. una lista de las ventajas y las desventajas a base de
      las "contradicciones" que existen en Latinoamérica.
2.    Discutan los problemas que hay cuando se hablan muchas
      lenguas y cuando hay muchas culturas y subculturas diferentes
      dentro de un sólo país.

## Una invitación a un debate amigable

Dos grupos, uno defendiendo el nombre de EE.UU. como
"América" y el otro criticando esta nomenclatura como
"etnocentrista."

# CAPÍTULO DOS

# ¿QUIÉN ERA, Y QUIÉN ES, LA GENTE DE LA PENÍNSULA?

**Fijarse en:**
- Las *características particulares* de la formación de España como entidad social, política y económica que lo distingue de los demás países de Europa.
- La *naturaleza especial* del punto de vista *idealista-realista* de los españoles.
- La *importancia* del *hidalguismo, personalismo, paternalismo,* y *caudillismo* con respecto a la gente de la península, y por lo tanto, de Latinoamérica.
- El *"yo,"* y sus *idiosincrasias*, de la gente ibérica.
- La manera en que el *individualismo* de la gente de la península *moldea las relaciones interhumanas.*

**Términos:**
- *Caballero, Caudillismo, Converso(a), El Dorado, Hidalguismo, Idealismo-Realismo, Individualismo, Moro(a), Paternalismo, Peninsular, Personalismo, Reconquista, Requerimiento, Reyes Católicos, Yo.*

## El mundo según la mente peninsular[1]

Antes que nada conviene entender, hasta dónde sea posible, el tipo de individuo que inmigró al Nuevo Mundo, y la manera en que ha contribuido a la naturaleza de los latinoamericanos en la actualidad.

Igual como Latinoamérica, ha habido, y todavía hay, varias "Españas": Castilla, Aragón, Galicia, Asturias, Andalucía, Cataluña, y Vizcaya, para enumerar las principales (véase mapa 5). Algunas provincias fueron reinos independientes antes de su unificación a las repúblicas que hoy en día se llaman España y Portugal. Como reinos

---

[1] Aunque este capítulo se trata más bien de la naturaleza de los españoles, hay que tomar en cuenta que muchas, pero no todas, las características que se les atribuyen a los españoles también tienen su aplicación a los portugueses.

independientes, representaban tendencias hacia *lealtades locales* por parte de gente que no dejaba de resistir la unificación nacional—tal como estaba ocurriendo en otras partes de Europa en aquella época. Cuando por fin la unificación de la Península comenzó a tomar forma, una de las provincias, el Reino de Portugal, se separó como estado completamente independiente. Dos provincias más, Cataluña y la región Vasca, quedaron con España, pero siguen hasta hoy en día desconformes, y con algunas tendencias independentistas.

Gente de todas las "Españas" participó en la colonización del Nuevo Mundo. Pero la gente de Castilla formó la base de los inmigrantes; pues, eran ellos los que más bien representaban el prototipo cultural que distinguía al español de otra gente de Europa. Fue por eso que en las colonias, España tenía una representación más diversificada que Portugal. Sin embargo, a pesar de los orígenes complejos de los españoles durante el tiempo del descubrimiento y la conquista, componían un pueblo de características bastante firmes. La manera en que los escritores clásicos describían a los españoles de la época medieval y el Siglo de Oro[2] en muchos sentidos podría aplicarse hoy en día. Eso quiere decir que las características de los iberos que vamos a observar en este capítulo no son exclusivamente las de los tiempos remotos, sino también las de nuestros días.

La península ha sufrido muchas invasiones. Los invasores principales de la península antigua—los *visigodos* y *romanos* (202ac-711dc), y los *moros* (711-1492)[3]—contribuyeron muchos detalles menores al diseño del mosaico cultural que se había concretizado desde hacía generaciones. Sin embargo, una vez que terminó la lucha y los españoles habían aceptado a los romanos, la integración de elementos culturales romanos al mosaico peninsular no presentó problemas, y poco a poco España llegó a ser en algunos sentidos "más romana" que la misma Roma. Las dos culturas aprendieron a convivir con bastante respeto mutuo. Después, la imposición de la cultura *islámica* con la invasión de los moros encontró un medio dispuesto en la cultura española. El resultado fue un intercambio cultural sutil y profundo, alterando en el proceso la cosmovisión de los españoles y su vida cotidiana. Pero una vez que los últimos moros fueron expulsados de la península, España entonces volvió a ser la España de la tradición católica. Aunque

---

[2] Siglo de Oro = Spanish Golden Age of letters and the arts, that included the 17th century and spilled over into the succeeding century.

[3] Los *moros* eran de origen árabe y de religion islámica.

ahora hubo un notable elemento arabesco en su mosaico cultural, de todos modos fue, sin duda, el mismo mosaico. Persiste la idea, en parte por esa serie de asimilaciones y acomodos culturales, que los españoles son excéntricos. Son tan excéntricos que otros europeos a menudo se niegan a comprenderlos a fondo; sólo los consideran como algo distinto y ya. De esta manera, parece que la naturaleza de los españoles—y hasta cierto punto la de los portugueses—se define como algo *distinto* y *aparte de* las tradiciones principales de Europa. Hasta cierto punto debido a esta distinción entre la península y los otros países europeos, existe una tensión, un conflicto interior, que tiende a enajenar a la gente pensinular. Por lo tanto manifiesta una disposición hacia la introspección, la contemplación, el *ensimisma-miento,*[4] y a veces hasta el misticismo.

Esta tensión se revela maravillosamente a través de la pareja clásica, Don Quijote y Sancho Panza, de la obra maestra de Miguel de Cervantes (1547-1616), *Don Quijote de La Mancha* (1605, 1615). A través de su obra, Cervantes demuestra la manera en que el individuo de la Península manifiesta, dentro de sí, una coexistencia incongruente de las dos personalidades: el *realismo* de Sancho Panza y el *idealismo* de Don Quijote, lo *práctico* y lo *no-práctico,* lo *mundano* y lo *visionario.* Tiene que ver con dos perspectivas contradictorias. Desde una perspectiva (la de Quijote) un molino de aire puede ser un "gigante," pero desde otra perspectiva (la de Panza) no es más que un "molino" cualquiera. De esta manera, los españoles a veces muestran su cara *idealista,* y otras veces muestran otra cara, la *realista.* Es decir, cuando se encuentran en un estado de ánimo "quijotesco," sus acciones tienen su propio sentido; pero para otra persona fuera de su medio ambiente y su contexto cultural, pueden carecer de razón y de sentido. En cambio, cuando se sienten "sanchopancista," su comportamiento no difiere mucho de el de cualquier otro ciudadano práctico del mundo. Esta característica profundamente española del *idealismo* en lucha perpetua con un sentido *realista* ha surgido incontables veces en la historia de Latinoamérica, como notaremos más adelante.

Pero quedan las preguntas: ¿No tenemos todos nosotros hasta cierto punto algún conflicto entre nuestros deseos, por *idealistas* que sean, y la brusca *realidad*? Entonces, ¿de qué manera es la mentalidad peninsular, y por extensión la latinoamericana,

---

[4] Ensimismamiento = a term particularly applicable to the Hispanic mind, signifying one's absorption in one's thought, in one's inner feelings.

diferente a la de todo el mundo? Bueno, hay que tener estas preguntas en mente mientras Ud. lee las páginas que siguen, y a ver si encuentra una respuesta.

## El *idealismo* español

Por ahora, hay que conceder que a pesar de la tensión perpetua entre *idealismo* y *realismo*, muchas veces la tendencia predominante es el *idealismo*. Pero el español es un *idealista* con los pies bien plantados en tierra firme. Tiene una visión (o *sueño*) de lo que debe de ser el mundo en que vive, y se obstina en conducir su vida según esa visión. Veamos varios ejemplos del *idealismo* español, aunque sean un tanto esquemáticos.

(1)  Cuando en la costa de Veracruz los soldados de Hernán Cortés (1485-1547), el conquistador del imperio de los aztecas, manifestaron señales de sublevación, Cortés mandó quemar los barcos para que no pudieran regresar a Cuba, arriesgando así todo con tal de lograr su sueño ambicioso. Fue un acto sumamente arriesgado, pero de acuerdo con el proyecto visionario del conquistador.

(2)  Después de que Gonzalo Jiménez de Quesada (¿1500?-79), conquistó Colombia y fundó la ciudad de Bogotá en 1535, estaba, a todo parecer, en la edad de descansar de sus aventuras y pasar sus últimos años disfrutando de una vida pacífica. Sin embargo, emprendió una búsqueda desaforada del fabuloso *El Dorado*.[5] ¿Por qué? La respuesta indudablemente sería: "¡Porque sí!" Y se acabaría la discusión. El espíritu del aventurero, de acuerdo con el espíritu de los españoles en general, no necesitaba razones. Sólo exigía que cada momento de su vida se llenara hasta más no poder.[6]

(3)  Francisco Pizarro (¿1475?-1541), el conquistador principal de Perú, con sólo 180 soldados y rodeados de miles de guerreros incas, tomó prisionero al jefe, Atahuallpa, y lo detuvo como rehén[7] hasta que los amerindios le hubieran presentado tres salas grandes completamente llenas de oro y otros metales y piedras preciosas. Después, cuando los indígenas habían

---

[5]  La leyenda de El Dorado se trata de una civilización con una abundancia fabulosa de oro.

[6]  Hasta ... poder = to the maximum.

[7]  Rehen = hostage.

cumplido con la demanda, Pizarro mandó formar un tribunal que culpó a Atahuallpa de sublevación en contra de su hermano Huáscar—quien debía ser el emperador legítimo—de idolatría y poligamia, y lo condenó a muerte. Ese acto debe ser uno de los más atrevidos de la historia de todas las conquistas.

(4) Uno de los ejemplos máximos del *idealismo* fue el notorio *Requerimiento*, un documento redactado para justificar la conquista de América. El mensaje del Requerimiento contenía un resumen de toda la historia de la cristiandad, desde la creación escrita en el *Génesis* de la *Biblia*. Antes de que los españoles pudieran emprender un ataque a un grupo de amerindios, les tenían que leer el Requerimiento, con intérpretes si era posible, y si no, en Español. El documento exigía que los amerindios aceptaran la autoridad de la iglesia, el Papa, y la monarquía de España, y que entregaran sus armas en paz. Si no lo hicieran, su subyugación a la fuerza sería necesaria. De esta manera los españoles creían quedarse limpios de toda culpabilidad en caso de que la conquista tomara un rumbo violento. A veces el documento se leía delante de aldeas vacías, ya que los habitantes habían huído. Cuando se leía en Español, desde luego el mensaje caía en oidos incrédulos.[8] A menudo los conquistadores ni siquiera se tomaban la molestia de leerlo. El padre dominicano y "defensor de los indios," Bartolomé de las Casas (1474-1566), escribió en su *Brevísima relación de la destrucción de las Indias* (1542), que no sabía si reir o llorar al leer aquel documento, de tan absurdo que lo consideraba. Pero hay que ponerse a pensar: ¿fue el documento simplemente absurdo, o fue el resultado de un intento noble, aunque demasiado *idealista*, de evitar excesiva violencia durante la conquista? Sin el documento, ¿hubieran cometido los conquistadores más abusos todavía? Desde luego, hay que tener cuidado para no pre-juzgar los motivos de otros pueblos en otras épocas.

(5) Otro caso notable del *idealismo* español fue el del mismo visionario, Bartolomé de las Casas. Con un grupo de frailes y un mínimo de protección de soldados españoles, se metió entre un grupo de indios belicosos de Guatemala, y después entre otros de Venezuela, que con vehemencia habían resistido al ejército español. Sin tomar en cuenta el gran riesgo que corría,

---

[8] Caía ... incrédulos = fell on deaf ears.

intentó convertirlos al catolicismo por medio del amor y la paz en vez de la espada. Es que, como veremos más adelante, el padre de las Casas tuvo ideas algo "utopistas," de modo que creyó en la posibilidad de establecer una sociedad ideal entre los habitantes de América, habitantes que él consideraba "puros" e "incorruptos." Para abreviar una historia larga de proporciones épicas, el Padre de las Casas tuvo múltiples problemas en Guatemala cuando su sueño visionario se enfrentó con la brusca *realidad*, y apenas escapó con vida de Venezuela.

Estos ejemplos, entre muchos más, nos dan una idea de los grandes proyectos y las desilusiones, las locuras y las visiones, de la gente española. Nunca dejaban de *soñar*, pero con un ojo siempre fijo en la *realidad*. Lo cierto es que los españoles tienen un gusto por la vida como poca gente del mundo. En parte por eso, su gran *sueño* ha sido el de superar todos los obstáculos que les presenta la vida. Son capaces de prosperar, a todo parecer con facilidad, al enfrentarse a condiciones que de seguro romperían el espíritu de la mayoría de la gente de otros pueblos. A la vez, los españoles no tienen sencillamente la visión de dominar sus circunstancias, sino tratan de convivir con, y adaptarse a, ellas. Como consecuencia, el pueblo español tiene relativamente poca preocupación por las condiciones materiales de la vida; tiene más propensidad hacia los valores ético-morales y espirituales. Esta indiferencia de los españoles respecto a su vida material se debe en gran parte a la serenidad y tranquilidad de su espíritu algo *estoico*[9] con el cual organiza su vida. La crítica de que su indiferencia es improductiva no les impresionaría mucho. Pues, lo más probable es que responderían: "No importa." Y darían clausura a la conversación.

En fin, el objetivo principal de los españoles de la época de la conquista y la colonización era el de mantenerse en control de sí mismos a pesar de lo que ocurriera en su medio ambiente. Es decir, siempre querían conducir su vida como *caballeros*, como *hidalgos*,[10] sin permitir la destrucción de su espíritu, a pesar de que hubiera condiciones pésimas y peligrosas en su medio ambiente. La meta era

---

[9] Estoico = Stoic, a person apparently unaffected by grief and pain, and at times even by pleasure and joy.

[10] Hidalgo (Port. *Fidalgo*) = *Hijo-de-Algo*, de *Alguien*, the son of somebody important, preferably—or presumably—of noble blood, but not necessarily rich.

la de proyectar la apariencia de dominio de sí mismo a través de una aparente indiferencia, y además, de proyectar un orgullo profundo de *España*, del *Rey*, y de la *Iglesia*.

## La Iberia en la época de Fernando e Isabella

En la cumbre de la pirámide social de Castilla y Portugal durante el tiempo del descubrimiento y la conquista, se encontraban las grandes familias que tenían entre ellas individuos con títulos de *condes, duques, y marqueses*.[11]

En Castilla, los grandes nobles controlaban la mitad de las tierras del reino, y en Portugal, las condiciones no eran muy diferentes. El resto de la nobleza consistía de los que se consideraban *caballeros* o *hidalgos*—aunque no lo fueran. Los recursos económicos de los hidalgos variaban considerablemente: los hidalgos ricos de Castilla a veces no se distinguían de los nobles pobres, mientras en muchos casos los hidalgos relativamente pobres estaban en posesión de menos bienes materiales[12] que gente de la clase popular. Casi no hubo españoles que no estuvieran obsesionados con el *sueño* que de alguna manera u

> La Reconquista fue la campaña que los españoles emprendieron en contra de los moros, que invadieron a España desde África en 711. Creían los españoles que el territorio, originalmente habitado de gente cristiana, debería volver a ser territorio cristiano, según los designios de Dios mismo. Por lo tanto, la Reconquista se llevaba a cabo en el nombre de Dios, del Rey, y de España. Hay que notar que durante la Conquista de América, también se evocaba a Dios, al Rey, y España. Esto no es sorprendente, porque la Conquista fue hasta cierto punto una extensión de la Reconquista; es decir, las dos luchas fueron religiosas, luchas para glorificar a los monarcas y a la Patria.

otra pudieran llegar a contarse entre la nobleza. Pues, ser hidalgo casi siempre tomaba precedencia sobre los bienes materiales. Reconociendo el deseo del pueblo en general de adquirir un título, los monarcas se los otorgaron a un número impresionante de españoles, y entre los años de 1520 en adelante, vendían títulos de

---

[11] Conde = Count; Duque = Duke; Marqués = Marquis.
[12] Bienes materiales = material goods (possessions).

hidalguía. De este modo, en Castilla tanto como en Portugal, hubo cierta movilidad social, aunque fuera lenta. De todos modos, los *plebeyos*—gente del pueblo, las masas—consistían aproximadamente del 90% de la población ibérica. Aunque un número considerable de plebeyos era dueño de sus propias tierras, por regla general esas tierras no eran más que pequeñas parcelas. Los plebeyos, por lo tanto, pasaban gran parte de su tiempo trabajando en la tierra de los nobles por una remuneración mínima. Algunos al mismo tiempo ejercían profesiones tales como clerecía, derecho, y comercio. Otros eran artesanos, y pertenecían a los *gremios*.[13]

Durante la última etapa de la Reconquista, y con el casamiento de los primeros *Reyes Católicos*, Isabella de Castilla y Fernando de Aragón en 1469, hubo el primer paso hacia la unificación de España como entidad nacional en sentido moderno. A la vez, hubo una campaña vigorosa de "purificación" de la tradición y los valores católicos. Pocos meses después de la expulsión de los últimos moros de la península en 1492, Fernando e Isabella les concedieron a los judíos cuatro meses para convertirse al cristianismo o expatriarse. Se calcula que entre 80.000 y 200.000 judíos de Castilla y Aragón decidieron huir. Algunos de los que se quedaron renunciaron su fe, aceptaron el catolicismo, y tomaron su lugar entre los *conversos*. Pero otros siguieron practicando la religión judaica clandestinamente. En su último intento de realizar la "pureza" religiosa, en 1502 Fernando e Isabella dictaron una conversión genuina a todos los judíos, y si no se hacían católicos legítimos, serían inmediatamente expulsados. Ya que la expulsión equivaldría a la confiscación de sus propiedades, la mayoría de ellos prefirieron quedarse, "convirtiéndose" al cristianismo—aunque en muchos de los casos permanecieron como católicos en sentido nominal. Así es que la "purificación" de la península resultó en una homogeneidad religiosa que fue en realidad superficial. Además, los llamados *conversos*, judíos tanto como moros, seguían sufriendo de discriminación debido a las prácticas religiosas de su pasado.

Durante esa época en España, nobles y plebeyos, ricos y pobres, preferían vivir en las ciudades y las aldeas en vez del campo: la cultura era más bien urbana. A medida que[14] los cristianos iban avanzando hacia el sur en servicio de la Reconquista, los monarcas otorgaban privilegios a los que habían prestado más servicio al reino

---

[13] Gremio = guild, associatión, society.

[14] A ... que = while, at the same time that.

para poblar las zonas recientemente ocupadas. Clérigos, oficiales locales, mercaderes, y artesanos se establecían en las ciudades y aldeas, pero también los nobles preferían ocupar casas en las zonas urbanas durante gran parte del año. Nobles tanto como profesionistas y labradores cultivaban un sentido de orgullo respecto a su región, lo que fomentó un profundo sentido de *localismo*. Por consiguiente, a pesar de las evocaciones al Rey y a España, su lealtad muchas veces tendía a descansar en *intereses locales* más bien que en el reino en general. Eso sirvió para dificultar la integración de todas las regiones en una entidad nacional.

Ahora bien, hay que recordar la naturaleza de la Reconquista y el fenómeno del localismo, porque la primera ayudará en el camino hacia una comprensión de la conquista de las Américas, y el segundo representará una clave para entender la Latinoamérica contemporánea.

## Un aspecto sobresaliente de los iberos

Ya descrito el comienzo de la unificación de España y Portugal—lo que es importante para entender la naturaleza de las colonias latinoamericanas—ahora conviene revelar otra característica importante de la gente ibérica: el *individualismo*.

El notorio individualismo de los españoles es uno de los aspectos principales de su genio.[15] Para el español, el individuo dentro de sus circunstancias es como si fuera el centro del mundo. *Es* el centro de *su mundo*, el *mundo* de su *"yo."* Desde el punto de vista de este "yo" céntrico, se ensancha la zona de influencia del individuo para incluir otros seres humanos ligados a través de lazos de amor, parentesco, amistad, y trabajo. Y mantiene vigilancia para evitar la penetración en su círculo de la influencia de gente que no pertenece al círculo. Este "yo" céntrico, el "yo" en conjunto con las circunstancias, forma un mundo, el mundo del "yo" (como dice el refrán, "Cada cabeza es un mundo").

Consideremos, como el ejemplo de la manifestación del "yo," una situación imaginaria: una charla acalorada entre un español y varios amigos. Como todos los españoles, ese individuo

---

[15] La discusión del *individualismo* del español se limitará principalmente al sexo masculino. No es que la mujer no haya sido importante, sino que la expresión del *individualismo* ha sido por razones histórico-culturales predominantemente masculina. En el Capítulo Ocho habrá una discusión sobre el papel de la mujer en América, sobre todo durante el colonialismo.

tiene sus ideas sobre la política y las defiende a como dé lugar.[16] Mientras está envuelto en esa discusión sobre política—uno de sus temas predilectos—espera con impaciencia su turno para poner en manifiesto sus ideas. Cuando le toca hablar, presenta su opinión con gusto, energía, y entusiasmo, al parecer sin ningún temor a equivocarse. Generalmente no acepta ni la concesión ni la reconciliación cuando le hacen ver que tiene un error, porque sería como una confesión de sus propias flaquezas; sería equivalente al haber fracasado en su intento de defender su opinión. Es que su *punto de vista* es *suyo*, y de nadie más; no hay línea divisoria bien marcada entre su "yo" y *su punto de vista*. Prácticamente dicho, el punto de vista de una persona, y de hecho su filosofía de la vida, sirven para definir su propio "yo," que es la naturaleza de su existencia como individuo ("Yo soy yo y mis circunstancias," como lo expresó el filósofo José Ortega y Gasset [1883-1955]).

Es por eso que hoy en día en la esfera política nacional de las culturas hispánicas—peninsulares tanto como latinoamericanas—a menudo los asuntos políticos se reducen a una cuestión de personalidades. De hecho, lo que llaman el *personalismo*[17] es la clave—tanto para comprender a los hispanos de la época de la conquista como a los de hoy en día. El *personalismo* se trata de interrelaciones humanas de índole sujetiva e íntima. Como veremos en las páginas que siguen, el *personalismo* influye a la política. De acuerdo con la *política personalista* de España y Latinoamérica, el *personalismo* es sobre todo una cuestión de personajes, del "yo," más bien que de principios abstractos. Es una cuestión de actores más bien que de leyes, de dramas humanos más bien que de debates legislativos. Es decir, en la política personalista, la legitimidad está puesta en el *personaje político* (una entidad concreta, un "yo") más bien que en el *puesto político* (una categoría abstracta) que este personaje ocupa. De esta manera, las relaciones interhumanas valen más que las instituciones políticas como entidades impersonales y abstractas. Como consecuencia, el personalismo, fenómeno que llegó a conocerse como el *caudillismo*,[18] es una forma natural de la

---

[16] A ... lugar = come what may.

[17] Personalismo = personalism; involves interhuman relations established through concrete, intimate feelings rather than by means of abstract, institutional, systematic ties.

[18] Caudillismo: from "caudillo" = political boss, often a military figure, who at times exercises tyrannical power. The term is an adaptation from the

expresión política de España, y más todavía, de Latinoamérica. Entonces, ya que abrimos el tema, hay que hablar un poco más de esta característica tipicamente hispánica.

Un *caudillo* (a veces se llama *jefe político*) es el que manda—es, en su espresión máxima, *El Señor Presidente* de su república. Es un *patrón*, y muchas veces un *patrón militar* de una región local, de una ciudad, de un estado, de toda una nación. El caudillo puede ser la encarnación del honor y el poder, la dignidad y la integridad, del pueblo que está bajo su mando: simbólicamente su "yo" puede incorporar la colectividad del pueblo. Como decía de sí mismo el General Francisco Franco (1892-1975), "jefe máximo" que gobernó España después de la guerra civil (1936-39) hasta 1975, era el "Caudillo de España por la Gracia de Dios." Las relaciones entre el caudillo y la gente que lo rodea son *concretas* e *íntimas* más bien que *impersonales*, *abstractas* y regidas por un sistema de reglas y leyes precisamente definidas. Mientras que en EE.UU. las leyes generalmente definen la conducta de las figuras políticas, en los países de habla española las reglas se forman y se moldean según las circunstancias y según la persona que manda.

Por lo tanto, es de suponer que una *sociedad caudillesca* no se preste fácilmente a la "democracia" tal como la conocemos en EE.UU. Pero sí se acomoda a una profunda estructura social basada de "arriba" hasta "abajo" en *relaciones personales* más bien que *instituciones abstractas y secas*. La jerarquía de una sociedad caudillesca se basa en que "los de abajo" pueden entrar en confianza con sus "patrones"—la madre, el padre, el clérigo, el jefe de trabajo, el *caudillo local*, y hasta *El Señor Presidente*. Todo se arregla entre personas (parientes, amigos, socios, compadres y comadres) y muchas veces sin recibos, contratos, o acuerdos escritos. Es decir, la sociedad caudillesca es un sistema *paternalista*[19] por excelencia. Para los hispanos (los españoles tanto como los latinoamericanos), "Así es la vida." Generalmente aceptan el *paternalismo*, porque existe en los niveles más profundos de la conducta del pueblo. Es una *forma de vida social* que rige la *política* y la *economía* nacional tanto como la *vida cotidiana*. Cuando dentro de esta forma de vida las relaciones formales establecidas por la ley entran en conflicto con

---

Arabic, meaning "leader," and in Latin America it is tied to an Amerindian term, "cacique," meaning "chieftain."

[19] Paternalista = paternalist, from paternalism, the practice of treating or governing people in a patriarchal manner, especially by providing for their needs while allowing them a minimum of responsibility.

las relaciones personales, a veces la ley es ignorada para perpetuar las relaciones personales, porque son más importantes. Entonces las cosas muchas veces se arreglan por medio de relaciones personales, porque a fin de cuentas para los hispanos, las *relaciones inter-humanas* toman precedencia sobre las reglas y *leyes formales*—que consideran como "hojas de papel," y nada más.

  Si en EE.UU. las actividades y el prestigio giran princi-palmente alrededor del poder político y económico y de reglas y leyes abstractas, en España y Latinoamérica de ayer y hoy, más bien giran alrededor del personalismo, y el culto a las relaciones interhumanas. Si el *status* de los individuos en EE.UU. se debe en gran parte a lo que tienen—su poder, sus posesiones materiales en una sociedad consumista—los hispanos deben su *status* a un nivel más intensivo de *interacciones humanas,* de *relaciones personales* (en otros términos, una persona no adquiere prestigio según lo que tiene, sino más bien a través de quien conoce).

  Por otra parte, si los españoles no están tan ligados a las compulsiones de la economía y de la adquisición de bienes materiales como los norteamericanos, es porque su instinto más básico es el de trabajar sólo cuando "se les dé la gana." Son capaces de impacientarse con alguna tarea y dejarla a medio terminar. No la dejan por pereza. Es que sencillamente se fastidiaron de ella, o perdieron la voluntad de llevarla a su fin. Si su impulso original ya perdió fuerza, puede que nunca vayan a terminar con la tarea. Esa tarea seguirá, en espera de alguna inspiración que quizás nunca llegue. Pues, "Qué se puede hacer," quizás digan, "así son las cosas." Lo que pasa es que, hasta las últimas décadas de nuestro siglo, cuando España entró en la furia del desarrollo económico, los españoles por regla general se habían negado a glorificar los valores de la sociedad materialista, que exige una industria y diligencia que en realidad habían desconocido. Es que los españoles no simple-mente tienden a trabajan como máquinas. Más bien, trabajan de una manera esporádica, ahora con una energía asombrosa, ahora con distracciones, según su propio ritmo. Y su propio ritmo es *suyo* y solamente *suyo*—está íntimamente ligado a su "yo." Por eso en el trabajo, los españoles tienden a ser irregulares e inconstantes. Tienen picos de actividad volcánica que alternan con valles de apatía. Pero a veces la apatía sólo es una apariencia, porque, dentro de su mente se pueden estar preparando para su próxima explosión de actividad.

En otras esferas de actividad, como el arte, la música, y el deporte, si no hay lazos armoniosos de amistad entre un individuo y otros de la comunidad, entonces puede que ese individuo prefiera su autonomía y la soledad. Por ejemplo, en la península tanto como en Latinoamérica, ha habido pintores de renombre mundial, pero relativamente pocos han fundado escuelas o movimientos para perpetuar la tradición que crearon. En la música la gente hispánica y latinoamericana sobresale en producciones vocales e instrumentales, pero por regla general a nivel individual, y destacan con menos frecuencia en la música coral, orquestral—una excepción notable, sin embargo, es la música colectiva de la tradición afroamericana. En el deporte, no ha sido fácil que el individuo se regimiente para moldear sus talentos de modo que el equipo entero se beneficie. Juega el individuo más bien como individuo en vez de miembro intimamente ligado a una comunidad. De hecho, cuando después de que hubo varios campeonatos de fútbol soccer de Latinoamérica, los equipos europeos comenzaron a desarrollar estrategias en las que los individuos alteraban su rol personal con la función de beneficiar al grupo en general. Los latinoamericanos tuvieron, por consiguiente, más dificultad con la competencia, porque seguían jugando como un grupo de individuos.[20]

Sin embargo, la sociabilidad gregaria de los españoles y los latinoamericanos no es tan incompatible con su temperamento individual como quizás parezca. Les encanta, y necesitan, la compañía perpetua de otros. Les gusta conversar y competir con sus compañeros en su capacidad de manipular la lengua con toda la sutileza que permita la situación. No hay gente que se exprese con más elegancia y fuerza que los españoles y los latinoamericanos. En una sala llena de gente que ha entrado en una charla amistosa, a un extranjero le parecerá como una tormenta de relámpagos verbales, a medida que ideas y opiniones vienen y van con explosiones incandescentes. Es que sobresalen en la expresión de sí mismos y de sus ideas. La expresión de sus ideas define su "yo." Su "yo" no se separa de su modo de expresión.

---

[20] Esta característica del fútbol latinoamericano fue evidente en la Copa Mundial de 1998 en Francia, cuando el equipo brasileño, aunque dotado indudablemente con más talento que cualquier otro equipo, de todos modos le hizo falta colaboración de esfuerzos como una comunidad en vez de una colección de "estrellas."

Ahora con ese panorama de la Península, vamos a ver qué fue lo que vieron los peninsulares al estar en presencia de otro mundo, el mundo americano.

## Preguntas

1. ¿Cuál fue la composición de las varias "Españas" antes de y durante el descubrimiento?
2. ¿Qué invasiones principales hubo en España, y cuál fue el resultado de ellas?
3. ¿En qué sentido son diferentes los españoles a los demás europeos?
4. ¿Cómo se puede caracterizar el idealismo español? Dé algunos ejemplos.
5. ¿Cómo fue la estructura social de España y Portugal a fines del siglo XV?
6. ¿Qué pasó con los moros en España y Portugal? ¿Los judíos en España?
7. ¿Qué es el hidalguismo?
8. ¿Qué fue la Reconquista?
9. ¿Qué es el personalismo, el caudillismo?
10. ¿Por qué es que las relaciones interhumanas toman precedencia sobre leyes y reglas abstractas en las sociedades de la península?
11. ¿Qué papel tiene el individualismo de los españoles en el arte, la música, el deporte?

## Temas para discusión y composición

1. Imagínense un encuentro entre el "yo" de un hispano con el de un norteamericano. ¿Qué diferencias de expresión, de interés, y de visiones del futuro, tendrían?
2. ¿Qué diferencias hay entre el individualismo norteamericano y lo que han leído del individualismo del hispano? ¿Cómo pueden explicar el hecho de que existen estas diferencias?

## Un debate amigable

Que algunas personas tomen el papel de individuos con inclinación hacia el *idealismo*, y otras personas el papel de individuos con inclinación más bien hacia el *realismo*.

"no deja de ser"

flójos

sinotambién

Return

¿Qué choque podría haber entre esos dos tipos de individuos si vivieran en nuestros días en EE.UU.?

# CAPÍTULO TRES

# LO QUE ERA EL NUEVO MUNDO

**Fijarse en:**
- *América* como una *idea* creada por los *europeos*, porque *querían ver* en ese Nuevo Mundo *algo que hacía falta* en su propio continente ya "gastado."
- La tendencia de ver a *América* como una *utopía posible*.
- El *impacto psicológico* de la *geografía* del Nuevo Mundo a los *conquistadores, exploradores*, y *colonizadores*.
- Las *diferentes maneras* en que *se adaptaron* los europeos *a la vida* en este continente.

**Términos:**
- *Amazonas, Andes, Bandeirantes, Espacio Ideal, Gaucho, Idea del Descubrimiento, Invención de América, Llano, Pampa, Utopía.*

## América: ¿"descubrimiento" o "invención"?

Ud. estará pensando que el uso del término "invención" con respecto a América es un abuso de licencia poética. "Inventar" es transformar algo a través de una intervención de la mente y de la acción humana, mientras "descubrir" implica el encuentro de algo que ya existió. Generalmente se considera que Cristobal Colón reveló la existencia de América al mundo: no tuvo que inventarla, porque ya existía antes del 12 de octubre de 1492. Por lo tanto, la idea de la "invención de América" parece lejos de la verdad, porque Colón de seguro "descubrió" algo que ya estaba bien acomodado en su lugar. Y ese "algo" habría seguido allá aunque Colón y sus aventureros nunca hubieran emprendido su viaje en la Niña, la Pinta, y la Santa María.[1]

Sin embargo, existe la hipótesis de que América fue "inventada." ¿Cómo es eso? Bueno. Escribe el historiador mexicano

---

[1] Colón, hay que recordar, no fue el primer europeo en llegar a América. Como es bien sabido, el vikingo noruego Leif Erikson precedió al navegante genovés, y es posible que haya habido algunos africanos en América antes de Erikson.

Edmundo O'Gorman en *La invención de América* (1958) que cuando se dice que Colón "descubrió" América, no es cuestión de lo que pasó tal como pasó, sino la *idea de lo que pasó*. Ahora bien, el *descubrimiento* y la *idea* del *descubrimiento* son dos cosas distintas. *Descubrir algo* es encontrar una entidad de la que antes no existía una idea precisa o bien desarrollada. En cambio, la *idea* de *descubrir algo* presupone que ese *algo* fue primero el producto de la imaginación—o la invención—y luego fue "descubierto." Es, precisamente, la *idea* de América antes del viaje de Colón la que hay que investigar.

## El presentimiento de América

Pero, ¿cuál fue esa *idea*, esa imaginación de América antes de que fuera conocida? Vamos a ver.

Desde hacía más de dos mil años antes del primer viaje de Cristobal Colón, hubo en Europa especulaciones sobre la existencia de una cuarta región del mundo para complementar las *tres* regiones ya conocidas: Europa, África y Asia. Esas especulaciones existían en forma de leyendas, crónicas, fábulas medievales, y poemas visionarios. En su conjunto, esas especulaciones se referían a tierras imaginarias que tenían una característica en común: la idea de un *espacio ideal*, de un *lugar puro*, sin la contaminación de las imperfecciones humanas. Ese tipo de *espacio ideal* como producto de la imaginación europea fue lo que después llegó a conocerse como una *utopía*—un lugar imaginario, un paraíso perdido pero recobrable—en que el ser humano podía vivir sin los sufrimientos y los problemas que siempre hay en la *vida real*.

En la época de Colón, existía la creencia de que ese *espacio ideal* se encontraba al oeste de Europa, dentro de una zona nebulosa de cartografía fantástica. Ese *espacio ideal* era producto de la fantasía; era algo deseado, algo *soñado*. Pero una vez que América fue conocida, el *espacio ideal* parecía entrar en la *realidad*. Es decir, el Nuevo Mundo llegó a ser en la imaginación europea precisamente el deseado *espacio ideal*. De esta manera, se puede decir como el intelectual mexicano Alfonso Reyes (1889-1959) que América fue "deseada" antes de "encontrada," porque fue un presentimiento antes de llegar a ser una actualidad. No es toda una exageración, entonces, decir que la *idea* del *descubrimiento* de América fue inspirada por la imagen y el deseo de un *espacio ideal*.

Como consecuencia, el llamado "descubrimiento" sirvió para confirmar la *idea* del *descubrimiento*—es decir, la "invención"—de América, porque ofreció pruebas tangibles que justificaron la búsqueda de ese *espacio ideal* deseado desde hacía siglos. Dicho de otra manera, la "invención" no fue refutada sino apoyada por el "descubrimiento." Bien puede ser por eso que el cronista Bernal Díaz del Castillo (1496-1584), al aproximarse a la gran ciudad azteca de *Tenochtitlán* con Hernán Cortés, pudo escribir en su *Historia verdadera de la conquista de la Nueva España* que creyó ver las maravillas de las novelas de caballería[2] que se leían en Europa en aquellos tiempos. Igualmente puede ser por eso que Bartolomé de las Casas (1474-1566), en su *Historia de las indias*, pudo declarar que Colón fue escogido por Dios desde el principio. Por lo tanto Colón, al enfrentarse a los indígenas del Caribe, tuvo la confianza de que ya sabía qué era lo que ellos estaban diciéndole, aunque no conociera su lengua. Con la misma confianza procedió Colón a interpretar ("inventar") todo lo que se refería a América según sus ideas preconcebidas, aunque su interpretación de las apariencias obviamente estaba en conflicto con la *realidad* que le rodeaba.

Escribe Tzvetan Todorov en *The Conquest of America* (1984) que Colón no tuvo éxito al tratar de comunicarse con los amerindios, porque en realidad no le interesaban como seres humanos de carne y hueso. No le interesaban, porque eran más bien *ideas* ("invenciones") que personas. Parece que Colón no percibía su mundo con ojos de Sancho Panza sino con los ojos del Caballero de La Mancha, Don Quijote. En otras palabras, América fue la manifestación de lo que los españoles *idealizaban.* Querían ver en América lo que había sido el objeto de sus *deseos.* Y luego, tan pronto como América hubiera sido "descubierta," fue más bien "inventada." Fue "inventada," porque los españoles habían encontrado lo que buscaban en los mitos: un mundo de nostalgia, de sueños, un mundo paradisíaco de la lejendaria Edad de Oro. De este modo, la *idea* de América llegó a ser un capítulo más en las grandes historias de las *utopías.*

Entonces quizás no sea mera coincidencia que el filósofo inglés Tomás Moro (Thomas More [1478-1535]) haya publicado su libro con el título, *Utopia* (1517), pocos años después de la "invención" de América. Quizás tampoco sea coincidencia que la obra de Thomas More haya tenido influencia del libro de Pedro Martir, *De orbe novo* (1511), que se trata del Nuevo Mundo, y de las cartas de Amerigo Vespucci, en *Quatre Navigations* (1504). Es que en aquellos años la idea de la *utopía* estaba

---

[2] Novelas de caballería = novels of chivalry about the gallantry, honor, generosity, and courtesy of knighthood during the medieval period.

de moda. Como veremos más adelante, esa fue la idea que a principios del siglo XVI motivó a los Franciscanos Bartolomé de las Casas y Vasco de Quiroga (1470-1565) en sus intentos de crear una *utopía* entre los amerindios. Bartolomé de las Casas intentó realizar la *utopía* entre los mayas de Vera Paz de Guatemala y luego entre los indígenas de Venezuela. Quiroga quiso establecer la *utopía* entre los amerindios de lo que es hoy el estado mexicano de Michoacán. Y tenemos un poco después el gran *sueño utópico* que guió a los Jesuitas al establecer una misión entre los amerindios Guaraní en Paraguay y el norte de Argentina.

Las primeras grandes *utopías* socio-cristianas de las Casas y Quiroga fueron abandonadas poco tiempo después, debido a diversos problemas. El proyecto *utópico* de los Jesuitas terminó en 1767, cuando toda la Orden de Jesús fue expulsada de América. Sin embargo, los viejos *mitos utópicos* ya se habían mezclado con otras *utopías nuevas* en otros momentos de la colonia y de la historia nacional de Latinoamérica. Como leeremos en los Capítulos Diez, Once y Trece, los *sueños utópicos* estaban destinados a re-emerger con diferentes nombres durante el movimiento para la Independencia a principio del siglo XIX. Y leeremos en los Capítulos Quince, Dieciseis y Diecisiete, que durante el presente siglo, espontáneamente brotaron tendencias de *sueños utópicos* dentro de varios países latinoamericanos. La *idea* de la *utopía* nunca murió.

Pero nos estamos adelantando. Hay que volver al principio de la historia de América como *utopía* para ponernos una tarea más básica: concebir al *Nuevo Mundo* de alguna manera semejante a la forma en que lo percibieron los primeros exploradores y conquistadores. Entonces, quizás, podamos llegar a sentir lo que fue la *idea* de América.

## Lo que se veía ("inventaba") en el Nuevo Mundo

Cuando hay gente que deja la tierra de su nacimiento con el propósito de forjar una nueva vida en otro lugar, por regla general queda cierta añoranza por la patria que esa gente dejó, y, en parte por eso, existe el deseo de buscar en la nueva tierra lo que se conocía en la vieja.

Por lo tanto, los españoles—y los portugueses—buscaron algo parecido a la tierra que habían dejado en el Viejo Mundo. La gente de Castilla, que formaba la mayor parte de los inmigrantes, salió de una tierra bastante hostil. El corazón de la península era parco, casi sin árboles, quemado por un sol implacable en el verano y batido en el invierno por un viento frío de las montañas sombrías que de repente quebraban las llanuras. Además, los castellanos siempre habían vivido en lugares con panoramas montañosos a lo lejos. Las montañas les ofrecían un punto de orientación para que no se sintieran perdidos dentro de la inmensidad del paisaje. Esa semblanza que presentaba Castilla, aunque pareciera adusta e inhospitable para extranjeros, era bastante cómodo para los castellanos. Incluso complementaba su espíritu austero: la naturaleza recia y algo intransitable de su psicología correspondía al panorama escabroso de su medio ambiente. El ambiente no dejaba de influir a los castellanos, y los castellanos no dejaban de asimilarse a su medio ambiente. Estaban profundamente arraigados a su tierra: ellos eran una parte de su tierra, y la tierra penetraba íntimamente en el espíritu de ellos. Al contario a la meseta central de España, la periferia del mismo país mostraba otra cara. Había llanuras amplias en el sur (la Costa Azul, la vega de Valencia, la faja entre Alicante y Cartagena, el valle del río Guadalquivir, y la costa de Portugal), que gozaban de un clima mediterráneo de lluvias esporádicas y calor subtropical. Por otro lado, en el norte (Asturias, Galicia, y la provincia Vasca), había más lluvias, con los inviernos fríos de las zonas templadas (véase Mapa 5).

Esa fue, en suma, la topología que la mayoría de los españoles llevaba en su memoria, y la que había llegado a constituir la fibra de su cultura. En el Nuevo Mundo encontraron pocas réplicas de su madre patria, y cuando las hubo, los colonizadores las abrazaban con un afán nostálgico. En general, la naturaleza del nuevo continente fue de una escala magnificada hasta el infinito, o cuando menos así les pareció a los españoles. Todo—montañas, ríos, bosques, selvas, llanuras, pantanos—fue para ellos inconcebiblemente enorme. Además, el genio de la naturaleza americana fue más violento y esporádico que el de la península, con sus terremotos, volcanes, huracanes, inundaciones, sequías, y lluvias torrenciales. Es sobre todo por eso que la mayoría de los españoles que colonizaron el Nuevo Mundo se sintieron más cómodos en las mesetas rodeadas de sierras (la altiplanicie de México y Guatemala, las zonas montañosas de Colombia, Ecuador, y Perú), que en tierras bajas. Las ciudades de Bogotá, México, y Quito son más altas que Madrid, y Santiago de Chile más baja, pero dentro de estas alturas se encuentran las ciudades principales de la época colonial.

Por ejemplo, en el Valle de México, Cortés encontró una tierra hecha a su gusto. Había algo en ella que le recordaba a él y a muchos de sus compatriotas a España. Cortés escribió al Emperador Carlos V que en cuanto a su fertilidad, tamaño, clima, y el paisaje en general, el nombre más apropiado debía ser la Nueva España, y en el nombre de *Dios*, el *Rey* y *España* así la bautizó. En el hemisferio sur, los españoles igualmente buscaron algo que les recordara su tierra acostumbrada para curarse de su añoranza. Reportaron que Quito de Ecuador les pareció una tierra amena, y semejante a España con respecto a su clima, su césped, sus flores, y sus valles. Pero fue el valle de Chile, después de la larga conquista de los belicosos amerindios, los *araucanos*, que los españoles encontraron su tierra predilecta. Aquí, en el pasillo estrecho entre los Andes y el Mar Pacífico, se encontraba el objeto ideal del gran sueño español. El conquistador, Pedro de Valdivia, la denominó la tierra más primorosa del mundo—a pesar de que hubiera poco oro y de que los amerindios fueran sumamente belicosos. Y parece cierto. El valle central de Chile tiene un clima casi mediterráneo, ideal para la producción de vino que tanto agradaba al paladar de la gente de la península—hasta hoy en día los vinos chilenos se consideran entre los mejores de Latinoamérica.

Entre los sistemas geográficos principales que encontraron los españoles y portugueses en el nuevo continente están los *Andes*, la *Pampa* argentina, y la *selva* del Río Amazonas. Pero no les agradó ninguno de los tres. Se sentían impotentes delante de la enormidad indomable de los *Andes*, se perdían dentro de la inmensidad vacía de la *Pampa*, y se confundían en la laberíntica *selva*, con su interminable maraña de vegetación, sus ríos espantosamente grandes, y las torrenciales lluvias deprimentes. Las tres zonas empequeñecían a los europeos. Por eso tenemos la observación de Alejandro von Humboldt de que en el Viejo Mundo las civilizaciones, producto del esfuerzo humano, ocupaban el foco principal, mientras en el Nuevo Mundo la humanidad y el fruto de sus esfuerzos casi desaparecían dentro del espectáculo estupendo de la gigantesca naturaleza virgen.

Ademas, aunque los españoles se sentían a gusto en las mesetas, los puntos más altos de los Andes no les gustaban. Al contrario de los amerindios *incas* que se sentían cómodos en las grandes alturas de los Andes, allí los españoles nunca podían sentirse como en su casa. Las minas de Potosí, Castrovirreina, y Oruro no se consideraban más que paraderos provisionales. El deseo de los españoles fue sólo de explotarlas, y luego huir lo más pronto posible a mesetas bajas donde la vida fuera más agradable. Sólo los vascos y asturianos del norte de España estaban dispuestos a permanecer en tierras altas. Pero aun ellos tenían sus retiros en lugares de menos altura, como Cochabamba, de Bolivia, donde pasaban sus días de ocio. Con referencia a la vida de las alturas, parece que la fisionomía geográfica servía como un freno al crecimiento demográfico. En Potosí pasó mucho tiempo antes de que una cantidad notable de niños fuera efectivamente concebidos, y después, los pocos que sobrevivieron los primeros años de vida se contaban entre los más afortunados. Allá, la existencia misma era dura (incluso, hasta hoy los Andes tiene una población relativamente escasa de gente europea; la gran mayoría son amerindios y mestizos). Los españoles de la zona mediterránea generalmente evitaban la altiplanicie latino-americana en cuanto fuera posible. Esa gente, acostumbrada más bien a la topografía y al clima más moderados de la península ibérica, no se adaptaba con facilidad al frío, al aire claro, y a la parquedad de las alturas de esta zona.

La *Pampa* es una llanura vasta que comienza al este de la costa del Atlántico y al sur del Río Paraná. Sube poco a poco de altura hasta que se acerca a los Andes en el oeste. Además, las ricas tierras entre los Ríos Paraná y Uruguay son una continuación de la *Pampa*. Toda la zona, que se extiende centenares de millas sin interrupción, no tiene igual en el mundo. La primera vez que la gente de la península penetró este vacío topográfico por tres direcciones diferentes—desde los pasos altos de los Andes al oeste, desde el norte por el Río Paraguay, y desde las riberas del estuario del Río de La Plata—su intrepidez típica, tan evidente durante las conquistas de la Nueva España y Perú, desvaneció. Los conquistadores quedaron estupefactos delante de su enormidad; perdieron su identidad dentro de ella; no hubo punto de referencia para orientarse.

Y esta tensión—de admiración y a la vez de pavor—respecto a la *Pampa*, se perpetuaba. Tres siglos después, para el *gaucho* argentino, producto de la mezcla de razas—europeo y amerindio—y de la fuerza telúrica[3] de la *Pampa*, no hubo más que "paja y cielo."[4] Esa vida gauchesca del siglo XIX fue descrita en *Tales of the Pampas* (1929) por el aventurero y escritor inglés, W. H. Hudson (1849-1922), como una transformación del español como agricultor—lo que había sido en España—a un habitante pastoral y cazador, llevando a veces una vida nómada. Esta vida fue la "barbarie" que Domingo Faustino Sarmiento (1811-88), en su obra clásica, *Facundo o civilización y barbarie* (1845), contrastó con la "civilización" de Buenos Aires. Y en nuestro siglo,

---

[3] Fuerza telúrica = telluric force, the influence of geographical conditions on the psyche of the people.

[4] Paja = straw.

Ezequiel Martínez Estrada (1895-1964) en *Radiografía de la pampa* (1933), denominó a los primeros españoles que se enfrentaban con, y se perdían en, la *Pampa* como los "señores de la nada." Eran dueños de una infinidad espacial, es decir, de la "nada." Es que la *Pampa* poco a poco remoldeaba a la gente que se atrevía a habitarla, esforzándola a conformar con su propia semblanza parca, sencilla, y taciturna.

En el interior del norte de América del Sur, hay otra zona con una topografía semejante a la de la *Pampa*—aunque de menos extensión—pero de clima opuesto: el *Llano* de Venezuela y Colombia, que incluye gran parte de la cuenca del Río Orinoco. Como la *Pampa*, el *Llano* es un "mar de césped," un sin fin de matorrales dividido por el río y sus tributarios. Los primeros españoles que atravesaron el *Llano* en busca del lejendario *El Dorado* lo encontraron poco ameno a la existencia humana. Durante gran parte del año se encuentra abrasado por un sol inclemente que lo seca, partiendo su suelo en un mosaico caótico de grietas. Y luego, durante la temporada de lluvias, se vuelve en un mar inmenso de poca profundidad. Entre las dos temporadas, ese mar se convierte en puro barro, se vuelve casi intransitable, y luego se seca de nuevo. A través de los siglos, el *Llano* ha llegado a sostener una industria ganadera algo primitiva. Los llaneros, que trabajan con el ganado, son sombríos y están acostumbrados a una vida dura que exige mucho y rinde poco. Rómulo Gallegos (1884-1969) en su conocidísima novela *Doña Bárbara* (1929), describe la lucha perpetua entre el ser humano y la naturaleza en el *Llano*, lo que representa la barrera intransigente entre la "civilización" y la "barbarie"—el tema también de Sarmiento. La visión algo utópica de la novela de Gallegos implica un esfuerzo civilizador contra la naturaleza que tiende a reducir al ser humano a la barbarie. Pero a fin de cuentas parece que hay pocas esperanzas, pues, la naturaleza está destinada a ejercer cierta influencia sobre sus habitantes.

La última zona en someterse a la mano domadora de los europeos fue la de las enormes selvas fluviales. Mucha de esta área queda hasta hoy en día en un vacío demográfico, aunque últimamente ha habido proyectos ambiciosos para traer el "desarrollo," sobre todo en Brasil, con una destrucción ecológica irreversible. La región amazónica, como hemos notado en un capítulo anterior, representa la extensión forestal más grande del mundo. Al norte llega hasta la cuenca del Orinoco, al sur hasta el sistema del Río de La Plata, y al oeste hasta la división andina. Hay igualmente otras zonas selváticas—en el sur de México y las costas de Centroamérica, en Colombia y Venezuela, en

Paraguay y el norte de Argentina, en las costas del este de Brasil—pero no se comparan con el Amazonas. Las características ecológicas básicas de la Amazonía son los ríos, la selva, las lluvias, y el calor. Las cuatro se complementan, de modo que parecen conspirar en contra de los seres humanos que se atreven a penetrarla en busca de sus secretos.

Como ya fue mencionado, a los primeros españoles y portugueses que penetraron esta región oscura, no les agradó lo que tenían a la vista. No quisieron permanecer allí, y una vez que hubieron escapado de esa "prisión verde," de ninguna manera tuvieron ganas de volver. No hubo a la vista ni el oro ni el indicio de los templos de *El Dorado*, que, según la leyenda, empequeñecería a Cuzco de Perú, capital de los incas, y Tenochitlán de Nueva España, capital de los aztecas. La perpetua incomodidad y cansancio que inducía la Amazonía al explorador no le ofrecía compensación. En 1540 Francisco de Orellana bajó por el río Amazonas desde Perú hasta el Océano Atlántico, y ya había visto bastante. Para mediados del siglo XVI, Cortés, Jiménez de Quesada, y Gonzalo Pizarro, ya habían penetrado sus secretos. Pero salieron desilusionados. El Portugués, Pedro de Teixeira subió el río desde su embocadura, reclamándolo para el Rey de Portugal. Pero poco después huyó con prisa. Desde el sur, los intrépidos *bandeirantes* de São Paulo de Brasil, grupos de exploradores que emprendían expediciones en el interior en busca de esclavos amerindios y riquezas, no encontraban nada que les diera ánimos para quedarse. Es que el interior de América del Sur, y sobre todo la selva amazónica constituía un ambiente que limitaba a los de espíritu más aventurero, gente generalmente inquieta que no estaba acostumbrada a quedarse en un sólo lugar. Fue el Padre Acuña, quien en 1639 bajó por el lado de los Andes, y el primero en dar un reporte favorable respecto al área. El jesuita confesó que lo habría considerado un "paraíso," si no hubiera sido por la incesante plaga de mosquitos. Después, las misiones establecidas en el río Marañón—el nombre que se le da al río Amazonas por el lado de Perú—fueron las primeras colonias europeas en la región.

Cabe mencionar que por regla general los portugueses demostraban una capacidad para adaptarse a medios desconocidos con más facilidad que los españoles. Los españoles, que siempre habían vivido a la vista de un paisaje abierto, con montañas omniscientes en el horizonte, evitaban la "prisión verde" que les representaba la selva. Las pocas veces que intentaban forjar una vida en el trópico, insistían en llevar consigo demasiado equipaje cultural. Por lo tanto trataban de imponer su propio modo de vida a un ambiente natural que lo resistía.

Por otra parte, los portugueses estaban dispuestos a desechar todo lo de su cultura tradicional que no tuviera relevancia, por lo tanto adaptándose con más destreza al nuevo ambiente. Además, los esclavos africanos, que importaban los portugueses en cantidades mayores que los españoles—ya que estos tenían más accesibilidad a los amerindios como mano de obra[5]—encontraban en la Amazonía un elemento favorable.

Bueno. Para nosotros hoy en día, acostumbrados a una vida relativamente fácil gracias a los avances de la ciencia y la tecnología, tenemos dificultad en identificarnos con los "inventores" y exploradores del Nuevo Mundo. Pero no vamos a darnos por vencidos.[6] Hay que seguirle, ahora dirigiendo la vista hacia la gente que ya estaba en América cuando llegaron los europeos.

## Preguntas

1.  ¿Cuál es la diferencia entre una "invención" y un descubrimiento?
2.  ¿De qué manera se distingue el descubrimiento de la *idea* del descubrimiento?
3.  ¿Cuál fue la naturaleza particular de la "invención" de América?
4.  ¿Qué es un espacio ideal?
5.  ¿De qué manera contribuyó Colón a la "invención"?
6.  ¿Qué función tuvo la idea de la utopía en América?
7.  ¿Qué intentos hubo de establecer una utopía en América después de la conquista? ¿Cuál fue el resultado?
8.  ¿Qué clase de tierra buscaban los españoles, y porqué?
9.  ¿Cuáles fueron los efectos de las montañas, las selvas, y las llanuras en la psicología de los exploradores y colonizadores?
10. ¿Qué aspecto tiene la Pampa? ¿Quiénes han escrito sobre ella y qué dicen?
11. ¿Cuáles son las diferencias entre la Pampa y el Llano?
12. ¿Qué aspecto tiene la región amazónica? ¿Dónde hay otras zonas selváticas?
13. ¿Por qué tardaron tanto los colonizadores en penetrar las selvas?
14. ¿Quiénes son los *bandeirantes*?

---

[5] Mano de obra = physical labor.
[6] No vamos a ... vencido = let's not give up.

15.     ¿Por qué es que los portugueses se adaptaban mejor que los españoles al ambiente americano?

## Temas para discusión y composición

1.      Si América hubiera sido sencillamente "descubierta," ¿qué diferencias se imaginan Uds. que habría en Latinoamérica hoy en día?

2.      ¿Hasta qué punto creen Uds. que la geografía puede influir— por la "fuerza telúrica"—a la psicología de la gente?

## Un debate amigable

Tres grupos defendiendo tres hipótesis: (1) ... que la utopía es alcanzable y hay que trabajar hacia ese fin, (2) ... que no es alcanzable, y hay que olvidarla, y (3) ... que no es alcanzable, pero de todos modos debemos tratar de realizarla, porque así, indudablemente vamos a mejorar nuestras condiciones.

# CAPÍTULO CUATRO

# LOS QUE HABITABAN EL NUEVO MUNDO, Y SU DESTINO

**Fijarse en:**
- La *distinción* entre América *tal como era* y *tal como la percibían* los conquistadores y los exploradores.
- La *dificultad* que la gente de *un pueblo* siempre tiene en llegar a comprender la gente de *otro pueblo radicalmente distinto*.
- La manera en que América *llegó a ser considerada* como una *utopía virtual*.
- El *origen* de los *amerindios* y el *aspecto* que tenían sus *culturas* cuando llegaron los *europeos*.
- La *contribución* de las *culturas americanas* a *Europa*, y *viceversa*.
- La *naturaleza* de *la conquista* de los *pueblos amerindios*.
- El *sincretismo*, como base de las *características* de las *culturas latinoamericanas*.
- La naturaleza de la *conquista religiosa* y la *función de la religión* durante los primeros años de la *colonización*.

**Términos (de Español y de lenguas prehispánicas):**
- *Anáhuac, Araucanos, Ayllus, Aymara, Aztecas, Calpulli, Ce Acatl, Coatlicue, Cuzco, Guadalupana, Guaraní, Guerra Florida, Huitzilopochtli, Incas, Mayas, Mita, Nahuatl, Obraje, Quechua, Quetzalcoatl, Quipus, Sincretismo, Tenochtitlán, Texcoco, Tihuanaco, Titicaca, Tlaloc, Tlatoani, Tlaxcaltecas, Toltecas, Tonantzin, Virreinato, Virrey, Yanacona.*

## Los amerindios antes de la conquista

Según el capítulo anterior, la gente de la península tendía a ver lo que estaba predispuesta a encontrar en ese Nuevo Mundo "inventado."

Por lo tanto, cuando por primera vez Cristóbal Colón contempló un grupo de indígenas en la playa de la isla Guanahani, los observó con ojos algo *idealistas*, de acuerdo con sus pre-concepciones.

En una carta a la Reina Isabella, escribió que sería aconsejable enseñarles la modestía de cubrir su cuerpo con ropa, pero cualificó esa opinión con una admiración por la belleza de las mujeres y el estado de salud de los hombres. Los encontró como gente sencilla, humilde, mansa, y generosa, y reiteró su consejo de guardar respeto hacia todos. Varios años después, sin embargo, Colón tuvo otra opinión: los ojos con los cuales contempló a los amerindios se habían vuelto *prácticos.* Ahora escribió a la Reina que los amerindios serían vasallos dignos de la corona de España, y por lo tanto sería necesario ponerlos a trabajar la tierra lo más pronto posible. Serían bastante aptos para esos trabajos, razonó Colón, y como no poseían armas de guerra, tenían aptitud natural para el cristianismo. De esta manera, Colón sacó a luz la contradicción irreconciliable de *convertir* a los amerindios al cristianismo y al mismo tiempo de *esclavizarlos,* conflicto que, como vamos a notar, marcaría toda la época colonial. Así es que desde el principio América estaba envuelta en exageraciones, contradicciones, y mitos—lo que era de suponer, ya que fue tanto una "invención" como una *realidad.* Pero, ¿cómo, en realidad, eran esos nuevos pueblos que contemplaban los aventureros europeos?

A pesar del *idealismo* con que Colón y otros peninsulares percibían a los indígenas, queda el hecho de que el aspecto diversificadísimo de las culturas de Sudamérica y América Central fue algo que no cabía dentro de la experiencia de los ingleses que llegaron a Norteamérica. Al contrario de Norteamérica donde la gran mayoría de los amerindios consistían principalmente de grupos relativamente pequeños, en Latinoamérica hubo una gran variedad de civilizaciones y de culturas. En general, se pueden clasificar las sociedades indígenas de Latinoamérica en tres categorías: (1) *cazadores* de Argentina, Uruguay, las costas de Brasil, y el norte de México, (2) *agricultores de tierras bajas* de Bolivia, el Caribe, Centroamérica, Colombia, Chile, Ecuador, las Guianas, Perú, Venezuela y el interior de Brasil, y (3) *agricultores de civilizaciones desarrolladas* de las altiplanicies de Centroamérica, México, y la región andina (véase el Mapa 6).

Ha habido vigorosos debates acerca de la población indígena en vísperas de la conquista. Los estimados varían desde 13 a 100 millones de habitantes para toda América. En Latinoamérica lo más probable es que había cerca de 80 millones de amerindios, con 60 millones en México, Centroamérica y la región andina, y los demás distribuidos escasamente por las otras regiones. Durante y poco después de la conquista, hubo una gran baja de la población indígena que ahora los historiadores califican como un "desastre demográfico." Ese desastre tuvo como causas principales las guerras de la conquista, nuevas enfermedades que trajeron los europeos contra las cuales los indígenas no tenían resistencia, la esclavitud y otros abusos. Es posible que para el año 1650 no hubieran quedado más de 4 millones de amerindios al sur de EE.UU.

Sin duda, el premio máximo de la conquista del Nuevo Mundo no fue ni el oro ni la plata sino la apropiación—por medio de esclavitud y trabajo forzado—de seres humanos. Desde el principio hubo muy pocos españoles y portugueses para llevar a cabo[1] la gran tarea de establecer colonias, administrarlas, y mantenerlas en un camino dinámico de producción. Además el temperamento de los peninsulares no conducía al amor hacia las labores manuales: pues, vinieron, como ya hemos notado, para ser amos e *hidalgos*, no siervos. Fue, desde el principio, el indígena americano el que proveyó la mano de obra para la construcción del imperio ibérico en este continente. Dondequiera que se abrían las montañas para las minas, fueron los amerindios los que llevaron las rocas en sus espaldas; gracias a su sudor, las Américas abastecieron a Europa de azúcar, tabaco, y otros productos; la edificación de iglesias, palacios, monumentos, y casas suntuosas no habrían sido posible sin su arte, su artesanía, y su esfuerzo; miles de tareas cívicas, eclesiásticas, y domesticas no se habrían realizado si no hubiera sido por la existencia del indígena americano.

Las regiones pobladas por las civilizaciones indígenas relativamente avanzadas fueron conquistadas en poco tiempo y defendidas contra la infiltración de otras naciones europeas con pasión. Estas comunidades sedentarias y bien establecidas ya tenían una tecnología avanzada en cuanto a métodos agrícolas y la elaboración de oro, plata, piedras preciosas, cerámica, artículos de madera, y el arte de tejer. Los conquistadores no tardaron en apropiarse de sus materias y su industria. Los tejedores fueron organizados en *obrajes*[2] para tejer ropa de algodón y lana, y las minas en poco tiempo ya estaban produciendo minerales en gran escala.[3] Pero, como escribe el historiador Raymond Sokolov en *Why We Eat What We Eat* (1991), en realidad hay que olvidarse un poco del oro y la plata, porque la aportación principal del Nuevo Mundo al Viejo Mundo fue: la dietética. Y se puede decir lo mismo de las

[1] Llevar ... cabo = to carry through, accomplish.
[2] Obrajes = workers guilds, forerunners to modern-day trade unions.
[3] En ... escala = on a large scale, in great quantities.

aportaciones de Europa a América. Antes del siglo XVI en Europa, no había maíz, batata, batata dulce (*camote* en México), tomate, chile, chocolate, vainilla, frijol (de toda clase), calabaza, aguacate, maní (*cacahuate* en México), piña, varias clases de nueces, y pavo (*guajolote* en México). Por otra parte, en el Nuevo Mundo no había ganado, puerco, oveja, pollo, trigo, cebada, avena, caña de azúcar, cebolla, sandía, durazno, pera, banana, naranja, y limón. Entonces uno de los impactos de más alcance durante la colonización fue el cambio de dieta.

Además, una de las transformaciónes principales en el Nuevo Mundo, y lo que poco a poco cambió el balance ecológico, fue la importación de animales a América del Viejo Mundo. La gran mayoría de los amerindios vivía sin bestias de carga de ninguna clase hasta que los españoles y portugueses trajeron caballos, burros, mulas, y bueyes (la excepción más notable de la escasez de bestias de carga existía en la zona andina, donde usaban las llamas y alpacas). A causa de esa importación de animales, durante los siglos XVI y XVII, animales descarriados—sobre todo caballos—vagaban en las llanuras, los desiertos, y las montañas. Se multiplicaron a grandes pasos, lo que proveyó una fuente de comestibles así como de bestias de trabajo para las varias tribus de indígenas, sobre todo las nómadas.

Ahora vamos a contemplar brevemente el panorama prehispánico.

## Los aztecas

El valle donde actualmente se encuentra la ciudad de México era la sede de diversas civilizaciones antiguas. Los grupos de habla *nahuatl*—entre otros, los *chichimecas* y *mexicas*, mejor conocidos como los *aztecas*—fueron los más sobresalientes. Los chichimecas migraron desde el norte de México, quizás durante el comienzo del siglo XI, y se establecieron cerca del lago de *Texcoco* al este del valle. Con el tiempo, invadieron y ocuparon otras ciudades de la civilización antigua de los *toltecas*.

A principio del siglo XIII los *aztecas* migraron desde el noroeste—del estado de Sonora o quizás Arizona de EE.UU.—guiados por *Huitzilopochtli*, su dios de guerra. Según la leyenda, esa deidad les dio instrucciones de migrar hacia el sur hasta encontrar señal de un águila posada en un nopal estrangulando una serpiente. Cuando por fin apareció ese fenómeno en 1325 en una isla del lago de *Texcoco*, establecieron allí la ciudad de *Tenochtitlán*. Para mediados del siglo XIV la elite azteca había forjado una alianza con los sobrevivientes de las naciones decadentes del área. Esa alianza sirvió para vigorizar su propia cultura, dando así lugar a la creación de una dinastía política imperialista. Originalmente la sociedad tenía una estructura básicamente igualitaria que consistía de unidades socio-económicas o clanes (*calpulli*). Esta unidad social, que incluía generalmente un grupo de familias que vivía en un sólo lugar, era común en toda mesoamérica.[4] La cabecera de cada *calpulli* ofrecía seguridad militar, controlaba las tierras de cultivo y de pastura, y otorgaba los derechos de cazar y de pescar. Además, administraba la redistribución de los bienes de acuerdo con los cambios demográficos. Durante el imperio azteca, el sistema de *calpulli* fue transformado a un sistema monárquico, los jefes del cual ahora formaban un grupo aristocrático (*tlatoani*). Con la subsecuente pérdida de las características igualitarias, apareció un aumento de organización socio-política y un nuevo nivel de vida y cultura, con el desarrollo de las artes y las artesanías.

Durante el reinado del emperador Moctezuma I de 1440 a 1468, los aztecas se aliaron con dos ciudades-estados adicionales en las riberas del lago Texcoco, y poco a poco tomaron control de todo el valle. Siguieron con la expansión territorial, conquistando Oaxaca, parte de Guatemala, y la costa del golfo directamente al este de Tenochtitlán. La civilización azteca alcanzó su apogeo en 1487, año de la inauguración del templo-pirámide de Huitzilopochtli—donde hoy en día existe la catedral de México—con un sacrificio, según los cálculos, de 20,000 prisioneros de guerra. Cuando Moctezuma II heredó el trono en 1502, tomó mando de una sociedad que en menos de un siglo se había levantado de la oscuridad para llegar a ser una dinastía política de una región comparable a la del imperio romano. Tenochtitlán ya tenía una población de entre 300.000 y 400.000 habitantes, muchos de ellos inmigrantes, y se calcula que el valle de México tenía aproximadamente 1.5 millones de habitantes. En *Tlatelolco*, un mercado al aire libre enorme, con filas simétricas de puestos notablemente organizados y limpios, servía a miles de compradores cada día.

Ritos religiosos regían la vida en Tenochtitlán. Eran dirigidos por un grupo grande y poderoso de sacerdotes. Los aztecas adoraban una mezcla compleja de deidades, que incluía *Quetzalcóatl* (dios de cultura), *Tlaloc* (el antiguo dios mesoamericano de la lluvia y la fertilidad), *Coatlicue* (la madre diosa), y *Huitzilopochtli* (el único dios

---

[4] Mesoamérica = "middle America," consisting of southern Mexico and Central America.

original de los aztecas).  A medida que los aztecas conquistaban fama, poder y territorio, crecía la influencia de *Huitzilopochtli*.  Poco a poco, un aura de místicismo y misterio alrededor de esta deidad se convirtió en un culto sangriento—sobre todo con la práctica de los sacrificios humanos—que absorbía los ritos en nombre de los otros dioses.  Ese culto llegó a ser la justificación de la expansión militar y la imposición de tributos a las otras tribus de la zona.

En fin, el imperio azteca existía a un costo de muchas vidas y mucho sufrimiento.  No obstante, hay que reconocer sus hazañas:  ciudades suntuosas, organización social sofisticada, cultivo impresionante de las artes, y estructuras de una magnitud y arquitectura notables.

## Los mayas

La complejidad de los imperios *azteca* e *inca* y el nivel de organización de sus instituciones socio-políticas no tenía igual en América en 1500.  Sin embargo, no hay que hacer caso omiso[5] a los *mayas*, que en algunos aspectos alcanzaron desde antes de 1500 una civilización superior a la de los aztecas y los incas.  El orígen de los mayas se extiende hasta una antigüedad oscura, posiblemente antecediendo a las civilizaciones de Egipto y Mesopotamia.[6]  En tiempos más recientes, existía el Imperio Antiguo Clásico (del siglo IV hasta el IX) y el Imperio Nuevo (del siglo IX hasta el XIV).  El primero se desarrolló en las selvas del sur de la península de Yucatán, las mesetas de Guatemala y el oeste de Honduras.  El segundo ocupó principalmente el norte de Yucatán.  Pero se puede decir que la expresión máxima de la civilización maya, la del Imperio Antiguo y el comienzo del Nuevo Imperio, había alcanzado su cenit varios centenares de años antes de la conquista.

Se sabe relativamente poco de la vida cotidiana, el sistema socio-político, y las instituciones del pueblo maya.  Parece que el sistema político era bastante sencillo:  preferían un grado mínimo de administración.  Prácticamente dicho, no había imperio maya, sino una colección de ciudades-estados, cada uno con su propia soberanía, con una red de comunicación entre todos.  Las ciudades-estados compartían diversos aspectos de su cultura, e intercambiaban sus productos locales.  Un emperador hereditario regía cada ciudad-estado.  Tenía poderes laicos y religiosos, y sus funciones eran principalmente administrativas, con

---

[5]  Hacer ... omiso = to fail to notice, to ignore.
[6]  Mesopotamia = mesopotamia, the territory between the Tigris and Euphrates rivers in the Near East.

poca política, lo que servía para dar una libertad relativamente amplia a las actividades de los ciudadanos.

Entre las hazañas más notables de los mayas cuentan su arte, su arquitectura, su conocimiento por la astronomía, y sobre todo las matemáticas. Tenían el concepto del cero, que no existía en Europa hasta la invasión de los moros, cuando introdujeron el álgebra. Además el calendario maya, que coincidía con las ceremonias religiosas y los ritos de la fertilidad, fue, como el calendario azteca, más avanzado que el calendario gregoriano que usaban los conquistadores. Solamente los mayas, entre todos los grupos americanos, habían desarrollado un sistema de escritura jeroglífica—que no se ha podido descifrar en su totalidad hasta hoy. Hay que hacer mención también del libro sagrado de los mayas, el *Popol vuh*, que revela el grado de desarrollo de su religión, su filosofía, y su creación poética.

Desafortunadamente, debido a la destrucción de los códigos mayas, poco se sabe acerca de esa misteriosa y enigmática civilización antigua. No obstante, los vestigios arqueológicos de las ciudades mayas son numerosos y extensos, dando indicios de la existencia de una población numerosa (que se calcula entre 13 y 53 millones de habitantes durante el Imperio Antiguo, aunque las aproximaciones más grandes son seguramente exageradas).

## Los incas

Los *incas*, de habla principalmente *quechua* y *aymara*, crearon el imperio indígena más extenso de América—desde el sur de Colombia hasta el norte de Argentina y Chile—con una estructura militar, política y administrativa bastante sofisticada. Mientras las civilizaciones en general se miden a través de su ciencia, tecnología, artes, filosofía y religión, lo más sobresaliente de los incas fue su sistema imperialista, indudablemente uno de los más avanzados de la historia del mundo hasta su época.

Hay varios mitos acerca del origen de los incas. Lo más probable es que alrededor del año 1200 una tribu de poco renombre comenzó a dominar otras tribus en los valles del *Cuzco*, desarrollando en el proceso instituciones socio-políticas superiores a las que ya existían en el territorio. A fines del siglo XIII, Manco Capac, primer emperador oficial y fundador de la nación incaica, consolidó el poder de las comunidades de la comarca. En el proceso tomó posesión de la antigua fortaleza de *Tihuanaco* cerca del lago de *Titicaca* en Bolivia. Y a principio del siglo XIV, los incas iniciaron una expansión progresiva hacia el norte, el este, y el sur.

En 1438, Yupanqui Inca Pachacuti, quizás el emperador más poderoso de todos los amerindios, terminó por consolidar el imperio. Las tribus conquistadas fueron divididas en grupos pequeños y dispersos entre *caciques*[7] oficiales hasta que pudieran ser suficientemente "incaizados" e integrados a la corriente de la sociedad conquistadora. Un sistema de calzadas (casi 16.000 millas) y puentes, y una red de comunicación a través de una serie de mensajeros que corrían en relieve entre los pueblos, mantenía un régimen rígido y bien organizado desde Cuzco hasta los lugares más remotos. Los corredores llevaban informes en hilos de múltiples colores y con nudos, que descifraban según un código especial. Esos hilos, que se llamaban *quipus*, se pasaban de mano en mano entre los corredores hasta que alcanzaban su destino.

Según la tradición, fue la responsabilidad de cada emperador la de extender el dominio incaico. Poco a poco, el territorio fue dividido en cuatro regiones principales, ochenta provincias, y más del doble el número de distritos, cada uno con una cantidad variable de *ayllus* (las unidades territoriales más pequeñas, semejantes a los *calpulli* de los aztecas). El sistema social era rígidamente jerárquico. Los individuos pagaban tributo al estado con productos de la tierra, de artesanía, y por medio de trabajo en obras públicas.

Desafortunadamente muchos de los líderes que siguieron a Yupanqui Inca Pachacuti en el poder no tuvieron su capacidad. Por consiguiente, el imperio poco a poco fue degenerando hasta la muerte del emperador Huayna Capac en 1527, cuando Huascar, su hijo, asumió el poder. Pero el hermano ilegítimo de Huascar, Atahuallpa, lo asesinó y usurpó el mando del imperio. Entonces al llegar el conquistador Francisco Pizarro en 1530 con sólo 180 soldados, la nación incaica era apenas una memoria de su grandeza en el pasado. Si Pizarro hubiera entrado en Cuzco varios años antes, quizás hubiera encontrado en Atahuallpa un enemigo formidable e invencible.

Hay que notar, además, que después de la conquista, los conquistadores encontraron muchos aspectos del sistema socio-político de acuerdo con sus propios fines. Los españoles emplearon las mismas instituciones gubernamentales de los incas. También se apropiaron de sus métodos de asignar a los trabajadores a labores públicas y proyectos particulares. Estos trabajos eran de una institución administrativa que

---

[7] Cacique = Amerindian chief, boss.

se llamaba *mita*, que en quechua quiere decir el "turno" en las obras públicas. La gente de la *mita* formaba la *yanacona*, una clase de siervos.[8] Pero a diferencia del sistema medieval de España, la servidumbre en Perú no fue voluntaria sino forzada y poco mejor que la esclavitud. Los *siervos* permanecían ligados a la propiedad de su amo hasta la fecha de su emancipación, que no llegó hasta las reformas de la monarquía española durante el siglo XVIII. Sea como sea,[9] fue en parte debido a la adaptación de instituciones incaicas al sistema colonial en Perú que esa sociedad colonial evolucionó como una fusión de costumbres españolas e indígenas con menos problemas que en México.

## La conquista

### México

La ocupación militar de las islas del Caribe fue una campaña metódica y sin el provecho—de oro, plata, y otras riquezas—que se esperaba. En comparación, la subyugación de las grandes civilizaciones del continente americano fue de magnitud épica. Como antecedente a la conquista de los aztecas, tenemos la expedición de Vasco Núñez de Balboa, marinero popular e intrépido, que atravesó el istmo de Panamá en 1513 y descubrió el Océano Pacífico. Juan Ponce de León, gobernador de Puerto Rico, navegó al noroeste y descubrió la Florida en el mismo año. En 1516 Juan Díaz de Solís, intentando encontrar el legendario paso del Atlántico al Pacífico, navegó hasta la boca del Río de la Plata. Fernando Hernández de Córdoba recorrió la costa de Yucatán en 1517, y el año siguiente Juan de Grijalva exploró el litoral de la misma península.

Durante las expediciones por la costa de México, habían llegado a los oídos de los exploradores españoles noticias de ciudades en el interior del continente colmadas de oro y otras riquezas—es decir, lo que eran riquezas para la gente europea, pues para los amerindios, esas "riquezas" (artículos de ciertos metales y piedras) no tenían el mismo valor. En 1519, Diego Velázquez, gobernador de Cuba, nombró a Hernán Cortés (1485-1547) como jefe de una expedición para explorar el interior del continente y subyugar a las civilizaciones que allá se encontraran. Después, Velázquez se dio cuenta de que Cortés fue

---

[8]  Siervos = serfs.
[9]  Sea ... sea = be that as it may.

demasiado ambicioso, y decidió relevarlo de su cargo. Pero al enterarse de los nuevos planes de su gobernador, Cortés salió durante la noche en once barcos, con 508 soldados y dieciséis caballos. A la mañana siguiente, el gobernador no pudo hacer más que pararse a las orillas del mar viendo, en el horizonte, los barcos que poco a poco se alejaban rumbo al continente.

Parece que a Cortés le favoreció la suerte. En la isla de *Cozumel* cerca de la península de Yucatán, rescató a Jerónimo de Aguilar, quien había sido abandonado allá por una expedición anterior. Aguilar había vivido con los mayas los últimos ocho años, y durante ese tiempo aprendió su idioma. Después, entre los amerindios de la costa del Istmo de *Tehuantepec*, Cortés conoció a *Malintzín* o *"Malinche"* (como la llamaban los españoles, y cuyo nombre al ser bautizada en la iglesia católica fue cambiado a doña Marina). Malinche sabía varios dialectos, incluyendo el náhuatl, idioma de los aztecas. Con el servicio de la Malinche como intérprete, y con la experiencia de Jerónimo de Aguilar, se le facilitó a Cortés la comunicación con los indígenas de toda la región. Después, navegando por la costa rumbo al norte, Cortés mandó fundar una base de operaciones en Veracruz, donde estableció un *cabildo*,[10] y se nombró a sí mismo capitán de la expedición. Algunos marineros que seguían apoyando a Diego Velázquez dieron señales de rebeldía. Cortés los mandó ahorcar, y, como fue mencionado en el Capítulo Dos, quemó los barcos para que nadie regresara a Cuba, un acto de intrepidez raras veces conocido en los anales históricos. Ahora no hubo más remedio. Tuvieron que seguir a Cortés.

Lo cierto es que una campaña victoriosa prometía mucho. En Veracruz, Cortés había recibido regalos de parte de emisiarios de Moctezuma II, emperador de los aztecas que desde hacía tiempo estaba enterado de los pasos de la expedición. Con razón Moctezuma tenía preocupaciones: creyó que quizás Cortés fuera el dios *Quetzalcoatl*. Según la leyenda, Quetzalcoatl fue engañado por otras deidades, perdió su honor, y fue desterrado. Pero al salir, pronisticó que a su regreso en el año *ce acatl* del calendario azteca, iba a destruir completamente el imperio. Ese año fue, precisamente, 1519 del calendario gregoriano, el mismo año de la llegada de los conquistadores. Fue por eso que los embajadores de Moctezuma propusieron a Cortés, al que creían Quetzalcoatl, que abandonara su proyecto a cambio de todo el oro que quisiera; pues, quizás Moctezuna pensaba que, como "dios," Cortés sería

---

[10] Cabildo = municipal government.

invencible. Pero el capitán, gracias a su intérprete y ahora su amante, Malinche, ya había recibido noticias de la leyenda de las riquezas fabulosas que se encontraban en el interior. Por lo tanto, de ninguna manera estaba dispuesto a quedarse en la costa. En agosto de 1519 con 400 soldados emprendió Cortés la marcha hacia el valle de *Anáhuac*—ahora el valle de México—donde se encontraba la ciudad de *Tenochtitán*. El camino pasaba por tierra de los *tlaxcaltecas*, pueblo enemigo de los aztecas durante la larga *"Guerra Florida."* Los fines que tenían los aztecas con la *"Guerra Florida"* estaban dirigidos a la toma de prisioneros para sacrificios humanos. Por lo tanto no querían la victoria, sino una fuente de víctimas para sus dioses insaciables, sobre todo Huitzilopochtli. Dándose cuenta de la naturaleza de esa guerra, Cortés tuvo la astucia de aliarse al pueblo tlaxcalteca, y con un ejército de españoles y reclutas indígenas, siguió la marcha hacia Tenochtitlán.

Después de entrar a la ciudad, que era una isla en el lago de Texcoco ligada a las orillas por tres calzadas, Cortés, temiendo un ataque de sorpresa por los aztecas, tomó prisionero al emperador. Los vasallos de Moctezuma consideraron este acto indigno de su jefe—que, como emperador, era considerado como un *semi*-dios. Ahora, por esa razón, los aztecas le tenían poco respeto, ya que era un líder sin fuerza y sin integridad. Un día cuando Moctezuma les estaba dirigiendo la palabra a un grupo de sus vasallos desde la cima de un muro, lo apedrearon, y poco después murió a causa de las heridas. Los españoles, ahora temiendo por su vida, huyeron de la ciudad. Pero no fue fácil. Aquella noche, que tiene como nombre la *noche triste*, fue desastrosa para los españoles. Los aztecas pronto se enteraron de la huída de los enemigos, y dieron ataque. Pero los españoles, que llevaban todo el oro y otras riquezas que habían saqueado, no tenían la movilidad acostumbrada. Durante la batalla, Cortés y sus hombres, rodeados de una multitud de enemigos, pudieron defenderse cuando menos un poco sólo por el hecho de que los amerindios no querían matarlos sino sólo tomarlos prisioneros para los sacrificios—como había sido la costumbre de la *"Guerra Florida."* Lo peor de todo fue que durante la batalla muchos españoles cayeron al agua, y se ahogaron con el peso del oro y su armadura de metal.

A pesar de la gran pérdida, al regresar a Veracruz, Cortés inmediatamente empezó a reorganizar su pequeño ejército y a consolidar su alianza con los tlaxcaltecas para reanudar la batalla. Tuvo la suerte de que en Veracruz recibió refuerzos de Cuba, y sin demorar, regresó a Tenochtitlán con nueva energía. Los aztecas, ahora bajo el mando del nuevo emperador, Cuauhtémoc ("águila que cae"), se prepararon para la defensa. Pero con los refuerzos de Cuba y el renovado ánimo de los españoles, la etapa final de la conquista fue catastrófica. Los conquistadores ahora comenzaron a destruir sistemáticamente la ciudad, casa por casa, manzana por manzana. Llegaron, después de una larga lucha sangrienta, a la plaza central donde hoy en día se encuentra el Zócalo de la ciudad de México, y siguieron el ataque hasta la cima de la pirámide de Huitzilopochtli y Tlaloc. Se calcula que en la conquista de Tenochtitlán, cerca de 100.000 indios perdieron la vida en batallas, a causa de enfermedades, y hambre.

Con la derrota de Tenochtitlán en el año 1521 y después de la tortura y muerte de Cuauhtémoc—que ahora es considerado como un héroe nacional de México por su resistencia a la invasión española— Cortés fundó la ciudad de *México* sobre las ruinas de Tenochtitlán. En 1522, el Rey Carlos V lo nombró gobernador, capitán general, y justicia mayor de Nueva España. En 1535, al llegar Antonio de Mendoza como *virrey*,[11] se estableció el primer *Virreinato*[12] en las Américas. Para entonces, bajo el mando de Cortés, Pedro de Alvarado había llevado la conquista hasta Centro América, donde otros aventureros habían penetrado las regiones al oeste y al norte de la nueva ciudad de México. Y para 1546, Francisco de Montejo y su hijo habían conquistado a los mayas de Yucatán.

## Perú

Los conquistadores de Perú, Francisco Pizarro (¿1475?-1541) y Diego de Almagro (1475-1538), en contraste a Cortés, eran de origen humilde. Desde Panamá, los dos se llenaron de ilusiones al recibir noticias de ciudades en la región andina colmadas de metales preciosos. Con ambición típica de los conquistadores de la época, formaron planes para conquistar el área. Pero después de algún tiempo dedicado a infructuosos trámites y preparaciones, en 1527 Pizarro se encontraba casi sin provisiones en la isla de *Gallo* por la costa del Océano Pacífico, mientras Almagro estaba en Panamá intentando conseguir nuevos reclutas. El gobernador de Panamá no sólo se negó a concederle reclutas, sino mandó tropas a la isla Gallo para traer a la fuerza los soldados que estaban allá con Pizarro.

---

[11] Virrey = Viceroy; the governor of a colonial province.
[12] Virreinato = Viceroyalty; the name for the colonial provinces.

La mayoría de los hombres de Pizarro parecían dispuestos a abandonar el proyecto, que ya prometía dar pocos frutos. Pero desconocían la terquedad de su líder. Durante una confrontación con sus soldados, Pizarro, en un acto de desperación, sacó su espada y trazó una línea en la playa de este a oeste, diciendo, mientras señalaba al sur, "Por aquí se va a Perú, a ser ricos." Y luego, señalando al norte, gritó, "Por aquí se va a Panamá, a ser pobres." Según dicen, doce hombres atravesaron la línea apoyando a Pizarro, los que llegaron a conocerse como "los doce de Gallo." Quedaron con Pizarro, apenas sobreviviendo durante siete meses hasta que llegó un barco con provisiones, pero sin refuerzos. Pizarro decidió regresar a España con una petición al rey para que le diera licencia de emprender la conquista. Le fue por fin concedida, y en 1530 Pizarro embarcó con cuatro de sus hermanos para el Nuevo Mundo.

Después de otras intrigas, y con sólo 180 soldados, en 1532 Pizarro se enfrentó en Cajamarca con un emisario de Atahuallpa, quien era entonces el emperador ilegítimo de los incas. En vista del número poco impresionante de los invasores, Atahuallpa con confianza los invitó a su ciudad—le habría convenido primero una charla con el desdichado Moctezuma. Como fue mencionado, en un acto de intrepidez y valor típico de los conquistadores de la época, Pizarro tomó prisionero a Atahuallpa. Le prometió que lo dejaría libre sólo con la condición de que llenara una sala de oro y dos más de plata. Sin embargo, después de que los incas habían cumplido con la demanda, Pizarro comenzó a reflexionar sobre lo que sería de su destino y de su pequeño ejército una vez que el emperador incaico quedara libre. Decidió, entonces, acusar al emperador de varios crímenes, incluyendo fratricidio—había ordenado la muerte de su hermano, Huáscar, heredero legítimo del imperio—y poligamia. Lo juzgaron culpable y lo ejecutaron. Pizarro entonces nombró emperador al Inca Manco Capac, hijo de Huáscar, aunque no fue más que un títere del invasor, Pizarro.

En 1533 Pizarro tomó posesión de Cuzco, acto que le hizo en poco tiempo el amo del vasto imperio que había sido de los incas. Buscando un lugar para el centro político que tuviera más facilidad de comunicación con España—y con un clima más agradable—en 1535 Pizarro fundó la "Ciudad de los Reyes," *Lima*. Pero aunque el imperio de los incas había sido prácticamente conquistado, todavía no había paz. Los mismos conquistadores, por la ambición y la codicia, comenzaron a pelear entre sí, y pronto brotó una guerra civil que duró de 1538 a 1548.

Por fin, con la llegada del virrey Antonio de Mendoza, ex-virrey de México, fue pacificada la región.

## Otros rumbos

Mientras había múltiples intrigas en Perú, la expansión del imperio español en la América del Sur tomó tres rumbos.

(1) En 1533, Sebastián de Benalcázar había conquistado lo que es hoy en día Ecuador, y seguía su marcha al noreste. Después de haberse establecido en Venezuela en 1534, Nicolás de Federman, de la compañía Welser (banqueros alemanes con comisión de Carlos V de España), iba penetrando la región al suroeste. Y Jiménez de Quesada había salido del puerto de Santa Marta de la actual Colombia hacia el sur en 1536. En 1537, Jiménez de Quesada fue el primero en llegar al interior de Colombia donde fundó la ciudad de *Santa Fe de Bogotá*— hoy en día la capital de Colombia. Dentro de poco tiempo, en ese mismo sitio convergieron las expediciones de Federman y Benalcázar en una reunión épica. Fácilmente, un encuentro violento hubiera resultado. Sin embargo, los tres exploradores llegaron a un acuerdo según el cual a Jiménez de Quesada le tocó la empresa de la colonización de la región, la que llegó a conocerse como la *Nueva Granada*.

(2) En 1535 Diego de Almagro emprendió una campaña infructuosa en contra de los indomables amerindios de Chile, los *araucanos*. Pero fracasó. Después, en 1540, Pizarro le encargó a Pedro de Valdivia la misión de conquistar la misma región. Penetró la zona y fundó *Santiago* en 1541. Pero los araucanos se reorganizaron y reanudaron la lucha en contra de los invasores. Hubo una serie de batallas sobre las cuales un soldado-poeta, Alonso de Ercilla y Zúñiga (1533-94), escribió un largo poema titulado *La Araucana*,[*] alabando el heroísmo de Caupolicán, líder de los araucanos. Después de que la región fue provisionalmente pacificada, otros españoles desde Chile atravezaron los Andes y fundaron *Mendoza* en Argentina para iniciar la expansión y colonización del lado oriental. Pero todavía no había paz duradera en Chile: los intrépidos araucanos siguieron resistiendo a los españoles (resistencia que duró hasta después de la Independencia de ese país a principio del siglo XIX).

(3) Mientras las batallas seguían en contra de los araucanos, exploradores desde el norte bajaron de la sierra andina hacia el sur, y en 1537, entre los amerindios *guaraní*, fue construido en Asunción—hoy

---

[*] Publicado en tres partes en 1569, 1579 y 1589.

en día la capital de Paraguay—un fuerte como base de expediciones futuras. Ahora, con la excepción de la resistencia araucana, las principales civilizaciones pre-Hispánicas estaban subyugados a la corona española.

Pero la exploración, conquista, y colonización no paró con los aztecas, mayas, incas, araucanos, y guaraní, sino que siguió hasta abarcar el territorio de diversas tribus nómadas y/o poco desarrolladas— en Argentina, al norte de México, y en varias zonas selváticas. Los españoles no dejaron de penetrar esos territorios, y poco a poco lograron establecer aldeas fronterizas y fortalezas en las zonas de los indígenas más guerreros. Sin embargo, la subyugación de algunos de los grupos indígenas no acabó sino hasta después del período colonial, cuando en el siglo XIX, naciones latinoamericanas ya independientes—como Argentina y México—emprendieron campañas, a veces hasta la exterminación, en contra de los amerindios. Ahora que podían aprovecharse de la tecnología, tenían una gran ventaja.

## La "conquista religiosa"

Hubo también otra "conquista" que la historia muchas veces ha ignorado: la "conquista religiosa," no con espadas y cañones sino con amor, paz, y religión. Pues, hay que aceptar el hecho de que la evangelización de los amerindios fue uno de los motivos principales de la conquista.

En 1524 los famosos "doce frailes" franciscanos desembarcaron en Veracruz para iniciar la conversión, en masa, de la población amerindia de la meseta de México (Nueva España). El número elegido—doce para conmemorar los doce apóstoles—refleja la seriedad del proyecto—además de su *idealismo*. Se quería recobrar la pureza, y la simpleza, que la Iglesia tenía antes de comenzar los trastornos de *La Reforma* y la creación de las religiones protestantes—de acuerdo con el *utopismo* descrito en el capítulo anterior. La gran visión de los franciscanos tenía influencia a partir de una comprensión casi mística de su empresa que consistía en adquirir una gigantesca ola de conversos antes del comienzo del reino de mil años de Cristo en la tierra. El *milenarismo* de esos franciscanos les dio una urgencia apocalíptica, que contribuyó a la idealización de los amerindios y a un intento de protegerlos de lo que consideraban la "corrupción" del Viejo Mundo. Los amerindios eran considerados como almas sencillas cuya existencia ofrecía la última oportunidad para que el cristianismo recobrara los valores tradicionales. Por lo tanto, poco a poco se fue formando una campaña por parte de los clérigos para aislar a los amerindios, hasta dónde fuera posible, de la gente de la península.

En 1526 se unieron a los frailes franciscanos doce dominicanos más, y luego en 1533 llegó un grupo de augustinianos. La obra de evangelización tuvo su comienzo en el valle de México, y, a medida que llegaban más frailes, los franciscanos se iban dispersando por Michoacán o la Nueva Galicia, los augustinianos al noreste, y los dominicanos al sur hasta Oaxaca. En 1568 llegaron los jesuitas. Pronto establecieron misiones en México, y después, organizaron la misión más notable de todas, la de Paraguay con el proyecto de realizar el *sueño utópico* entre los guaraní. Sobre todo los jesuitas y franciscanos persiguieron su obsesión por la obra misionera en las fronteras de la expansión colonial hasta bien entrado el siglo XVIII.

Un problema perenne fue que había relativamente pocos misioneros para asistir el número inmenso de amerindios, quienes tenían que ser primero convertidos y luego guiados en la fe para evitar su descarriamiento.[13] Para aliviar este problema, los frailes viajaban de pueblo en pueblo celebrando misa y administrando diversos sacramentos. Otro problema fue que en algunas regiones los pueblos estaban demasiado retirados. Entonces los misioneros adoptaron el sistema de *reducciones*, o sea, reorganizaron a los conversos en comunidades más accesibles, con el fin principal de facilitar no tanto la progresiva evangelización de los amerindios, sino también su aculturación a la civilización hispánica. Esos métodos hoy en día los denominaríamos "imperialismo colonial." Sin embargo, en esa época hay que conceder que tuvieron cierta eficacia. Como consecuencia, las órdenes religiosas encontraron éxito en cuanto a la fundación de nuevos pueblos, la organización municipal, y la construcción de iglesias y otros edificios con arte y arquitectura impresionantes. El ejemplo máximo de la reorganización de las comunidades amerindias fue el del ya mencionado padre Vasco de Quiroga, en Michoacán. Los amerindios, bajo la dirección de Quiroga y sus frailes, siguieron un régimen riguroso de labor en tierras comunales, cultivaron artesanías de todo tipo, fundaron hospitales y escuelas, y establecieron un proyecto lucrativo de seda con tecnología importada de la China. Quiroga estuvo profundamente interesado en el progreso material, intelectual y espiritual de los amerindios.

Durante los años 1530, y poco después de la conquista inicial, llegaron los misioneros a Perú. Pero con los conflictos que hubo entre

---

[13] Descarriamiento = going astray.

los españoles y los amerindios, la evangelización fuera de las ciudades principales marchaba a pasos lentos. No cobró ímpetu hasta que el virrey, Francisco de Toledo, inició una campaña de pacificación durante la década de 1560. De hecho, al contrario de México, fueron las autoridades reales en Perú las que fomentaron un programa de concentración de los amerindios en *reducciones*. Aun con esta medida, la obra misionera no alcanzó un paso animado hasta la llegada de otro grupo de jesuitas en 1568.

Es difícil juzgar la calidad y profundidad de la "conquista religiosa." Uno de los resultados más notables fue lo que generalmente se conoce como el *sincretismo*[14] del catolicismo y las religiones prehispánicas. En simultaneidad con las prácticas externas de la iglesia católica, perduraba muchas veces una corriente obstinada de ritos y creencias prehispánicas. Hubo, en términos de la historiadora, Anita Brenner, "ídolos detrás de altares." Es que las prácticas religiosas de los amerindios no fueron ni del catolicismo puro ni de las tradiciones prehispánicas, sino un *sincretismo*, una yuxtaposición, de las dos corrientes. El balance entre catolicismo y creencias prehispánicas difería mucho de región a región. A veces la sobrevivencia de las religiones amerindias no consistía más que en supersticiones populares y prácticas curiosas de magia y brujería. Por otra parte, en los Andes, Guatemala, el sur de México, y otras zonas retiradas, las creencias prehispánicas seguían casi intactas.

Sin embargo, no hay duda de que para fines del siglo XVI se llevaban a cabo ceremonias católicas en gran parte de América. El ejemplo clásico es el culto a la *Virgen de Guadalupe* entre los amerindios del valle de México. La Basílica de Guadalupe conmemora el lugar de la aparición de la virgen en 1531 a un campesino amerindio, Juan Diego. La Basílica fue construida precisamente donde antes estaba el santuario construido en memoria de a la diosa azteca, *Tonantzín* ("nuestra madre de la tierra"). Tenemos en la unión de Guadalupe y Tonantzín a dos diosas combinadas en una, ciertos aspectos de dos religiones *sincretizadas* para formar una sola religión. Es la religión de los conquistadores, por cierto, pero una religión que ya no es precisamente la de España sino que está "americanizada." Carlos Fuentes escribe en *The Buried Mirror* (1992) sobre la aparición de la Virgen de Guadalupe y el impacto que tuvo en la vida de todos los amerindios.

---

[14] Sincretismo = sincretism, the juxtaposition and coordination of disparate doctrines, beliefs, or practices.

Según Fuentes, a partir de ese fenómeno, los amerindios fueron profundamente transformados de hijos de madre indígena perseguida, violada, conquistada, y explotada, a hijos simbólicos de la virgen católica con la cual ahora se podían identificar mejor—pero *sincréticamente*, a través de Tonantzín. Nada, opina Fuentes, ha consolado y unificado el espíritu de las víctimas de la dominación europea tanto como la Virgen de Guadalupe, y otras vírgenes como la Virgen de la Caridad del Cobre en Cuba y la Virgen del Caromoto en Venezuela.

El culto a la Virgen de Guadalupe, ahora una institución denominada la *Guadalupana*, ha ejercido una fuerza innegable en la mente de los campesinos de México. Fue un pendón con la Virgen de Guadalupe el que inspiró a los amerindios en 1810 en su rebelión en contra de la colonia española. Aunque esa rebelión fue pronto sofocada, marcó el comienzo de la lucha para la Independencia en México. Y fue la misma virgen la que acompañó a los campesinos de la altiplanicie de México en su lucha contra los terratenientes[15] durante la Revolución Mexicana (1910-17).

Aunque a menudo los historiadores han calificado a la "conquista religiosa" en conjunto con la conquista militar como una violación atroz de las civilizaciones amerindias, otros opinan que la seguridad y bienestar moral-espiritual que los amerindios han derivado de su fe católica es innegable. ¿Qué opina Ud.? Tomando en cuenta las luchas militares-religiosas en nuestros días, ¿pudo haber en América una distinción categórica entre el aspecto militar y el religioso de una conquista, o tuvieron los dos que estar íntimamente ligados?

## Preguntas

1. ¿Qué opinión tuvo Colón de los primeros amerindios que vio?
2. ¿Por qué es que la percepción de Bernal Díaz del Castillo y Colón fue torcida respecto a la "realidad" americana?
3. ¿Cuáles fueron algunos de los intentos de establecer utopías en América? ¿Qué pasó?
4. ¿Qué le aconsejó Colón al Rey respecto al futuro de los indígenas? ¿Qué contradicción existe en estos consejos?
5. ¿Qué tipo de culturas amerindias existían cuando llegaron los europeos?

---

[15] Terratenientes = large land owners.

6. ¿A qué se debe la disminución asombrosa de la población de los amerindios después de la conquista?

7. ¿Cuál fue el premio máximo de la conquista, y por qué?

8. ¿Qué contribuciones hubo de América a Europa, y vice versa?

9. Antes de la conquista, ¿qué aspecto tenía Tenochtitlán? ¿Cómo era su organización socio-política?

10. ¿Qué dioses tenían los aztecas? ¿En qué sobresalía su civilización?

11. ¿Cuál fue el origen de los mayas? ¿Cómo se desarrolló su civilización? ¿Qué aspecto tenía el sistema socio-político-económico maya?

12. ¿Cuál fue el origen de los incas? ¿Cómo se puede mejor caracterizar su civilización?

13. ¿Cómo llegaron a dominar los incas a otras comunidades de la zona?

14. ¿Qué fue la "mita"? ¿La "yanacona"?

15. ¿De qué manera fue Cortés astuto?

16. ¿Cómo pusieron fin a la conquista de Tenochtitlán los españoles?

17. ¿Qué problemas tuvieron Pizarro y Alamgro al emprender la conquista de los incas?

18. ¿Cómo fue el primer encuentro entre Pizarro y Atahuallpa? ¿Qué táctica empleó Pizarro con él?

19. ¿Por qué no hubo paz después de la conquista de Perú? ¿Cómo fue pacificada por fin la región?

20. ¿Cómo fue la fundación de Santa Fe de Bogotá?

21. ¿Qué problemas hubo entre los españoles y los araucanos? ¿Quíen fue Alfonso Ercilla y Zúñiga?

22. ¿Cómo se extendió la conquista religiosa? ¿Cuáles fueron los problemas y por qué?

23. ¿Por qué es difícil juzgar el éxito de la "conquista religiosa"?

24. ¿Qué impacto histórico ha tenido la tradición de la Virgen de Guadalupe?

## Temas para discusión y composición

1. ¿Qué demuestran las conquistas de los aztecas y los incas acerca de la personalidad de los españoles, su individualismo, el concepto de su "yo," y su dedicación a *Dios*, el *Rey*, y *España*?

2.      Según la lectura de este capítulo, ¿Cómo fue expresado el utopismo después de la "invención" de América con la "conquista religiosa"? ¿Es todavía posible una utopía?

## Un debate amigable

Organícese una confrontación polémica sobre la necesidad o la no necesidad de la conquista militar de las civilizaciones prehispánicas, y que si hubiera o no hubiera sido suficiente una conquista puramente "religiosa."

# CAPÍTULO CINCO

# INSTITUCIONES COLONIALES

**Fijarse en:**

- El porqué de la *falta de comunicación* entre la *península* y los *colonos americanos.*
- El *nivel de control* que *intentaban ejercer* los *peninsulares* en América, *la manera* en que lo hacían, y *la eficacia* de sus esfuerzos.
- La *lucha perpetua* de los *conquistados* y la *manera en que resistían* las *imposiciones políticas, económicas* y *culturales* de los *conquistadores.*
- La *eficacia* de *España* y *Portugal* en su *lucha* con otros países europeos para el *control* del Nuevo Mundo.

**Términos:**

- *Adelantado, Alcalde Mayor, Audiencia, Cabildo, Capitania, Casa de Contratación, Consejo de las Indias, Contrato, Corregidor, Corregimiento, Donatário, Encomienda, Fazenda, Gobernador, Hacienda, Leyenda Negra, Mameluco(a), Obedezco Pero No Cumplo, Repartimiento, Sueldo Fijo, Tupí-Guaraní.*

Reflexione Ud. algunos momentos en la distancia enorme que existía entre la península y las colonias, y el tiempo necesario para transportar mensajes y materias de un lado para otro durante la época colonial. Para nosotros, acostumbrados a las facilidades modernas, es difícil comprender cabalmente los problemas que tenían los dos reinos de la península en mantener la paz y el orden en colonias tan grandes y tan lejanas. De todos modos, hay que tener presente[1] las limitaciones severas que tenían España y Portugal, debido a la *distancia* y los *problemas de comunicación*, mientras Ud. lee los próximos capítulos. Solamente de esta manera se podrá empezar a comprender el espíritu de la cultura colonial en Latinoamérica.

---

[1] Tener presente = to bear in mind.

Prosigamos, pues.

## La administración colonial:  España

Desde un principio, dos instituciones administrativas españolas fueron establecidas para gobernar las colonias:  la *Casa de Contratación* (1503) y el *Consejo de las Indias* (1524).  La *Casa de Contratación* sirvió para regular el comercio con el Nuevo Mundo, mientras la función principal del *Consejo de las Indias* fue la de dar aviso al rey acerca de las transacciones americanas.

En términos más específicos, la *Casa* tenía el cargo de conservar el monopolio español del comercio.  Ese cargo incluía:  (1) autorización a los barcos, los comerciantes y los inmigrantes, (2) colección de importes e impuestos, y en general (3) administración de las operaciones marítimas.  El *Consejo* servía como instrumento supremo para gobernar las colonias.  Fue esta institución la que:  (1) preparaba las leyes y tenía la responsabilidad de asegurar su vigencia, (2) interpretaba las leyes, y funcionaba como corte suprema, (3) supervisaba el tratamiento de los amerindios, (4) administraba las *audiencias*,[2] universidades, y el cuerpo eclesiástico, y (5) concedía licencia para nuevas expediciones con el fin de fomentar la expansión de la colonia.

Pero, como vamos a notar, debido a las ya mencionadas distancias enormes, la falta de comunicación, y los escasos recursos administrativos y militares de los colonizadores—sobre todo porque España estaba en guerra perpetua con los países protestantes en defensa de la fe católica—era casi imposible mantener un respeto cabal[3] a la ley. Debido a la incapacidad de España de regir eficazmente los asuntos de sus colonias, poco a poco llegó a ser costumbre la aplicación del dictamen, "Obedezco pero no cumplo."  Ese dictamen encapsulaba la mentalidad de los colonos.  Era como si dijeran, "Rindo honores al *Rey*, a *España*, y a *Dios* de modo *formal*, aunque no puedo poner en *práctica* sus leyes en vista de que no concuerdan con las condiciones que existen aquí en las colonias."  Es decir, "obedecer" según la corona era literalmente eso: "obedecer."  Para los colonos, en cambio, el término "obedecer" correspondía a algunas de las *formalidades institucionali-*

---

2  Audiencia = a high court with jurisdiction over a specified territory that existed within a viceroyalty.

3  Cabal = thorough, exact.

*zadas*, mientras que muchas de las *actividades cotidianas*[4] de la vida colonial sugerían algo incompatible con "obedecer": "no cumplir." En otras palabras, las leyes de la corona, aunque hechas con buenas intenciones, eran *ideales* que no se prestaban a la *realidad* de las colonias, debido a que el ambiente de las colonias era muy distinto al de España, y por eso exigía otras normas de vida. Entonces, desde el punto de vista de los colonos, era tan difícil "cumplir" con las leyes que, con todo respeto a la corona, "no cumplían" con ellas. El término "cumplir" para la corona era una cosa, pero para los colonos, era otra (acuérdese de la brecha que existía entre la "invención" [lo *ideal*, el *espacio ideal*] de las Américas, y su "descubrimiento" [lo *real*]). El "Obedezco pero no cumplo," entonces, daba testimonio de la imposibilidad de ejercer poder y control absolutos sobre las colonias. Y como veremos repetidas veces en las páginas que siguen, esta es una característica de las colonias que se ha perdurado en las culturas latinoamericanas hasta hoy en día.

Por lo que toca al establecimiento de las instituciones formales y la administración de las colonias, los principios que regían la distribución de los frutos de la conquista quedaban a cargo de los *adelantados*,[5] jefes de los grupos de conquistadores. El *adelantado* nombraba un concilio municipal, o *cabildo*, generalmente en colaboración con el clérigo que había acompañado a los conquistadores. El cabildo, junto con la *encomienda*,[6] componían el núcleo principal de la colonización. Además, al *adelantado* se le había autorizado la distribución de los premios de la conquista. Los privilegios especiales consistían de la tierra y el derecho a la mano de obra de los amerindios que vivían en ella, de acuerdo con la importancia del conquistador. Los conquistadores de mando supremo recibían *encomiendas*, de un número fijo de *hectáreas*,[7] que incluían los amerindios que radicaban allí. Esos amer-

---

[4] Formalidades institucionalizadas, actividades cotidianas = institutionalized formalities, everyday activities. Ideally, in a well-oiled colonial system, the two should be compatible, which was not the case in the New World.

[5] Adelantado = Royal deputy and colony founder, who often paid his own expenses, and as a reward became governor and received certain privileges and tax exemptions.

[6] Encomienda = Grant of authority over land and the Amerindians residing therein, which carried the obligations of Christianizing and protecting them in exchange for their labor and a certain predetermined tribute (this institution was established in 1503).

[7] Hectárea = Hectare, slightly over two and one-half acres.

indios ahora tenían que pagar tributos a sus nuevos amos. Así es que la responsabilidad que tenían los conquistadores, al recibir una encomienda, fue un tipo de jurisdicción feudal. De este modo, los amerindios tenían un papel semejante al de los *siervos feudales* de la Europa medieval. Pero hubo una diferencia crucial entre Europa y América: los siervos feudales de España generalmente eran del mismo grupo étnico y hablaban la misma lengua que sus amos, mientras en las colonias los amerindios eran de lengua, de cultura, y de etnicidad diferentes. Por lo tanto, tuvo que haber choques culturales en las colonias. Y los hubo. Esos choques crearon problemas graves en las relaciones interhumanas (como notaremos en el Capítulo Seis). Debido a esos choques la *brecha*[8] entre España y las colonias tendía a crecer, y la paradójica "Obedezco pero no cumplo" llegó a ser cada vez más problemática.

En general, la organización de las minas seguía un plan diferente al de las encomiendas. Mientras los amerindios vivían dentro de la encomienda y proveían la mano de obra, muchas veces no había una concentración suficiente de mano de obra cerca de las zonas mineras. Las minas principales de México quedaban bastante lejos de las grandes ciudades del imperio azteca, pero en Perú y Bolivia la distancia era menos. De todos modos, había que desplazar a la gente indígena hasta el lugar donde se ubicaban las minas. En México el sistema de trabajo en las minas fue el *repartimiento*,[9] que predominó hasta aproximadamente 1700. Después de 1700 la práctica de *contratos* entre los amerindios y los mineros como *trabajadores libres* por un *sueldo fijo* iba en aumento. El problema del sistema de trabajo de sueldos fijos resultó en que el sueldo era tan bajo que no cubría los gastos diarios, de modo que la mayoría de los trabajadores tenía que acumular deudas que los hacía prisioneros de las minas. Fue un círculo vicioso: mientras no pagaban la deuda, no podían dejar el trabajo, y por regla general no podían pagar la deuda, porque el trabajo no dejaba bastante dinero. Eran poco mejor que esclavos (como veremos más adelante, este sistema se perpetuaba de la misma forma en las *haciendas* en el siglo XIX). En Perú y Bolivia el equivalente al repartimiento se

---

[8] Brecha = breach, gap, opening.

[9] Repartimiento = division of Amerindians for labor, principally in the mines and agricultural zones, according to local needs (put into effect during the 1550s).

llamaba la *mita*.[10] Fue semejante al antiguo sistema que habían usado los mismos incas. Los españoles casi no hicieron más que imitar la mita en nombre del repartimiento. Parece que la mita fue en un principio más brutal e inhumana que el repartimiento de México, ya que en los primeros años la producción de plata y otros metales en Perú y Bolivia fue más intensa.

En cuanto a la organización política de las colonias, la administración local consistía en *corregimientos*,[11] cada uno a cargo de un *corregidor* (también conocido como *alcalde mayor*[12] en Nueva España). Más allá del corregimiento, la autoridad dependía de un *gobernador de la provincia*. Y más allá de la jurisdicción del gobernador, había una *audiencia*. El conjunto de las audiencias de una región especifica quedaba bajo el mando del *virrey* del *virreinato*. Los *virreinatos* iniciales fueron México (Nueva España) (1535), y Perú (Nueva Castilla) (1542). Hubo *audiencias* en Santo Domingo (1511), México (1528), Panamá (1538), Lima (1542), Los Confines (Guatemala) (1542), Nueva Galicia (al oeste de la ciudad de México) (1548), y Bogotá (1549). Después, hubo la creación de los *virreinatos* de Nueva Granada (que incluía Ecuador, Colombia, y Venezuela) (1717), y La Plata (que incluía Bolivia, Paraguay, Ecuador, y Argentina) (1776).

La administración local de los amerindios mantenía la forma tradicional de un *caciquismo hereditario* hasta mediados del siglo XVI. Desde entonces la corona comenzó a implementar instituciones dentro de las comunidades de amerindios basadas en el molde que ya existía en España. En las comunidades principales, se establecieron *cabildos* con funciones comparables a las de los *cabildos* de la península. Este tipo de concilio también era jerárquico: había continuación hereditaria a través de los caciques y los ancianos, que eran los de más poder y respeto. Pero poco a poco el sistema hispano de elección y nombramiento de los oficiales fue sustituido por el viejo sistema hereditario. Esta sustituición fue acelerada a fines del siglo XVI y a principios del XVII, cuando muchas de la comunidades estaban sujetas a *reducciones*—los ya mencionados programas de reorganización en comuni-

---

[10] Mita = enforced service of Amerindians; as mentioned in Chapter Four, "mita" was a term used by the incas, and later the Spaniards, meaning one's "turn" to provide service (put into effect during the 1570s).

[11] Corregimiento = A province, of which the governor was a *Corregidor*.

[12] Alcalde mayor = Governor of a township or province called an *Alcaldía mayor*.

dades nuevas—por los misioneros tanto como los oficiales de la corona. Las municipalidades de tipo hispano contribuyeron mucho a la destrucción de las jerarquías amerindias y a una aculturación al estilo de la vida española.

## La administración colonial:  Portugal

En 1500 Pedro Álvares Cabral (1460-1526) llegó a la costa de Brasil.  Según el reporte oficial, se dirigía a la India, pero perdió su curso, gracias a una serie de tempestades inesperadas.   Según otra interpretación, desde hacía tiempo Portugal había tenido el proyecto de establecer una colonia en América de manera clandestina.  Sea cual sea la interpretación, lo que importa es que con la expedición de Cabral, Portugal ya reclamaba una gran parte del continente como colonia suya.

La colonia portuguesa tenía características muy diferentes a las de las colonias españolas.  En primer lugar, en comparación con las civilizaciones indígenas que encontraron los españoles, los grupos de amerindios de la costa de Brasil consistían de comunidades pequeñas, dispersas, relativamente desorganizadas, y en guerra constante entre sí, a pesar de que tenían una base lingüística en común, el *Tupí-Guaraní*. Las comunidades en general se ocupaban de la caza, la pesca, y la siembra de tipo "slash and burn."[13]   Ya que los portugueses no habían recibido noticias de riquezas en el interior de Brazil, y no tenían tanta experiencia en conquistas y expansiones territoriales como los españoles, se contentaron en quedarse cerca del mar, que les era más conocido.   A través de un sistema de intercambio, obtenían de los amerindios toda la mercancía que deseaban para vender en Europa. Incluso se aprovechaban de los amerindios como fuente de labor.  Pero ya que a menudo dependían de los mismos amerindios como aliados para defenderse en contra de españoles, franceses, y holandeses que siempre representaban una amenaza, habría sido imprudente esclavizarlos.  Los necesitaban más a su lado para ayudarles a defenderse en contra de los invasores de otros países europeos.  De esta manera, la esclavitud de amerindios tanto como de africanos en Brasil existía sobre todo dentro de las *fazendas*,[14] que exigían trabajo intensivo y gran cantidad de mano de obra.   Por consiguiente, la mestización del

---

[13] Limpiaban pequeñas parcelas de la selva para la siembra, pero como la tierra era relativamente pobre, duraba sólo unos cuantos años, y entonces pasaban a otra parcela para comenzar el ciclo de nuevo.

[14] Fazenda (Port.) = Plantation.

portugués y el amerindio (que dio origen a los *mamelucos*, el equivalente de los *mestizos*), y después, del portugués y el afroamericano (que dio origen a los *pardos*, o *mulatos*) fue más rápida en Brasil que en las colonias españolas.

Pero también hubo otro factor que cuenta en la mestización relativamente rápida en Brasil. Un porcentaje considerablemente menor de portugueses inmigró a América con su familia; pues, la colonia no se concebía como un lugar para poner raíces sino sólo para intercambio comercial con los amerindios. Por lo tanto, al principio hubo más relaciones sexuales entre portugueses y mujeres indígenas, y después entre ellos y las esclavas africanas recién llegadas, que hubo entre los españoles y mujeres de otros grupos étnicos. De todos modos, ya que el afán colonizador de Portugal no fue tan intensivo como el de España, para fines del siglo XVI, Brasil, en comparación con las colonias españolas, quedaba relativamente despoblado, salvo algunos lugares en la costa. En realidad no hubo bastante gente intrépida para penetrar efectivamente el interior (con la excepción notable de los *bandeirantes*), como fue la costumbre en las colonias españolas.

Desde el principio el Rey Dom João III (1521-57) inició un sistema de colonización más bien para evitar la pérdida de Brasil a los franceses, que de pronto estaban infiltrándose en territorio portugués. Martim Afonso de Sousa, a quien le fue dado el cargo de defenderse en contra de los invasores, mandó construir una fortaleza en el sitio del futuro Rio de Janeiro y una base provisional en Bahia. Después Dom João mandó dividir las tierras en *capitanias*,[15] que fueron comisionadas a *donatários*,[16] quienes tuvieron a su cargo la responsabilidad de llevar a cabo la colonización. Los *donatários*, con un poder semejante a los de los amos medievales (y encomenderos), generalmente desempeñaban sus responsabilidades con toda la formalidad deseada. Aunque hubo, igual como en las encomiendas, atrocidades en contra de los amerindios, el sistema colonial portugués en general fue un poco más tolerante en cuanto se trataba de gente de otras culturas.

Los reglamentos comerciales de Brasil también diferían a los de las colonias españolas. Mientras a los colonos españoles se les permitía comerciar solamente con España, los brasileños tenían más libertad para mandar sus productos a puertos portugueses o extranjeros tal como

---

[15] Capitanias (Port.) = immense land grants, comparable to the encomiendas.

[16] Donatários (Port.) = recipients of *capitanias*, comparable to the encomenderos of the Spanish colonies.

quisieran, con el sólo permiso de los *donatários*. Aunque los productos vendidos a los extranjeros tenían importes más altos, de todos modos el comercio relativamente libre les dio a los portugueses más ventaja en su competencia con los españoles. Además, los impuestos tendían a ser más bajos en Brasil que en las colonias españolas. Por ejemplo, Tomé de Sousa, el primer gobernador de Bahía (1549-53), les concedió a los *fazendeiros* que producían azúcar un lapso de diez años antes de que tuvieran que pagar impuestos. Con esa iniciativa, dentro de poco tiempo el azúcar llegó a ser la base de la prosperidad brasileña, y la colonia fue el productor número uno de azúcar del mundo.

La industria lucrativa de azúcar dio origen a una sociedad aristocrática enfocada en la institución de la *fazenda*. El cultivo de la caña de azúcar requería grandes expansiones de tierra y un número considerable de siervos baratos, lo que motivó un aumento creciente en la demanda de esclavos. Ya que el número de esclavos de origen africano nunca era suficiente para satisfacer esa demanda, la esclavitud de los amerindios también iba creciendo, lo que causó hasta entonces una desconocida hostilidad entre amerindios y europeos. El tráfico de esclavos amerindios motivó las expediciones de los legendarios *bandeirantes* hacia el interior del sur de Brasil en busca de candidatos para la esclavitud. Las excursiones de los *bandeirantes* fueron sujetas a represalias furiosas por parte de los jesuitas desde su misión, que incluía a los amerindios guaraní en Paraguay. Sin embargo, a partir de 1550, Paraguay llegó a ser una de las regiones predilectas como fuente de esclavos, ya que allí hubo un número considerable de amerindios sedentarios y relativamente pacíficos.

## España difamada: la "leyenda negra"

En resúmen, de parte de España tanto como de Portugal, la época de la conquista y los primeros años de la colonización, aunque relativamente breve, fue de suma importancia. Durante esa época las civilizaciones precolombinas demostraron resistencia, y debilidad *vis-à-vis* la tecnología de la civilización occidental, y su capacidad de asimilar la cultura colonizadora y al mismo tiempo retener elementos profundos de sus propia cultura.

Desgraciadamente esa época también vio la creación de la notoria *Leyenda Negra*, promovida por los enemigos—sobre todo los ingleses—de España. La Leyenda Negra fue en parte una derivación de la crítica mordaz de Bartolomé de las Casas de lo que él calificó como la "destrucción de las indias." Aunque la crítica de de las Casas fue en parte una exageración algo irresponsable acerca de las atrocidades de los españoles durante la conquista, no se puede negar que hubo atrocidades, como siempre ha habido cuando un pueblo ha colonizado a otro. De todos modos, los promotores de la Leyenda Negra se enfocaron exclusivamente en las atrocidades de los conquistadores para denigrar a España y justificar sus ataques en contra de ella.

Pero debemos ver esa notoria Leyenda Negra dentro de un contexto amplio. No hay que creer que los españoles no hicieron más que violar mujeres, mutilar, torturar y matar de manera sádica a hombres, y destruir civilizaciones indígenas que existían en un estado de bienestar universal y de placer comunal. Muchas veces las prácticas religiosas y militares de los amerindios eran tan brutales como las de los españoles. No es que España haya introducido el hambre y la pestilencia a América; aparte de las enfermedades nuevas que sí decimaron poblaciones enteras, los amerindios, con algunas excepciones, de ninguna manera vivían rodeados de abundancia. Y no es que la explotación de los amerindios por los españoles haya sido de una crueldad desconocida en los anales de la historia. En ciertos aspectos, hasta aquella época no había habido colonización de un pueblo por otro bajo leyes y ordenanzas más humanizadoras (aunque, como hemos visto, por el "Obedezco pero no cumplo," los colonos muchas veces ignoraban las buenas intenciones de los reyes).

Tampoco hay que hacer caso omiso al hecho de que también los conquistados hasta cierto punto conquistaron a los conquistadores, dándoles un nuevo modo de vivir diferente al de la península—lo que evitaron los ingleses en Norteamérica, debido a su grado más severo de intolerancia hacia los amerindios. Desde la llegada a América, el medio ambiente ejerció una influencia innegable en los españoles. Ya que se puede decir que los españoles casi se sentían como en otro planeta, tan alejados que estaban de su madre patria, América no pudo menos que transformarlos con el tiempo. Así es que a medida que los europeos transformaban a América—a través de la llamada "invención"—América transformaba a los europeos, dando lugar a su propia "invención" de un nuevo tipo humano, un modo de expresión nuevo, y una vida nueva.

Esta transformación de los españoles durante los primeros años de la colonia en ningún lugar es más dramática que en *Naufragios* (1542), obra autobiográfica de Alvar Nuñez Cabeza de Vaca (¿1490-1559?). Cabeza de Vaca describe el aspecto fantástico de América visto a través de ojos españoles, y la manera en que paulatinamente los españoles hasta cierto punto iban asimilando este ambiente de magia y de maravilla y lo hacían suyo.[17]   Cabeza de Vaca pasó ocho años de vagabundeo por el paisaje americano desde Florida por el sur de EE.UU. y el norte de México hasta el océano pacífico.   Después de su larga jornada terminó más amerindio que español, más simpatizador del conquistado que del conquistador.   La historia de Cabeza de Vaca es un caso excepcional.   Sin embargo, de algún modo u otro, todos los colonizadores se transformaban dentro del ambiente del suelo americano a medida que transformaban a los amerindios y su cultura.

En fin, es como si hubiera habido una gran brecha entre Europa y la América de la "invención," la conquista, y la época colonial.   El gran deseo del europeo fue que América se transformara según su *idea* de América, pero lo que pasó fue que en América, Europa se transformaba en América según la *realidad* del medio ambiente.   Es decir, como escribe Carlos Fuentes en *Tiempo mexicano* (1971), es casi como si en la mente de los europeos, América hubiera llegado a ser otro mundo, un mundo *ideal*, que contrastaba con la América tal como era.

## Preguntas

1.    Describa la Casa de Contratación y el Consejo de las Indias.
2.    ¿Qué fue una audiencia?  ¿Un virreinato?
3.    ¿Cómo explica Ud. el dictamen, "Obedezco pero no cumplo"?
4.    ¿Qué es un adelantado, un cabildo, una encomienda?
5.    ¿Cuál es la diferencia básica entre el sistema feudal europeo y el sistema de la encomienda?
6.    ¿Qué es el repartimiento?   ¿Qué institución lo desplazó? ¿Cuáles problemas hubo con esa institución?
7.    ¿Qué es un corregimiento, un alcalde mayor?
8.    ¿Cuáles fueron los virreinatos y las audiencias?
9.    ¿Cuáles son las diferencias principales entre la colonia portuguesa y las de España?
10.    ¿Qué son mamelucos, pardos, mulatos?
11.    ¿Por qué a principio hubo más mestización en Brasil que en Hispanoamérica?
12.    ¿Qué son capitanias, donatários?
13.    ¿Cuál fue el efecto del cultivo de la caña de azúcar en Brasil?
14.    ¿Qué es la Leyenda Negra, y de qué manera es hasta cierto punto una exageración?

---

[17] Lo ... suyo = they make it part of their way of life, their mental state.

15.     ¿Quién fue Cabeza de Vaca?

## Temas para discusión y composición

1.      ¿Cómo es que los conquistados por fin conquistaron a los conquistadores? ¿Fue inevitable que hubiera esa conquista a la inversa?

2.      ¿Cómo se ha creado un tipo de "leyenda negra" acerca de algún país en nuestros días? ¿Cómo es diferente a la "leyenda negra" sobre España? ¿Cómo se puede borrar tal clase de "leyenda"?

## Un debate amigable

Dos grupos, uno defendiendo la perspectiva de los colonos de "Obedezco pero no cumplo," y el otro defendiendo la perspectiva de la corona de que los colonos debían cumplir con la ley con fidelidad.

# CAPÍTULO SEIS

# UNA VISTA PANORÁMICA

**Fijarse en:**
- Los *tres temas* del *período colonial* y sus *características particulares.*
- El *porqué* de los *conflictos* entre *España* y *otras naciones europeas*, y las *consecuencias* de ellos.
- El creciente *conflicto* entre *grupos sociales* y *étnicos* de la colonia.
- Los *cambios* que hubo durantes las *últimas décadas del período colonial*, y la manera en que *prepararon las condiciones* para la *Independencia.*

**Términos:**
- *Borbones, Bucaneros, Casa Real, Contrarreforma, Criollo(a), Habsburgos, Ideal-Real, Intendente, La Reforma, Quinto, Reformas Borbónicas, Resentimiento Criollo, Siglo de las Luces.*

## El coloniaje: tres siglos y tres temas

En términos generales, el coloniaje español—aunque no tanto el portugués—se define a través de tres temas principales, que corresponden aproximadamente a tres siglos: (1) el XVI, la *conquista* y la *expansión*, (2) el XVII, la *contracción* y la *defensa*, y (3) el XVIII, las *reformas* borbónicas en España. Vamos a fijarnos brevemente en cada una de esas épocas.

Durante el siglo que siguió a la conquista, fue como si los españoles creyeran que la divina providencia les había dado el permiso de adueñarse de todo el territorio que quedara dentro de su alcance. Con algunas excepciones—la defensa de los amerindios de Bartolomé de las Casas, por ejemplo—no hubo ninguna duda acerca de esa misión política-social-teológica. No hubo debate de que si las acciones de los españoles fueran justos o no, sino que ellos creían que lo que hacían era lo que debían hacer, claro y sencillo. Lo que sirvió para fortalecer esa creencia fue el gran éxito de que habían gozado los españoles en: (1) la

Reconquista de España de los moros, (2) la Conquista y colonización de América, y (3) las medidas iniciales en defensa de las colonias contra la intervención de ingleses, franceses, holandeses, y otros. Pues, después de tanto éxito en el nombre de *Dios*, el *Rey*, y *España*, ¿no le parece natural a Ud. que los españoles se hubieran sentido como omnipotentes?

La *expansión* durante el siglo XVI tuvo tres fases. La primera fue militar: abarcaba la conquista y la exploración. La segunda fue económica: se trataba de la búsqueda de riquezas entre las civilizaciones prehispánicas, y cuando quedó agotado ese *sueño* del conquistador de enriquecerse a costa de los amerindios, fue cuestión de descubrir yacimientos de minerales preciosos y de explotarlos a través del trabajo de los mismos amerindios. La tercera fase consistía de la obra misionera: la "conquista religiosa," lo que en gran parte incluía también el siglo XVII. Para repasar brevemente lo que Ud.

> La *Contrarreforma* incluía la *autorreforma* del mismo catolicismo. Lo admirable de la institución católica es que ha tenido la capacidad de reformarse a sí misma más o menos cada siglo. En el siglo XVI la autorreforma, que había comenzado desde el siglo anterior, iba en contra de la vida de opulencia y lujo de que gozaba la clerecía. Proponía, por consiguiente, un regreso a la vida simple y austera, con una re-dedicación de programas para el beneficio de la humanidad según las enseñanzas de San Francisco de Asís (1182-1226), fundador de la Orden de los Franciscanos. Esa autorreforma alcanzó su expresión máxima para fines del siglo XVI.

leyó en capítulos anteriores, la obra misionera fue en parte el producto de los cambios de la Iglesia en 1517 a partir de la *Contrarreforma*, es decir, la lucha en contra de la *Reforma* protestante en el norte de Europa iniciada con las protestas de Martín Lutero (Martin Luther [1483-1546]).

Al comenzar el siglo XVII—el de la *contracción* y la *defensa*—el poderío militar y marítimo de España estaba en decadencia. La gran desilusión había sido la derrota de la Armada Española en 1588. Se suponía que la Armada era invencible, y por eso su derrota dañó profundamente el prestigio de España en Europa. Al mismo tiempo, la actividad marítima de Francia, Inglaterra, y Holanda estaba en aumento. Sin embargo, durante todo el siglo XVII, esos países tuvieron menos éxito en su campaña en contra de España de lo que esperaban, sobre todo debido a la tenacidad de los españoles. Para fines del siglo, los logros territoriales de los invasores franceses habían sido escasos, aparte de Haití—la región del oeste de Santo Domingo—otras islas pequeñas del Caribe, y la Guiana francesa y el norte de Brasil. En 1697 los franceses se apropiaron del puerto de Cartagena, lo que habría sido una hazaña notable si se hubieran quedado. Pero decimados por enfermedades tropicales, poco después sus ambiciones desaparecieron, y abandonaron el proyecto.

Inglaterra tuvo un poco más de éxito en su lucha contra España y Portugal en América. Desde la segunda mitad del siglo XVI los ingleses estaban cada vez más interesados en el continente. Al principio, entraron en interacciones comerciales con los colonos de la península, sobre todo con el tráfico de esclavos y contrabando. Poco a poco se volvieron más atrevidos. En 1585, Francis Drake saqueó la ciudad de Santo Domingo, y luego capturó Cartagena y la mantuvo bajo su poder durante una breve temporada. Diez años después, una flota bajo el mando de Drake y John Hawkins invadió varios puertos e interceptó galeones españoles por todo el Caribe. Estas actividades sirvieron para establecer el modo de conducta de los invasores extranjeros en el siguiente siglo, lo que han llamado la *Era de los Bucaneros*. La culminación de las atrocidades ocurrió en 1671 cuando Henry Morgan destruyó la ciudad de Panamá. Durante los próximos quince años la intensidad de los bucaneros favoreció a la corona inglesa con la adquisición de Belice, Curaçao, Jamaica, y otras islas pequeñas del Caribe, y al sur, la Guiana Británica.

De los holandeses, el acto de piratería más notable ocurrió en 1628 cuando en el Caribe Peit Hein derrotó una flota de galeones españoles llenos de riquezas, lo que fue uno de los encuentros más lucrativos de toda la historia de los piratas. Pero el gran éxito de los holandeses consistió en su invasión de Brasil. En 1624 tomaron posesión de Bahía, ocupación que duró poco tiempo. Pero en 1630 se apoderaron de Pernambuco y pronto se extendieron hasta el Río Amazonas en el norte. Los holandeses establecieron una colonia próspera bajo el nombre de "Nueva Holanda," y no fueron expulsados por los portugueses hasta 1654.

En fin, durante el siglo XVII España—y hasta cierto punto Portugal—se vió obligada a moderar la expansión territorial, la explotación de riquezas minerales, y el desarrollo de la producción agrícola. Parte de esa moderación fue el resultado natural del decaimiento de los imperios y el agotamiento de los recursos económicos de los dos reinos de la península.  Esa degeneración fue en parte el resultado de una depresión económica de que sufría toda Europa, y en parte el resultado de la agresividad de otros reinos europeos, que cada vez eran más atrevidos.  Sin embargo, tomando en cuenta el debilitamiento de España y Portugal a fines del siglo XVI y durante todo el siglo XVII, el hecho de que no hubieran perdido más territorio a intereses extranjeros da testimonio de su perseverancia, su tenacidad, y su capacidad de adaptarse a las circunstancias.  Gente menos vital y menos flexible no habría podido defenderse con tanta eficacia.

Los cambios del siglo XVIII—el de las *reformas*—pertenecen más bien a España que a Portugal.  En el año 1701 la subida de Felipe V al trono de España, el primer rey de la casa de los *Borbones* de Francia, marca el fin del reino de la *casa real*[1] de los *Habsburgos* de Austria desde Carlos V, cuyo mando comenzó en 1517 (véase *Borbones* y *Habsburgos* en el Glosario).  Ya que el último rey Habsburgo había muerto sin herederos, un cambio en la familia Real fue inevitable.  Después de las intrigas acostumbradas de aquella época con respecto a esos asuntos, por fin pasó el trono de la casa austriaca a la francesa.  La política borbónica, sobre todo durante la segunda mitad del siglo—que la han denominado un "despotismo ilustrado" en nombre del movimiento del *Siglo de las Luces* o la *Ilustración*[2]—fue centralizadora, y su objetivo fue radicalmente reformista.

Con las reformas borbónicas se refortalecieron las colonias, de modo que recobraron algo de la vitalidad que habían tenido al principio.  Esas reformas incluían lo siguiente.  (1) Las restricciones del comercio fueron liberalizadas, dándoles a los colonos la oportunidad de entrar en un intercambio comercial más libre y fuera de las relaciones antes estrechamente atadas al monopolio español.  (2) Los impuestos fueron modificados o abolidos, y la mano de obra esforzada de los amerindios fue prohibida.  (3) La actividad comercial fue notablemente vigorizada, y como resultado, nuevas clases comerciales empezaron a reemplazar la vieja aristocracia de tipo feudal.  (4) En las provincias, nuevos métodos de minería fueron instituídos y la administración de la producción agrícola fue reorganizada para mayor eficacia.  (5) Gobernadores,

---

[1]  Casa real = royal household.

[2]  Siglo de las Luces o Ilustración = Enlightenment, the 18th century movement in Europe placing renewed emphasis on logic, reason, and criticism of ethical and aesthetic norms.

corregidores, y alcaldes mayores fueron reemplazados por un sistema más eficaz de *intendentes* de nuevas provincias llamadas *intendencias* (cambio de la administración que causó mucho resentimiento, porque los oficiales tradicionales habían llegado a considerar la posesión de sus títulos como un derecho innegable). (6) El cuerpo burocrático de los reyes Habsburgos que había crecido considerablemente durante el coloniaje, fue reducido. (7) A los nuevos oficiales se les dio un salario respetable, lo que contribuyó al declive de corrupción que había aumentado durante el último siglo y medio; de esta manera comenzaron a responder más directa y favorablemente a sus respectivos reyes.

Hay que hacer mención especial del período del Rey Carlos III (1759-88) de España, que el historiador Hubert Herring llama el capítulo "más inteligente del coloniaje español." Con su consejero, José Campilla, Carlos III denunció la marginación de los amerindios durante los dos siglos y medio del colonialismo. Recomendó que a los indígenas se les diera su propia tierra para trabajar, con garantías de todos los derechos humanos de que gozaban los españoles. También quiso poner fin al monopolio económico—que había existido en el sistema colonial desde el principio. Para realizar ese fin, redujo los impuestos y creó un sistema de comercio más libre. El hecho de que Carlos III hubiera logrado poner algunas de sus recomendaciones en efecto contribuyó a una prosperidad hasta entonces desconocida. Es decir, parece que ahora, por un lado, se estaba cerrando poco a poco la gran brecha entre las leyes *idealistas* pero bien intencionadas de España, y por otro lado, la *realidad* de las colonias y la manera en que los colonos "obedecían pero no cumplían." En otros términos, parece que el *espacio ideal* de la América "inventada" se estaba acercando a la América *real* (la visión quijotesca se hacía un poco sanchopancista). Pero las apariencias a veces engañan.

Esa distancia entre lo *ideal* y lo *real* de ninguna manera se cerró del todo. Porque, a fin de cuentas la visión borbónica *quasi-utopista* también quedó, como todos los *utopismos*, alejada de la *realidad*. Aunque la nueva eficacia borbónica tuviera sus resultados, creó nuevos problemas. (1) A pesar de las reformas borbónicas, España ya no estaba alcanzando tanto éxito en su lucha en contra de los demás países europeos. (2) El liberalismo francés del *Siglo de las Luces* chocaba con las viejas tradiciones españolas, lo que causó malestar y a veces tendencias de rebelión. (3) Lo que más sirvió para trastornar el sistema colonial, muchos de los puestos menores del cuerpo burocrático que ocupaban los *criollos*—españoles nacidos en América—ahora se pasaban a representantes recién llegados de España.[3] O sea, se pasaban a *peninsulares*, lo que por obvias razones no les agradó a los *criollos*, que se sentían tan "españoles" como la gente de la península. Incluso esa transformación sirvió para agudizar el *resentimiento criollo*—tema al cual debemos dirigir un poco de atención.

## El resentimiento criollo

Como ya hemos observado, la distancia enorme entre América y Europa conspiraba en contra de los intentos de las coronas de la península de administrar sus colonias con eficacia y mantener un control respetable y justo. De hecho, la dicotomía entre los designios humanitarios irremediablemente *idealistas* de España y Portugal y la *realidad* americana tal como la percibían y la concebían los colonos llegó a ser un tema que perduraría durante toda la época colonial.

Desde el principio, los conquistadores—a menudo demasiado ambiciosos—deseaban convertirse en aristócratas genuinos (*hidalgos*), con todos los privilegios y derechos de que gozaban los administradores de las *casas reales* de España y Portugal. En cambio, los monarcas estaban en contra de la creación de una nobleza con su propia autonomía en las colonias—a causa de la distancia y los problemas de comunicación y control. Deseaban ejercer su autoridad, a como diera lugar[4] exigiendo el *quinto*,[5] y rigiendo la importación y exportación, la inmigración a América, la educación, y la religión. Para establecer el control deseado, España y Portugal dependían cada vez más de fuerzas burocráticas, lo que por fin bloqueó la comunicación y casi paró la movilidad social. Pero lo peor era que la creciente burocratización de las colonias empeoraba todavía más el *contraste entre las buenas intenciones de los reyes, por idealistas que fueran, y lo que en realidad ocurría en América*. En vista de la extensión enorme de las colonias y su distancia de Europa, no pudo menos que haber una distinción entre la concepción de las colonias, de parte de sus respectivas coronas, y las colonias tal como las concebían los mismos colonos. Por lo tanto, la mentalidad de "Obedezco, pero no cumplo," lo que revela una lealtad

---

[3] Si un hijo o hija de padres españoles nació en España, era considerado(a) *peninsular*, si nació en América, era *criollo(a)*.

[4] A ... lugar = come what may.

[5] Quinto = a tax consisting of 1/5 of the income from the mines. The "quinto" was at times reduced to as much as a "décimo," according to what was perceived to be the colonists capacity to pay the King his due share.

formal hacia la corona y a la vez una tendencia anárquica, llegaba a su expresión máxima. Entonces, a pesar de las reformas borbónicas, en muchos casos crecía la distinción entre los *ideales* de la *corona* y la *realidad americana.*

Esa distinción, más marcada en las colonias españolas que en la portuguesa, tuvo su génesis en la misma "invención" y la conquista de América por las razones ya descritas. Y fue nutrida después de la conquista, cuando comenzó una segregación social que tuvo que ver con el nacimiento y crecimiento de una nueva clase social: los *criollos.* Según las prácticas *socio-político-económicas*, los criollos no gozaban de los mismos privilegios y no podían ejercer los mismos cargos administrativos que los *peninsulares.* Eso, como era de suponer, motivó un resentimiento de parte de los *criollos* que paulatinamente se fue agudizando hasta llegar al movimiento para la Independencia de las colonias en contra de España. El problema, en realidad, tuvo que ver con una demanda de privilegios y de puestos burocráticos de parte de los *criollos* que excedía la posibilidad de la corona de satisfacer la demanda. Fue, sobre todo, cuestión de un número insuficiente de títulos disponibles.

Este conflicto iba en crecimiento durante todo el período colonial. Aunque la corona de España otorgó el título de *duque* a Cortés y a Pizarro como pago justo por su papel en la conquista de los aztecas e incas, subsecuentemente confirió pocos títulos. Para el año 1680 sólo había dado seis títulos en México, cinco a españoles y uno a un *mestizo*, descendiente de la Familia Real de los aztecas. En Perú, a principio la situación fue un poco diferente, probablemente debido a la riqueza inmensa de las minas durante los años iniciales. Hasta 1750 más de ochenta y cinco títulos se habían otorgado a habitantes de Perú, en comparación con veinte y siete en México. Por regla general, después de la conquista, los que recibieron títulos eran burócratas prominentes, líderes sobresalientes de la fuerza militar, e individuos con grandes recursos pecuniarios que habían contribuido al desarrollo de las fuentes de riqueza en las colonias—pero a veces esa gente simplemente compraba los títulos. Casi todos los que recibieron títulos, por cualquier camino, fueron *peninsulares*, aunque en muchos casos sus hijos, que ahora eran clasificados como *criollos*, los heredaban.

*Peninsulares* y *criollos* desde el principio participaban en actividades diferentes. Los criollos llegaron a dominar en el comercio de las provincias, en las minas, en la producción agrícola, y a fines del período colonial, en los oficios locales. Los peninsulares preferían ocuparse del comercio urbano y los oficios altos. Los puestos altos de la burocracia, como ya notamos, eran prohibidos a los criollos, pues, la corona opinaba que la gente nacida en suelo americano no manifestaría la misma lealtad hacia España que la gente nacida en la península. De todos modos, la entrada de los criollos en los oficios burocráticos de más prestigio iba poco a poco en aumento hasta mediados del siglo XVIII.

Los españoles, peninsulares tanto como criollos, manifestaban una inclinación hacia títulos, honores, y oficios de renombre. Evitaban, hasta donde fuera posible, el trabajo manual: para reiterar, según su concepción de sí mismos, nacieron para ser *hidalgos*. Ya que los peninsulares gozaban de más acceso a los altos puestos burocráticos, los criollos llegaron a tener la impresión de que los peninsulares eran arrogantes, altaneros y "esnobistas"—por eso les aplicaron términos de desprecio como *gachupines* (México) y *chapetones* (Perú). Como consecuencia de esa tensión, a través de los años, a los criollos les entró un resentimiento cada vez más agudo en contra de los peninsulares. Sin embargo, hubo una contradicción dentro de ese resentimiento. Muchas veces, sobre todo en presencia de gente de escalas "inferiores" en la jerarquía social, los criollos imitaban la misma conducta de los peninsulares. Pues, estaba de moda ser "cosmopolita" hasta dónde fuera posible. Por eso, en general las instituciones en su mayoría criollas reflejaban una "psicología criolla"—es decir, una tendencia a imitar las costumbres más respetables de la península.

En fin, el antagonismo entre criollos y peninsulares llegó a ser más grave entre las clases menos ricas que entre los aristócratas. Pero la distinción entre las dos clases siempre estuvo de manifiesto. A menudo, padres criollos adinerados proveían dotes generosas para sus hijas con la esperanza de que se casaran con uno de los españoles recién llegados a las colonias con la presupuesta "cultura cosmopolita" europea. Por regla general preferían la "pureza de sangre" y la cultura más que la riqueza. Esos casamientos paulatinamente daban origen a una aristocracia "mixta" de peninsulares y criollos, todos unidos por relaciones de parentesco, compadrazgo, e intereses económicos. Pero la tensión siempre seguía por debajo de la superficie, lo que dio orígenes hacia los fines del siglo XVIII al movimiento para la Independencia.

# Preguntas

1.　　¿Cuáles son los tres temas del período colonial? ¿Cómo se puede decir que hubo tres mundos diferentes durante esos períodos?

2. ¿La conquista y la colonización fue a nombre de quién y de qué? ¿Por qué?
3. Describa la naturaleza del siglo de expansión.
4. ¿Qué es la Reforma? ¿La Contrarreforma? ¿Quién fue Martín Lutero? ¿Francisco de Asís?
5. ¿Qué acontecimientos marcan la caída del poderío militar y marítimo de España?
6. ¿Cuál fue el éxito de Inglaterra en América? ¿Por qué tuvo más éxito que Francia?
7. Describa la era de los bucaneros.
8. ¿Quiénes fueron los Habsburgos? ¿Los Borbones?
9. ¿Qué fue la Ilustración? ¿Por qué cree Ud. se le llama el Siglo de las Luces?
10. ¿Por qué es el período de Carlos III de tanta importancia?
11. ¿Cuál fue el choque que causaron las reformas borbónicas?
12. ¿Dónde está el génesis de la contradicción entre el idealismo y la realidad respecto al tratamiento de España a sus colonias?
13. ¿Cuál es la diferencia entre un peninsular y un criollo? ¿Cuál fue el antagonismo más fuerte entre ellos?
14. ¿Qué disparidad existía en cuanto a la concesión de títulos en las colonias?
15. ¿Qué es la "pureza de sangre," la aristocracia "mixta"?

## Temas para discusión y composición

1. Los españoles y portugueses debían tener cualidades personales y colectivas especiales para poder defenderse con tanta eficacia en las Américas. ¿Por qué creen Uds. que tuvieron esas cualidades precisamente en esa época, es decir, durante los siglos XVI y XVII?
2. ¿Hay un fenómeno cultural en nuestros días que tiene semejanza con el "resentimiento criollo"?

## Un debate amigable

Tres grupos en una discusión acalorada con respecto a: (1) los privilegios de los peninsulares, (2) el resentimiento criollo, y (3) el punto de vista, generalmente sofocado, de los mestizos y amerindios.

# CAPÍTULO SIETE

# GRUPOS ÉTNICOS DURANTE EL COLONIAJE Y DESPUÉS

**Fijarse en:**
- La continuación del *problema* de la *comunicación* entre las *coronas* y las *colonias*.
- La distinción entre el *idealismo* de los colonizadores y la *realidad americana*, y las *razones* por las cuales *existe* tal distinción.
- La *condición* de los *amerindios* durante los tres siglos del colonialismo.
- Las *características* de la *esclavitud* de los afroamericanos en las colonias.
- Las *diferencias* entre la *esclavitud* de *Brasil* y la de *Hispanoamérica*.
- El fenómeno del *mestizaje* en *Latinoamérica*.
- Las *características* de los *mestizos* y las *relaciones* entre *ellos* y los *amerindios*.

**Términos:**
- *Asiento, "Blue Laws," Casa Grande, Casticismo, Cholo(a), Cimarrón, Estancia, Finca, Gañan, Hacienda, Ladino(a), Leyes de Burgos, Negro(a) de Ganho, Nuevas leyes, Pícaro, Prêto(a), Quilombo, Saudade, Senzala, Sertão, Zambo(a).*

## Los amerindios

Como hemos observado, los peninsulares—en particular, los españoles—desde el principio establecieron un sistema de explotación no sólo de tierras y minas, sino también de amerindios como fuente de trabajo forzado. Siempre había una variedad de artificios institucionales para que los amos europeos se aprovecharan del trabajo de esas desafortunadas "bestias de carga" (la *esclavitud*, la *encomienda*, el *repartimiento* [*mita*], y el *contrato* con el amerindio como obrero "libre" con *sueldo fijo*).

De todos modos, hay que hacer hincapié[1] de nuevo en que los colonizadores peninsulares siempre redactaban leyes con el intento de crear en América una sociedad *ideal*. Desde el principio, las *Leyes de Burgos* (1512-13) de la corona española, incorporaron un código de legislatura humana establecido con el fin de proteger a los amerindios de toda clase de opresión y explotación. Estas leyes fueron un buen ejemplo—quizás uno de los mejores—del *idealismo* español. Pues, en aquella época no hubo ningún país colonizador que solicitara un tratamiento tan justo y humanitario hacia los colonizados—ni hubo en toda la historia del occidente hasta siglos después. Las Leyes de Burgos fueron generales en cuanto a su aplicación. Sin embargo, hubo artículos específicos que a nuestros oidos parecen absurdos, tales como el de prohibir a los colonos a que esforzaran a los amerindios: (1) a desenterrar a sus antepasados, (2) a que cargaran a sus amos en hamacas, y (3) a que trajeran hielo desde la sierra de los Andes hasta Lima para refrescar a sus amos. Tales ordenanzas fueron el resultado de abusos en cuanto a las prácticas particulares en ciertos lugares que luego fueron sujetas a leyes generales. A través de esas ordenanzas se nota el gran esfuerzo de la corona por poner fin a toda clase de abuso. Otras ordenanzas de aplicación general que ejemplifican ese esfuerzo incluyen la estipulación de que los crímenes cometidos en contra de los nativos merecerían castigos más severos que los crímenes en contra de los mismos peninsulares—bajo el pretexto de que los peninsulares podían defenderse a sí mismos y los indígenas no. Las leyes además reiteraron varias veces el concepto de que los amerindios eran libres y no debían estar sujetos a ninguna clase de servidumbre forzada.

De nuevo, es el mismo tema de siempre: las leyes llegaron a ser producto del *idealismo* de la corona en contraste con la *realidad* de América. Consistía de un conflicto entre el deseo de la corona de proteger a los amerindios, pero a la vez con el pleno reconocimiento de que si ellos no proveían la mano de obra para los colonos, el imperio entero llegaría a ser inoperativo. Ya que los amerindios a menudo resistían el trabajo forzado, se concebía la necesidad de aplicarles castigos. Pero al castigar a los amerindios, los colonos violaban las leyes redactadas para proteger a los mismos amerindios. Fue un círculo vicioso que al parecer no tenía solución. En su afán por encontrar un balance entre esas dos necesidades, la corona—con la sanción de la Iglesia—por una parte dictaba en las leyes un principio según el cual los colonos tenían que

---

[1] Hacer hincapié en = to emphasize.

vigilar a los indígenas para que no pudieran entrar en la pereza y para que siguieran como vasallos productivos. Y por otra parte, se les garantizaba a los amerindios la libertad de ofrecer a sus amos sólo la cantidad de trabajo que quedara dentro de su capacidad según su sexo, su edad, y su estado de salud.

Con respecto a las Leyes de Burgos, los colonos no podían menos que entrar el notorio "Obedezco pero no cumplo," según dictaban las exigencias de la *realidad* de las colonias. Al mismo tiempo, la corona y la Iglesia seguían metidos en su mundo *ideal*, como para decir: "Así se administrarán las colonias para cumplir con toda justicia." Los artículos de las leyes eran bien intencionados. De eso no hay duda. Pero, como ya hemos visto a través de algunos de los artículos, quedaban fuera de la *realidad* según los percibían y concebían los colonos. Por lo tanto a menudo eran ignorados. Las leyes merecían todo respeto como originarias de *España*, la *Iglesia*, y *Dios*. Pero al mismo tiempo, invariablemente eran en parte olvidadas durante las actividades prácticas de las colonias. Eran concebidas como si fueran una especie de "blue laws."[2] Su existencia se debía a la buena voluntad de sus autor, la Corona, pero no cabían dentro de las prácticas cotidianas de las colonias.

El gran problema fue cuestión de *perspectivas que quedaban en parte incompatibles*. Lo que dictaba la corona respecto a las colonias se trataba desde una *perspectiva peninsular*, mientras la manera en que se interpretaba el dictado de la corona desde América se trataba de una *perspectiva americana*. La comunicación no fue comunicación, propiamente dicho, sino "no-comunicación" o "incomunicación." Es decir, entre la corona y los colonos, no hubo diálogo abierto en el sentido de que cada dialogante hacía un esfuerzo por comprender el punto de vista del otro. Sólo hubo dos grupos irremediablemente separados en cuanto al tiempo y espacio: no pudieron entenderse cabalmente, porque tenían perspectivas distintas y hasta incompatibles.

Un buen ejemplo de la falta de diálogo genuino es el de la acalorada serie de debates entre Bartolomé de las Casas, "protector" de los amerindios, y Juan Ginés de Sepúlveda, acerca de lo que debería ser el destino de los amerindios. Al principio, Las Casas parecía más

---

2 "Blue laws" = From colonial New England, the "blue laws" were extremely rigorous laws designed to regulate morals. They were looked upon as extreme to the absurd, and in fact, so ridiculous that the citizens often paid them little mind.

metido en la *realidad*, porque conocía personalmente las condiciones que existían en América. Sepúlveda, en cambio, era del pensamiento *escolástico* medieval. Seguía al pié de la letra[3] la autoridad del dogma eclesiástico y la filosofía aristotélica según la cual las condiciones que existían debían perpetuarse, porque eran del orden natural—es decir, del orden de Dios. De Las Casas sostenía que los amerindios merecían los mismos derechos de que gozaban los conquistadores; Sepúlveda respondía que su subyugación a la esclavitud era propia. De Las Casas por fin convenció a los reyes de su punto de vista, y como consecuencia dictaron las *Nuevas Leyes* de 1542 exigiendo un tratamiento más humanitario a los amerindios. Pero desafortunadamente esas leyes fueron *idealistas* en vez de estar basadas en la *realidad* según la veían los colonos. Resultó, entonces, que de las Casas no tenía los pies tan firmemente puestos en la *realidad* como parecía. El creía, al parecer, que por el hecho de que se realizaran las leyes (de acuerdo al *idealismo* de la corona) las condiciones del amerindio se mejorarían. Pero la *realidad* americana dictaba lo contrario: en muchos de los casos los colonos seguían tratando a los amerindios de acuerdo con las prácticas acostumbradas (concibiendo a las *Nuevas Leyes* como "blue laws"). Y el argumento de Sepúlveda, basado no en la condición americana tal como era sino en ideas abstractas, irónicamente resultó más cercano al punto de vista de los colonos. Es como si la "incomunicación" fuera el resultado de dos "lenguas" dentro de la misma Lengua.

En vista de las condiciones que existían en las colonias, los conflictos fueron inevitables. Por una parte, había encomenderos y mineros que sostenían que la tierra y los minerales pertenecían a los españoles como frutos de la conquista: por lo tanto los amerindios estaban obligados a servir a sus nuevos amos. Por otra parte, tenemos a los clérigos y a los representantes de la corona según los cuales el derecho a muchas tierras debía seguir perteneciendo a los amerindios, porque merecían el mismo respeto como cualquier otro vasallo del rey. Mientras las leyes concedían favores a los amerindios, en algunos casos poniéndolos al par de los mismos colonos, los colonos tendían a relegarlos a una posición inferior. A veces su estado social era aun más bajo que el de los esclavos afroamericanos, a pesar de que fue categóricamente prohibido esclavizar a los amerindios.

Quizás no hubo remedio. Tal vez la única manera de administrar las colonias fue por medio de la *dualidad*—dualidad que fue

---

[3] Al ... letra = to the letter of the law.

inevitable, en vista de la naturaleza *dual* de la administración misma de las colonias.  Ya hemos observado la *dualidad* entre los *colonos*, enganchados como estaban en lo que concebían como la *realidad*, y la *corona*, con su marcado *idealismo*.  Pero hubo también otra *dualidad*: por un lado, los *representantes de la corona* y los *caciques indígenas*, y por otro lado, los mismos *amerindios*.  Esa *dualidad* se debía en gran parte a que el papel de los amerindios era *doble*.  Debían proveer una fuente de trabajo para sus amos españoles, y a la vez tenían que pagar tributos en forma de trabajo a sus caciques locales cuando no estaban bajo la jurisdicción de sus amos españoles.  En primer lugar, como fue descrito en el Capítulo Cinco sobre las instituciones coloniales, al nivel local se les permitía a los indígenas la continuación de la organización social y política prehispánica.  En segundo lugar, al nivel de la administración global de las colonias, gobernaban representantes casi exclusivamente de la península.  De esta manera, los *corregidores peninsulares* y los *caciques amerindios* formaron un tipo de alianza para extraer trabajo y tributo de "los de abajo," los *desdichados trabajadores amerindios*.  Queda el hecho, sin embargo, de que quizás solamente de esta manera pudieran las colonias haber producido las riquezas que salieron de los puertos de América para Europa.

Pero a medida que la exportación de riquezas aumentaba, desgraciadamente disminuía la población de amerindios.  Eso se nota de manera dramática en el número de amerindios en comparación con la cantidad de animales domésticos de algunas regiones.  Por ejemplo, en la parte central de la meseta de México, en 1550 se calcula que había entre siete y ocho millones de amerindios y menos de un millón de ganado, ovejas, y cabras.  Para el año 1610, la cantidad de ganado, ovejas, y cabras había alcanzado más de ocho millones, mientras la población de indígenas había bajado hasta un poco más de un millón. ¡Los animales "se comían" a los amerindios!  La situación en las minas de México y Perú fue igualmente pésima.  Desde luego, hay que tener presente que ese "desastre ecológico" no se debía solamente al tratamiento atroz de los amerindios.  Hubo, como fue mencionado arriba, los factores imprevisibles, como enfermedades y otras calamidades naturales (terremotos, huracanes, volcanes, inundaciones, sequías, empobrecimiento de la tierra).  De todos modos, a los siervos amerindios les fue bastante mal.

En general, hubo una evolución de relaciones sociales entre los varios grupos étnicos en las colonias:  la dicotomía *peninsular/ amerindio* fue poco a poco reemplazada por la de *encomendero/siervo*, y por fin, por la de *hacendado/peón*.[4] Esta evolución se nota en las transformaciones que hubo desde la *encomienda* hasta el *repartimiento* (o *mita*) hasta el contrato con el amerindio como *obrero en un mercado libre*. Para mediados del siglo XVI, la *encomienda* había perdido mucha de su importancia, y el *repartimiento*, apenas introducido en algunos lugares para aquellos años, llegó a predominar durante el siglo XVII. Al mismo tiempo, el sistema de *contratos* tuvo su inicio, y durante el siglo XVIII cada vez más amerindios entraban en contratos con los amos europeos como trabajadores y con la supuesta libertad de seleccionar el patrón que quisieran. Esos trabajadores, llamados *gañanes*,[5] desde un principio prefirieron permanecer en sus comunidades. Mantenían una condición más o menos prehispánica, pero ahora estaban sujetos a la jurisdicción de los oficiales municipales. Se les exigía tributos, y mientras no tuvieran deudas, podían cambiarse a otras comarcas a su gusto. Los oficiales locales de la corona—que eran de los mismos amerindios—en vano intentaban reducir la cantidad de los tributos de mano de obra que se les exigía. Sin embargo, los colonos resistían, porque en realidad la existencia de los *gañanes* resolvía el problema de la escasez de mano de obra que con el tiempo iba en aumento, a causa de la disminución de la población indígena.

Hasta mediados del siglo XVIII muchos de los *gañanes* perpetuaban la vida en sus respectivas comunidades. No querían prestar sus servicios a los amos europeos, porque preferían llevar una vida austera, cultivando la poca tierra que les quedaba. Los peninsulares, como último recurso, comenzaron a despojarlos de sus tierras, muchas veces a la fuerza, para obligarlos a que entraran en contratos con ellos. Fue entonces cuando un número cada vez mayor de amerindios comenzó a trabajar en las tierras de los amos—que en México ahora tomaban el nombre de *haciendas* (*fincas* en América Central y el norte de Sudamérica). Los amerindios fueron atraídos a las *haciendas* en parte porque ahora se les ofrecía una pequeña parcela de tierra a cambio de sus servicios durante la siembra, la cosecha, y otras temporadas. Pero en el campo, aunque la población de las comunidades amerindias seguía bajando, de todos modos a los que quedaban se les exigía el mismo tributo de antes, una obligación cada vez más onerosa que provocaba aun más la migración a las haciendas. Lo que fue peor, ahora, con el

---

[4] Hacendado = plantation or large ranch (*hacienda*) owner. Peón = unskilled peasant laborer.

[5] Gañan = an Amerindian free to choose for whom he will work for a wage.

número de *mestizos* en aumento, en la mayoría de los casos fueron ellos mismos los que formaban el grupo de los *caporales*[6] trabajando en las haciendas. Y ya que casi siempre había conflictos entre amerindios y mestizos—como notaremos abajo—sirvió para agravar más el problema.

Para fines del siglo XVIII y hasta el movimiento para la Independencia a principios del siglo XIX, el número de amerindios que vagaba de un lado para otro, sin tierra y aparentemente sin rumbo fijo, iba en aumento. Lo desastroso fue que muchos de ellos ahora habían perdido su lugar seguro en la sociedad. Desde luego, siempre habían sido marginados. Pero al contrario a la condición de los afro-americanos, la mayoría de los amerindios habían seguido viviendo en las mismas tierras que llamaban suyas desde antes de la llegada de los españoles. Eso les daba cuando menos un poco de seguridad, un lugar en el cosmos. Pero ahora, con la política borbónica del trabajo en el mercado libre, estaban perdiendo ese sentido de seguridad.

Fue esa misma pérdida durante las reformas borbónicas que quizás hubiera ofrecido al amerindio una solución a sus problemas. Las reformas daban la impresión de que los amerindios ahora gozaban de la ventaja de que si pudieran establecerse en alguna hacienda o migrar a la ciudad, quizás comenzaran a asociarse con gente de otra cultura y otro grupo étnico en un ambiente nuevo. De esta manera podrían asimilar aspectos fundamentales de, y acomodarse a, la cultura dominante. De hecho, al dejar su ropa tradicional, aprender Español, y entrar en algún oficio, a los amerindios a menudo se les denominaba *mestizos* (*ladinos* y *cholos* en Centroamérica y Sudamérica respectivamente) en lugar de *indios*. Para los amerindios esa transformación de categoría a veces les abría puertas para que subieran la escala social y mejoraran su condición. Ahí estaba la prueba, les parecía a los administradores borbónicos: si tan sólo los amerindios pudieran perderse dentro de la cultura colonizadora como un tipo de "melting pot," todo estaría resuelto.

Pero la supuesta solución del problema amerindio con las reformas borbónicas en realidad no fue ninguna solución. Los amerindios resistían la asimilación a la cultura dominante, a veces con pasión. Se mantenían alejados de la corriente principal, como algo distinto, como una presencia muda. De todos modos, hay que conceder que en las colonias españolas (y hasta cierto punto la portuguesa), el proceso de aculturación de los amerindios incluía relaciones humanas

---

[6] Caporal = foreman.

entre europeos y amerindios considerablemente más íntimas que en las colonias francesas, inglesas, y holandesas.  La existencia de la *leyenda negra* es evidencia de que las atrocidades de los españoles ofrecía más pruebas que las atrocidades cometidas por otros pueblos colonizadores de Europa:  en realidad los españoles estaban obsesionados en documentar todo lo que pasaba, lo que ofreció materia amplia para la misma *leyenda negra.*  Pero el hecho de que la documentación existe también da testimonio de que los sistemas peninsulares—sobre todo el español—eran más jurídicos, y que la administración se ejercía con más rigor, que en las colonias de otras naciones europeas.  La posibilidad de que existiera la *leyenda negra* en cierto sentido da la idea de que la misma *leyenda negra* es una exageración, y que la condición humana en las colonias francesas, inglesas, y holandesas, donde había menos legislación y por lo tanto menos materia para *leyendas*, muchas veces podría ser todavía peor.

## Los afroamericanos

A menudo se ignora el hecho de que, o como esclavos o siervos, hubo algunos africanos que llegaron al Nuevo Mundo con los primeros conquistadores.  Nuño de Olano estuvo con Balboa cuando descubrió el Océano Pacífico; Bernal Díaz del Castillo escribe sobre un africano que viajó con Cortés; otro estuvo con Francisco Pizarro al comienzo de la conquista de Perú; y tenemos el famoso Estevanico, quien acompañó a Cabeza de Vaca.

Pero la historia de los africanos en las Américas es sobre todo la del transporte sistemático de esclavos desde África para trabajar en el campo y las minas.  El tráfico de africanos comenzó en 1502, diez años después de la desembarcación de Colón en las islas Bahamas.  Durante esos diez años, debido al trabajo forzado y pesado, y las múltiples enfermedades hasta entonces desconocidas en América, la población amerindia había disminuido con una rapidez alarmante.  Algunos de los frailes dominicanos, sobre todo Bartolomé de las Casas, con el pretexto de defender a los amerindios, sugirieron que los africanos serían más adaptables al sol del trópico y al trabajo forzado que los mismos indígenas.  La "recomendación" fue recibida con entusiasmo—aunque de seguro la compra y la venta, y la brutalización de pueblos enteros no había sido el intento de Bartolomé de las Casas—y así comenzó el tráfico de seres humanos de una magnitud que el mundo jamás había conocido.

En 1517, España concedió un *asiento*[7] oficial a un grupo de comerciantes para transportar 4.000 esclavos al año al Nuevo Mundo, de los cuales la tercera parte deberían ser mujeres, para multiplicar la población de esclavos. Durante la misma época los portugueses, para quienes la esclavitud de los africanos en Portugal era ya un hecho desde hacía tiempo, iniciaron el comercio de esclavos en Brasil. Hacia el año 1600, los africanos ya formaban la base de la economía de áreas extensas en las regiones tropicales donde se cosechaba la caña de azúcar (en el noreste de Brasil, las costas de Colombia, y Venezuela, la costa del este de México, y todo el Caribe). Por regla general, en el trópico los africanos reemplazaron a los amerindios como trabajadores, mientras en las sierras, tierra ingrata y casi inhospitable para los africanos, los amerindios seguían proveyendo la mano de obra. Por ninguna parte, con la excepción del oeste de Hispaniola[8]—que luego fue colonia francesa, Haití—han tenido tanta influencia los africanos como en el noreste de Brasil, que por eso será el enfoque principal de lo que resta de esta sección.

La influencia de los africanos en la cultura brasileña se debe no sólo a la cantidad de los esclavos en comparación con la población europea, sino también a la receptividad de los portugueses a las culturas exóticas del continente africano. Los portugueses ya habían tenido contacto intensivo con gente del interior de África desde hacía algún tiempo. Además, en aquel tiempo, contaban entre los pueblos socialmente más plásticos y adaptables del mundo. Esta diferencia entre Portugal y España se nota en la naturaleza del catolicismo de las dos culturas. La clerecía portuguesa no llegó al extremo de fanatismo respecto a la Contrarreforma tanto como la clerecía española, y lo mismo se puede decir de la corona portuguesa en contraste a la española: la portuguesa siempre estuvo menos ligada al Vaticano. Además, en comparación con el catolicismo de España, el de Portugal tuvo más influencia islámica. Según escribe el sociólogo brasileño Gilberto Freyre en *Casa-grande e senzala* (1946),[9] es por eso que la religión portuguesa no fue tan austera como la de Castilla; fue más bien

---

[7] Asiento = monopoly.

[8] En el comienzo Hispaniola fue lo que es ahora la isla del Caribe que incluye Santo Domingo y Haití.

[9] Casa Grande (Port.) = mansion, owned by the landed gentry. Senzala (Port.) = slave quarters.

una liturgia social que religiosa, suavizada por elementos aportados de otras religiones y otras culturas.

Hay que reconocer, además, que en gran parte la naturaleza del catolicismo portugués se debe a que la población de Portugal era relativamente pequeña, pero estaba diseminada por todo el mundo, gracias a las extensas exploraciones marítimas. Por lo tanto, un porcentaje relativamente alto de portugueses conocía otras partes del mundo y otras culturas, lo que había creado en ellos un espíritu de mayor tolerancia. Pero el costo de la expansión marítima también había sido caro, y ahora Portugal tenía relativamente pocos recursos humanos disponibles para dedicarle a su colonia gigante de América. Como consecuencia, el proyecto fue el de mantener la población de la península hasta dónde fuera posible y emplear hasta el máximo los recursos que les ofrecía la institución de la esclavitud.

Como resultado de ese proyecto, en Brasil los afroamericanos eran los que cultivaban y procesaban la caña de azúcar, pero además, servían como arrieros, cargadores, herreros, carpinteros, tejedores, barberos, sastres, artesanos, y en fin, servían para todos los quehaceres. Hubo en los campos de Brasil, más que en Hispanoamérica, una comunidad auto-contenida, el llamado conjunto de la *casa grande* y las *senzalas*. En los pueblos y las ciudades, los afroamericanos hacían toda clase de trabajo. Una práctica común—y algo hipócrita, hay que notar—se trataba del *negro(a) de ganho*. El *negro(a) de ganho* fue un esclavo(a) que durante su tiempo libre podía trabajar, según su oficio—como portador(a) o en trabajos especializados—por una jornada (un pago al final de cada día de trabajo). Podía quedarse con una "quota" fija cada día, pero tenía que entregar a su amo todo el dinero que excedía la "quota." Como resultado de esta práctica, había portugueses que pasaban una vida de puro ocio, gracias a la "renta" cobrada a sus esclavos. Y lo que era peor, a veces los amos se contaban entre los mismos africanos o *mulatos* (Port., *pardos*), que antes habían sido esclavos.

Al contrario de las colonias españolas, en Brasil, la *casa grande* de las *fazendas* tomaba precedencia sobre la ciudades y hasta las Iglesias. En la colonia portuguesa generalmente no se construyeron iglesias de la nobleza y estatura que se encuentran hoy en día en México, Guatemala, Ecuador, Perú, y Bolivia. Las excepciones más notables son las iglesias barrocas de los estados de Bahía y Minas Gerais. En Minas Gerais se encuentran impresionantes monumentos eclesiásticos adornados por el arte del mulato Antonio Francisco Lisboa, conocido como "Aleijadinho" (1730-1814).[10] Las ciudades de Brasil tampoco tenían la importancia de las *casas grandes*. En 1800, Rio de Janeiro apenas alcanzaba una población de 80.000 y São Paulo 15.000. Su arquitectura no impresionaba mucho, y los servicios públicos (calles, aceras, desagües, parques, vías de transporte) casi no existían. A diferencia de las colonias españolas, la portuguesa fue más bien rural que urbana. Mientras en Hispanoamérica las ciudades predominaban, en Brasil, las ciudades servían a las *fazendas*.

Aunque algunas características de la sociedad de Brasil tenían cierta semejanza a las del sur de EE.UU. antes de la guerra civil, había también diferencias notables. Según la evidencia disponible, es posible que en ninguna parte del mundo hubieran los esclavos africanos recibido un tratamiento más humanitario—o menos deshumanizador, depende del punto de vista—que en Brasil. Según escribe Gilberto Freyre, los portugueses eran demasiado placenteros, sedentarios, y liberales para tratar a sus esclavos de un modo tan bárbaro y cruel como fueron tratados en otros lugares.[11] Los castigos tendían a ser un poco moderados, y el sadismo de parte del amo era relativamente escaso en comparación con el tratamiento de los esclavos en EE.UU. En brasil las relaciones de tipo *paternalista* entre amo y esclavo a veces eran bastante íntimas, y por lo tanto había, según parece, menos prejuicio a causa del color de la piel. Es que, para repetir lo que ya fue dicho, los portugueses—como hasta cierto punto los españoles del sur de España— estaban acostumbrados desde hacía tiempo a vivir con gente de color morena. Además, en Brasil la mezcla de sangre fue menos restringida por tabúes morales y tradiciones sociales que en EE.UU. Eso produjo lo que más aproximaba una verdadera *pluralidad* cultural. Esa mezcla sirvió para procrear gente donde precisamente hacía falta gente. Como ya se mencionó, hubo relativamente pocos portugueses. De todos modos, el vacío demográfico de la gran expansión brasileña se llenó, cuando menos en algunas zonas costeñas, con africanos—ya como *afroamericanos*. Desde entonces, hubo poco a poco una mezcla entre

---

[10] "Aleijadinho" quiere decir "mutilado." A pesar de que el uso de sus manos era severamente limitado por la lepra, llegó a ser el escultor de más renombre en Brasil durante la época barroca.

[11] La tesis de Freyre, hay que mencionar, ha sido criticada con severidad. Según esa crítica, exagera Freyre las características humanitarias de la esclavitud brasileña. Sin embargo, es probable que las condiciones de los esclavos en Brasil fueron menos pésimas que en otras colonias, lo que de todos modos habría sido de poca consolación a los afroamericanos.

afroamericanos y europeos para formar la compleja fusión étnica que existe hoy en día en Brasil.  En fin, fue sobre todo gracias a los afro-americanos que los portugueses pudieron colonizar y desarrollar el noreste y las llanuras costeñas de Brasil, que luego sirvió para proteger la colonia en contra de la infiltración de franceses y holandeses.

Según parece, los afroamericanos se adaptaban con bastante facilidad a las exigencias de la vida en su nuevo ambiente.  Fueron brutalmente desarraigados de África, vendidos a europeos por traficantes de esclavos de su propia raza, sujetos a condiciones horriblemente sub-humanas durante el viaje a América, y reducidos a la esclavitud en lugares desconocidos.  Sería bastante razonable pensar que, después de esa serie de experiencias traumáticas, hubieran caído en un estado de melancolía y hasta de depresión anémica.  Y así fue.  Es en parte por eso que cierta melancolía y cierta nostalgia vaga e inefable influía al carácter de todos los brasileños, tanto afroamericanos como europeos.  Y sigue esa influencia de melancolía y nostalgia hasta hoy en día, con la tendencia hacia lo que se llama en Portugués *"saudade."*[12]

Sin embargo, el espíritu de los afroamericanos era tan elástico que de modo admirable se fueron acostumbrando al ritmo de su nueva vida.  Es decir, se aprovecharon de las nuevas relaciones entre ellos y sus amos lo mejor que pudieron.  Su cambio y su adaptación sutil a las nuevas circunstancias tuvo reverberación en la sociedad en general, cambiando en el proceso a sus amos también.  Como resultado, la presencia de los afroamericanos sirvió para alegrar y dar cierto sabor a la vida monótona y rutinaria de la colonia con su música, baile, folklore, y vestigios de sus creencias religiosas que han tenido influencia en el Brasil contemporáneo—la música brasileña con su marcado elemento vital de ritmo y vida contrasta con el ritmo y la lírica algo triste de la música de Portugal.  De hecho, el *Carnaval* de Salvador, capital del estado de Bahía, es la manifestación suprema del "africanismo" en las culturas americanas.

La emancipación de los esclavos de Brasil fue progresiva.  No fue cataclísmica a manera de la sangrienta historia de EE.UU.  En Brasil, el proceso de la liberación de los esclavos traza una línea paralela

---

[12] Saudade = longing, nostalgia. This word is difficult to translate. It entails a vague longing for something: something remote, intangible and ineffable, but something representing the object of some undefinable, deep-seated desire. *Saudade* can be sensed in much Brazilian music, in recent times the Bossa Nova, with its smooth, meloncholic rhythm and its nostalgic lyrics.

con la historia misma de la esclavitud brasileña. Es decir, la puerta a la libertad estuvo siempre un poco abierta, y hubo, a través de los años, ocasiones y pretextos, fundados en las costumbres y las leyes, para abrirla más. Hubo varias maneras para que los esclavos pudieran ganar su libertad. Primero, el amo por regla general daba libertad a sus propios hijos mulatos. Segundo, después de muchos años de servicio, a un(a) esclavo(a) a veces se le concedía su paso a la libertad como premio (lo malo es que, como ya estaba viejo[a] y no servía para el trabajo, muchas veces le iba mal, ya que ahora quedaba fuera del cuidado paternalista del amo). Tercero, a los esclavos que se les permitía trabajar por su propia cuenta como *negros de ganho(a)* (negros que ganaban su propio dinero) podían ahorrar su dinero y comprar su libertad. Y por último, los hijos de un esclavo y una mujer libre no quedaban bajo el yugo de la esclavitud.

Aunque las condiciones de los afroamericanos en Brasil e Hispanoamérica quizás no hayan sido tan pésimas como en EE.UU., de todos modos, como era natural, los esclavos siempre tenían el deseo de salir de las ligaduras de su esclavitud de una forma u otra. En Brasil, a menudo huían al *sertão*,[13] a veces fuera del alcance de los europeos que por regla general preferían quedarse cerca de la costa (otra vez con la excepción de los *bandeirantes*). En el siglo XVII, un gran número de *cimarrones*[14] fundó un *quilombo*,[15] con el nombre de la *República de Palmares*. Tuvo un sistema político y eclesiástico bien organizado. Al crecer el renombre de este "estado libre" de afroamericanos, atrajo esclavos de toda la comarca que también deseaban escapar, lo que causó bastante inquietud a los portugueses. La República de Palmares fue destruida sólo después de una campaña total de parte del ejército del noreste de Brasil y un grupo de *paulistas* (gente de São Paulo). Aunque ni esta ni otras rebeliones tuvieron éxito duradero, su esfuerzo dio más ánimo a los abolicionistas, que siempre habían existido desde el comienzo de la esclavitud.

Hay que aclarar que, como consecuencia del tipo de esclavitud y la naturaleza de la cultura brasileña, en la actualidad no hay tanta *discriminación racial* como en EE.UU., sino que hay más bien lo que se puede llamar *distinciones culturales* basadas en la posición que tiene una persona en la *escala social*. En general los *negros* y *mulatos* tienen

---

13 Sertão (Port.) = the backlands of Brazil west of the northeastern coast.
14 Cimarrón(ona) = escaped slave.
15 Quilombo (Port.) = name given to a community of escaped slaves.

un nivel de vida inferior a la gente de facciones europeas. Es decir, hay indicios de prejuicio en contra de esa gente *prêta*[16] no sencillamente por causa de su etnicidad sino por su condición social. En el Brasil contemporáneo, si un(a) afroamericano(a) puede lograr bastante éxito en la lucha económica para mejorar su condición, tendrá más respeto por parte de sus compatriotas—según un refrán popular brasileño, *no hay como el dinero para emblanquecer la piel.* Así es que Brasil no era, ni es, exactamente un paraíso para la gente afroamericana. La discriminación existía y existe, aunque sea más social y cultural que racial. De todos modos, para repetir, quizás no haya habido otro país en el mundo donde el ciudadano de origen africano y europeo hayan podido convivir con tan poco conflicto social. Como consecuencia, mucha gente con antepasados africanos ha conquistado prestigio y fama a través de la historia de Brasil. Tenemos el ya mencionado arquitecto y escultor, Aleijadinho, que diseñó y creó el arte de muchas iglesias del estado de Minas Gerais. Otro ejemplo sobresaliente es el de Joaquím María Machado de Assis (1839-1909), gran novelista del siglo XIX, que fue hijo de padre portugués y madre afroamericana.

En las colonias españolas, la esclavitud quizás en parte carecía de relaciones *paternalistas* tan suaves como las que existían en Brasil, porque antes de la época colonial los españoles no habían tenido tanta experiencia de convivir con africanos. A pesar de que fueran bastante tolerantes también respecto a la cuestión racial, los españoles eran más orgullosos de su *casticismo*[17] y su catolicismo, orgullo que siempre emergía cuando se trataba de gente de otras culturas. Además, había condiciones específicas en las colonias españolas que producían un tipo de esclavitud un poco diferente a la de la colonia portuguesa. En primer lugar, el uso de esclavos en las minas, donde el trabajo era dificilísimo, fue causa de una situación violenta que no existía hasta el mismo grado en Brasil. En segundo lugar, la presencia numerosa de amerindios, de temperamento generalmente más dócil que el de los afroamericanos, complicaba las relaciones entre los grupos étnicos. Los amerindios muchas veces proveían una fuente de trabajo en caso de que hubiera insuficiencia de afroamericanos, de modo que había cierto tipo de competencia entre ellos. Y ya que los amerindios gozaban de un lugar un poco más seguro dentro de su comunidad, en contraste con los

---

[16] Prêto(a) (Port.) = dark skinned (*moreno[a]*), usually referring to Blacks, but occasionally also to mulattoes, in addition to their being called *pardos*.

[17] Casticismo = "purity" of one's Spanish "blood."

afroamerianos que habían sido desplazados de sus pueblos, los afro-americanos, por regla general, se manifestaban más agresivos que los amerindios. Por lo tanto, muchas veces los afroamericanos con más eficacia lograban mejorar su condición social. Como consecuencia de ese conflicto, a menudo emergían condiciones que terminaban en la violencia.

Entre todas las combinaciones raciales, y para agravar la tensión, los *zambos*, combinación de amerindios y afroamericanos, fueron desafortunadamente considerados como la mezcla étnica menos deseable. Pues, a veces se les veía como una amenaza a la sociedad. La concentración más alta de *zambos* en las colonias españolas se encontraba en las zonas costeras de Ecuador, Colombia, Venezuela, y Centroamérica. En algunos casos, la mezcla entre amerindios y afro-americanos en el campo producía un tipo humano independiente, orgulloso, y bastante guerrero. Por ejemplo, hubo muchos *zambos* en las comunidades de la costa del Miskito en el norte de Nicaragua. Durante la década de los años 1980, cuando el gobierno revolucionario de los "sandinista" quiso integrarlos a su revolución social, muchos *zambos* manifestaron un fuerte espíritu de independencia. Sin embargo, con el tiempo, en muchos lugares de Latinoamérica los *zambos* y sus descen-dientes han encontrado su lugar en la jerarquía social, aunque casi siempre en los niveles más bajos.

Rebeliones de esclavos en las colonias españolas antes del siglo XIX fueron más frecuentes que en la colonia portuguesa. A veces causa-ban disturbios profundos en la población de toda la comarca. A mediados del siglo XVIII, los afroamericanos en Guatemala habían infundido tanto terror en la gente europea, que los mismos amos tenían miedo de sus sirvientes afroamericanos, aun los que tenían de más confianza. En la ciudad de México, llegó a ser una práctica común la ejecución de un grupo de afroamericanos escogidos al azar, después de los primeros indicios de una rebelión. Los esclavos que lograban escapar de su servilismo esforzado también eran considerados como una amenaza. No obstante, hay relativamente poca evidencia de que en realidad los afroamericanos tuvieran la intención de organizar una rebelión general en contra de la sociedad opresora. No querían más que su libertad, y que los dejaran en paz para sobrevivir lo mejor que pudieran entre gente de su propia clase. Por ejemplo, entre la ciudad de México y el estado de Veracruz un grupo de *cimarrones* establecieron un pueblo, llamado San Lorenzo de los Negros. Al parecer, San Lorenzo de los Negros estaba poblado por gente industriosa y relativamente pacífica, gente que sencillamente quería convivir con su propia gente. Por lo tanto, a través de los años, el pueblo alcanzó una prosperidad notable.

Hay que notar que los *mulatos* llegaron a ser un elemento importante en la vida de las colonias hispanoamericanas. Con facciones más parecidas a las de los europeos, eran considerados la mezcla étnica "más progresiva." En general, durante el último siglo del coloniaje y el siglo XIX, cualquier prejuicio que surgiera en contra de los mulatos era poco a poco suavizado a medida que iban integrándose en los niveles sociales y en los trabajos y las profesiones. Cada vez más se socializaban con mestizos y europeos, mejorando su condición económica y asimilando las costumbres de la sociedad dominante. Paulatinamente se aculturaban, alcanzando muchas veces posiciones de prestigio que antes estaban reservadas para gente europea y mestiza. La sociedad que había sido relativamente inflexible ahora les permitía su entrada por muchas puertas que antes les eran prohibidas.

En fin, a medida que avanzaba la época colonial, las diferencias étnicas llegaban a ser menos evidentes, de modo que había más tolerancia y las mezclas eran mejor acogidas. Hacia finales del colonialismo, ciudades principales como Buenos Aires, Lima, y México, donde antes había una cantidad notable de esclavos de raza africana pura, ahora manifestaban un espectro sutil de gradaciones entre los pocos afroamericanos que quedaban y tipos más bien europeos que afroamericanos.

## Los mestizos

En las colonias españolas la mezcla étnica de mayor alcance como producto de la conquista del Nuevo Mundo se manifiesta en el resultado del cruce entre españoles y amerindios para formar los *mestizos*. Pero Hispanoamérica no es, propiamente dicho, un continente *mestizo*, como a veces lo han calificado. Una de las razones del error tiene que ver con el vocablo, "mestizo(a)." Relacionado con "mezcla" y "mixto," "mestizo(a)" puede generalizarse para incluir todas las combinaciones étnicas. El problema es que si se adopta este significado más general del término "mestizo(a)," entonces toda la gente del mundo es "mestiza." Y si se adopta el significado más limitado—o sea, la combinación de europeo y amerindia—sólo algunos países de Latinoamérica, y con más exactitud, algunas regiones de algunos países, son calificables como "países mestizos." Según el significado limitado del término, la clase mestiza constituye la base de las poblaciones solamente en el norte y la parte central de México, una parte de Honduras, El Salvador, Nicaragua, Venezuela, Colombia, y Paraguay, y varias regiones de Brasil.

Desde el principio del coloniaje, algunos mestizos lograron prestigio. El más famoso durante el período de la conquista fue indudablemente el Inca Garcilaso de la Vega (1539-1616), cuya madre fue princesa inca y amante de su padre español. Garcilaso se crió en la casa de su padre, entre gente mestiza y española. Llegó a resentir el desprecio por parte de los peninsulares hacia el grupo étnico del cual él mismo formaba parte. Odiaba el "esnobismo" manifestado por la clase aristocrática, y prefería considerarse "peruano" más bien que español. En sus *Comentarios Reales* (1609), obra que ha llegado a ser una clásica de la literatura hispanoamericana, narra la historia del pueblo de su madre y la conquista de los incas. Como resultado de la composición étnica de su autor, esta obra puede ser más verídica que las crónicas escritas por españoles.

El dilema de Garcilaso de la Vega es un microcosmos del macrocosmos del mestizaje. Los mestizos, desde el principio, no eran ni europeos ni amerindios, y sentían dentro de sí una tensión que los colocaba en una especie de "limbo" cultural. Es en gran parte por eso que en algunas comarcas de las colonias, para mediados del siglo XVI se consideraba a la clase mestiza como vagabunda y violenta, y con inclinaciones maliciosas. Aunque esa consideración tenga una poca de razón, también es una generalidad exagerada. Sin embargo, hay una marcada diferencia entre la "mentalidad mestiza" y la "mentalidad amerindia." El etnólogo Eric Wolf escribe en *Sons of the Shaking Earth* (1959) que los mestizos, parias sociales[18] tanto como culturales, llegaron a ser la antítesis de los amerindios, que estaban íntimamente ligados a su tierra. Mientras los amerindios se identificaban con su localidad y su comunidad, los mestizos quedaban en la periferia de la cultura peninsular tanto como de la cultura indígena. Mientras los amerindios preferían la vida en el campo o las provincias, los mestizos gravitaban hacia las ciudades para integrarse a la vida urbana. Los amerindios estaban cómodos labrando la tierra dentro de la cual tenían raíces espirituales bien enterradas; los mestizos encontraban su medio ambiente en el mercado entre la gente, la actividad, y el intercambio de palabras, ideas, dinero, y posesiones materiales.

---

[18] Paria social = pariah, social outcast.

En realidad, para sobrevivir al margen de la sociedad, los mestizos tuvieron que aprender a cambiar según las circunstancias con la misma facilidad que cambia una persona de máscara. Tuvieron que vivir de su astucia, de la sagacidad, y la artimaña, volviéndose en personas que en los casos más extremosos se asemejaban al prototipo del pícaro.[19] Mientras los amerindios se mantenían en contacto con su mundo físico, reconociendo que sólo por el sudor de su frente podrían ganarse la vida, los mestizos muchas veces se refugiaban en un mundo de *sueños* y *fantasía*. Escribe Eric Wolf que, colocándose al margen de la sociedad, los mestizos se ponían también al margen de la "realidad." Pero el gran *sueño* de sus *sueños* era el de transformar *sueño* y *realidad* en una sóla cosa, el de realizar su *sueño* en la vida *real*, de crear o transformar las condiciones de tal manera que el mundo conformara

> La idea del *pícaro* se describe en un tipo de novela, la "novela picaresca," de España, ejemplos clásicos de la cual se encuentran en *Lazarillo de Tormes* (1554) y *Guzmán de Alfarache* (1599). La "novela picaresca"—como vamos a ver con más detalle en el Capítulo Quince—se distingue por ser el protagonista de un grupo marginado de la sociedad. Es un anti-héroe que se presenta a sí mismo en narrativa de primera persona. Es un individuo, como el *mestizo* en Hispanoamérica, que nació dentro de circunstancias desventajosas; por consiguiente, se ve obligado a sobrevivir por medio de su astucia, ingenio, gracia, y don de palabras que siempre tiene.

con su *sueño*—*sueño* que está sutilmente descrito en la novela de Carlos Fuentes, *La muerte de Artemio Cruz* (1962).

Así es que la misma enajenación de los mestizos con respecto a la cultura criolla dominante les sirvió como fuente de su fuerza. Llegaron a formar la clase intermediaria entre los amos y sus trabajadores (los amerindios y los afroamericanos). Muchas veces dedicándose al comercio, llegaron a ser agentes de compra y venta. Hasta cierto punto, en algunas regiones llegaron a formar la espina dorsal de la economía del imperio colonial. En el proceso, muchos se levantaron de su medio ambiente, subiendo la escala social a través del dinero y los contactos con gente de poder. Pero sobre todo, adquirieron

---

[19] Pícaro = rogue, a person who is wily, scheming, tricky.

un gusto por lo que les facilitaba el dinero: respeto, prestigio, autoridad, poder. Es decir, mientras los amerindios valorizaban la tierra, los mestizos veían la propiedad como un medio hacia otro fin; mientras los amerindios se perdían en su comunidad a la cual debían su existencia, los mestizos quedaban aparte de la comunidad de la cual nunca habían sido una parte integral de todos modos. Poco a poco, a los mestizos se les fue formando la idea de que la comunidad existía para el beneficio del individuo que supiera aprovecharse de toda situación. En eso también los mestizos fueron todo lo contrario a los amerindios, cuya existencia debía estar dedicada al beneficio de la comunidad. Y fue esa característica precisamente la que después de la época colonial hizo a los mestizos candidatos *por excelencia* para el *caudillismo* (características que vimos en el Capítulo Dos). Ya que los mestizos habían llegado a manifestar la expresión máxima de vigor, fuerza de voluntad, facilidad de expresión, carisma, y hasta *machismo*, es bastante lógico que el *caudillismo* haya sido una de las manifestaciónes más naturales de su psicología.

Durante la época colonial, después de haberse establecido en las ciudades, y con su naturaleza muchas veces agresiva, los mestizos comenzaron a dispersarse por los campos otra vez. Pero ahora intervenían en las actividades de los amerindios. En muchas áreas la razón principal por la cual los mestizos migraban a las comunidades de amerindios era para explotarlos. Se unían a ellos bajo la apariencia de familiaridad, pero con el motivo de tener una fuente de trabajadores a la mano cuando los necesitaran. Sobre todo, les atraía a los mestizos el prestigio que les daba como *terratenientes*, y fue entonces cuando comenzó en gran escala el despojamiento de tierras de los amerindios por parte de los mestizos. A pesar de que existieran mestizos en las comunidades amerindias, de todos modos los amerindios seguían bajo la administración de oficiales indígenas. Entonces existió la misma paradoja de siempre. Por un lado, había autoridades locales y leyes de la corona que dictaban protección a los amerindios (el *idealismo*), y por otro lado, existía la explotación de los amerindios por los mestizos (la *realidad*) a causa de su insaciable deseo de adquirir tierra, como fuente de prestigio. (De esta manera, hasta cierto punto perseveraba el *sueño* del *hidalguismo*.) Con razón tenía que haber conflictos entre los mestizos y los amerindios. No obstante, a veces las relaciones entre ellos eran relativamente armoniosas. Eso da testimonio de la naturaleza dócil, para bien o para mal, de los amerindios *vis-à-vis* la agresividad mestiza.

La sed de *dinero* y *prestigio* de los mestizos es quizás su característica más sobresaliente. Pero no se puede ignorar la codicia del *poder*, como ha notado Eric Wolf, y como sugiere Octavio Paz (1914-98) en su libro de ensayos, *Laberinto de la soledad* (1950). Para los mestizos el poder, sobre todo el poder político típico de la mentalidad *caudillesca*, es el camino hacia el prestigio—que en épocas pasadas tenía la imagen del *hidalguismo*. Esa codicia del poder se debe en parte a las circunstancias coloniales, y en parte a las condiciones sociales de la actualidad. En cuanto a las circunstancias coloniales, ya que la mayoría de los judíos en España fueron expulsados en 1492, año que vio el comienzo de la "invención" de América, y ya que ellos habían constituído la clase comercial, ahora quedaba un vacío: prácticamente dicho no hubo quién se ocupara de los negocios. En vista de que a los judíos no se les permitía el pasaje a América—aunque algunos vinieron de todos modos, violando la ley—hubo necesidad de una clase que llenara el vacío que había dejado la clase comercial judía, sobre todo en las colonias. En general, los mestizos ofrecieron sus servicios a ese respecto. Casi se puede decir que así tuvo que pasar, por la siguiente razón.

Durante la época colonial, los españoles gozaban de todos los privilegios que les extendía el rey. A los criollos, aunque relegados a una posición algo "inferior" a la de los peninsulares, de todos modos les iba relativamente bien. Aunque su propia cultura había sido arrasada, los amerindios cuando menos encontraban su lugar en el cosmos por medio de la comunidad amerindia dentro de la cual seguía como miembro. Y los afroamericanos, desplazados de su tierra natal, a veces no tenían más remedio sino el de acercarse a sus amos, los europeo, e integrarse a la sociedad dominante. En cambio, los mestizos, que no tenían un lugar en el mundo que pudieran llamar suyo, poco a poco fueron llenando varios niveles de la la clase comercial, la misma clase que habían ocupado los judíos en España. Por lo tanto, más o menos semejante al tipo del ya mencionado *pícaro* en vivo, los mestizos aprendieron a vivir a base de sus propios recursos, de su propia voluntad, y de su propia astucia.

En cuanto a la naturaleza general de los mestizos de hoy en día, Germán Arciniegas en *El continente de siete colores* (1965) examina lo que podemos denominar la "idiosincrasia mestiza." Esa idiosincrasia les da, por un lado, una ingeniosidad y un afán creador, y por otro, una personalidad doble, la que culmina en la ansiedad y la tensión interiores ya mencionadas. Es decir, hasta cierto grado los mestizos tienen la naturaleza triste y estoica de los amerindios, pero esta naturaleza está limitada a sus horas de soledad y de contemplación. Mientras tanto, esperan el momento propicio para re-entrar en la algarabía[20] de su sociedad, y se esfuerzan por destacarse en el trabajo o en la calle, reunirse con los amigos (compadres y comadres), o entrar en una u otra fiesta. Sus momentos de tristeza son como uvas que luego se exprimen para sacarles las últimas gotas de vida, de actividad furiosa, de alegría, y a veces de violencia. Esta doble personalidad de los mestizos trae ventajas en cuanto sea un amalgama que enriquezca al individuo con nuevo ánimo, y en cuanto sirva para abrir nuevos horizontes de posibilidades para el futuro.

La "personalidad mestiza," en fin, no es fácil de comprender. Quizás lo único que se pueda concluir es que cualquier definición del mestizo tiene que ser incompleta y en parte errónea, porque el mestizo es un tipo humano sumamente complejo. Bueno, cuando menos hicimos la lucha, ¿no?

# Preguntas

1. ¿Cómo ejemplifican las Leyes de Burgos la brecha entre "idealismo" y "realidad"?
2. ¿Qué son las "blue laws"? Dé algunos ejemplos de ellas.
3. ¿Cuáles son las perspectivas incompatibles acerca de las colonias?
4. ¿Qué son las Nuevas Leyes?
5. ¿Cuál es la dualidad que define la administración de las colonias?
6. ¿Cuál fue la alianza que resultó de la explotación de los amerindios?
7. ¿Por qué perdieron los amerindios su sentido de seguridad durante las reformas borbónicas?
8. ¿Quiénes son los ladinos, los cholos? ¿Cómo podrían los amerindios llegar a considerarse como mestizos, ladinos, o cholos?
9. ¿En qué lugares existía la esclavitud más extensa, y por qué?
10. ¿Cuáles fueron las diferencias entre las relaciones de los portugueses-africanos y españoles-africanos? ¿A qué se deben esas diferencias?
11. ¿Quién fue Aleijadinho?

---

[20] Algarabía = clamor, din, gabble.

12.   ¿Qué quiere decir *saudade*?
13.   ¿Qué relaciones hubo entre afroamericanos y amerindios?
14.   ¿Qué fue la República de Palmares?
15.   Describa las condiciones de los mulatos en las colonias españolas.
16.   ¿Por qué no es Latinoamérica un continente mestizo?
17.   ¿Quién fue uno de los primeros mestizos en lograr prestigio y qué es lo que hizo?
18.   ¿Cuáles son las características principales de los mestizos?
19.   ¿Por qué fueron los mestizos candidatos ideales para el caudillismo?
20.   ¿Qué es un pícaro?
21.   ¿Cómo eran las relaciones entre los mestizos y los amerindios?

## Temas para discusión y composición

1.   ¿Hay conflictos y debates en nuestros días que son algo parecidos a los de Bartolomé de las Casas y Ginés de Sepúlveda? Explíquense.
2.   ¿Cuál es la diferencia entre la discriminación racial y la discriminación social? ¿Cuáles son las desventajas principales de las dos? ¿Podría haber en EE.UU. una clasificación sútil entre negros (o *prêtos*), mulatos (o *pardos*), amerindios, y mestizos (ladinos o cholos) como en Latinoamérica?
3.   ¿Creen Uds. que los mestizos siguieron la mejor ruta hacia su lugar en la sociedad?

## Un debate amigable

Dos puntos de vista y dos defensas:   (1) tomando en consideración el contexto histórico, el tratamiento de los esclavos en Latinoamérica fue relativamente humanitario, y (2) la institución de la esclavitud es intolerable, a pesar del tiempo o el lugar, y no hay que tenerle más que censura.

# CAPÍTULO OCHO

# LA MUJER: INGENIOSA SEGÚN EXIGÍAN LAS CONDICIONES

**Fijarse en:**
- Las *características* de la *mujer amerindia* y la *peninsular*.
- El *papel* de la *mujer* durante la *conquista*.
- Algunas *mujeres sobresalientes* durante la *época colonial*.
- El *marianismo*, y su *simbolismo* en cuanto a la *imagen* que tiene el *hombre* latinoamericano *de la mujer*.
- La *condición* de las *mujeres* latinoamericanas de *hoy*.

**Términos:**
- *Amazonas, Coyas, Esposa y Madre Sumisa, Familia inmediata, Limeña, Machismo, Marianismo, Virreina*.

## Ignorada, pero siempre presente

¿Qué papel tuvo la mujer en la formación de las culturas y las civilizaciones latinoamericanas? Fue un papel central, de seguro, pero en el principio caracterizado más bien por su ausencia que por su presencia. De verdad, nadie sabe quién fue la primera mujer de la península que hizo la jornada a América. Quienquiera que haya sido, lo cierto es que fue una mujer que merece más que el silencio que le han dado los múltiples tomos de la historia.

Desde luego, antes de la llegada a América de la primera mujer, había mujeres, millones de ellas: mayas, guaranís, quechuas, aztecas, chibchas, taínas, etcétera. Quizás algunas fueran un poco semejantes a las legendarias *amazonas*[1] que en 1540 Francisco de Orellana y sus exploradores creían ver en las selvas impenetrables mientras bajaban por el río que fue bautizado con el mismo nombre. Quizás no. Lo más probable es que las mujeres amerindias eran a veces afables y crueles, mansas y violentas, humildes y arrogantes, amables y groseras, igual como todas las mujeres (y, desde luego, como todos los hombres) de Europa.

---

[1] Amazonas = Amazons, warrior women.

En algunas comarcas—los desiertos, las selvas—las comunidades de amerindios existían a la margen del hambre, y a veces del exterminio total. Dentro de esas culturas las mujeres eran poco más que bestias de carga, brutalizadas por los quehaceres domésticos[2] que las agotaban antes de llegar a una edad madura. En otros lugares—las islas, las llanuras, las costas, y sobre todo en los valles donde existían civilizaciones avanzadas—la vida no era tan exigente. Es interesante notar que en algunas culturas indígenas de Colombia, Nicaragua, y el sur de México, las mujeres tenían papeles dominantes: eran culturas *matriarcales* en vez de *patriarcales*. A los hombres les correspondían los trabajos más pesados y los quehaceres domésticos, y las mujeres eran las que daban órdenes.

Las multiples comunidades de amerindios diferían mucho en cuanto a los valores sexuales. Algunas culturas eran sumamente austeras y púdicas, otras tolerantes, y entre algunas casi se puede decir que no había tabúes sexuales. En algunos lugares, por ejemplo entre los mayas, el adulterio era considerado como un pecado que merecía la pena de muerte, mientras que en otros, no era más que material para chismes, chistes, y burlas. En algunas culturas se practicaba la poligamia y en otras la monogamia. En algunas, a los huéspedes se les ofrecía la compañía de las jóvenes más bellas, y en otras, se guardaba la virginidad como la vida. En algunas culturas, existía la costumbre del intercambio de esposas durante las festividades, y en otras no. En Perú, las *coyas*, o hijas de la aristocracia incaica, eran consideradas como "princesas" por los conquistadores, y las que se casaban con españoles llegaban a ser *doñas* que merecían el mismo respeto como las grandes damas españolas. Entre los aztecas, madres y padres dedicaban un tiempo considerable a sus hijas, una vez llegadas a la edad de pasar a señoritas, para darles consejos y prepararlas para su futuro. En fin, no hay caracterización homogénea con respecto a la mujer indioamericana. Lo seguro es que, desde la Malinche (doña Marina) y su unión con Cortés, la mujer de las Américas tuvo un papel importante en la creación, y la formación psicológica y social, de un tipo étnico que ahora compone gran parte de la población del continente: el *mestizo*.

Por lo que toca a las características de la mujer de la península, hace tiempo el historiador Havelock Ellis en *The Soul of Spain* (1937) escribió que las españolas del siglo XX eran de notable valor, fuerza de voluntad, y estabilidad emocional. En general no eran ni de la per-

---

2 Quehaceres domésticos = household chores.

sonalidad tempestuosa de Carmen[3] ni débiles y dependientes como
muchas veces las pintan en el extranjero. Es interesante notar que Ellis
consideraba a las mujeres de España superiores a los hombres, porque
las guerras constantes entre España y otros países europeos y las
migraciones esporádicas de muchos hombres al Nuevo Mundo les
habían quitado algo de su dinamismo—como dice un refrán, "Castilla
hace y deshace los hombres." Sea o no sea cierto, queda el hecho de que
las españolas en general tienen una seguridad de sí mismas y una serenidad personal notables. Esta característica de la mujer es perdurable, y
de seguro existió durante la conquista y la colonización.

Aunque hay pocos informes acerca de las primeras mujeres
peninsulares en América, el hecho es que un número considerable de
mujeres había inmigrado al Nuevo Mundo antes de la conquista de los
aztecas. Algunas vinieron con sus maridos y otras con la misma
promesa de aventura que atraía a los hombres. Fuera lo que fueran[4] sus
motivos, eran mujeres valientes, porque los peligros a que se enfrentaban eran enormes. Al principio el *Consejo de las Indias* consideraba
que la presencia de las mujeres entre los exploradores y conquistadores
los restringiría, limitando su actividad. Se creía que las mujeres serían
una distracción, desviando a los conquistadores de lo que debería ser su
objetivo único: la expansión colonial para glorificar a *Dios*, al *Rey*, y a
*España*. Lo que pasa, es que aunque en las Américas hubo pocas
mujeres de la península, de todos modos los españoles se aprovecharon
de las amerindias con bastante libertad, y no parece que sus relaciones
con ellas les servió como limitación a sus actividades militares.
Después, cuando ya había emergido la primera generación de mestizos,
la corona temió que esos descendientes de españoles y amerindias no
manifestaran lealtad a España. Para evitar una profusión de gente de
raza mixta, se les aconsejó a los hombres que llevaran a sus esposas
consigo. Así es que cada vez era más fácil que las mujeres consiguieran
pasaje a América. Sin embargo, hubo casos como el de Francisco de
Aguirre, uno de los conquistadores de Chile, que no mandó traer a su
esposa hasta después de un lapso de veinte y tres años durante los cuales
había engendrado, según su propia cuenta, más de cincuenta hijos
mestizos.

---

[3] La referencia es a una opera en cuatro actos con el mismo nombre de la
heroína, Carmen, basada en una novela de Prosper Merimée (1846-1924) y con
música de Georges Bizet (1838-75).
[4] Fuera ... fueran = whatever they might have been.

Para el año 1519 cuando Cortés emprendió la conquista de los aztecas, un número notable de mujeres casadas y solteras ya había hecho el viaje al Nuevo Mundo. Y hubo algunas con el mismo Cortés durante la conquista. Incluso lanzaron una protesta cuando el Capitán quiso dejarlas en Tlaxcala con sus aliados tlaxcaltecas durante el sitio de Tenochtitlán. Sin embargo, queda el hecho de que Bernal Díaz del Castillo en su *Verdadera historia de la conquista de la Nueva España* (escrita 1568, publicada 1632) dedicó más páginas a los caballos de los conquistadores que a sus esposas, por numerosas o escasas que hayan sido. En fin, las pocas mujeres peninsulares que pudieron llegar a América después de la conquista les dio a las colonias un aire de permanencia, aunque sus esposos siguieran con sus aventuras por otro lado.

El proceso de la integración de esas mujeres en las colonias comenzó con pasos pequeños. Pero poco a poco fue cobrando velocidad. Para mediados del siglo XVI, la gran aventura de la conquista había terminado. Ahora había llegado el tiempo de instituir una forma estable de vida, ocuparse de los quehaceres cotidianos, y comenzar a forjar una civilización. Era tiempo de crear relaciones de parentesco, trabar nuevas amistades, prepararse para los ritos y las festividades religiosas, y gozar de los placeres que ofrecía la vida. El período ya no era una edad de heroísmo. Más bien, era una época de tareas rutinarias, es decir, época de establecer las rutinas necesarias para construir casas, iglesias, y edificios municipales y comerciales, de cultivar la tierra, de construir caminos y puentes. Y sin el elemento estabilizador de la mujer para complementar el espíritu aventurero, y a veces idealista y hasta frívolo, de los conquistadores y colonos, todas estas tareas de seguro no se habrían llevado a cabo con la misma eficacia.

Según las evidencias, la gente de las colonias por regla general gozaba de más comodidades materiales que en la península. Era un mundo fronterizo, y, al parecer, hubo mucho—riqueza, fama, poder—al alcance del que quisiera aprovecharse. Pero también hubo que establecer colonias, labrando la piedra y madera en las construcciones, la tierra en la producción de comestibles, y aprovechándose de la mano de obra de los desafortunados amerindios y esclavos africanos para el trabajo pesado. Además, un nivel relativamente alto de libertad política, religiosa, y social les daba a los colonos muchas facilidades. Y, como narra William Schurz en *This New World* (1964), era la mujer la que, como una roca de estabilidad familiar y social, tenía el papel principal.

Era ella la fuerza motriz[5] de la nueva cultura colonial. Era ella la que le sobraba energía y tiempo, y la que se encargaba de sus deberes con ánimo y gusto. La familia y la Iglesia, las dos grandes instituciones de la nueva sociedad, eran, prácticamente dicho de ella. Fue ella la que creaba y nutría a la familia, y la iglesia existía gracias a su apoyo y diligencia en llevar a cabo sus responsabilidades. Mientras los hombres soñaban, vagaban, y se ocupaban de sus pasatiempos—actividades descritas maravillosamente en ficción por Gabriel García Márquez (1928-) en su novela *Cien años de soledad* (1967)—todo estaba bastante seguro y estable en las manos de la mujer. Ese papel femenino se ha perpetuado hasta hoy en día según el estudio de Elsa Chaney, *Supermadre: Women in Politics in Latin America* (1979).

Con un alto grado de influencia islámica en Portugal, el trato de la mujer fue más severo que en España. Fue en parte por eso que la mujer de las colonias brasileñas no destacó tanto como la de las colonias españolas. Los portugueses protegían a sus mujeres con más celo, y por regla general no se les permitía tener un papel tan central como a la mujer hispánica—desde luego, con excepciones importantes, como es propio de toda generalidad que se proponga.

## Algunos ejemplos sobresalientes

Con el tiempo, la función de la mujer varió cada vez más, según el lugar y las condiciones. Quizás una de las expresiones más notables de la mujer colonial fue la de la clásica *limeña*—de la alta sociedad de Lima, Perú, tipo femenino que merece nuestra atención.

El secreto de la atracción y el enigma de la *limeña* se debe a su vestuario curioso, dentro del cual vivía como detrás de una máscara o un velo. Entre los moros, que ejercieron una influencia considerable en la cultura peninsular, el velo servía para proteger a la mujer de la vista de los hombres. Para la *limeña*, en cambio, le servía como instrumento de *coquetería*,[6] para mantener su distancia y a la vez para atraer al sexo opuesto. Se vestía con una *saya*[7]—que le cubría todo el cuerpo; pero estaba tan pegada que dejaba ver la curvatura y los contornos de su cuerpo. Se ponía también un *manto*,[8] con el cual envolvía los hombros,

---

5 Fuerza motriz = motivating force.
6 Coquetería = coquetry, flirtation.
7 Saya = a form of petticoat.
8 Manto = cloak, cape.

brazos, cabeza, y hasta las manos, dejando ver los ojos, o quizá sólo un ojo.  Además, no podía salir a la calle sin llevar cuando menos un Rosario, y si no, más de uno, que dejaban colgado a un lado.  Aparte de su coquetería, usaba un disfraz[9] para picar a los hombres y acercarse a los extranjeros que visitaban la ciudad con una agresividad femenina poco conocida durante la época.  De hecho, Lima, en gran parte por el comportamiento de la *limeña* típica, quedaba envuelta en un ambiente casi-carnavalesco que a menudo escandalizaba a los extranjeros y daba vergüenza a los limeños.  Se decía que Lima era un paraíso para las mujeres, un purgatorio para los hombres, y un infierno para los burros.

Aunque nunca hubo un tipo de mujer tan distinta en la ciudad de México como en Lima, la vida social nunca tuvo escasez de mujeres extraordinarias.  William Schurz relata el caso enigmático de Doña María de Mendoza, suegra del Virrey Luís de Velasco.  Ella misma quiso regir el virreinato entero.  Se obsesionó tanto con esa idea hasta el día en que, durante un pleito enardecido con su marido, el virrey la dejó inconciente con un candelabrazo[10] en la cabeza.  Parece que después de ese episodio se apaciguó un poco, ya resignada más a su papel tradicional de *esposa pasiva*.  La agresividad de Doña María no fue sencillamente un caso extraordinario.  Hubo una larga tradición de mujeres independientes y a menudo escandalosas que no dejaron de ser motivo de chistes, chismes, y leyendas por todo el virreinato de México.  Pero quizás la más notoria de todas fue "La Güera"[11] Rodríguez.  Sobrevivió a varios maridos, y, según contaban, hasta en su muerte era tan guapa como cuando era joven.

Hubo, además, casos excepcionales de viudas que, después de haber recibido propiedad al morir su marido, ejercieron un grado notable de libertad de acción y participaron en la economía general al par de los hombres.  Tenían control absoluto de su dote, y por regla general, controlaban la herencia de los hijos hasta que hubieran llegado a edad adulta.  Esas mujeres eran dueñas de, y administraban, tierras, minas, obrajes, y otras inversiones de capital.  Un ejemplo excepcional que demuestra la importancia del casamiento y el parentesco con respecto a los bienes comunes fue el de la familia Baquíjano y Carrillo

---

[9]  Disfraz = costume, disguise, mask.

[10]  Candelabrazo = blow with a candelbrum, or candlestick holder.

[11]  Güera(o) = a person of relatively light skin or eye color other than black; a güero(a) is not necessarily a blond, but rather, his/her features have tinge that is somewhat lighter than that of the majority of the people of a particular area.

de Córdobas. Juan Bautista Baquíjano migró a Lima de Vizcaya a principio del siglo XVIII, y a base del sudor de su frente y mucha capacidad, properó. Poco a poco llegó a ser uno de los hombres más ricos de la ciudad, con inversiones en el comercio, la agricultura, y el embarque. En 1755 compró el título de Conde de Vistaflorida. Poco después, en 1759, murió, dejando todo a su esposa, María Ignacia, y siete hijos menores de edad. María Ignacia se encargó de la administración de los bienes de su marido, y cuando ella falleció, su fortuna excedía en mucho más a la que había heredado. En fin, se puede decir que generalmente el papel de creación cultural de la mujer durante el coloniaje fue enorme.

Aparte de la mujer de la clase alta, que ha sido el tema principal hasta ahora, entre la clase popular también fue importante el papel de la mujer. Hubo pocas familias capaces de sobrevivir sólo con el ingreso del padre de familia. Por lo tanto, existía la necesidad de que la mujer trabajara—en la cosecha de la caña de azúcar del Caribe y Brasil, las fábricas de textiles en las ciudades, los talleres de artesanía, y sobre todo en los mercados. Además, en las casas de la aristocracia y la clase adinerada tenían necesidad de sirvientas para toda clase de quehaceres. Desde luego, en esas mismas casas, la responsabilidad principal de la esposa era la de administrar los asuntos domésticos, mientras en un gran número de los casos el señor estaba ausente—ocupado en el negocio, en la hacienda, en el servicio de la corona, o simplemente con los amigos, los "compadres." Así es que les tocaba a las damas de la casa hacer decisiones de tipo práctico en cuanto al mundo socio-económico que rodeaba a la familia, y les tocaba a las empleadas de la clase popular ocuparse de los quehaceres demésticos de las mismas casas. De este modo la perpetuación de la cultura, y la formación de la conducta de las nuevas generaciones que estaban destinadas a tomar cargo de esa cultura, estaba principalmente en manos de la mujer.

Hay que notar, además, que durante la época colonial, la familia como unidad básica en conjunto con la *familia inmediata*[12] predominaba dentro de la clase alta. A medida que cada comarca alcanzaba una madurez económica y social, había casamientos entre

---

12 Familia inmediata = "immediate family." Translation of the term is problematic; since the network of interfamilial relations in Latin America is closely knit, the "immediate family" (including aunts, uncles, cousins, etc.) constitutes a united whole to a much greater extent than in the Anglo-American culture.

hijos e hijas de las familias más prominentes, con inmigrantes que traían buenas credenciales.   Poco a poco esas *familias inmediatas* llegaron a predominar en la vida *socio-político-económica* de la gente de "arriba," sobre todo en culturas relativamente cerradas como Lima, Guatemala, Santiago, San Salvador de El Salvador, Recife de Brasil, Puebla de México, Popayán de Colombia, y Córdoba de Argentina.  Y, vale reiterar que la mujer tuvo un papel principal en la creación de las *familias inmediatas.*

## Las dos marías

Pero hay otra *realidad* de la mujer latinoamericana que complementa ese *ideal* de la mujer como fuerza estabilizadora.  Esa otra *realidad*, ligada a lo que se llama el *marianismo*, ha quedado profundamente arraigada en la cultura precisamente porque está íntimamente relacionada con el *ideal* de la mujer como una roca de estabilidad.   Si tradicionalmente el papel estereotipado del hombre ha sido el del *machismo*, el *culto a la virilidad*, a la agresividad, la arrogancia, y la explotación sexual de la mujer, el *marianismo* ha sido el *culto a la superioridad moral y espiritual* de la mujer.  Desde luego el culto tiene su nombre a través de la Virgen María, quien ha representado lo que la mujer debe ser según las normas de las sociedades patriarcales de tradición católica: *sacrificada, sufrida, sumisa*—las *tres eses.*  Por lo tanto la imagen ideal de la mujer es la de la Virgen, mujer en este sentido superior a los hombres, pero como *sacrificada, sufrida*, y *sumisa*—cualidades de la misma Virgen—es relegada a una posición inferior dentro de las sociedades patriarcales.  El *marianismo*, entonces revela un papel ambiguo y hasta contradictorio de la mujer.

De todos modos, el *marianismo* se ha perpetuado a través de las generaciones.  En este sentido, la continuidad más bien que el cambio caracteriza la historia de la mujer latinoamericana.  Es decir, la familia latinoamericana por regla general sigue pintándose como patriarcal, con un padre autoritario y una *madre sumisa, sufrida*, y capaz de *sacrificar* todo por su marido y sus hijos.  De hecho, el verbo *"casarse"* en su sentido literal quiere decir "meterse en la casa," y la mujer *casada* es una persona limitada a los confines del hogar, ocupándose de los quehaceres domésticos.  Este papel tradicional ha cambiado a paso de tortuga[13] a través de los años.  Pero ha cambiado.  Hoy en día las instituciones religiosas, y los medios de comunicación como la radio, la

---

[13]  A ... tortuga = at a snail's pace.

televisión y el cine, y la propaganda comercial, revelan que el estereotipo de la mujer como ser intelectual y físicamente inferior aunque moral y espiritualmente superior no sigue tan intacto como antes.

De todos modos, aunque durante las últimas décadas la familia tradicional latinoamericana ha estado sujeta a fuerzas "modernizantes," su esencia, su núcleo, ha sufrido menos cambios que la estructura familiar de EE.UU. o los países del norte de Europa. Sigue la familia latino-americana con una fuerza y una solidaridad poco conocidas en las sociedades del llamado "mundo desarrollado." Se rige por medio de un conjunto de modos de conducta y responsabilidad generalmente aceptadas. Y la mujer, aunque con un papel que todavía podría ser considerado algo *"sumisa"* desde los ojos de algunas mujeres norte-americanas y europeas, sigue ejerciendo una influencia profunda, genuina, y beneficiosa, a la vez que se hace valer como un elemento esencial de la sociedad. Lo hace generalmente sin el aburrimiento, sin tanta necesidad de reuniones superficiales con otras mujeres para jugar cartas, ver televisión, ir de curiosa a las tiendas, o simplemente para chismear. Este es el cuadro de colores agradables cuidadosamente pintado de la mujer latinoamericana.

Pero hay el otro lado de la moneda. Queda el hecho de que la gran mayoría de las mujeres siguen casadas, aunque reciban tratamiento brutal de sus maridos. Siguen casadas, porque la idea del *divorcio* todavía lleva estigmas debido a la influencia del catolicismo. Por lo tanto, también siguen algo limitadas a su papel acostumbrado de *madre sufrida* y *esposa sumisa*. Para mediados de 1970, las mujeres tuvieron sólo el 13% de los trabajos en Latinoamérica, mientras en Rusia la cifra fue de 41.4%, en Europa 27.6%, y en EE.UU. 21.3%. Desde entonces, esta situación ha cambiado en Latinoamérica, pero también ha cambiado en el mundo "desarrollado," de modo que Latinoamérica sigue atrasada a este respecto. Lo que pasa es que Latinoamérica se encuentra en una transición que causa una tensión y una lucha entre dos sistemas de valores—la mujer de la imagen del *marianismo* y la mujer "moderna"— que ha engendrado su propia contradicción. Lo más seguro es que el cambio se va a acelerar, y la tradición se alejará cada vez más, para bien o para mal.

Ahora vamos a hacer algunas observaciones sobre una época colonial importantísima en la evolución de las culturas latino-americanas.

# Preguntas

1. Describa la condición de la mujer en las culturas indígenas.
2. ¿Cuáles son las características de la mujer de la península?
3. ¿Quál fue la posición del Consejo de las Indias acerca de la mujer?
4. ¿Cuál fue el caso de Francisco de Aguirre?
5. ¿Cuál fue el papel de la mujer inmediatemente después de la conquista?
6. ¿Qué características tiene la limeña?
7. ¿Cómo era diferente el papel de la mujer de Portugal a la de España?
8. ¿Qué oficios y trabajos desempeñaban las mujeres en las colonias?
9. ¿Qué es el marianismo? ¿Qué relación tiene con el machismo?
10. ¿Cuál contradicción revela el marianismo?
11. ¿Cómo es la condición de la mujer de Latinoamérica hoy en día?

## Temas para discusión y composición

1. Tomando en cuenta los casos de Doña María de Mendoza, "La Güera" Rodríguez, y María Ignacia Baquíjano y Carrillo de Córdobas, ¿creen Uds. que se puede decir que la mujer latinoamericana es en realidad subjugada, sumisa, pasiva, y obediente? ¿O es esa imagen de la mujer sólo un mito?
2. ¿Qué hay en el papel de la mujer durante el coloniaje que le daría características a la mujer latinoamericana de hoy en día?
3. ¿Qué puede hacer la mujer latinoamericana para cambiar su estereotipo?

## Un debate amigable

Organícese una discusión animada alrededor de dos opiniones: (1) que el papel tradicional de la mujer latinoamericana da una estabilidad a la cultura que hace falta en otras culturas del mundo, y (2) ¡No!, de ninguna manera se puede justificar la opresión de la voz de más de la mitad de los latinoamericanos; la mujer debe tener los mismos derechos y la misma libertad que las mujeres en EE.UU. y Europa.

# CAPÍTULO NUEVE

# EL SIGLO XVII: UNA CULTURA BARROCA

**Fijarse en:**
- La *esencia* y las *características* del *Barroco*.
- Las *razones* por las cuales el *barroco* es de *suma importancia* respecto a las *culturas latinoamericanas*.
- Los *cambios* que hubo en Latinoamérica *durante* la época *barroca*.
- El *fusionismo* y las *paradojas*, y su *función* dentro de lo *Barroco*.
- *Sor Juana Inés de la Cruz*, y su *importancia*.
- Las *actividades sociales* y *culturales* que tenían *relación con* el *Barroco*.

**Términos:**
- *Antítesis, Candomblé, Certamen Poética, Dualidad, Edad Medieval, Fusionismo, Hibridación, Inquisición, Latifundismo, Mascarada, Mentalidad Barroca, Nepotismo, Paradoja, Paternalismo, Peonaje, Pigmentocracia, Pluralidad, Renacimiento, Santería, Vodú.*

## ¿Qué es el barroco?

De los tres siglos del coloniaje, el XVII ha sido relativamente olvidado e ignorado. Parece la noche entre un día (la "invención-descubrimiento," exploración, conquista y colonización de América), y el día siguiente (las reformas borbónicas). Da la impresión de que en Latinoamérica hubo poca novedad entre los siglos XVI y XVIII.

Sin embargo, de nuevo hay que decir que las apariencias a veces engañan. Mientras que durante el siglo XVII hubo inquietud y conflicto en el Viejo Mundo, en el Nuevo Mundo la aparente falta de actividad marca un período de formación y consolidación de un calidoscopio étnico y cultural. Es cierto que el siglo XVII en Latinoamérica fue un período bastante quieto en comparación con Europa. Pero fue una época de suma importancia. Durante ese período, el proceso de hibridación étnica, adaptación cultural, y maduración psicológica estaba poniendo forma al molde de las culturas y civilizaciones latinoamericanas de hoy en día. Además, hubo durante el mismo período un movimiento de filosofía y estética que dejó en Latinoamérica una estampa indeleble. Ese movimiento fue, precisamente: el *Barroco*.

Como ya hemos visto, el gran *sueño ideal* de la América "inventada" fue el de la *utopía*. Ese *sueño* pronto se enfrentó con la *realidad* brusca del ambiente americano, que incluía el saqueo, la esclavitud, y lo que hemos denominado la "incomunicación" entre la corona de España y los colonos americanos. Entre los dos polos, *utopía* (o *idealismo*) y *realidad*, entre buenas intenciones y necesidades prácticas, entró el Barroco, tratando de unir todas las contradicciones. Pero en vez de una síntesis duradera, parece que no hubo más que conflictos perpetuos. Esos conflictos se deben al hecho de que el Barroco, sobre todo el de la tradición peninsular, fue en gran parte producto de la Contrarreforma.

Se puede concebir al Renacimiento de los siglos XV y XVI que precedió al Barroco como una rebelión en el arte, la filosofía, la ciencia, y la literatura. Esa rebelión estaba dirigida en contra de la cultura medieval y hacia la antigüedad griega y su concepto pagano y humanístico del universo. Con el Renacimiento, un nuevo interés en la naturaleza y en el ser humano definió el comienzo de la ciencia moderna, y tomó precedencia sobre la filosofía medieval de que todo lo que existía y todo lo que pasaba era por la gracia divina de Dios. Después, el Barroco se presentó como una reacción en contra de las expresiones paganas más extremosas del Renacimiento. Pero hubo cierta tendencia de adoptar esa nueva perspectiva renacentista del ser humano como creador y conocedor del mundo en que vive. A la vez, y sobre todo en España, bajo el pendón de la Contrarreforma, hubo un deseo de re-descubrir el hilo perdido de la tradición católica medieval. Y ahí existe la contradicción principal del Barroco en la península. Hubo nostalgia del pasado medieval y anticipación renacentista de nuevos horizontes en el futuro. Hubo un esfuerzo por expresar las viejas tradiciones medievales, pero a través de las nuevas estrategias artísticas e intelectuales del Renacimiento. Ese duelo dinámico entre el elemento cristiano de la Edad Medieval y el nuevo elemento humanístico-pagano-racional establecido durante el Renacimiento dominó el siglo XVII.

Por lo tanto, lo que caracteriza la esencia del espíritu barroco es la *dualidad*—y por eso complementa la tendencia Hispanoamericana de vacilar entre *sueños* y *realidad*. A causa de las fuerzas en lucha perpetua entre los valores tradicionales y los valores renacentistas, nació, y crecía con el transcurso del tiempo, una serie de *antítesis*: *espíritu/ cuerpo*, *fe/ciencia*, *sentimiento/razón*, *sagrado/profano*, *cielo/tierra*. Los primeros términos de las oposiciones representan el enfoque principal de las tradiciones medievales del catolicismo, mientras los valores renacentistas ponen énfasis en los últimos términos. Según las fórmulas de la tradición, *espíritu*, *fe*, *sentimiento*, lo *sagrado*, y el *cielo* deberían tomar precedencia sobre *cuerpo*, *ciencia*, *razón*, y lo *profano* y *mundano*, mientras para la mentalidad renascentista muchas veces era lo contrario. La visión barroca representa una fusión vaga de esa serie de oposiciones: un esfuerzo monumental por *reconciliar las dualidades*.

Hay que reconocer otra característica importante de la época barroca. Escribe José Antonio Maravall en *La cultura del Barroco* (1975) que en España, más que en otras partes de Europa, el Barroco nació de una crisis económica que culminó en una *cultura de urbanización*. Pero la urbanización no trajo un desarrollo de las condiciones sociales, debido a la pésima situación económica. Al contrario. La ciudad barroca llegó a estar plagada de vagabundos, pordioseros y ladrones, aparte de los supuestos *hidalgos* que siempre abundaban y a veces abominaban. Como consecuencia, durante la edad del Barroco hubo una división bastante marcada entre *dos culturas*. Aparte de la *cultura elitista*, hubo un florecimiento de la *cultura popular*. La literatura elitista barroca se enfocaba en el *estilo artístico* y el *pensamiento*. En cambio, la cultura popular de la época barroca fue caracterizada más bien por lo que se puede denominar como un *mal gusto*.[1] El *mal gusto* consistía de una variedad, dentro de los límites que permitían las convenciones sociales, de fiestas, procesiones, espectáculos públicos, y en toda ocasión la ostentación brillante de fuegos artificiales.[2] Esas actividades opuestas de las *dos culturas* daban la sensación de una sóla cultura en movimiento constante, como la confluencia de dos ríos en direcciones casi opuestas. Creó la imagen de un mundo a veces volteado al revés, un laberinto de confusión.

Aparte del conflicto de las *dos culturas*, la *elitista* y la *popular*, hubo un conflicto entre dos modos de concebir al mundo ya mencionado: el modo tradicional del catolicismo, y el modo nuevo, del

---

[1] El término "barroco," originalmente del Portugués, quiere decir "perla irregular." Fue hasta después cuando tuvo la connotación de algo "decadente" o de "mal gusto."

[2] Fuegos artificiales = fireworks.

Renacimiento. Como resultado de ese conflicto, durante el Barroco existía la idea de que nada era estable sino que todo estaba en movimiento perpetuo, sin puntos firmes de referencia. Entonces todo tenía que ser inseguro, ambiguo, y contradictorio. Según esa *mentalidad barroca*, se había perdido algo de la seguridad que ofrecía el cristianismo medieval, pero la adopción categórica de la cosmología humanística y "pagana" del Renacimiento no traería la respuesta, porque excluía los valores tradicionales. Por lo tanto, había vacilación, y oscilación, entre los dos polos. Parece que el pueblo no tenía ni brújula ni guía.[3]

# El barroco en Latinoamérica

Las instituciones administrativas de las colonias fueron solidificadas durante el Barroco. Pero por otra parte estas instituciones mismas sufrieron cambios intensivos. La *encomienda*, sistema quasi-feudal implantado en el siglo XVI, ya se estaba desintegrando. Y otro sistema, el del *peonaje* y *latifundismo*,[4] la estaba reemplazando. Fue precisamente este sistema que sobrevivió las guerras de la Independencia, cobró nuevo vigor durante el siglo XIX, y sigue en rigor hasta nuestros días en algunas regiones aisladas de casi todos los países que tienen una población indígena bastante marcada.

Esa transformación de la *encomienda* al *peonaje-latifundismo*, y otras transformaciones semejantes en el orden colonial, fueron posibles gracias a un estado colonial monolítico encabezado por los virreyes con autoridad casi absoluta. Los virreyes funcionaban como vice-monarcas durante la ausencia del Rey. Ejercían poderes ejecutivos, jurídicos, y semi-eclesiásticos: su mini-reino era casi autónomo. Existía un sistema *paternalista* por excelencia, con el gran *patrón*—el virrey—en el ápice de la pirámide social, y una jerarquía de mini-patrones desde el virrey hasta el *peón* más humilde. Pirámides sociales del mismo molde se levantaron del subsuelo del sistema colonial respecto a la jerarquización de la Iglesia, el ejército, el comercio, y la sociedad en general: el *paternalismo* llegó a ser casi sinónimo a la vida barroca. Pero en vista del afán de las coronas de España y Portugal de fortalecer las colonias y defenderse en contra de la invasión de los heréticos, con seguridad esa

---

[3] Brújula = compass. Guía = guide.

[4] El sistema de *latifundia* o *hacienda* (*fazenda, finca*) en que el amo era dueño de una extensión enorme de tierras, y generalmente los *peones* carecían de su propia parcela de tierra.

jerarquización social fue el resultado inevitable. Quizás hubiera sido la jerarquización la única manera de asegurar que las arenas movedizas[5] de la cultura y la *mentalidad barrocas* no degeneraran al caos y la anarquía.

Durante el mismo período, y en parte como consecuencia de la jerarquización barroca, brotaron más retoños[6] de las semillas del *caudillismo*. En las provincias, los oficiales de la corona a menudo gozaban de una autoridad absoluta dentro de las fronteras de su jurisdicción. Con ese poder casi absoluto, fue relativamente fácil que los oficiales se enriquecieran, y que practicaran el *nepotismo*.[7] En vista de las distancias y los problemas de comunicación entre las coronas y el Nuevo Mundo, no hubo casi nadie que pudiera limitar sus actividades. Lo que fue peor, si por fortuna gozaban de carisma, de cualidades físicas impresionantes, y de una fuerza de voluntad superior, su destino podría llegar a ser el de un *caudillo* de la gran tradición latinoamericana. Dotado de lo que han llamado el *personalismo* (alguien con una personalidad magnética, carismática), nada les impedía seguir el camino del despotismo. Pero tenían su gracia esos *caudillos*, esos *hombres de a caballo*. Pues, el buen *caudillo* no podía menos que[8] conquistar la simpatía del pueblo por su manera de ser, por la atracción de su personalidad, a pesar de sus acciones, por brutales que fueran. Es decir, de buena manera barroca, lo que más valía es el *modo de ser*, y la *forma de la conducta*, del *caudillo*, y no tanto sus *hechos*—que eran a veces brutales. Porque, como escribe Octavio Paz en *Laberinto de la soledad*, al hispanoamericano le gustan las *formas*, las *formalidades*, más que la *sustancia* dentro de las *formas*. Y le gusta la *forma* (el *estilo*) de decir las cosas más que el *contenido* de lo que se dice—como veremos más adelante, Latinoamérica no ha dejado de ser "barroca" en un sentido profundo.

La edad del Barroco también vio la solidificación de la Iglesia. Aunque en teoría la Iglesia estaba subordinada a la corona, de todos modos su influencia no dejaba de sentirse en todos los aspectos de la vida secular. En muchos sentidos la Iglesia adquirió un control en la

---

[5] Arenas movedizas = quicksand.

[6] Retoños = sprouts.

[7] Nepotismo = nepotism, bestowal of special privileges to relatives; in Latin America, nepotism often extended beyond the immediate family and to one's circle of friends and associates.

[8] No ... que = cannot do otherwise than.

vida cotidiana semejante a de la época medieval. Y una vez que gozó de ese privilegio, hizo todo lo posible para no perderlo—por eso en Latinoamérica hubo luchas épicas entre la Iglesia y el estado después de la Independencia. Creían los clérigos que la misión enorme de convertir a los amerindios y mantenerlos firmes en la fe era justificación suficiente para la acumulación de riqueza material y un crecimiento sin parar por parte de la burocracia eclesiástica—y desafortunadamente, también para la práctica de la *Inquisición*.[9] La vida cómoda de la mayoría de los clérigos atrajo a la gente más capacitada, y los conventos y monasterios se multiplicaron rápidamente para acomodar la creciente comunidad religiosa.

Durante el período barroco la adquisición de prestigio social era cada vez más accesible a través del *latifundismo*. Como ya hemos notado, ser *patrón*, o *hidalgo*, tomaba tanta y aun más importancia que la acumulación de dinero y bienes materiales. A medida que progresaba el siglo XVII la clase criolla llegaba a predominar cada vez más en el *latifundismo*, suplantando muchas veces a los peninsulares en el proceso. Mientras la importancia de los criollos iba en aumento, poco a poco llegaban a considerarse como "americanos." A la vez, llegaban a aceptar un papel más activo en los aspectos socio-económicos del sistema colonial en vez de desear el prestigio y el poder político de que legal y tradicionalmente habían gozado sólo los peninsulares. Ese naciente orgullo de su "tierra" de los criollos creó nuevos conflictos, en parte como producto de la vieja tensión entre criollos y mestizos. Sin embargo, se nota en ese nuevo "criollismo" el origen de un "nacionalismo," que después iba a emerger como sentimiento de independencia del yugo colonial.

## La pluralidad

El corazón y la esencia misma de la *mentalidad barroca* se revelan sobre todo en la literatura de la época.

Una característica importante de la literatura barroca es el *fusionismo*. El *fusionismo* representa una unificación de elementos

---

[9] La Inquisición = The Spanish Inquisition, an organization set up for the purpose of enforcing the practice of Catholicism, which included costly wars with the Protestant countries, censorship and book burnings, a system of religious purification, a ban on persons of Jewish blood, bans on foreign travel and foreign trade, and severe punishment, sometimes death sentences, to all those who were considered heretics.

literarios en una totalidad, de modo que la pérdida o destrucción de uno de ellos causaría una disminución de todos. Por ejemplo, "verdad mentirosa," una fusión *oximorónica*,[10] combina dos palabras de un modo que el concepto de "verdad" se transforma. El término "verdad" ya perdió su pureza, manchada como está de un elemento de "falsedad" engañosa. Y "mentirosa" también cambia de significado. Ya no es sencillamente la expresión de algo que no sea "verdad," sino que penetra la "verdad" misma, corrompiéndola y transformándola en algo que contradice sus apariencias. De esta manera la *fusión* de las dos palabras crea un nuevo significado que sin la *fusión* no podrían tener. Tal *fusionismo* es, precisamente, la esencia de la *mentalidad barroca*, como fue descrita arriba. Todo tenía que estar unido a un "orden desordenado," una forma de "claridad confusa," de un "balance desequilibrado," de una "locura coherente." Claro, esos términos se contradicen; son *oximorones*. Pero esa *fusión* de contradicciones revela un deseo de parte del pueblo barroco de disminuir la tensión entre el *sentimiento* y la *razón*, el *espíritu* y el *cuerpo*, la *religión* y el *humanismo*. Y fue, precisamente por esa *fusión*, que las contradicciones a menudo resultaban en *paradojas*,[11] lo que era el modo de expresión por excelencia de la época.

Nadie expresa esa tensión en la literatura con tanta profundidad como Sor Juana Inés de la Cruz (1651-95). Criolla nacida en México, Sor Juana fue una mujer de una belleza exótica y sobre todo de una inteligencia que, según las normas sociales, debía pertenecer sólo al sexo masculino. Aprendió a leer cuando tenía apenas tres años. A los cinco años, aprendió Latín en sólo veinte lecciones. A la edad de dieciseis años entró a un convento para seguir sus estudios—aunque se ha dicho que también fue el resultado de un amor fracasado. Pero a cada paso encontraba problemas en satisfacer su deseo de conocimiento religioso, humanístico, y científico, ya que en esa época se concebía que la obsesión por las disciplinas abstractas pertenecía sólo al "cerebro masculino." Sin embargo, el intelecto de Sor Juana siempre estaba inquieto. Ese conflicto—la ambivalencia (*fusión*) de una personalidad

---

[10] Oximorónica = oxymoronic, from oxymoron, a combination of contradictory or incongruous words (black sun, silent scream, blue jubilation, etc.).

[11] Paradoja = paradox, the combination of contradictory concepts resulting in vicious circularity. The conflict, regarding the colonies, between well-intended "ideals" on the part of the crown coupled with the "reality" of practical affairs of everyday life in America created such paradoxical conditions.

"femenina, emocional" y otra "masculina, intelectual"—fue un conflicto barroquísimo. Quedó dentro del espíritu de Sor Juana, atormentándola hasta la muerte.

El conflicto que existía dentro de Sor Juana emerge de su poesía que, detrás de las convenciones barrocas, releva un profundo sentimiento razonado y una razón sentimentalizada, de una mente torturada. Esta tensión se nota en las siguientes líneas:

En dos partes dividida
tengo el alma en confusión;
una, esclava a la pasión
y otra, a la razón medida

Entre la *pasión* y la *razón* hay lugar suficiente para toda una serie de conflictos que no dejaban de molestar la tranquilidad del espíritu de la poetisa. Es que en el ambiente colonial del siglo XVII, donde una mujer no tenía el lujo de soñar en una vida de independencia, donde se consideraba que intelectualmente la mujer era inferior a los hombres, Sor Juana no podía menos que sentir con una *pasión razonada* los conflictos, las paradojas, y las ambigüedades de su tiempo. Y según las normas de su cultura, no podía menos que menospreciarse, pero a la vez reconociendo su intelecto superior. Con justicia se ha dicho que si Sor Juana hubiera nacido en otra época de más tolerancia hacia las mujeres, habría predominado en las matemáticas, la ciencia, la filosofía, o en las artes. Sor Juana fue, bien se puede decir, el gran *sueño utópico* americano incorporado en una sóla persona. Ella es el ejemplo máximo de las paradojas del Barroco en América.

Pero hasta cierto punto las mismas paradojas se manifestaban en todas las actividades *socio-político-económicas*. En primer lugar, hay que reiterar el hecho de que ocho siglos de presencia de los moros en España y Portugal creó en la gente de la península una experiencia bicultural muy particular. Fue bicultural, porque la división entre cristianos y moros no fue nada clara. Entre *mozárabes*—cristianos que habían adoptado la cultura musulmana—*mudéjares*—musulmanes de la fe islámica que vivían como vasallos cristianos—*muladíes*—cristianos que habían abrazado la fe musulmana—y otras clasificaciones "ambiguas," todo fue como una *clara confusión* de buen modo barroco. Ya que la mayor parte de los emigrantes de la península a América venían del sur y de la meseta, trajeron ellos una cultura "barroquesca."

Además, la religión católica, *hibridizada* desde la península, se diluyó aun más en América, primero con las culturas amerindias, y luego con las afroamericanas. Ese *sincretismo*—la fusión de la fe cristiana con las religiones de América—no es en ningún lado más evidente que en México. Como ya hemos visto, Cristo, un dios sacrificado, fascinaba a los amerindios, cuyo mito narraban la historia de sus propios dioses que en un acto de supremo sacrificio dieron origen al mundo. Hoy en día el Cristo que se ve en los pueblos es una pura imagen de sacrificio. Es una condensación suprema de sufrimiento, pero sufrimiento con abnegación, sin protesta, y simbólico de la psicología del espíritu quebrado del amerindio. En cambio, la Virgen de Guadalupe es el centro de la vida, la gloria, y la esperanza en México—como ya notamos, ella es la contraparte *sincrética* de Tonantzín ("nuestra madre"). A la vez, es la madre sufrida. Pero aunque la virgen no sea menos sufrida que Cristo según está representado en las iglesias, las casas, y las procesiones religiosas, su sufrimiento es maternal. Es el sufrimiento que siente una madre a través del sufrimiento de su hijo. Los dos tipos de sufrimiento son simbólicos de la psicología amerindia.

Los monumentos más destacados del espíritu barroco latinoamericano se encuentran en la arquitectura. Por ejemplo, en la ciudad minera de Potosí, Bolivia, según una bella leyenda, en 1728 a un indígena de la región tropical del sur llamado José Kondori le encargaron con la obra artística de las magníficas iglesias barrocas. Entre los ángeles, las parras, y las enredederas[12] de la fachada de San Lorenzo, de repente aparece una princesa amerindia, y la flora mediterránea y el simbolismo católico dan lugar a plantas selváticas y a un ambiente genuinamente americano. Europa y América, catolicismo y religiones amerindias, se entretejen para crear algo nuevo. En lugares de América Latina que son predominantemente amerindios, es como si detrás de los altares del catolicismo hubiera ídolos de eras prehispánicas. No existía ni el Barroco de la península trasplantado a las colonias ni un Barroco en la cultura de los conquistados. Existía una *hibridación* tal como no existió en ninguna otra parte del mundo.

Pero el cuento del *sincretismo* no termina allí. Había la práctica de ritos afroamericanos como *vodú* en Haití, *ñañigo* en Cuba, y *macumba* y *candomblé* en Brasil, todos mezclados con prácticas tradicionales del catolicismo. Estas prácticas daban forma y significado a las relaciones entre los esclavos y la naturaleza, y los amos europeos y otros grupos étnicos. Servían para llenar el cosmos de símbolos que le ofrecían a los afroamericanos una poca de seguridad en un ambiente que

---

[12] Parra = grapevine. Enrededera = a type of climbing vines.

debía haberle parecido completamente hostil. Además, mezclada con las religiones del oeste y la parte central de África, los esclavos sudaneses traían la fe islámica y el conocimiento del *Korán*, del que ya estaba familiarizada la gente de la península. Un caso notable existe en Cuba, donde el *sincretismo* religioso se ha cobrado de su propio nombre: la *santería*. Consiste de una mezcla del cristianismo y la religión de la gente de lo que es ahora Nigeria. De forma semejante a Tonantzín, que llegó a ser la Virgen morena de Guadalupe, la diosa africana del mar, *Yemayá*, se transformó en la *santería* a Nuestra Señora de Regla, y el dios antiguo, *Ogún*, llegó a ser San Pedro (Alejo Carpentier ofrece una descripción maravillosa de ese *sincretismo* en su novela, *El reino de este mundo* [1949]).

Más allá de la religión, hemos notado la gran diversidad de tipos étnicos que componen las culturas latinoamericanas. De hecho, en este sentido se puede decir que la gente misma de las colonias ofrece la expresión más vital de la complejidad barroca. Algunos historiadores han denominado esa pluralidad una *"pigmentocracia."* La "pigmento-cracia" latinoamericana, desde luego, fue el producto de una fusión racial y étnica por excelencia. Pero la verdad es que durante la misma época ni siquiera la minoría selecta de Europa era de características étnicas homogéneas. Los dos países de la península, España y Portugal, desde el principio se habían caracterizado por sus marcadas distinciones regionales en cuanto a lenguaje, conducta social, y temperamento individual. Desde el andaluz vivo al castellano sobrio, y desde el catalán creador al galiciano y al vasco industrioso, tenemos una diversidad de culturas (y hasta lenguas distintas). Si un sabor barroco destaca dramá-ticamente en las culturas latinoamericanas, dentro del ambiente europeo en general, la expresión barroca de la península es quizás la más sobresaliente.

## La división de la cultura barroca

Hacer de la vida un arte fue una pasión del Barroco—el modelo ejemplar es el de William Shakespeare según el cual todo el universo es una escena teatral. Aparte de la arquitectura, que forma la expresión barroca en Latinoamérica por excelencia, la expresión personal que más destaca es la poesía. Durante la edad del Barroco en Latinoamérica, los *certámenes poéticos*[13] se pusieron de moda. Llegaron a ser un arte en vivo, el arte como parte íntima de la vida. Ya que el arte barroco fue

---

[13] Certámen poético = poetic tournament, competitive poetic readings.

arte de *forma* más bien que de *sustancia*, si uno no tenía capacidad creadora, podría nombrarse poeta de todos modos. Pero de seguro sin talento y sin ideas, sería poeta mediocre. Y escribiría poesía que no consistiría en más que una manipulación y recombinación mecánica de palabras. Así es que mientras el Barroco produjo gigantes de la estatura de Sor Juana, y el intelectual Carlos de Sigüenza y Góngora (1645-1700) el poeta Bernardo de Balbuena (1568-1627) de México, Juan de Caviedes (1645?-97?) de Perú, y Antônio de Vieira (1608-97) de Brasil—aparte de la lista sin igual de escritores de España y Portugal del siglo XVII—hubo un gran número de poetas inferiores que aspiraron a la grandeza literaria.

Los *certámenes* tenían más o menos la función que en nuestra sociedad tendría una combinación del cine, telenovelas, videos, y los programas de BBC y PBS en conjunto con los "talk shows" y los documentales, y todo eso con la intensidad de los espectáculos del deporte. Eran uno de los pasatiempos máximos para la sociedad barroca letrada, una mezcla de seriedad y entretenimiento, de arte y juego frívolo, de diversión y competencia intensa. Acostumbrados al espectacularismo en el cine, la televisión, los videos, los estadios y canchas de deporte, y los periódicos y las revistas, a nosotros nos parece imposible que la gente de aquellos días pudiera haber tenido paciencia para dedicar horas y horas a literatura la mayor parte de la cual no pasaba de mediocre. Lo que dificulta aun más la tarea de comprender a fondo la cultura barroca es que nosotros estamos profundamente indoctrinados de pensamiento lógico y racional. Por lo tanto, la *mentalidad barroca* nos puede parecer como de un país de maravillas—o de frivolidades, según nuestro punto de vista.

De todos modos, para captar esa *mentalidad barroca* hasta donde sea posible, hay que fijarse en la cultura popular latinoamericana del siglo XVII. Si, como sostiene Maravall, una descripción del barroco español no sería completo sin incluir las manifestaciones culturales de la clase popular, lo mismo se podría decir de las colonias. Una de las manifestaciones más notables, que incorpora religión, cultura de la elite y cultura popular, se encuentra en las *máscaras* o *mascaradas* de México, el espectáculo público más típico de la época. Tenían las *mascaradas* algo parecido al *carnaval* de Brasil y de las islas del Caribe en nuestros días. Como escribe Irving Leonard en *Baroque Times in Old Mexico* (1959), consistían en una procesión de personas con máscaras y vestuario diversificado. La gente paseaba y bailaba por las calles día y noche. Iba a pié, a caballo, a burro, a mula, o en *carros*.[14] Muchas veces los ricos se disfrazaban de pobres, las mujeres de hombres y los hombres de mujeres, los niños de adultos y los adultos de niños, o aparecían en forma de animales. Representaban figuras mitológicas, bíblicas, literarias, históricas, o completamente imaginarias, grotescas y vulgares. Ponían en ridículo y satirizaban a funcionarios públicos conocidos, y a otras personas famosas. Con las *mascaradas* llegaba el momento de desahogo, de blasfemia, de expresión de sentimientos oprimidos por rígidas convenciones sociales, eclesiásticas y políticas. Representaban un tiempo sin tiempo en que las censuras acostumbradas desaparecían.

Las *mascaradas* también representaban una tendencia democratizadora. Participaban amerindios, estrenando vestigios de sus culturas prehispánicas que no se habían sofocado completamente por la fuerza de la cultura dominante colonizadora. Y a menudo se revivían las batallas épicas de la conquista y hasta de la Reconquista. Entraban afroamericanos con su simbología diversificada de flora, fauna, y bestiario imaginario, siempre resucitando recuerdos de las tierras de su herencia. Tenían, además, la bienvenida los desvalidos, vagabundos, y otra gente marginada, con su bulla, su picardía, y su desprecio hacia la sociedad colonizadora. En fin, reinaba la *pluralidad cultural* máxima, expresión barroca por excelencia.

## El fin de un siglo

Pero a medida que avanzaba el siglo XVII, la aristocracia de la cultura barroca se volvía cada vez más conservadora y reaccionaria. La Iglesia se engordaba, y la clerecía se volvía más sedentaria: cultivaba un gusto por la buena vida de ocio, y se interesaba más en controlar pasiones y pensamientos de peninsulares y criollos que nutrir almas de los amerindios. Además, había discordia entre los mismos clérigos: Franciscanos peleaban con Dominicanos, Dominicanos con Jesuitas en las universidades, monjes con autoridades seculares, y la Iglesia en general con la corona. Durante la misma época, prelados codiciosos amazaban inmensas fortunas, mientras millones de hectáreas pasaban a las varias órdenes religiosos (se ha calculado que para fines de la época colonial la mitad de toda la propiedad de México pertenecía a la Iglesia).

La cultura de la aristocracia al comienzo del siglo XVIII fue un círculo cerrado—quizás como reacción a las tendencias democratiza-

---

[14] Carro = float.

doras de la cultura barroca. Se ponía cada vez más importancia en la "pureza de sangre" y los entrelazos sociales. Los que no podían enorgullecerse de la "pureza" llegaron a formar un círculo igualmente cerrado de *castas*. Hubo ahora menos movilidad social que durante la dinámica del siglo anterior. Pero hay que reconocer, también, que esa solidificación social fue en parte el producto de las campañas de "purificación étnica y religiosa" por parte de los Reyes Católicos desde fines del siglo XV, que culminó con la expulsión de los moros y la persecución de los judíos—todo en nombre de la *Santa Inquisición*. El fervor de la Contrarreforma no pudo menos que terminar en rígidas demarcaciones étnicas y sociales. Y como consecuencia de esa estratificación social que paulatinamente iba en crecimiento durante el siglo XVII, iba en aumento la inquietud entre las *castas*. Por ejemplo, a principios de 1609 hubo una larga serie de motines fomentados por afroamericanos en México. Esos y otros conflictos culminaron en una sublevación general en 1692, la que fue un preludio a otras rebeliones en muchas partes de Latinoamérica durante el próximo siglo.

Entonces, por una parte, la *pluralidad barroca* en el arte, la arquitectura, la literatura, y la multiplicidad del sabor barroco de culturas, lenguas, y grupos étnicos, les dio a las colonias una característica única. Por otra parte, la tendencia hacia una jerarquización social estática sirvió para crear tensiones y resentimientos. Tuvo que haber, tarde o temprano, una confrontación. Y la hubo, vamos a notar en el Capítulo Diez, un siglo después.

# Preguntas

1. ¿Por qué fue especial el siglo XVII en Latinoamérica?
2. ¿Cuáles son las características principales del Barroco?
3. ¿Cómo es que la dualidad barroca complementa el espíritu mestizo?
4. ¿Cuáles son las grandes antítesis del Barroco? ¿Qué significan?
5. ¿Cuáles son las dos culturas? ¿Por qué tiene importancia esa división?
6. ¿Qué es la mentalidad barroca?
7. ¿Qué pasó con las instituciones administrativas durante el Barroco?
8. ¿Qué papel especial tiene el paternalismo y el caudillismo en cuanto se trata del Barroco?

9. ¿Cuáles fueron los cambios en la iglesia y el latifundismo durante la época del Barroco?
10. ¿Qué fue el fusionismo, y cómo es que el oxímoron es un símbolo del Barroco?
11. ¿Quién fue Sor Juana Inés de la Cruz? ¿En qué manera representa todo el movimiento barroco? ¿Cómo es su poesía y su pensamiento?
12. ¿Cómo fue la hibridación barroca en las colonias? Dé algunos ejemplos.
13. ¿Qué son los certámenes poéticos? ¿Qué función especial tenían en las colonias?
14. ¿Cómo eran las mascaradas? ¿Qué papel tenían?
15. ¿Qué pasó en Latinoamérica durante los últimos años del Barroco?

## Temas para discusión y composición

1. ¿Por qué se puede decir que Latinoamérica es una cultura del Barroco por excelencia?
2. ¿Por qué sería el arte la expresión máxima de la mentalidad barroca? ¿Por qué no la ciencia?
3. ¿Existe algún tipo de "neo-barroco" en nuestros días? ¿En qué sentido son diferentes los conflictos de nuestras sociedades a los conflictos de Latinoamérica durante el Barroco?

## Un debate amigable

Una polémica sobre las hipótesis de que: (1) España y Portugal hubieran adoptado los valores del Renacimiento para participar en la revolución científica y la revolución industrial; así, Latinoamérica tendría más desarrollo hoy en día, y (2) que ¡no!, Latinoamérica no habría tenido su rica herencia cultural; el progreso material y económico no es suficiente.

# CAPÍTULO DIEZ

# LA INDEPENDENCIA,
# Y SUS CONSECUENCIAS

**Fijarse en:**
- Las *causas* de la *lucha* para la *Independencia*.
- Los *métodos* que emplearon *los independentistas*, y *por qué recurrieron precisamente a esos métodos* y no a otros.
- El *papel* de los *criollos* en el *movimiento* para la *Independencia*.
- Las *hazañas* de los *libertadores principales* de América del Sur y *México*.
- Las *diferencias* entre la *Independencia* de *México* y la de *América del Sur*.
- El *destino* de los *amerindios*, los *afroamericanos*, y los *mestizos* durante y después de la Independencia.
- Las *diferencias* entre la *liberación de Brasil* y la de los *países hispanoamericanos*.

**Téminos:**
- *Cabildo Abierto, Carta de Jamaica, Causas Internas-Causas Externas, Conservador, Ejército Realista, Enciclopedistas, Junta, Liberal, Oligarquia Fazendeira, Pacto Implícito.*

## Algunos antecedentes

Tarde o temprano la brecha entre el *idealismo* de las coronas de la península y lo que concebían los colonos como la *realidad* americana no pudo menos que servir como un hilo que unificó a las colonias en contra de los colonizadores.

Para comprender la esencia de ese hilo unificador, de nuevo conviene que nos fijemos en los problemas de la *distancia* entre la península y sus colonias y el problema de la *comunicación*. Al comienzo del siglo XIX, a veces las líneas de información fueron más estrechas entre Sudamérica y España que entre Sudamérica y México. En gran parte ese problema se debía a las dificultades que presentaba la geografía americana. Por ejemplo, en la región de Panamá (conexión vital entre España y Perú) hubo una selva tropical que servía como barrera dificultando el pasaje de Centroamérica y Sudamérica. Amerindios hostiles prevalecieron en las llanuras tropicales entre Nueva Granada y Venezuela y entre Ecuador y Perú, lo que obligaba a los colonos a tomar rutas difíciles de colonia a colonia por la cordillera andina. El acenso desde Lima a las tierras altas de Perú y Bolivia fue todavía más difícil. El camino entre Perú y el Río de la Plata parecía interminable. Y la comunicación entre los puertos de las costas de México y la meseta central fue sumamente dificultosa. Cada viajero tuvo que ser un aventurero intrépido.

A pesar de esas barreras, es sorprendente que en el mismo año, 1810, hayan estallado movimientos para la Independencia hispanoamericana con un sincronismo impresionante, desde la Nueva España hasta el Río de la Plata. En abril de ese año, revolucionarios de Caracas tumbaron la Capitanía española, en mayo los ciudadanos de Buenos Aires expulsaron al Virrey, el 16 de septiembre comenzó la rebelión en México, y el 18 del mismo mes brotó un movimiento en Santiago, de Chile. Es como si de una manera u otra, propósitos comúnes dirigieran una conciencia colectiva hacia la misma meta. Es como si todos hubieran tenido un destino común, a pesar de que no pudiera haber un acuerdo explícito. Pero desgraciadamente, aunque al principio los colonos hispanoamericanos compartieron un destino común, no duró mucho después de que se libraron del yugo del colonialismo, como veremos más adelante.

Ya se ha hecho mención del efecto de las reformas borbónicas y el resentimiento criollo como antecedentes y causas del movimiento para la Independencia. También hubo otras *causas internas* importantes: la expulsión de los jesuitas en 1767, que puso de manifiesto[1] el absolutismo de España, y varias expediciones científicas como la del alemán Alexander von Humboldt entre 1799 y 1804, que sirvieron para ampliar la conciencia de los colonos. No se puede ignorar tampoco a los precursores del movimiento para la Independencia: el venezolano Francisco de Miranda (1750-1816), el colombiano Camilo Torres (1766-1816), y el argentino Mariano Moreno (1778-1811), entre otros. La voz de esos precursores sirvió para ampliar las conciencias acerca de la posibilidad de la emancipación del yugo de la colonia. Además de los precursores criollos, hubo algunas rebeliones por parte de grupos amerindios durante los últimos años del coloniaje que tuvieron influencia en

---

[1] Poner ... manifiesto = to make manifest, make known.

el movimiento general para la Independencia. Las más sobresalientes fueron la de 1780-83 de José Gabriel Condorcanqui de Perú bajo el nombre incaico de Túpac Amaru II, y la de los *comuneros*[2] de Zipaquirá de Colombia durante los mismos años.

Hubo también *causas externas* que inspiraron la lucha para la Independencia: el movimiento de EE.UU. de 1776, la Revolución Francesa de 1789, y en general el pensamiento del *Siglo de las Luces*. A partir de las ideas del Siglo de las Luces, triunfó la Revolución Francesa en nombre de los derechos humanos y el fin de toda monarquía. Unos años antes, con alguna influencia de los *enciclopedistas* franceses[3] y otros pensadores ingleses, los norteamericanos habían ganado su propia Independencia. Esas revoluciones conmovieron profundamente a los latinoamericanos, animándoles a emprender una lucha a favor de sus propios derechos.

# El primer impulso de la independencia hispanoamericana

Desde el principio, la Independencia de las colonias hispanoamericanas fue precipitada por la invasión napoleónica francesa de Portugal en 1807 y de España en 1808. Como consecuencia de la invasión, inmediatamente los habitantes de Madrid se levantaron en rebelión contra las tropas francesas, lo que motivó rebeliones por todo el país a favor del que se consideraba como el monarca legítimo, Fernando VII, "el deseado."

Napoleón impuso en España una nueva dinastía, instalando a José Bonaparte como autoridad máxima. Pero al hacerlo, rompió lo que podemos denominar como un tipo de "*pacto implícito*" o "*tácito*,"[4] que

---

[2] Comuneros = common people. This was also the name given to the first patriots in Columbia that rose up against Spanish rule.

[3] Los *enciclopedistas*, que incluían a Juan Le Rond D'Alembert (1717-83), Dionisio Diderot (1713-84), Carlos de Secondat Montesquieu (1689-1755), Juan Jacobo Rousseau (1712-78), y Francisco María Arouet Voltaire (1694-1778), atacaban el "derecho divino" de los reyes y las monarquías y proponían democracias liberales basadas en la división de poderes entre las ramas *ejecutiva, legislativa, y jurídica*.

[4] "Pacto implícito" o "tácito" = an implicit, unwritten, generally unspoken, agreement—a sort of tacit *social contract*—between two or more parties that is taken for granted usually without the necessity of its being made explicit in the form of a document.

había tenido una larga tradición entre los reyes españoles y el pueblo. El *pacto implícito*, un sentimiento común más bien que una ley por escrito, estaba profundamente arraigado en la conciencia colectiva. La *idea implícita* era que el rey era "Nuestro rey, por la gracia divina de Dios." Esa idea fue una fuerza vital de la cultura misma que simbolizaba la unión estrecha entre iglesia y estado que mantenía coherente al pueblo. Solamente a través del *pacto implícito* podía haber una línea de autoridad desde el pueblo y su monarca, desde un monarca a otro, y desde la monarquía a la Iglesia.    Y ahora, después de la invasión napoleónica, donde antes existía el *pacto* como hilo unificador, hubo un gran hueco.    ¿Quién podría tener autoridad legítima en la conciencia colectiva del pueblo? ¿José Bonaparte? Desde luego que no. ¿La Junta Suprema del gobierno español en Sevilla?    En realidad no era capaz de proyectar un sentimiento religioso, porque, como institución secular, no existía dentro de la Junta una imagen semejante a la del rey de España, "por la gracia de Dios." ¿Los virreyes de las colonias en la ausencia de una monarquía legítima en la península?    No, porque esa posibilidad rompía demasiado con la tradición.    ¿O quizás descansaba en las manos de los criollos mismos, con la responsabilidad de organizar juntas y asumir el poder en la ausencia de Fernando VII? Quizás, sí.    Esa última posibilidad parecía prometedora.    Pero era peligrosa, porque traía implicaciones revolucionarias en contra de la monarquía misma.

De todos modos, muchos criollos no quisieron que se les escapara esa oportunidad.    Por primera vez en la historia de las colonias, tuvieron la posibilidad de ejercer un poder político principal sin sufrir represalias del virrey o manifestar una falta de lealtad al rey. Ahora más que nunca desearon lograr su autonomía de la península. La institución que les ofrecía el medio para que asumieran el poder existía en los *cabildos*, que desempeñaban una función semejante a la de las municipalidades en la península. Originalmente con directores elegidos, los *cabildos* habían seguido la misma evolución de otras instituciones de la tradición hispánica; es decir, paulatinamente el foco del poder de los *cabildos* había llegado a descansar en las familias de influencia, en un círculo cerrado de amigos, y en personas que tuvieran medios pecuniarios para "comprar" su entrada en el "club." Ahora, con la crisis de la legitimidad provocada por la invasión napoleónica, hubo un llamamiento a *cabildos abiertos*[5] por todas las colonias para organizar

---

[5] Cabildo abierto = comparable to a "town house meeting," a meeting of the general public, headed by the authorities of the *cabildo*, in order to arrive at a

*juntas.*[6] En muchos de esos *cabildos abiertos*, el plan fue el de seguir el ejemplo de las *juntas* de España para demostrar su apoyo al rey caído. Pero en la ausencia del rey, no hubo más remedio que el de asumir el mando de las colonias ellos mismos. Así es que muchos criollos vieron en la declaración de lealtad hacia Fernando VII un pretexto para separarse de la corona. De esa manera, pudieron ejercer el control que tanto habían deseado desde hacía generaciones.

Para el año 1810, entonces, se puede decir que después de tres siglos, el colonialismo había llegado al fin de su camino. La gran ironía fue que los franceses invadieron a España con el fin de "librarlos" de las monarquías decadentes, pero la respuesta española fue: "¡Vivan nuestras cadenas monárquicas!" Los criollos se organizaron en las colonias en nombre del monarca caído, pero terminaron rebelándose en contra del mismo con el concepto de: "¡Ni Napoleón ni el Rey!" Pero a fin de cuentas quedaron los mismos criollos, como veremos más adelante, en un tipo de limbo cultural y político. Alejados de la monarquía católica, los criollos ahora se encontraban en un mar confuso de tensiones políticas, intrigas sociales, y crisis económicas, sin una ruta bien definida para navegar las aguas revoltosas de la masa de gente que les rodeaba. De todos modos, siguieron fieles a la obligación que se habían impuesto a sí mismos de forjar su propio destino.

En 1814 Napoleón fue derrotado y Fernando VII fue restaurado a su trono. El pueblo español celebró su regreso con euforia. Aprovechándose de ese renovado sentimiento nacionalista, Fernando VII trató de re-imponer el régimen absolutista en las colonias. Fue un acto atrevido con el fin de recobrar la legitimidad de la corona con la imagen de un rey que goza de la "divina gracia de Dios," igual que durante la gran época de los reyes habsburgos. Las ambiciones de Fernando no fueron por cierto en su totalidad ilusorias. Parecía al comienzo que quizás España pudiera recobrar sus colonias perdidas. México estaba casi pacificado, Nueva Granada estaba otra vez en manos del *ejército realista*,[7] y Buenos Aires había logrado relativamente poco en su lucha contra las fuerzas españolas. El problema para Fernando VII fue que con su restauración, los criollos se enfrentaban con una situación nueva: la legitimidad del rey parecía nuevamente establecida, por lo tanto

---

consensus regarding some important issue or plan for future action during a time of crisis.

[6] Junta = council, provisional governing body.

[7] Ejército realista = royalist army (of the Spanish monarchy).

cualquier oposición a la corona ahora no pudo menos que considerarse como traición. Los criollos tuvieron que elegir entre el sistema absolutista, con los privilegios de los peninsulares, y el camino hacia lo desconocido, hacia las promesas del pensamiento del Siglo de las Luces de gobiernos democráticos basados en la igualdad y la libertad. Optaron por rechazar el sistema monárquico. Pero, como veremos, la adopción de la democracia no fue fácil.

## Una visión, pero sumamente vaga

Se estima que en 1810, 18.000.000 personas vivían bajo la corona española entre California y Tierra de Fuego. 8.000.000 se consideraban amerindios, 1.000.000 eran afroamericanos, 4.000.000 españoles y criollos, y otros 5.000.000 de razas mixtas.

Desde luego, es difícil saber a exactamente cuantas personas de cada grupo étnico había en realidad. Había mestizos y mulatos que se denominaban criollos, y amerindios que se decían mestizos. Esa fusión y confusión de grupos étnicos podía ocurrir porque las distinciones eran hasta cierto punto de vista más sociales que raciales. Sin embargo, se puede concluir que la mayor parte de los mestizos se encontraba en México, América Central, y los países andinos, y los afroamericanos y mulatos por regla general ocupaban Brasil, el Caribe, las costas de los países centroamericanos, Venezuela, y Colombia, y algunos centros comerciales, como Guayaquil de Ecuador.

En el campo, la aristocracia criolla consistía de un grupo poderoso de terratenientes, y en las ciudades, consistía de funcionarios políticos que se habían aprovechado de la expansión económica durante la reforma borbónica para entrar en el comercio. Pero la reforma había traido consecuencias indeseables también. La corona borbónica tenía como uno de sus objetivos principales el de ejercer el control a base de un nuevo vigor en la producción económica. Por consiguiente, hubo un influjo de inmigrantes de la península. Esos inmigrantes consistían de nuevos

> **La mayor parte de los esclavos afroamericanos fueron vendidos en Brasil. Para el año 1810, en total se habían importado 2.501.400 esclavos a Brasil, en comparación con 945.000 a Hispanoamérica. En términos generales, se estima que durante la larga historia de la esclavitud de los africanos en las Américas, 31% terminaron en Brasil, 9% en Hispanoamérica, y 6% en EE.UU.**

administradores tanto como comerciantes que entraban en competencia agresiva con los criollos ya establecidos. Ahora los criollos se vieron más obligados que nunca a vigilar las actividades de los peninsulares con tal de proteger su posición social y sus intereses económicos.

Si los criollos mantuvieron un ojo bien fijo en los peninsulares de "arriba," el otro ojo vigilaba "los de abajo." Estaban concientes de la presión y la amenaza de "los de abajo," e incesantemente procuraban mantener esas *castas* a una distancia cómoda. En realidad, fuera de los círculos privilegiados de los criollos, se encontraba la gran masa de amerindios, afroamericanos libres y esclavos, y mulatos y mestizos. El crecimiento demográfico de las *castas*, junto con la posibilidad de su movilidad social, dio a la gente europea una nueva conciencia acerca de las distinciones sociales y étnicas. Por consiguiente las tensiones se agudizaron. A pesar de las tensiones, los criollos se vieron obligados a movilizar a las *castas* en su campaña en contra de España. Desde luego procuraron lograrlo sin perder su lugar privilegiado, y sin que las clases populares pudieran entrar en una lucha para su propia autonomía. Esa no fue una hazaña trivial, sino que cada paso exigió tácticas psicológicas, manipulaciones retóricas, y sutiles maniobras socio-políticas.

En primer lugar, tuvieron los criollos que reclutar a las masas de amerindios y adjuntarlas a las filas militares antes de que pudieran huir a las selvas o las montañas. En segundo lugar, a la gente que parecía más peligrosa, los esclavos, se les ofreció su libertad a cambio de servicio en el ejército independentista. Desgraciadamente, muchos de los esclavos preferían no contribuir a una lucha que quedaba fuera del alcance de sus propios intereses. Pero para fortuna de los libertadores, tampoco veían mucho provecho en aliarse a las tropas realistas. De todos modos, los afroamericanos desempeñaron un papel importante en la lucha para la Independencia. Aproximadamente 1.500 de los 4.000 soldados del "Ejército de los Andes" del General José de San Martín (1778-1850) que liberó a Chile fueron ex-esclavos. También tuvieron los afroamericanos un papel importante en el éxito del General Antonio José de Sucre (1795-1830), libertador de Perú. Desafortunadamente, ya que los soldados de decendencia africana fueron los de menor rango militar, formaban el frente de las batallas. Por eso el número de pérdidas entre ellos fue desastroso.

Los primeros días del movimiento en México fueron diferentes a los de Sudamérica. El Padre Miguel Hidalgo y Costilla (1753-1811) se puso a la cabeza de una masa enorme y desordenada pero políticamente desinteresada de amerindios bajo el pendón de la Virgen de

Guadalupe. Hidalgo y su grupo marchó hacia México, lo que aterrorizó a los capitalinos. Aunque de seguro hubiera triunfado ese ejército independentista casi caótico, por razones todavía desconocidas en su totalidad, el padre Hidalgo dio órdenes de no invadir la ciudad. Algunos historiadores opinan que Hidalgo temía que la gran masa desordenada que estaba intentando capitanear fuera a dejar la capital en ruinas. Sea la que sea la razón, el hecho es que en el principio hubo en México menos participación de los criollos y un papel más activo de los mestizos y los amerindios que en América del Sur.

Después, en México tanto como en los países andinos, los amerindios pelearon al lado de las dos fuerzas militares. Muchas veces fue una cuestión de oportunismo. O las masas se aliaban con los que les ofrecieran más beneficios, o simplemente se alejaban de la contienda. De todos modos, la Independencia les trajo relativamente pocos beneficios. Los realistas igual como los independentistas empujaron a los amerindios a la batalla a la fuerza. Y después, los que habían peleado al lado de los vencidos fueron sujetos a represalias brutales, y los que se habían aliado con los vencedores apenas recibieron un "Bien hecho muchachos; ahora, regresen a sus respectivas casas, y que les vaya bien." De parte de los españoles tanto como de los criollos, a los amerindios se les trataba como siervos en vez de aliados: les exigían servicios militares durante la época de guerra, y trabajo forzado durante tiempo de paz. En realidad los europeos tanto como los criollos temían por igual a los amerindios y a los afroamericanos.

En suma, el comienzo de la Independencia fue complejo. Pero una vez comenzada la lucha, no se podía volver a lo de antes. Vamos a ver en términos más concretos qué es lo que pasó.

## De la liberación hasta un fin conservador

Antes de entrar en el movimiento para la Independencia, Simón Bolívar, de una familia rica de Venezuela, había viajado por Europa y EE.UU. En 1810, al regresar a su tierra natal, declaró guerra en contra de España. Debido a su capacidad como líder, fue nombrado libertador, y después de la Independencia, fue presidente de la Gran Colombia, un nuevo estado que incluía Venezuela, Colombia y Ecuador. Dentro de poco tiempo hubo desacuerdos, Bolívar se desanimó, y se exilió a Jamaica en 1815. Allá, escribió su famosa *Carta de Jamaica* dando su opinión, bastante certera cabe decir,[8] del futuro del continente.

---

[8] Cabe decir = it is worthy of note.

En 1816 Bolívar volvió a Venezuela para re-emprender la lucha. En alianza con José Antonio Paez, y después de una serie de fracasos, por fin tuvo éxito en las batallas de Boyacá en 1819 y Carabobo y Pichincha en 1821. Esas batallas aseguraron la Independencia de la región. A su vez, Antonio José de Sucre, lugarteniente de Bolívar, derrotó las fuerzas realistas en Ecuador. Sucre y Bolívar siguieron su marcha hacia el sur. Mientras tanto, José de San Martín de Argentina, quien había regresado a las colonias en 1812, organizó el "Ejército de los Andes," y con 4.000 soldados atravesó heroicamente la cordillera andina para liberar a Chile con la ayuda del chileno Bernardo O'Higgins (1778-1842). Llevando su campaña al norte, entró victoriosamente en Lima en 1821. Bolívar y Sucre pasaron por Perú en 1822, y se encaminaron hacia el sureste. Después de las épicas batallas de Junín y Ayacucho en 1824—sobre las que escribe el poeta José Joaquín Olmedo (1780-1847) en *Victoria a Junín; canto a Bolívar* (1824)—fue liberada Bolivia. Toda Sudamérica ahora quedaba independiente (véase el Mapa 7).

El famoso *Grito de Dolores*, "Viva la Virgen de Guadalupe, Viva Fernando VII, mueran los gachupines!," del padre Miguel Hidalgo y Costilla en la pequeña ciudad de Dolores al noroeste de la ciudad de México, marcó el comienzo de la lucha en Nueva España. Hidalgo proclamó la abolición de la esclavitud y la repartición de las tierras entre los amerindios, actos que luego provocaron su excomulgación de la Iglesia Católica como hereje. Con un grupo desorganizado de 50.000 amerindios y mestizos armados con arcos y flechas, machetes, y unas cuantas armas, emprendió la marcha. Atacaron y destruyeron pueblos y ciudades, y en cada lugar ganaron reclutas. Cuando llegaron a las afueras de México, el "ejército" era ya una masa de gente que contaba con más de 100.000 personas. Pero, como notamos arriba, Hidalgo no se atrevió a entrar en la capital, y después fue vencido por las fuerzas realistas. Huyó al norte, pero fue capturado y fusilado en Chihuahua. Entonces fue el padre José María Morelos y Pavón (1765-1815) el que llevó adelante la causa independentista. Pero Morelos también fue derrotado dentro de poco tiempo por las fuerzas realistas, y lo fusilaron en 1815. Otros rebeldes siguieron en nombre de la causa, pero para fines de 1819 todos habían sido vencidos. Por fin, Agustín de Iturbide (1783-1824), ex-coronel del ejército español, derrumbó a los realistas. Pero en México los ideales democráticos prevalecieron aun menos que en Sudamérica. En 1922 Iturbide se proclamó Emperador Agustín I para toda la vida. Sin embargo, su vida duró poco, ya que ahora predominaba un sentimiento antimonárquico. Hubo una sublevación, e Iturbide fue derrotado y ejecutado en 1824.

Desde el principio, la Independencia de Hispanoamérica fue más bien una contienda limitada a la esfera *política*. Los republicanos de la *clase aristocrática nacional* tomaron poder de los monarquistas de la *clase aristocrática imperial*, pero el cambio de la estructura *socio-económica* no fue más que marginal. Los hispanoamericanos ya habían rechazado el sistema monárquico, y ahora buscaban otra clase de gobierno. Pero hubo un problema: la "libertad, igualdad, y fraternidad" inspiradas por el pensamiento del Siglo de las Luces exigía una interacción social hasta entonces desconocida entre los europeos y las *castas*, lo que les incomodaba bastante. El mismo Bolívar, aunque fuera ideológicamente un republicano fanático, le enajenaba lo que veía como anarquía que había surgido después de las guerras, y la barbarie, la ignorancia, y la apatía política de las masas. En su famosa *Carta de Jamaica*, dio una imagen decepcionante del futuro de Hispanoamérica. Consideraba a los pueblos como ineptos para un sistema político progresista. Optó por gobiernos fuertes, con poder centralizado. Creyó que sólamente un gobierno de ese tipo podría mantener un nivel mínimo de estabilidad. Ese fue el Bolívar *realista*, que contrastaba con el Bolívar *idealista* de años anteriores—y he aquí, la oposición tradicional entre lo *ideal* y lo *real* condensada en una sóla persona. Bolívar veía el poder político centralizado como un instrumento tanto de reforma como de autoridad. La centralización del poder implicaba reformas desde "arriba," mientras se mantenía control rígido de "los de abajo." Pero, como veremos más adelante, los pioneros de la Independencia pronto cedieron su lugar a una serie de *caudillos*.

Por otra parte, existía la repercución *económica* de la Independencia. El cambio político destruyó el monopolio colonial y abrió los puertos de Latinoamérica al mercado internacional. Entonces, toda una fila de mercaderes, expedidores y banqueros llenaron el vacío empresarial y comercial que habían dejado los peninsulares. Aunque hubo esfuerzos por controlar la economía y proteger los intereses nacionales en algunos lugares, por regla general el mercado quedó bastante abierto. Al principio, el nuevo sistema puso en circulación una cantidad crecida de capital y de mercancía. Pero a fin de cuentas, promovió aun más la exportación de materias primas y la importación de productos fabricados. Ese tipo de intercambio económico favoreció cada vez más a los países industrializados. Pero a pesar de las transformaciones en la economía de Hispanoamérica, la institución fundamental siguió siendo la *hacienda* (*estancia* en el cono sur, *finca* en Centroamérica y el norte de Sudamérica). La polarización de la sociedad que poco a poco se hacía más evidente entre los terratenientes y las masas rurales llegó a ser la característica principal de las provincias latinoamericanas en el siglo XIX. El problema fue que la hacienda, como ya vimos en el Capítulo Siete sobre el amerindio, fue una institución relativamente ineficaz y de poca organización. Absorbía mucha tierra, producía poco, y dependía de una servidumbre dócil y permanente. Sin embargo, el sistema de la hacienda llegó a ser el medio de organización política y de control social. Proveía la estabilidad que necesitaban los nuevos jefes políticos.

Es bastante lógico, entonces, que después de la Independencia uno de los objetivos principales fue el de ejercer control sobre la gente que proveía la mano de obra. Esa gente consistía, precisamente, de las llamadas *castas*. Pocos años después de la Independencia la esclavitud fue abolida en todos los países (menos en Brazil, Cuba, Puerto Rico y otras islas del Caribe). En general, la cronología de la abolición fue determinada por el porcentaje de la población de esclavos, y su importancia para la economía nacional. Si hubo relativamente pocos esclavos y si su contribución a la economía del pais no fue de suma importancia, convenía la absolición para estar "de moda." Pero si los esclavos tuvieron un papel esencial en la economía, sería más conveniente mantenerles en cadenas.

En Chile fue abolida en 1823, en Bolivia en 1826, y en México en 1829. Pero en otros lugares, donde los amos dependían más de sus esclavos, no llegó hasta más tarde: Colombia en 1851, Venezuela y Perú en 1854. La abolición, al parecer, no tuvo fines puramente humanitarios. En realidad, la liberación de los esclavos en cada región se veía obligada a esperar el momento en que los terratenientes se dieran cuenta de que el mantenimiento de los esclavos ya no era económicamente factible, y que como *peones*, los afroamericanos serían una fuente de trabajo más conveniente y más barata. Además, como en el caso de las mencionadas leyes bien intencionadas de la corona española—las "blue laws"—el hecho de redactar una nueva ley no necesariamente equivalía a ponerla en vigor. Porque ahora el espíritu sedimentado en la conciencia colectiva de mentalidad de "Obedezco pero no cumplo," por bien o por mal, seguía más o menos intacto. Es por eso que el fin de la esclavitud después de la abolición formal fue un proceso lento y difícil—en contraste con la abolición en EE.UU. a partir de la Guerra Civil.

Hasta cierto punto los amerindios fueron emancipados después de la Independencia: ahora no quedaban sujetos ni al trabajo forzado ni a los tributos que antes tenían que entregar a la corona española. Los políticos liberales después de la Independencia, como veremos, concibieron a los amerindios como un obstáculo al desarrollo nacional. Por lo tanto deseaban integrarlos de alguna forma u otra a la vida económica y política de sus respectivos países. En Perú, Colombia, y México, los nuevos jefes procuraron desintegrar las comunidades amerindias para crear entre ellos una fuente de trabajo barata. Por consiguiente, la condición de los amerindios y los afroamericanos no mejoró mucho en los años que siguieron a la Independencia. Pero tampoco hubo mucho progreso respecto a la vida de los mestizos y otros grupos mixtos. Quedaron libres los mestizos, por cierto, pero la capa superior de la pirámide social era pequeñísima y la base era enorme, de modo que se abrieron pocas puertas para los que desearon mejorar su condición.

## En brasil, unos cuantos cambios y mucha permanencia

En 1822 tuvo su comienzo la liberación de Brasil. Cuando Napoleón invadió a España y Portugal en 1808, la familia Real bajo João VI huyó a Brasil. En 1821, hubo una sublevación en Oporto, Portugal, y el Rey João VI decidió regresar a Europa. Allá, asumió el poder, y después, ordenó al Príncipe de Brasil, Pedro de Braganza, a que regresara a la península con el fin de re-establecer la centralización colonial.

Pero el pueblo brasileño resistió, y Pedro desobedeció la orden del Rey con el anuncio: "¡Fico!" ("¡Me quedo!"). El 7 de Septiembre de 1822 Pedro proclamó el *Grito de Ipiranga*: "¡Independencia ou Morte!" Poco después, Pedro I fue nombrado emperador. Sin embargo, envuelto en escándalos a causa de su ineptitud, abdicó en 1831. Después de una década tumultuosa, en 1841 Pedro II, de apenas dieciséis años de edad, asumió el trono y comenzó un largo reinado que duró hasta 1889. Fue así como la Independencia de Brasil no trajo ni la anarquía ni las transformaciones políticas típicas de la Independencia de las colonias hispanoamericanas. Brasil, al contrario a los países hispanoamericanos, emergió como una verdadera monarquía.

La evolución en Brasil hacia una monarquía en contraste con la serie de intentos frustrados de encontrar soluciones democráticas en Hispanoamérica se debe principalmente a dos razones: (1) el transporte del poder político-económico desde Portugal hasta Río de Janeiro para el año 1815, que facilitó una transición política pacífica, y (2) la aparición de una poderosa *oligarquia fazendeira*[9] conservadora durante la primera mitad del siglo XIX. Es en parte por eso que la tradición política brasileña ha sido más suave y menos violenta que la hispanoamericana.

Bueno, con los *fazendeiros* en control del sistema monárquico brasileño, parece que los problemas principales pronto estarían resueltos. Pero para los países hispanoamericanos el campo todavía no quedaba abierto, sino que hubo una nueva barrera que traspasar. Vamos a ver.

## Preguntas

1.    ¿Cómo fue el comienzo de la lucha para la Independencia? ¿Quiénes fueron los precursores?
2.    ¿Cuáles fueron las causas internas y las causas externas de la lucha?
3.    ¿Qué impacto tuvieron los enciclopedistas, el Siglo de las Luces, y la Revolución Francesa?
4.    ¿Qué pasó después de la caída de Fernando VII? ¿Qué fue el pacto implícito?
5.    ¿Qué función tenían los cabildos abiertos en la Independencia?
6.    ¿Cuál fue la ironía del comienzo de la lucha en 1810?
7.    ¿Qué pasó en 1814 cuando Fernando VII fue restaurado?
8.    ¿Cuáles fueron las hazañas principales de Bolívar, San Martín, Sucre?
9.    ¿Cuál fue el destino de los amerindios y afroamericanos durante y después de las guerras para la Independencia?
10.   ¿Cómo fue diferente la Independencia de México a la de Sud América?
11.   ¿Qué repercusiones económicas hubo a partir de la Independencia?
12.   ¿Qué institución fundamental perseveró después de la Independencia, y por qué?
13.   ¿Cuándo fue abolida la esclavitud en los países latinoamericanos, y bajo qué condiciones?
14.   ¿En qué manera fue la liberación de Brasil diferente a la de Latinoamérica?

---

[9] *Oligarquia fazendeira* (Port.) = plantation oligarchy (*fazenda* = hacienda).

# Temas para discusión y composición

1.    ¿Qué tuvieron que hacer los criollos para reclutar a los grupos étnicos? ¿En qué manera revelan las relaciones entre criollos y "los de abajo"? ¿Qué relaciones entre criollos libertadores y clases populares estaban implicadas en lo que pasó durante ese tiempo?

2.    ¿Por qué cambió sus ideas Bolívar? ¿Cuál fue su nueva opinión? ¿Qué mensaje tiene ese cambio acerca de lo que pasó inmediatamente después de la lucha para la Independencia?

# Un debate amigable

Después de la lucha para la Independencia hubo tendencias democráticas y tendencias monárquicas. Discuta, una selección de dos grupos de entre Uds., los pros y las contras acerca del asunto.

# CAPÍTULO ONCE

# UNA UTOPÍA PROBLEMÁTICA

**Fijarse en:**
- La *imagen especial* del *rey de España* en la conciencia colectiva del pueblo y la *relación* que tiene esa imagen con el concepto de la *legitimidad política.*
- El *porqué* de la *inestabilidad* de los *países hispanoamericanos* durante el siglo XIX.
- El *fenómeno* del *localismo* en Hispanoamérica y *sus consecuencias.*
- Las *características* del *caudillismo* y su *función.*
- Algunas *diferencias fundamentales* entre la *imagen* de los *hispanoamericanos* de su *patria* y su *presidente* en contraste con la de los *ciudadanos de Europa y EE.UU.*

**Términos:**
- *Ausencia de Legitimidad, Caciquismo, Caudillismo, Coronelismo, Crisis de Legitimidad, Interrelaciones Abstractas-Interrelaciones Concretas, Localismo, Oligarquía, Patrón, Patronato, Sr. Presidente.*

## Un problema de legitimidad[1]

Hay un síntoma grave del que padecieron las nuevas repúblicas hispanoamericanas, y del que Brasil escapó, durante el siglo XIX: una *crisis de legitimidad* de parte de los nuevos amos políticos.

Como ya hemos observado, según la larga tradición hispánica, el rey incorporaba la autoridad máxima tanto en la esfera *socio-político-económica* como en la esfera *religiosa*. En cuanto a la vida cotidiana de cada individuo, por regla general no hubo división bien marcada entre la vida secular y la vida religiosa. Toda la fe, la confianza, la lealtad, y el apoyo descansaba en la figura del rey: como hemos visto, era rey por la "divina gracia de Dios" (era rey *porque sí*, y *así tenía que ser*). Es por

---

[1] Esta sección está basada principalmente en el excelente estudio del sociólogo Francés, Jacques Lambert, en su libro titulado *Latin America* (1969).

eso que con la caída de Fernando VII quedó un gran hueco, un vacío *socio-político-económico-eclesiástico*. Ya no había la figura dentro de la cual se concentraba la conciencia colectiva del pueblo—el *pacto implícito*. Ya no había, por una parte, diseminación de la fuerza sagrada-secular que ligara la gente de la ciudad y la del campo, la gente aristocrática y la popular, la gente de la península y la de las colonias, y los peninsulares y criollos, y las *castas,* por otra parte. Había, en breve, *un problema de autoridad* o *legitimidad*, sugerencia del cual ya vimos en el Capítulo Cuatro. ¿Quién, después de la Independencia, podría ser capaz de ocupar en la mente colectiva del pueblo ese lugar único que ya no ocupaba el rey? ¿Quién podría llenar ese gran hueco que ahora existía?

Bolívar, aunque de convicciones democráticas, se dio cuenta desde el principio del problema de legitimidad. En su intento de encontrar una solución al problema, iba inclinándose cada vez más hacia la idea de constituciones autoritarias para los territorios recién liberados. La Constitución de 1826 de Bolivia, por ejemplo, contenía el concepto del "poder moral" según el cual se permitía una censura rígida, capaz de garantizar los derechos civiles y los principios de la Constitución. El presidente sería presidente por toda la vida, y escogería a su propio sucesor. Con orgullo Bolívar opinó que esa Constitución garantizaba un poder centralizado con toda la estabilidad de los regímenes monárquicos. Había en realidad poca diferencia entre un gobierno "republicano," según esa Constitución, y la monarquía del tipo que los independentistas apenas habían repudiado. Sin embargo, con pocas excepciones, en las décadas que siguieron a la Independencia, la estabilidad iba a permanecer como un fantasma inalcanzable en Bolivia tanto como en casi todas las demás repúblicas hispanoamericanas. Es por eso que pocos días antes de morir de tuberculosis en 1830, y ahora un hombre desilusionado, Bolívar expresó lo que de seguro quedará como su proclamación más famosa: América fue ingobernable, y todos sus esfuerzos habían sido como si hubieran "arado en el mar."[2]

Por consiguiente el poder político, en parte por la mencionada *ausencia de legitimidad*, tendía cada vez más hacia la centralización en vez de naciones gobernadas por y para el pueblo. Desafortunadamente, muchas veces la conclusión fue que Hispanoamérica había logrado su Independencia sin suficiente madurez política, y por eso llegó a ser víctima de la inestabilidad y hasta la anarquía en el momento en que

---

[2] Si ... mar = as if they had plowed the sea.

intentó gobernarse a sí misma. Como medida para combatir esa anarquía, los que estaban en el poder no veían otro remedio sino el de recurrir a un gobierno centralizado. En realidad las repúblicas hispanoamericanas habían heredado muchas de las prácticas coloniales que desde hacía tiempo estaban sedimentadas en la conciencia y la conducta misma de la gente. La verdad es que ni Hispanoamérica pudo ni cualquier otro conjunto de países puede deshacerse de su herencia cultural: todos estamos destinados a repetir, cuando menos en parte, las prácticas que hemos heredado. Por lo tanto, Hispanoamérica no fue un continente de jefes totalitarios en el sentido contemporáneo, sino más bien un continente de *caudillos* que respondían a las condiciones particulares de la comarca (acuérdese el Capitulo Dos sobre el *caudillismo*).

Entonces unas cuantas palabras más sobre esos jefes enigmáticos, los *caudillos*, no estaría fuera de lugar.

## Los hombres de a caballo[3]

Parece una paradoja que pocos pueblos del mundo hayan fomentado tanto los ideales democráticos, y a la vez, hayan sufrido de tantos regímenes dictatoriales, como los pueblos latinoamericanos.

En realidad, una vez que se logró la Independencia, el sentimiento de igualdad de los libertadores fue diseminado a pasos de tortuga. Todavía hubo relativamente poca *comunicación* entre las regiones escasamente pobladas de Hispanoamérica. Esa falta de *comunicación* en primer lugar se debía a las enormes *distancias* ya mencionadas, y en segundo lugar, a las líneas de *comunicación* que durante el coloniaje se extendían directamente a la península por medio de una red en vez de a las varias colonias. Es decir, lo que luego fue denominado el *"localismo"* llegó a ser la norma. Además, aunque los criollos pudieran identificarse con los ideales de las Revoluciones Francesa y Norteamericana, tenían poca simpatía hacia las masas analfabetas de sus propios países. Fue casi como si no hubieran sido las repúblicas hispanoamericanas las que se independizaran, sino grupos relativamente pequeños de individuos prominentes. Es por eso que en gran parte existió desde el principio una tendencia hacia el anarquismo.

Pero ese anarquismo, tan complejo como era, siempre quedaba hirviendo bajo la superficie del sistema colonial. Durante tres siglos, España y Portugal pudieron contrabalancear las tendencias anárquicas.

---

[3] Los ... caballo = the men on horseback (The phrase comes from a history book by Samuel E. Finer, *The Men on Horseback*, 1988).

Ese contrabalanceo estaba basado en el mantenimiento del *localismo* en las colonias, mientras existían líneas directas de poder hacia la madre colonizadora. Es decir, había relativamente pocas relaciones entre las diversas *localidades*, mientras cada *localidad* era ligada, hasta donde fuera posible, con la península. Después de la Independencia, el sistema colonial se fracturó en multiples focos *locales* de aristocracia criolla que poco a poco se alejaban de los antiguos centros de poder colonial. Como consecuencia, se provocó la formación de países relativamente pequeños—con las excepciones notables de México, Argentina y Brasil, cuya historia siguió otra ruta. Es sobre todo por eso que después del gran *sueño* de una Hispanoamérica unida, varios de los libertadores comprendieron que solamente un estado fuerte podría ser capaz de ligar esas fuerzas centrífugas y desestabilizadoras.

Por compleja que fuera la situación, la tarea apremiante que se puso delante de los libertadores fue la *creación de instituciones políticas*. Como es de suponer, no fue fácil. No fue fácil, principalmente por cuatro razones: (1) en las provincias el poder descansaba en una multitud de dominios *locales*, los latifundios, (2) la fuerza política de las ciudades era la única capaz de promover una integración nacional, pero muchas veces la política dominante de las ciudades estaba en contra de la de los latifundistas, (3) en Centroamérica y los países andinos, perduraban muchas comunidades indígenas que se resistían a la integración, y (4) había grupos numerosos—mestizos, mulatos, exesclavos—que no aceptaban la servidumbre que les querían re-imponer sus nuevos amos criollos. En parte a causa de la fracturación de las esferas *socio-político-económicas* del colonialismo, la inclinación fue hacia *lealtades personales* en vez de *institucionales*. La simpatía de la gente se extendía hacia, y se identificaba con, ciertos individuos sobresalientes que fueran capaces de llamar la atención, de influir, y en fin dominar, a todos los que se encontraran a su alrededor. Y esos individuos, precisamente, eran los *caudillos* clásicos.

El *caudillismo* tiene su origen en el *caciquismo* (en Brasil, *coronelismo*), que es un fenómeno más bien *local* que nacional. El término "cacique" viene del Taino-Arawako (dialecto del Caribe) que quiere decir "jefe." En la actualidad, "cacique" se usa por toda Hispanoamérica para designar a las personas que ejercen poder *local*. A veces tiene la connotación peyorativa de una persona que abusa de su poder y de su *patronato* para sus propios fines. El efecto del *caciquismo* en el siglo XIX fue el de debilitar la autoridad central de la nación, a menos de que hubiera un *Gran Cacique* en el palacio presidencial capaz de controlar todos los *caciques locales*. En tal caso, se convertía el *cacique* en *caudillo*. En casi ninguna parte de Hispanoamérica pudo la autoridad central recobrar control del territorio nacional sino a través de la intervención de un *caudillo*. Sólo Brasil, gracias a la perpetuación de la monarquía, pudo cuando menos en parte escapar la era clásica de los *caudillos*.

Basta presentar sólo un caso, el de Venezuela, país que sufrió los efectos de una larga serie de *caudillos*. Desde 1830—fecha de la desintegración de la Gran Colombia—casi no hubo más que una sucesión de un *caudillo* tras otro. José Antonio Páez rigió de 1830 a 1846, cuando fue reemplazado por los hermanos José Gregorio y José Tadéo Monagas (1846-61), y entonces otra vez subió Páez (1861-63). Después tenemos Antonio Guzmán Blanco (1870-87), Joaquín Crespo (1887-98), Cipriano Castro (1899-1908), y por fin Juan Vicente Gómez (1908-35). Durante el transcurso de todo un siglo la fila de *caudillos* fue interrumpida nada más una vez, de 1863 a 1870.

¿Cómo se puede explicar tal fenómeno? Hasta las últimas dos décadas, los historiadores tendían a atribuir el *caudillismo* al temperamento específico de los latinoamericanos. Afortunadamente, esa interpretación está poco a poco cayendo en el olvido.[4] Ahora el *caudillismo* no se acepta como un fenómeno particular, sino como la expresión latinoamericana de un fenómeno universal que se puede observar también en países recién liberados como los de África. De hecho, durante toda la historia de la humanidad, cuando sistemas feudales han dejado de organizarse alrededor de la jerarquía y legitimidad monárquicas, guerrillas *locales* han brotado y la inestabilidad ha resultado. Lo que pasó, sobre todo en Hispanoamérica, es que la clase aristocrática criolla estaba influída por las ideologías políticas de Europa y Norteamérica. Pero, a diferencia de Europa y Norteamérica, Hispanoamérica todavía se encontraba dentro de una tradición que tenía vestigios del feudalismo. De acuerdo a la tradición feudalista, y en la *ausencia de la legitimidad* quasi-religiosa invertida en una monarquía, fue mucho de esperar que la voluntad del pueblo hispanoamericano se pudiera expresar a través de elecciones democráticas basadas en instituciones seculares y abstractas. Las lealtades en Hispanoamérica más bien se extendían hacia individuos que infundían confianza en el pueblo como si fueran *patrones*, según las costumbres *paternalistas*. Ese tipo de lealtad quedaba lejos del concepto que existía en EE.UU. En el país de

---

[4] Caer ... olvido = to become relegated to forgetfulness.

Thomas Jefferson, existe lealtad hacia un estado en *sentido abstracto*. Este *sentido abstracto* del estado queda lejos de las interrelaciones humanas de naturaleza *personal, patriarcal* y *concreta* tal como existían en las repúblicas del sur.

De hecho, el contraste entre el sistema de EE.UU. y el de los países hispanoamericanos puede ejemplificar, respectivamente, la tendencia hacia las interrelaciones *abstractas* y la tendencia hacia las interrelaciones *concretas*.[5] El presidente de EE.UU., desde luego, es un individuo con su propia personalidad, su propia conducta, y sus propias idiosincracias. Pero *el individuo no es equivalente al presidente, o mejor dicho, a la "presidencia,"* hasta el punto en que sí lo es en Hispanoamérica. Las ideas de la "presidencia" y del "presidente" en EE.UU. son más bien *abstracciones*. El que sea "presidente" de EE.UU. es "presidente" por ahora, y dentro de unos cuantos años más, el pueblo volverá a votar, y entonces el "presidente" quizás sea otra persona, y quizás no. De todos modos la gente mantendrá *más o menos* la misma fe en la *institución abstracta* que se llama la *"presidencia."*[6]

En Hispanoamérica, en cambio, el *caudillo*, como *El Señor Presidente*, es lo que es porque es él, y nadie más: *la "presidencia" equivale a las cualidades particulares del caudillo*. Es decir, el *caudillo* es la encarnación misma de la idea de la "presidencia." En los momentos culminantes de su conducta como *caudillo*, es casi como la encarnación de la patria misma. Es por eso que el *caudillo* tiene que ser capaz de llenar lo que arriba fue presentado como la *ausencia de la legitimidad*, con la fuerza vital de su personalidad, su dinámica, y la atracción, de su *yo*. Después de la Independencia, Hispanoamérica, con la pérdida de la *legitimidad* de la tradición monárquica, seguía sintiendo un *hueco*, una *ausencia*. Y sólo un *caudillo* con la debida fuerza de voluntad, poder político, económico y militar, y carisma, podría llenar, aunque provisionalmente, ese hueco. Mientras fuera capaz de llenarlo, gozaría del apoyo del pueblo; y si no, pronto cedería su lugar a otro *caudillo*.

---

[5] Pero hay que tomar en cuenta que este contraste implica generalidades de parte de EE.UU. e Hispanoamérica, de las cuales hay muchas excepciones. Sin embargo, cuandos menos se puede decir que tales generalidades dan una idea de "tendencias" más bien que "características fijas."

[6] Habrá quien diga que en EE.UU. la fe en la *presidencia* como *institución abstracta* ha degenerado desde Bill Clinton. Quizós sí, quizás no. De todos modos, ahora no es tiempo de entrar en esta controversia.

Así fue como durante el siglo pasado el patriotismo de los países hispanoamericanos a menudo estaba infundido en *caudillos de carne y hueso*, no en constituciones e instituciones *abstractas*, como fue más bien la tendencia en EE.UU. O sea, para reiterar, en Hispanoamérica *el individuo equivalía al presidente*; era la *"presidencia"* misma. Cuando algún *caudillo* dejaba la silla presidencial, la idea de la *"presidencia"* nunca volvería a ser la misma. Ahora tendría que tomar el aspecto de un nuevo *Señor Presidente*. Y ese nuevo líder político sólo podría ser el que fuera capaz de capturar la imagen y el sentimiento del pueblo para merecer la *legitimización*. Es decir, merecía la legitimización por ahora; y quizás mañana apareciera otro *caudillo* que lo reemplara. Y así sucesivamente, de un *Señor Presidente* a otro. Por lo tanto, en la conciencia nacional, una lucha entre un *caudillo* y otro fue muchas veces una lucha entre una personalidad y otra más bien que una lucha de ideologías y partidos políticos. En Hispanoamérica el interés supremo era el del individuo *concreto* y su grupo en sentido *abstracto* en vez de un programa político y un modo de acción. Como consecuencia, en Hispanoamérica el *cacique local* se volvía en *caudillo*, y el *caudillo*, si lograba mantenerse en el poder, y si gozaba de suficiente carisma, podía ser casi un pequeño *César*.

Ahora, hay que hacer hincapié en el hecho de que ninguno de los dos sistemas políticos—el de inclinación hacia lo abstracto más típico de EE.UU. y el de inclinación hacia lo *concreto* y *personal* más típico de Hispanoamérica—es inferior o superior al otro. Los dos sistemas simplemente son diferentes. Uno carece un poco de relaciones personales e interhumanas; el otro carece un poco de un hilo continuo de legitimidad desde un líder a otro. La atracción de uno queda en un nivel de abstracción, relativamente lejos del sentimiento y la sujetividad de cada individuo; el otro tiene que ver con la imagen concreta del líder político y el poder que ejerce sobre el pueblo. Las instituciones hispanoamericanas conducen hacia líneas de conducta personales e intuitivas de parte de los ciudadanos. Pero en tiempos de crisis los administradores políticos, sociales, y económicos de Hispanoamérica muchas veces han demostrado una capacidad impresionante de evaluar una situación, hacer una decisión con toda la lógica y la razón medida que se pudiera esperar, y actuar con firmeza. La otra institución, la de EE.UU. se supone, es guiada por la razón bien medida. Sin embargo tiende a funcionar con más lentitud, porque el cuerpo legislativo y el ejecutivo— el congreso y el presidente—tienen que llegar a un acuerdo respecto a las decisiones de más importancia.

Es interesante notar que todas las clases sociales, las profesiones, y los tipos humanos han representado el *caudillismo* hispanoamericano. Juan Manuel de Rosas, que dominó la república Argentina de 1835 hasta 1852, fue atlético, carismático, y conocido como el mejor jinete[7] del país. El doctor José Rodríguez de Francia (presidente, 1811-40) de Paraguay fue un aristócrata cultivado, mientras el mexicano Antonio López Santa Anna (1821-55) fue un criollo adinerado, y Diego Portales (1830-37) de Chile fue un empresario rico. Rafael Carrera (1838-65) de Guatemala fue un amerindio analfabeto. Benito Juárez (1857-72) de México también fue amerindio, pero educado y políticamente liberal. El boliviano José Mariano Melgarejo (1864-71) fue un mestizo analfabeto y alcohólico, y Andrés Santa Cruz (1829-39) de Bolivia y Rufino Barrios (1872-95) de Guatemala fueron militares sumamente crueles, mientras Gabriel García Moreno (1869-75) de Ecuador fue profesor y católico fanático. Algunos *caudillos* fueron honrados, mientras otros no fueron más que ladrones; unos creyeron en y practicaron la justicia, mientras otros fueron increíblemente bárbaros; unos tuvieron un carácter humilde, mientras otros padecieron de ilusiones de grandeza.

Casi todos los países hispanoamericanos pasaron por una edad de *caudillismo* antes de llegar a ser las naciones que hoy en día son. Desde luego, la transformación del feudalismo a naciones modernas no llegó sin muchos esfuerzos, mucha confusión, y mucha violencia. Sin embargo, cuando uno se pone a pensar que la evolución de las naciones hispanoamericanas durante el siglo XIX logró más o menos lo que había emergido en Europa a través de cinco y seis siglos de evolución, se da uno cuenta de que en realidad fue una hazaña. Los cambios políticos y sociales en Hispanoamérica fueron muy concentrados. Es decir, se llevaron a cabo en apenas la quinta y a veces la sexta parte del tiempo en que los mismos cambios paulatinamente tuvieron lugar en Europa. Quizás lo más asombroso es que los hispanoamericanos hubieran logrado tanto en tan poco tiempo.

Ahora se puede decir que la época de los *caudillos* clásicos pertenece al pasado. A pesar de que ha habido dictadores en nuestro siglo que han manifestado algunas tendencias del *caudillismo* clásico, hay diferencias notables, como veremos más adelante.

---

[7] Jinete = horseman.

# Preguntas

1. ¿Cuál fue el concepto general que tenía el pueblo español de su rey?
2. ¿Cuál fue el problema de la autoridad después de la caída de Fernando VII? ¿Por qué hubo un problema de legitimidad?
3. ¿Qué características tuvieron las primeras constituciones en Latinoamérica? ¿Cuáles fueron los resultados?
4. ¿Por qué es insuficiente la conclusión general sobre la inestabilidad de Latinoamérica después de la Independencia?
5. ¿Qué función tenía el localismo durante el coloniaje? ¿Cómo se beneficiaron España y Portugal de ese fenómeno?
6. ¿Por qué fue tan difícil la creación de instituciones políticas después de la Independencia?
7. Describa el origen del término "caudillismo."
8. ¿Cómo se distinguen las relaciones humanas abstractas de las concretas?
9. ¿Cuáles son las diferencias entre la "presidencia," que ocupa una persona elegida en sentido abstracto, y la imagen del "Señor Presidente" en sentido concreto?
10. ¿De qué manera se llenaba provisionalmente la ausencia de la legitimidad en Hispanoamérica durante el siglo XIX?
11. Describa la gran variedad de los caudillos.

# Temas para discusión y composición

1. ¿Ha habido una crisis de legitimidad en EE.UU., aunque en grado mínimo? ¿Qué pasaría en EE.UU. si hubiera una verdadera crisis que requiriera decisiones inmediatas? ¿En qué manera piensan Uds. que sería diferente a la crisis de Latinoamérica?
2. ¿Cómo se explica el fenómeno del caudillismo, y la política del personalismo? ¿En qué manera creen Uds. que sería diferente EE.UU. si existiera ese fenómeno aquí?

# Un debate amigable

Organícese una discusión acerca del tema controversial del caudillismo. ¿Fue producto de la evolución natural de las sociedades hispanoamericanas? ¿Podrían haberlo evitado? ¿Deberían de haber tratado de evitarlo? ¿Cuáles alternativas hubo? ¿Habría sido preferible alguna de las alternativas?

# CAPÍTULO DOCE

## TRADICIONES Y TRANSFORMACIONES

**Fijarse en:**
- La *naturaleza del conflicto* entre los *liberales* y los *conservadores* que emergió *en los países hispanoamericanos* después de la Independencia.
- *Las razones* por las cuales *surgió ese conflicto* precisamente en la época en que surgió.
- El porqué el *ambiente hispanoamericano* parece un *terreno natural* para el *caudillismo*.
- *Lo extraordinario* de los casos de *México, Colombia* y *Argentina* en el siglo pasado.
- Las *semejanzas* y *diferencias* de los *cambios socio-político-económicos* de esos tres países durante el siglo XIX.

**Términos:**
- *Afrancesados, Caudillismo, Conservadores, Demagogos, Federalismo, Federalistas, Gauchos, Inestabilidad, "Ley Fuga," Liberales, Localismo, Populismo, Rurales, Unitarios.*

## Conservadores y liberales

La emancipación de Latinoamérica no fue en el principio mucho más que una liberación *política*. La monarquía católica fue reemplazada por la idea de estados soberanos, pero por debajo de la superficie hubo pocos cambios. Hay que decir "idea de estados soberanos," porque a pesar de que muchos latinoamericanos hubieran adoptado un republicanismo liberal, todavía no lo habrían podido poner en la práctica. El problema es que la emancipación había tenido lugar sin el acompañamiento de cambios *económicas* y *sociales* verdaderos. Es decir, no hubo ninguna re-estructuración fundamental ni de la economía ni de la estratificación social: no emergieron nuevas clases *sociales* sino que se perpetuó más o menos el mismo sistema. Gente en su mayoría europea seguía en control de las *castas*, pero ahora los que mandaban eran criollos y unos cuantos mestizos en vez de peninsulares.

Ya ganada la Independencia, a las oligarquías criollas se les presentaron dos opciones: (1) re-establecer el viejo órden hasta dónde fuera posible para perpetuar el dominio de las clases populares, o (2) crear estados modernos a pesar de que pusiera en peligro el lugar privilegiado de que gozaban los mismos criollos después del exilio de la vieja oligarquía peninsular. Por causa de esas dos opciones, pronto la clase criolla—también un número creciente de mestizos—se encontró dividida en dos facciones: los *conservadores* y los *liberales*. Los conservadores lamentaban la pérdida de la monarquía y el bienestar que su catolicismo les prometía. Hasta cierto punto se creían los herederos legítimos de los conquistadores del continente. Los liberales, en cambio, creían que la soberanía del pueblo y el respecto a sus derechos como ciudadanos de una nación moderna garantizado por el voto popular sería el único modelo factible para el futuro.

Los liberales, no obstante, pronto se enfrentaron con un dilema semejante al de Bolívar: la brecha entre sus *ideales* y la *realidad*, entre los *deseos* y lo *actualizable*. Como Bolívar, demasiado pronto se dieron cuenta de que la naturaleza de las sociedades que tenían en su alrededor quedaba lejos de las de Francia y EE.UU., que les habían servido de modelo. Con ese dilema en mente, el ex-fraile mexicano Servando Teresa de Mier escribió en 1823 que los norteamericanos componían un pueblo homogéneo, industrioso, trabajador, y educado, con todas las cualidades sociales deseables. Desgraciadamente era todo lo contrario en Latinoamérica, porque, según Teresa de Mier, los latinoamericanos habían heredado las características retrógradas de los ex-colonizadores, además de que seguían padeciendo de los efectos de tres siglos de esclavitud. Tal pesimismo motivó a un gran número de liberales a huir de la idea de una sociedad igualitaria, de un gobierno que ponía pocas restricciones delante de la ciudadanía, y de una economía *laissez-faire*.[1] Empezaron a proponer un estado que recordaba a las reformas borbónicas: una abolición de todos los privilegios, la intervención del estado, y subsidios para la inversión de capital privado y extranjero. En fin, la preocupación principal fue la de *modernizarse*, y a la fuerza si no había otro remedio. Entonces cuando empezaron los liberales a poner su programa en efecto, muchas veces las repúblicas bajo su dirección estaban destinadas a terminar en dictaduras, con *caudillos* en las sillas

---

[1] *Laissez-faire* = the doctrine according to which government should not interfere with the economic affairs of the citizens, but rather, a free enterprise system should evolve through natural processes.

presidenciales. Fue todo lo contrario a lo que los liberales habían propuesto en un principio.

Al contrario a Servando Teresa de Mier, el historiador conservador mexicano, Lucas Alamán, en una carta escrita al General Santa Anna en 1853, le aconsejó a que asumiera poderes dictatoriales como la única solución al malestar de que sufría la patria. Afirmó Alamán que había que preservar la fe católica, porque: (1) era el hilo que unía a todos los mexicanos, y (2) allí quedaba la única posibilidad de liberar al pueblo hispanoamericano de los peligros—la inestabilidad, la influencia de EE.UU. y Europa, y las masas con tendencias hacia la rebelión—que le amenazaban. Entonces los conservadores defendían los privilegios tradicionales, y para asegurarlos, abiertamente proponían una centralización del poder. Pues, a fin de cuentas, el resultado de la política conservadora no fue muy diferente a la de los liberales en un aspecto importante: por regla general los dos caminos terminaban en gobiernos fuertes. Como hemos notado, los liberales propagaban los conceptos de la "libertad, igualdad, y fraternidad," pero para ponerlos en vigor, muchas veces no veían otra alternativa sino la de un gobierno centralizado, igual como los conservadores. Sin embargo, la escena estaba puesta para la gran lucha entre las dos facciones. Y cualquiera que triunfase, de todos modos la tendencia iba a ser hacia una forma u otra de *caudillismo*. Vamos a hacer un breve examen de tres casos en particular: *México, Colombia*, y *Argentina*.

## Vaivenes mexicanos[2]

Durante los primeros meses después de la Independencia en México, hubo debates acalorados pero confusos sobre el conservadurismo y el liberalismo. Los conservadores, en su mayoría criollos, se mantenían firmes en la fe católica y las prácticas del pasado, y apoyaban a los hacendados, el ejército, y los intereses extranjeros. Los liberales, que incluían a muchos mestizos, siempre habían tenido un ojo sospechoso enfocado en los privilegios de la clerecía, los latifundistas, el ejército, y en general de la clase criolla adinerada. Por lo tanto al principio la doctrina del *federalismo*—que dividía el poder y la responsabilidad entre los estados—les atraía. Al caer de gracia Agustín de Iturbide, emperador de México de 1821 a 1823, los conservadores perdieron su lucha por un gobierno centralizado. Los liberales, ahora en poder, redactaron la Constitución de 1824. Esa Constitución siguió más

---

[2] Vaivén = fluctuation, swaying back and forth.

o menos el modelo de la de EE.UU., pero también con influencia de la Constitución Liberal Española de 1812 y de los pensadores franceses. Pero a pesar de las buenas intenciones de los creadores de esa Constitución, no tenía sus raíces en la *realidad* mexicana: no tomó en cuenta la distribución desigual de las tierras, y la necesidad de educar a las masas analfabetas e incorporar a los amerindios—muchos de los que no hablaban Español—a la vida nacional del país. Es decir, tenemos un caso más de la brecha entre las *buenas intenciones* y la *realidad*. Por consiguiente, una reconciliación de las dos facciones políticas habría sido casi imposible.

En parte, la falta de una reconciliación resultó en tres grandes épocas de *caudillismo*: (1) la del General Santa Anna (1821-55), (2) la del liberal, Benito Juárez (1855-76), y (3) la del liberal vuelto en conservador, Porfirio Díaz (1876-1910). Como líder carismático, orador convincente, y oportunista sin escrúpulos, Santa Anna casi no tenía igual. Como administrador político, era inepto. Oficialmente llegó a ser presidente seis veces, y cada vez fue un fracaso rotundo. En cinco ocasiones más se nombró presidente a sí mismo sin el voto del pueblo, y cada vez duró poco. Logró enardecer a extranjeros y repetidas veces enajenó a otras naciones. Extendió a los norteamericanos la invitación de colonizar Texas. Pero después, hizo a los colonos la vida tan difícil que declararon una secesión en 1830, y él mismo encabezó tropas mexicanas contra los "tejanos" para evitar su separación. Perdieron los mexicanos. Francia intervino en México en 1838, y durante la llamada "Guerra de los Pasteles" que siguió, Santa Anna perdió una pierna. Después, a menudo se refería a esa pérdida de su miembro, con modos gráficos y dramáticos, como prueba de su sacrificio por la patria—una táctica *populista*[3] que a veces tuvo éxito, por grotesca que fuera. Individuos de EE.UU. con intereses expansionistas consiguieron que su país anexara a Texas, ya independiente, en 1845. Santa Anna se opuso con vehemencia, y en 1846 EE.UU. entró en guerra en contra de México. El "coloso del norte"[4] derrotó a su vecino del sur, y en 1848, México perdió más de la mitad de su territorio. Después de todo eso, ¡en 1853 Santa Anna tuvo la audacia de nombrarse presidente para toda

---

[3] Táctica "populista" = populist tactics; from *"populism,"* the politics of gaining mass support by means of showmanship, promises, and attempts to identify with common causes.

[4] Coloso ... norte = EE.UU. (as the United States came to be known in some circles in Latin America).

la vida! Pero duró poco en la silla presidencial, como de costumbre. Santa Anna: ejemplo clásico de un *caudillo* cuyas pretenciones no conocían límites y cuya capacidad casi no tenía más que límites.

Benito Juárez, amerindio zapoteca del estado de Oaxaca, llegó con los liberales al poder en 1855 cuando derrotaron a Santa Anna. Dos años después, redactaron la Constitución de 1857, que estipuló la supremacía del estado, y en el mismo año Juárez asumió la presidencia por voto popular. Ahora, con el apoyo de la nueva Constitución, Juárez no tardó en poner en vigor las *Leyes de la Reforma* (1957). Las leyes incluían la toma de propiedades de la clerecía—que todavía estaba en control de casi 40% de las tierras productivas—y el registro civil obligatorio respecto a nacimientos, matrimonios, y muertes. La idea fue la de tumbar el gran castillo de poder que tradicionalmente ejercía la Iglesia, y crear una vigorosa e industriosa clase media. La imagen de una nueva clase media seguía el modelo que tenían los liberales de la estructura social de EE.UU. Pero para instituir el programa en México, hubo que transformar la estructura existente a la fuerza, lo que requeriría un gobierno fuerte. Y el gobierno de los liberales capitaneado por el estoico[5] Presidente Juárez, se hizo fuerte.

Así es que Juárez, el liberal, acabó volviéndose en una especie de *caudillo*. No fue sencillamente otro "hombre de a caballo," sino un *caudillo* civil. Tenía ideas igualitarias, pero a la vez estaba conciente de que, en vista de la situación *socio-política-económica* de su país, la centralización del poder era quizás la única manera de alcanzar suficiente estabilidad para llevar a cabo los principios liberales. Los conservadores, como era de esperar, reaccionaron con alarma. Acudieron al ejército, a la Iglesia, y a naciones extranjeras en busca de ayuda para derribar a los odiados liberales. Bajo el pretexto de que México había faltado al pago de deudas exteriores, Francia intervino—pero Inglaterra y España con las cuales también tenía deudas, se negaron a cooperar. En 1862 Francia impuso como emperador de México al austriaco Maximiliano de Habsburgo, quien llegó con su esposa, Carlota. Hay que reconocer que Maximiliano y Carlota hicieron una lucha noble para "volverse mexicanos"—demostrando un gusto por la cocina nacional, la música de los mariachis, y otras pequeñeces. Pero como representantes de los "invasores," nunca lograron la simpatía del

---

[5] Estoico = stoic, an apparently indifferent person, unaffected by joy, sadness, grief, pleasure, or pain. According to the popular stereotype, estoicism was one of the chief qualifying characteristics of the Amerindians.

pueblo mexicano, cansado ya de la dominación extranjera. Sobre todo, Juárez nunca cesó su resistencia a la intervención francesa. Bajo su mando, en 1867 Maximiliano fue capturado y fusilado, para cumplir con el lema juarista: "El Respeto al Derecho Ajeno es la Paz." Carlota se fue a Italia, donde, después de un período de depresión mental, terminó su vida en un estado de locura.

Ahora entra la *pax porfiriana* al drama mexicano. Porfirio Díaz fue mestizo de Oaxaca, el estado de origen de Juárez. Pero su herencia amerindia fue de los Mixtecas, quienes durante la época prehispánica estaban perpetuamente en guerra con los Zapotecas. También a diferencia de Juárez, Díaz no había adquirido una educación formal, y nunca aprendió a escribir bien el Español. Sin embargo, bajo la promesa de orden y su lema liberal, "Sufragio efectivo, no-reelección," la pequeña clase media de México, ya cansada de sesenta y seis años de contiendas, recibió a don Porfirio con los brazos abiertos. Pero ya establecido en la silla presidencial, Díaz no tardó en ejercer un poder *caudillesco*. Se dio cuenta de que el país estaba plagado de *caciques* locales, y para imponer un poder central, los compró, los encarceló, o los mandó fusilar. Su política fue: "Pan o palo."[6] Y su fórmula fue: "Los que entran en alianza conmigo, bien; los que no, el castigo (o la *'ley fuga'*)."[7] En el campo, Díaz mantuvo orden por medio de una red de agentes, muchos de ellos ex-bandidos, llamados los *rurales* (algo semejante a los "Texas Rangers"). En las ciudades, poco a poco cooptó o eliminó a los enemigos, e inauguró un programa de obras públicas que sirvió para impresionar a la clase media nacional y a extranjeros. Bajo el lema, "Orden y Progreso," estableció una educación "científica," la administración política enérgica, y oportunidades casi sin restricciones para la inversión de capital extranjero.

Desde cierto punto de vista, el progreso durante el porfirismo fue innegable. En 1881 hubo apenas 723 millas de vías de ferrocarril, pero en 1900 el país contaba con 9.029 millas. La producción de oro y

---

[6] "Pan o palo" = Enticements were offered, and one should accept them with gratitude, but if not, one must suffer the consequences (the equivalent in English of this saying would be "The carrot or the stick").

[7] "Ley fuga" = An unwritten "escape clause" following one's arrest: one is encouraged to attempt an escape, but when doing so, one catches a slug in the back.

plata era cuatro veces más alta al final de los años del "Díazpotismo"[8] que al principio. En 1876 el cobre no tenía importancia en la economía del país; para 1910 México quedó en segundo lugar entre los países mundiales en la exportación de dicho metal. La perforación de pozos petroleros tuvo su comienzo en los últimos años del siglo pasado. La producción del "oro negro" en 1901 fue de 10.345 barriles, y en 1911 había aumentado a 13.000.000. Por otra parte, en el campo, grandes extensiones de tierra fueron absorbidas por las haciendas. La propiedad de la familia Terrazas en Chihuahua era más grande que Bélgica y Holanda juntas. En 1910, 100.000.000 de acres, que incluían granjas, pasturas, minas, y bosques, estaban en manos de norteamericanos; sólo una persona, William Randolph Hearst era dueño de más de 8.000.000 de acres. Mientras tanto, el antiguo sistema comunal agrícola de los campesinos había desaparecido. Y ahora, sin tierras, se veían los amerindios obligados a trabajar por centavos en las haciendas durante la época de la siembra y la cosecha, mientras acumulaban deudas en las *tiendas de raya* ("company stores"), deudas que nunca podían pagar, y que heredaban sus hijos.

Desde el exterior, el mundo entero aplaudía a Díaz por sus hazañas, pero en general ignoraba sus fracasos. Los diplomáticos y otros huéspedes invitados por el gobierno mexicano encontraban un ambiente cómodo y lujoso. Hubo *cuisine* internacional, *champagne* de Francia, las mejores operas del mundo, y avenidas y parques elegantes. El Paseo de la Reforma fue casi tan impresionante como el *Champs Elysées* de París. El Palacio de Bellas Artes, aun sin terminar, fue una copia audaz de modelos franceses. Mientras tanto, la policía corría a los vendedores y pordioseros amerindios de las calles para dar un aspecto más agradable a los extranjeros. En suma, Díaz le devolvió a la Iglesia algunos privilegios de que había gozado antes de las Leyes de la Reforma, complació a la clase media y la aristocracia criolla conservadora con oportunidades lucrativas, y estableció un orden hasta entonces desconocido. Es decir, llegó más o menos como liberal, pero en muchos aspectos gobernó como conservador. En contraste con otros países hispanoamericanos, durante el siglo XIX nunca hubo en México una línea de demarcación bien definida entre las dos facciones políticas, aunque a veces peleaban hasta la muerte por sus ideologías preferidas.

---

[8] "Díazpotismo" (= "despotismo" [tyranny, despotism]), como producto de un juego de palabras, fue el nombre dado a la dictadura de Díaz por un periodista de EE.UU.

## Polaridades colombianas

El *localismo* alcanzó su expresión máxima en Colombia. Después de la Independencia, entre montañas empinadas, valles angostos, y selvas impenetrables, existían ciudades, pueblos, y villas aislados de una manera no muy diferente a la España medieval. Fue un país que consistía de una colección de focos de población casi autonómas, cada una con un fuerte sentimiento de lealtad a su *localidad*. Es en gran parte por eso que el país fue plagado por una trás otra guerra civil durante el siglo XIX.

En Colombia hubo tres eras desde la Independencia hasta bien entrado el siglo XX: (1) la fundación de una república (1819-40), (2) las luchas políticas (1840-80), y (3) el dominio de los conservadores (1880-1930). Desde el principio, el país sufrió bastante a causa del lideraje errático de Bolívar. Después de su muerte, Francisco Paula de Santander quedó como presidente. Católico fiel y a la vez liberal, desde un principio Santander fue capaz de mantener equilibrio, aunque débil, entre los dos polos políticos. Pero para 1840 la brecha entre liberales y conservadores había llegado a ser cada vez más ancha. Desde esa fecha los conservadores se mantuvieron más o menos en control, pero no sin repetidos brotes de violencia. Hubo una serie de guerras civiles entre 1840 y 1861, sútilmente documentada por M. Palacios en *Coffee in Colombia, 1850-1970* (1980) y novelada con ironía en *Cien años de soledad* (1967) de Gabriel García Márquez. Durante esa época los conservadores se presentaban como los defensores de *orden, Dios*, y la *república*, ganando así la simpatía del pueblo. Mientras tanto, mantenían control a través del *ejército*, la *clerecía*, los *terratenientes*, y un *gobierno fuerte* por medio de la Constitución de 1843 que investía poderes casi absolutos en el presidente. A pesar de la inestabilidad, el país progresó, gracias a la producción del café. Pero los liberales, con un vaivén de violencia esporádica, poco a poco fueron aumentando su influencia, y en 1860 brotó una guerra civil que los elevó al poder en 1861.

De 1861 a 1880 los liberales mandaron. Lograron introducir en la Constitución de 1863 principios liberales diseñados con el fin de debilitar tanto a los conservadores que nunca pudieran volver a ejercer su influencia. Pero los liberales no tomaron en cuenta la profundidad del catolicismo en la mente popular. Después de una serie de contiendas políticas y militares, en 1880 llegaron al control los conservadores con la elección de Rafael Núñez, y se mantuvieron en poder sin interrupción durante toda la mitad de un siglo. Núñez era poeta, intelectual, y muy patriotero. Había comenzado su carrera política como liberal, pero la terminó como conservador fanático, es decir, como *caudillo*. Su primer término presidencial duró de 1880 a 1884. Fue elegido de nuevo en 1884, y desde esa fecha hasta su muerte en 1894 fue la cabecera indisputable de la nación. Su nueva política resultó en la Constitución de 1886, la décima para Colombia, que restauró el poder a la rama ejecutiva, o sea al presidente. Bajo Núñez, la Iglesia recobró su poder perdido. A través de un Concordato con el Vaticano en 1887, el catolicismo llegó a ser la religión oficial del estado, gozando de autonomía y de completa libertad. En suma, la prensa fue callada, disidentes políticos fueron encarcelados o exiliados, privilegios de la clerecía fueron restaurados, y para acabar con el drama, Núñez fue proclamado el "restaurador" de Colombia.

La única crisis de escala mayor durante la era de los conservadores fue el caso de Panamá. Desgraciadamente, Colombia nunca había podido incorporar efectivamente al estado de Panamá dentro del ámbito nacional. Animado por intereses norteamericanos, en 1903 el istmo se rebeló contra el gobierno colombiano. Barcos estadunidenses llegaron para evitar una represalia de parte del gobierno de Colombia, y con facilidad, Panamá ganó su independencia. Trés días después, Panamá fue reconocida por Washington. Dentro de otra semana y media, un tratado fue firmado entre Panamá y EE.UU. para la construcción de un canal, y ocho años después, Theodore Roosevelt proclamó con orgullo: "Yo liberé la Zona del Canal." Desde luego, pocos latinoamericanos quedaron impresionados. En 1914 fue firmado un tratado según el cual EE.UU. le daba veinticinco millones de dólares a Colombia como tipo de "disculpa" por lo que había acontecido. Pero ese acto tampoco impresionó mucho al pueblo colombiano. Y ahora, desde cierto punto de vista irónico, se puede decir que los grandes señores colombianos de la cocaína están realizando una venganza en contra de EE.UU.

## Bifurcaciones culturales argentinas

Los ciento y tantos años que siguieron a la Independencia de Argentina pueden dividirse en tres partes: (1) el período de formación (1810-29), (2) la era de Juan Manuel de Rosas (1829-52), y (3) la organización nacional (1852-90). Desde un principio, la polaridad *liberalismo/conservadurismo* de Argentina tomó una ruta diferente de las otras repúblicas hispanoamericanas. La polaridad argentina consistió de *unitarios* (comparables a los *liberales*, pero proponían un control centralizado en Buenos Aires) y *federalistas* (semejantes a los *conservadores*, con la excepción de que querían autonomía para las provincias). Pero no se puede conceptualizar bien esa polaridad sin hablar un poco del *gaucho*.

El contrapartido del "cowboy" norteamericano, el *gaucho*, es más una leyenda que una realidad histórica. Ha llegado a ser como un tipo de héroe nacional: es celebrado en canciones, literatura y leyendas. Al comienzo del siglo XIX, el gaucho, típicamente una mezcla de amerindio y Español, fue una persona nómada, analfabeta, y supersticiosa, y en general andaba feliz con la vida. Vivía en unión ecológica con la pampa. Cazaba con facón[9] y boleadoras.[10] Trabajaba sólo cuando era necesario para comprar algunos artículos de ropa, artículos de plata, y licor barato de caña de azúcar. Comía grandes cantidades de carne, y tomaba té de mate.[11] Se vestía de chiripá,[12] poncho de lana, y botas altas hechas de cuero crudo.[13] Se emborrachaba cuando le daba la gana, jugaba naipes a menudo, y quizás sabía tocar la guitarra y cantar baladas de sus hazañas en el amor y sus peleas a muerte con otros gauchos. Su casa de adobe con techo de paja era humilde. Los muebles casi no existían—una práctica pintoresca era el uso de calaveras de vacas y caballos como sillas. En fin, el gaucho gozaba de la más completa libertad imaginable: su mundo consistía de la pampa que parecía extenderse hasta la infinidad y el cielo azul que no tenía límites. El gaucho fue, quizás, el tipo más apropiado de entre todos los latinoamericanos para desempeñar el papel de *caudillo*.

Para 1820 los *caudillos*, con el apoyo de las bandas de gauchos, eran los amos de las provincias. Estanislao López dominaba en Santa

---

[9] Facón = knife (an all around tool, used in hunting, preparing, cooking and eating food, fighting and brawling, and in contests and sporting events).

[10] Un aparato hecho de tres piedras o bolas de acero conectadas con correas de cuero que se tiraban a los pies de los animales en movimiento giratorio de manera que se les enredaban las patas y se caían.

[11] Yerba mate, un té con estimulante que aun es una bebida caliente popular en Argentina, Uruguay, Paraguay, y el sur de Brasil.

[12] Un pantalón suelto que permitía la libertad de movimiento.

[13] Antiguamente las botas eran del cuero crudo (= "rawhide") de dos patas de vaca. El gaucho hacía un agujero donde estaba la pezuña del animal, y al meter la pierna en el tubo de cuero, salían sus dedos del pié, con los cuales manejaba los estribos (= stirrups) de la silla de montar (= saddle).

Fe, Ramírez en Entre Ríos, Güemes en Salta, y Aráoz en Tucumán. Estaban unidos solamente por su desprecio hacia los *porteños* (los criollos *unitarios* de Buenos Aires). En 1823, hubo un encuentro sangriento entre el ejército nacional y los defensores de la Iglesia de las provincias, que tenían el apoyo de los gauchos. Fue cuando Facundo Quiroga, *caudillo* de La Rioja y tema de la obra clásica de Domingo Faustino Sarmiento (1811-88), *Facundo: civilización y barbarie* (1845), izó una bandera negra con el lema: "Religión o muerte." El país, para entonces, estaba envuelto en guerras civiles dirigidas por los *caudillos* que por el momento podían manifestarse como los más fuertes y capaces de pensar, engañar, y matar con más eficacia que sus enemigos. Según un gran número de *unitarios* de Buenos Aires, para que hubiera estabilidad, sería necesario un jefe político fuerte y capaz de unificar la república. Y tal jefe precisamente apareció en 1829 en la forma de Juan Manuel de Rosas. Pero Rosas de ninguna manera fue lo que los porteños habían soñado.

Rosas, prototipo del *gaucho*, tenía treinta y seis años en 1829. Era musculoso y guapo, el tipo de hombre que todos los hombres quisieran ser. Tenía el respeto de los gauchos: según el mito que le envolvía a Rosas, pocos gauchos podían manejar el facón o las boleadoras mejor que él. Los afroamericanos lo veneraban: era casi inaudito que un criollo les extendiera tanta cortesía como él. Hasta los amerindios lo respetaban: era un hombre que no faltaba a su palabra,[14] lo que les agradaba. Rosas llegó a ser gobernador de la provincia de Buenos Aires en 1829 como representante del *federalismo*, e inmediatamente comenzó a aplastar toda la oposición. Esa oposición incluía otros *caudillos* provincianos, como Facundo Quiroga, que generalmente se inclinaban hacia un gobierno *federalista*. También incluía a los *unitarios*, la mayor parte de ellos criollos, que proponían un poder centralizado en Buenos Aires. Pero la distinción entre *federalistas* y *unitarios* no fue clara. No hubo un sólo "partido" *federalista* sino varios grupos provincianos en lucha perpetua entre sí. Hubo *federalistas* en las provincias que demandaban su autonomía local. Otros *federalistas* querían ciertos lazos entre las provincias y Buenos Aires. Sin embargo, los *federalistas* de Buenos Aires—como sus enemigos, los *unitarios*—no querían dar ninguna concesión a la gente de las provincias. Y los *federalistas* de las riberas del Río de la Plata exigían acceso a los mercados exteriores.

---

[14] No ... palabra = never told a lie.

Cuando menos se puede decir que Rosas fue *federalista* en el sentido de que atacaba sin piedad[15] a los *unitarios* mientras estuvo en el poder. Excelente *demagogo* y *populista*, y conociendo al pié de la letra la psicología del pueblo, Rosas supo cultivar la simpatía de las masas. Su acercamiento a la clase popular se notaba plenamente en su campaña contra los letrados y aristocráticos *unitarios* de Buenos Aires. Con desprecio, llamaba a aquellos *unitarios* los *"afrancesados,"* debido a su afecto a las modalidades y el pensamiento francés. También se veía el acercamiento de Rosas a "los de abajo" en el hecho de que aparentemente no buscaba ni la riqueza ni la buena vida de la aristocracia, sino era "como ellos." Los colores blanco y azul de la época de la Independencia fueron desechados y reemplazados por el color rojo, color predilecto de Rosas. El pueblo se volvió fanático con respecto a Rosas y el rojo. Los soldados rosistas tenían uniformes rojos, y las mujeres y los hombres llevaban bandas y fajas rojas como parte de su atavío. Doña Encarnación, esposa de Rosas, a veces se vestía completamente de rojo. Y el retrato de Rosas aparecía en las tiendas, los restaurantes, las ferreterías, los consultorios, y hasta en los prostíbulos. Para 1835 Rosas había consolidado su poder desde la ciudad de Buenos Aires, y ahora era el jefe efectivo del país, hasta 1852 cuando lo derrotó Justo José Urquiza (1801-70).

Ya es bastante evidente, entonces, que la polaridad *liberalismo/ conservadurismo* tenía otra cara en Argentina. Los *federalistas* argentinos proponían autonomía local, valores hispanos tradicionales, y privilegios para la Iglesia. En este sentido no eran muy diferentes a los conservadores de Colombia, México, y otros países hispanoamericanos. Pero, como indica su nombre, los *federalistas* rechazaban el concepto de aquellos conservadores de la centralización del poder. Sin embargo, el federalismo, sobre todo en la forma que le daba Rosas, en la práctica se convirtió en centralismo, lo que habían promovido los conservadores de otros países desde el principio. Los *unitarios*, criollos sobre todo de la aristocracia y de influencia francesa, tenían el sueño de una Argentina con poder concentrado en la capital, lo que fue generalmente lo opuesto de los liberales hispanoamericanos, que diseminaban la idea de una división del poder y un gobierno sin poderes absolutos. Los que apoyaban a Rosas lo consideraban como el defensor del catolicismo, de las tradiciones, y del pueblo, que incluía a los gauchos, los mestizos, los afroamericanos y los mulatos. En cambio, los criollos *unitarios* fueron

---

[15] Atacaba ... piedad = attacked ruthlessly, without mercy.

pintados como burgueses europeizados y elitistas. Esa imagen de los *unitarios* contrastaba con la de los liberales mexicanos, por ejemplo, que fueron considerados como enemigos de la Iglesia y la oligarquía, pero a la vez campeones del pueblo—bueno cuando menos ellos mismos querían considerarse como "campeones del pueblo."

Después de haber derrotado a Rosas en 1852, Urquiza entró en Buenos Aires como un gran libertador. Pero los *porteños* le dieron una recepción ambigua. Por una parte le agradecieron el haberles quitado de encima la pesadez de Rosas, pero por otra, Urquiza, llevando una cinta roja en su sombrero, no tenía más aspecto que el de otro *gaucho* y *caudillo* más. Sin embargo, Urquiza poco a poco se ganó la simpatía de los porteños al proveer estabilidad política y prosperidad económica— que duró cuatro décadas después de su entrada en Buenos Aires. Gracias en parte a los esfuerzos de Urquiza, dentro de poco, vías de ferrocarril se extendieron como venas en la pampa, tierras fronterizas fueron abiertas, la producción de trigo se duplicó varias veces, y floreció el comercio en las ciudades. De hecho, Argentina llegó a ser la estrella luminosa de un continente que en general estaba todavía sumergido en las sombras de violencia *socio-política* y estancamiento *económico*.

Durante la era de Urquiza, la Constitución de 1853 fue modelada al igual de la de EE.UU., pero sin la posibilidad de la re-elección y con un poder más centralizado. El estadista Juan Bautista Alberdi (1810-84) opinó que la concentración de poder fue la única manera de evitar una nueva ola de anarquismo con el advenimiento de otros *caudillos* de tipo de Rosas. El lema famoso de Alberdi, "Gobernar es poblar," fue una exortación de atraer inmigrantes europeos con el fin de inyectar una dosis de vitalidad en la sociedad y de desarrollar las riquezas inertes de la pampa. Después del término presidencial de Urquiza, Bartolomé Mitré (1821-1906) fue elegido presidente de 1862-68 y Domingo Faustino Sarmiento de 1868-1874. Esos dos hombres, como intelectuales, estadistas, educadores, y fomentadores eficaces de programas económicos, establecieron la base para la modernización de Argentina de tal calidad que nunca había gozado otro país latino-americano.

En resumen, la oscilación entre *liberales* y *conservadores—unitarios* y *federalistas* en Argentina—que ocurría en muchos de los países hispanoamericanos en parte se debía a que esas repúblicas apenas nacidas deseaban lograr en unos cuantos años lo que se había logrado en Europa sólo a través de varios siglos. Fue una tarea sumamente difícil, si no imposible. EE.UU., desde luego, no tiene la rica tradición de las civilizaciones indígenas, la grandeza colonial, la pluralidad amerindia-afroamericana-europea, o la variedad lingüística-cultural, que tiene Latinoamérica. Pero la diferencia entre EE.UU. y Latinoamérica es más grande de lo que indican las apariencias. La diferencia se debe en gran parte a la perspectiva que los latinoamericanos tienen de sí mismos, una perspectiva que ha reinado desde la época colonial. ¿Cuál fue, entonces, esa perspectiva? Vamos a ver en el próximo capítulo.

## Preguntas

1.    ¿Qué características tenían las dos facciones políticas que dominaron en el siglo pasado?
2.    ¿Cuál fue la reacción a las ideas de Servando Teresa de Mier? ¿Qué fue lo que propuso Lucas Alamán?
3.    ¿Cuáles fueron los ideales de los liberales de México y qué destino les quedaba?
4.    ¿Cuáles fueron las tres épocas del caudillismo en México?
5.    ¿En qué sentido fue inepto Santa Anna?
6.    ¿Por qué es considerado Juárez un gran estadista?
7.    ¿Quiénes fueron Maximiliano y Carlota y qué papel tuvieron en la historia de México?
8.    Enumere Ud. los logros materiales durante el régimen de Díaz. ¿Qué pasó con la clase campesina y trabajadora? ¿Qué aspecto tenía México según la opinión internacional?
9.    ¿Por qué fue Colombia un país de localismo por excelencia? ¿Cómo se nota el localismo en las tres grandes épocas del siglo XIX?
10.   ¿Qué aspecto tenía la lucha entre conservadores y liberales en Colombia?
11.   ¿Qué pasó durante y después de la crisis de Panamá?
12.   ¿Cuáles fueron las cuatro eras de Argentina durante el siglo XIX y el comienzo de este siglo, y qué características tenían?
13.   ¿Por qué fue el gaucho el candidato ideal para el caudillismo?
14.   ¿Por qué fue Rosas el prototipo del gaucho?
15.   ¿Cómo fue diferente la distinción federalistas/unitarios a la de liberales/conservadores en el resto de Latinoamérica?
16.   ¿Por qué es la Argentina del siglo XIX un caso excepcional en Latinoamérica?

## Temas para discusión y composición

1.    ¿La división de la política hispanoamericana en dos facciones fue saludable o no?   ¿Creen Uds. que Hubo alternativas? ¿Habría sido mejor una de ellas?

2.    ¿Por qué creen Uds. que en otros países no hubo el mismo desarrollo socio-político-económico como en Argentina durante el siglo XIX?

3.    ¿De qué manera podría EE.UU. haber cambiado su política hacia Colombia para poder construir el canal?

## Un debate amigable

Divídanse en tres grupos, presentando argumentos a favor de (1) los liberales, (2) los conservadores y su programa político, y (3) la voz apagada desde hace siglos, la voz de los amerindios y afroamericanos.

# CAPÍTULO TRECE

# EL UTOPISMO REVISITADO

**Fijarse en:**
- La *distinción fundamental* entre el *pensamiento* de los *españoles* y el de los *hispanoamericanos*.
- Las *características principales* del *neoclasicismo* y el *romanticismo*.
- El *impacto* del *positivismo* en Latinoamérica, y sus *consecuencias*.
- El *afán* de los latinoamericanos de *alcanzar* el *progreso material* tanto como *estético* que tenían Europa y EE.UU.
- El crecimiento de las *distinciones culturales* entre las *ciudades* y las *provincias*.
- La *naturaleza* extraordinaria del *porfirismo* de México.

**Términos:**
- *Científicos, Civilización/Barbarie, Culturas Alternativas, Darwinismo Social, Ejido, Modernidad, Modernización, Neoclasicismo, Polémica de 1842, Positivismo, Romanticismo, Tecnocracia, Vacío Cultural.*

## Nostalgia, pero hacia el futuro tanto como el pasado

En este capítulo vamos a ver en qué manera se perpetuaba la imagen *utópica* de América a través del pensamiento y la expresión literaria.

Según Octavio Paz, hasta cierto punto el pensamiento español y el pensamiento hispanoamericano son de lado opuesto de la misma moneda. El pensamiento de la península hasta fines del siglo XIX consistía de una larga introspección sobre el porqué de la caída de España desde el siglo XVI, y en el comienzo de este siglo ha sido una introspección a partir de la guerra con EE.UU. en 1898, cuando España perdió sus últimas colonias. En cambio, el pensamiento de Hispanoamérica se inclina por regla general hacia el futuro en vez del pasado. Octavio Paz también observa que en el tiempo del nacimiento de las nuevas repúblicas americanas, las dos perspectivas—hacia el pasado y hacia el futuro—existían juntas, a pesar de que estaban en conflicto. Los intelectuales hispanoamericanos se fijaban en la Independencia y en la tradición en contra de la cual reaccionó, pero a la vez, de acuerdo con los sueños a base del pensamiento del Siglo de las Luces, tenían la vista hacia el futuro como algo que quedaba por realizarse. Es decir, a la vez se veía para atrás y para adelante. La vista nostálgica hacia el pasado era generalmente la de los *conservadores*, mientras la vista futurista era por regla general la de los *liberales*. Y las dos vistas eran inseparables de la idea de la *utopía*: la primera como una *edad de oro* que hubo que recobrar, la segunda como algo cuya realización había quedado incompleta, y hubo que completarla.

En realidad, según Octavio Paz, hasta cierto punto el *utopismo* sigue en vigor hasta hoy en día. El concepto ("invención") de América fue desde el principio el de una *esfera ideal* de una calidad que nunca había alcanzado Europa. Esa esfera fue a veces más *imaginaria* que *real*, donde los deseos y el mundo pudieron unirse en un abrazo íntimo. Fue un sitio donde leyes creadas a través de la razón (como habían propuesto Bolívar, San Martín, y otros), pudieran beneficiar a la gran mayoría de ciudadanos educados y responsables—ese cuando menos fue el *ideal*, sobre todo de los liberales.

Sin embargo, el *ideal* futurista del progreso no fue abrazado por todos los latinoamericanos. Como fue mencionado arriba, hubo el otro lado de la moneda, el *ideal*, también algo *utópico*, hacia el pasado fomentado sobre todo por los conservadores. Ese conflicto entre una visión hacia adelante y otra hacia atrás quedó bien marcado en la expresión literaria de las primeras décadas del siglo XIX. Por una parte, tenemos los que querían seguir las tradiciones, y optaban por el *neoclasicismo*. Por otra parte, tenemos gente como los *unitarios* de Argentina, que tendían a seguir los *ideales* del *romanticismo* del continente europeo. Las ideas de los *unitarios* románticos fueron diseminadas por la "Asociación de Mayo" fundada por el poeta, Esteban Echeverría (1805-51), en 1837. Tenía la "Asociación," como uno de los fines principales el de derrocar a Rosas y llevar a cabo una "regeneración" de Argentina. Domingo Faustino Sarmiento, *romántico* y partidario de la "Asociación," repudiaba la tradición hispánica tanto como la herencia amerindia mientras tenía los ojos bien puestos en Francia. En cambio, el colombiano, Andrés Bello (1781-1865), fue un buen representante de los *neoclásicos* que preferían quedarse con las normas hispánicas tradicionales. Andrés Bello nunca fue revolucionario en el sentido político. Habiendo radicado en Inglaterra de 1910 a 1929, seguía simpatizando con la idea de una monarquía ilustrada.

Mientras en Hispanoamérica los escritores políticamente comprometidos luchaban en nombre de la libertad y en contra de lo que consideraban el despotismo de España, Andrés Bello lanzó un programa de independencia específicamente literaria. Influido por el *romanticismo* inglés—aunque sus gustos seguían siendo principalmente *neoclásicos*—propuso un enfoque en la naturaleza y la historia de América, con invocaciones especiales a los poetas para que se fijaran en lo americano y no se distrajeran sucesivamente con imitaciones retóricas de otras literaturas. El ejemplar máximo de su teoría estética puesta a la práctica se encuentra en su poema, "A la agricultura de la zona tórrida," publicada en la revista, *El Repertorio Americano*, en 1826.

> Las características principales del *neoclasicismo* en la literatura son: (1) predominio de la razón, el balance, y la armonía, con influencia de las normas de la Grecia clásica, (2) un afán de perfeccionamiento a través de la concentración, la disciplina, la moderación, y sobre todo del buen gusto, es decir, lo que más agrada a las normas estéticas, (3) orientación didáctica y pedagógica, con fines moralizantes y educativos, y (4) *unidad dramática* de tiempo, espacio, y acción—la obra no debe durar más de veinte y cuatro horas, debe desarrollarse en un sólo lugar, y la acción debe tener un mínimo de complicaciones.

Andrés Bello, mientras servía en Chile como diplomático, y Sarmiento, habiendo tomado exilio en le mismo país, entraron en un ruidoso debate que han denominado la "Polémica de 1842." Sarmiento, el romántico, abandonó la madre España y adoptó a Francia como madrastra[1] y fuente máxima de la cultura. Mantuvo que el enfoque neoclásico en los estudios gramaticales de la lengua estorbaban la libertad de expresión. Para que los escritores se expresaran con espontaneidad, quiso imponer el uso de *galicismos*—influencia de literatura y lengua Francesas—en el vocabulario y la sintaxis. Ridiculizó el estilo serio y sobrio del *neoclasicismo*, y hasta en una ocasión invitó a Bello a trasladarse a España a vivir si tanto le gustaba

---

[1] Madrastra = stepmother.

ese país tan retrógrado. Andrés Bello, por su lado, defendió la pureza del idioma español como la base de toda la literatura y la cultura de la tradición. Los debates a veces subieron de volumen y de color, sobre todo de parte de Sarmiento, quien era el más agresivo de los dos. Por fin, ya agotado, Bello decidió alejarse de la arena del pugilismo verbal.

La "Polémica de 1842" parece una buena muestra de la diferencia entre el *romanticismo* y el *neoclasicismo*. Pero, como en el caso de la distinción entre los *conservadores* y los *liberales* (o *federalistas* y *unitiarios* en Argentina), las apariencias a veces siguen engañándonos. La situación, como casi todo lo que toca a Latinoamérica, fue radicalmente *pluralista*, no simplemente *dualista*. No hubo línea demarcadora bien definida entre el *romanticismo* y el *neoclasicismo*, como en el caso de Bello quién fue *neoclasicista* pero con influencia del *romanticismo* inglés, o el de Sarmiento quién era *romántico* pero rechazaba las tradiciónes de su país. Además, hubo una diferencia entre el *romanticismo* argentino y el *romanticismo* de Francia.

> El *romanticismo*, una reacción en contra del *neoclasicismo*, pone énfasis principalmente en: (1) la sujetividad, el individualismo, y el "yo" personal, (2) la libertad absoluta del (de la) artista a base de la idea de que su expresión debe ser producto del sentimiento y la emoción más bien que la razón, (3) un culto a lo exótico (interés en culturas extranjeras, y en la idea del "buen salvaje," habitante de los pueblos "primitivos," como tipo de ser humano ideal), (4) una vuelta a la naturaleza (los campos, las montañas, el mar) como huida a lo que era considerado como decadente y corrupto de las ciudades, e (5) interés en la historia de la formación de la comunidad como una nación (la emergencia del nacionalismo en sentido moderno), y en lo pintoresco de la expresión del pueblo.

Mientras en Francia tanto como en Inglaterra y otros lugares, el *romanticismo* cultivaba un amor a la naturaleza e interés en el "primitivismo," los simpatizadores de la "Asociación de Mayo" a menudo rechazaban la vida de la pampa como "barbarie" y la vida de las provincias como "decadencia" hispánica. Un buen ejemplo para ilustrar la diferencia entre el *romanticismo* argentino y el *romanticismo* ortodoxo es el de la gran obra, ya mencionada, de Sarmiento, *Facundo: civilización y barbarie*. *Facundo*, generalmente propagado como una obra *romántica*, es en realidad mucho más. Es al mismo tiempo *historia* y *biografía* (del *caudillo*, Facundo Quiroga), *novela* (es en parte ficticia), y *sociología* (a veces parece un estudio documental). El mensaje de la obra es el de un país que lucha a favor de ideas europeas y liberales—que ya tenían su práctica en las ciudades. Al mismo tiempo, esa lucha iba en contra del absolutismo de una España que ya no creaba valores espirituales sino que regía con dogmas arcaicos—lo que perduraba en las provincias y la pampa. Sin embargo, hay que poner en claro que el mismo Sarmiento, al describir al gaucho, demuestra cierta admiración hacia los valores "primitivos" de ese "buen salvaje" por sus talentos como gaucho, y por su capacidad de sobrevivir en un medio ambiente que era a menudo sumamente cruel.

La historia del debate entre Bello y Sarmiento fue una indicación de que mientras para los *conservadores* (o en el arte los *neoclásicos*), la *utopía* consistía en la re-creación de los ideales de la tradición (la herencia católica), para los *liberales* (o los *románticos*), fue cuestión de lanzarse a un futuro desconocido, pero con un molde foráneo (modelo francés) en la mano. Como hemos observado, sin embargo, las ideas *liberales* (o *federalistas*) en la política muchas veces acabaron en gobiernos fuertes. Y las ideas *románticas*, sobre todo en Argentina, tendían a acabar en elogios a la "civilización" (la vida de la ciudad) y una denigración del campo o la "barbarie" (y la vida provinciana). A fin de cuentas, la Hispanoamérica Independiente en general volvió la espalda a su herencia amerindia tanto como afroamericana, juzgándolas como "bárbaras," y a la vez quedaba dividida con respecto a la herencia de las culturas peninsulares.

Además, muchos de los latinoamericanos, sobre todo los liberales, echaban la culpa a España por todos los males de la región. España fue considerada como un dinosauro del pasado, mientras Francia, Inglaterra y EE.UU. fueron vistos como países progresistas. Existía la idea de que España no había producido escritores, científicos, estadistas, historiadores o filósofos que valieran la pena. El historiador chileno José Victorino Lastarria (1818-88) opinó en *La América* (1867) que entre Colón y Bolívar no había habido más que un "invierno negro." Y el poeta argentino Esteban Echeverría escribió en *Dogma Socialista* (1845) que los hispanoamericanos eran independientes, pero no libres, porque todavía les oprimía las arcaicas tradiciónes españolas. Por lo tanto, creían muchos de los intelectuales de los países recién liberados que había que repudiar todo lo español hasta dónde fuera posible.[2] El

---

[2] Hasta ... possible = insofar as it might be possible.

problema era que si se tomaban la tarea de rechazar todo lo español, entonces no sólo les quedaba la mencionada *ausencia de legitimidad,* sino que también les quedaba además un formidable *vacío cultural.* Ese *vacío cultural* existía porque en el punto más extremoso de su gran *diseño utópico,* querían deshacerse de todos los vestigios de su herencia cultural. Para reemplazar la cultura de su herencia, proponían la creación de una cultura nueva usando modelos extranjeros y por lo tanto en parte artificiales.

Pero, hay que repetir: una cultura no es producto de una selección según los deseos y las inclinaciones del pueblo en algunos momentos, sino que a través de la historia paulatinamente toma su propia forma. No es una cosa impuesta desde arriba, sino que emerge poco a poco desde dentro del corazón del pueblo mismo. Tampoco es algo que un individuo pueda cambiar como se cambian los carros, los vestidos, los pantalones, o los novios y las novias. Las culturas latino-americanas—y ahora hay que decir con más énfasis "culturas," en plural—contenían y contienen una fusión de las costumbres y los valores, de las virtudes y los vicios de la península, de la América indígena, y de África. Esas culturas eran tal como eran: los latino-americanos estaban dentro de sus culturas, las vivían en niveles implícitos tanto como explícitos. No podían, ni pueden, cambiar las culturas que han heredado por otras culturas exóticas, aunque quisieran.

## El sueño persevera

Sin embargo, durante el siglo XIX prevalecía en Latinoamérica el afán de *"modernizarse."* Lo *"moderno"* y la vida urbana represen-taban la *"civilización"* ideal; lo *"tradicional"* y las provincias eran la *"barbarie."* Según las implicaciones de la sección anterior, la dicoto-mía *"civilización/barbarie,"* como parte integral de la ideología de la *"modernización,"* en ninguna parte fue más demarcada que en Argentina. Los *federalistas* retenían la cultura hispánica tradicional, sobre todo en las ciudades provincianas. Los *unitarios,* empapados en costumbres monárquicas y católicas heredadas de la península, conside-raban decadentes a esas culturas. Los federalistas con gusto ponían en ridículo[3] a los "afrancesados" de Buenos Aires, que tenían "la cara hacia Francia y la espalda hacia su patria." Sin embargo, para fines del siglo XIX, en Argentina las clases dominantes, a pesar de sus diferentes puntos de vista, proclamaban en una sóla voz: *"Modernicémonos."*

---

[3] Poner ... rídiculo = to ridicule, expose to ridicule.

De hecho, la modernidad llegó a ser una obsesión por toda Latinoamérica. Y, hay que repetir, el proyecto de la *modernización*, según las clases dominantes, excluía a los amerindios y a los afroamericanos. La exclusión de los amerindios fue la más notable. Tenemos el caso del General y dos veces presidente de Argentina, Julio A. Roca (1880-86, 1898-1904). Roca anunció que para la república no había más frontera que los picos de los Andes al oeste y el mar al este, y que había que llenar el espacio entre los dos con inmigrantes de Europa. Entonces emprendió una campaña para abrir la pampa al desarrollo, lo que incluía el exterminio de gran número de amerindios—algo no muy diferente a lo que pasó en EE.UU. En México, Guatemala, y los países andinos, el sistema comunal amerindio en que la tierra era de todos los que la labraban—típico de los *calpulli* o *ejidos* de México y los *ayllu* de Perú—fue en gran parte destruido. En su lugar, llegaron las grandes *fincas* y *haciendas*, que en eran poco más que variaciones de la *encomienda* durante la época colonial. En realidad, los *ejidos* y *ayllu* eran de *culturas alternativas*, muchas veces con valores opuestos a los de las ciudades y su *modernización* según los modelos del Siglo de Las Luces. Implicaban la auto-gobernación, la ayuda mutua de todos los miembros de la comunidad, y las relaciones íntimas con la naturaleza. Pero esas *culturas alternativas* fueron consideradas por una gran parte de las elites como un obstáculo al progreso material. Hubo que aplicar una metodología "científica" a la esfera *económica* para desarrollar los recursos naturales, y a la esfera *social*—con la educación y la integración de gente dinámica a través de la inmigración—para crear un pueblo conciente, trabajador, y moralmente superior.

La gran esperanza fue, de acuerdo con ese nuevo *utopismo*, un desarrollo según la *filosofía positivista* del Francés, Auguste Comte (1798-1857). La interpretación latinoamericana del positivismo y su incorporación en la ideología liberal durante el siglo XIX fue algo genial y a la vez trágica. El positivismo casi no fue considerado más que una filosofía entre otras en Francia y el mundo occidental. En cambio, los latinoamericanos la interpretaron como un dogma para poner en práctica. Según el positivismo, el método "científico" es el único camino a la verdad: a través de la observación y la experimentación es posible conocer las leyes básicas de la naturaleza de las sociedades humanas tanto como de la naturaleza misma. Ya que en Latinoamérica solamente una minoría pequeña y selecta tenía acceso a una educación científica, era lógico, se razonaba, que esas elites fueron las indicadas para: (1) hacer progresar la nación, (2) gobernar el pueblo, y (3) traer la *modernización* a los pueblos atrasados de Latinoamérica que durante siglos habían estado metidos en las tinieblas de la superstición y de prácticas sociales poco productivas.

Para fines del siglo XIX gran parte de la clase educada de Latinoamérica estaba absorbiendo una cultura materialista y secular, es decir, *moderna*. La imposición de esa cultura foránea se debe principalmente al hecho de que el liberalismo había llegado a ser más que un conjunto de lemas[4] para arrojar como dardos[5] a los conservadores. Ahora el liberalismo mandaba, y el nuevo programa para remediar los *problemas sociales, políticos* y *económicos* fue el positivismo. Como fue mencionado, la nueva corriente positivista estaba fundada en la idea de que solamente una base científica de pensamiento y de valores podría resolver los grandes problemas que plagaban al continente.

Pero el positivismo en Latinoamérica fue más que una doctrina. Reflejaba la obsesión de las elites de perseguir el sueño de la *modernidad*, a pesar de los obstáculos que presentaba la *realidad*. Los positivistas, para alcanzar su meta de la *modernidad*, proponían una forma de *tecnocracia*: gobiernos fuertes, y

El *positivismo* de Auguste Comte (1798-1857) se base en un concepto evolucionario de las sociedades. En breve, cada sociedad pasa por tres etapas: la *primitiva*, la *religiosa* o *filosófica*, y la *científica*, que es la etapa máxima. En la esfera política, de acuerdo con la fórmula positivista, el estado debe dejar que el pueblo se desarrolle por sí mismo, según su capacidad y de acuerdo con su naturaleza. Muchos de los latinoamericanos con inclinación hacia el positivismo tenían influencia del filósofo inglés, Herbert Spencer (1820-1903) y su teoría del *Darwinismo social* según el cual en la evolución de las sociedades las clases que llegaban a predominar eran las más capacitadas. Por lo tanto, concluían, la gente europea, la que predominaba en Latinoamérica, era la que debía mandar, porque en la evolución de las sociedades latinoamericanas era precisamente esa gente la que había subido a las capas superiores.

---

[4] Lemas = slogans.
[5] Dardos = darts.

hasta dictatoriales, inspirados en métodos "científicos," serían necesarios para contener las fuerzas retrógradas de Latinoamérica, y poco a poco se podría preparar el terreno para una democracia verdadera. En México, los positivistas, llevando el nombre de *científicos*, ejercieron una influencia cada vez más marcada en el gobierno de Porfirio Díaz. Los positivistas de la "Generación de 1880" de Argentina a veces acudieron a fraudes electorales con tal de que pudieran evitar una nueva era de *caudillismo* como la del tiempo de Rosas. Los positivistas de Brasil justificaron el derrocamiento de la monarquía, condenándola como una institución decadente que dificultaba el progreso.

Pero al fin y al cabo,[6] la verdadera "barbarie" de la ideología positivista fue que excluía a todos los *modelos alternativos*. Por causa del positivismo fueron rechazadas las *alternativas culturales* de los amerindios y los afroamericanos, y con ellas, todo concepto de comunidad y de relaciones sociales que no fueran consagrados por el positivismo y la obsesión por la *modernización* materialista de Latinoamérica. En gran parte por eso hubo tanta admiración a la *modernidad* de EE.UU. y países europeos fuera de la península. Por eso hubo el proyecto de atraer inmigrantes de raza más "progresista." Por eso hubo admiración por la lengua francesa, que se hablaba en los salones, por la literatura francesa que leía de gente "culta," y por la ropa de moda europea, que se usaba en el trópico con mucha incomodidad. Por eso se construían casas de techos "mansard" como en Europa—muy inclinados para la nieve—en tierras donde nunca nevaba, y se construían amplios paseos, parques, monumentos, y palacios de bellas artes al estilo de París. Es decir, lo que pasaba en los grandes centros urbanos (Buenos Aires, Montevideo, Santiago, Rio de Janeiro, Lima, Bogotá, México) no fue muy diferente a lo que pasaba en las ciudades de Europa y EE.UU. Entonces se abría cada vez más la brecha entre las ciudades latinoamericanas y las provincias, y entre las *culturas dominantes* y las *culturas alternativas*.

Sin embargo, a pesar de que los partidarios del positivismo tuvieran la idea de que se iban acercando a la *modernidad*, muchas de las dictaduras que apoyaban no eran más que una vuelta al pasado. Porfirio Díaz de México, por ejemplo, al parecer administraba el país según ideas modernas: creía en el progreso, en la ciencia, y en los milagros de la industrialización y la libre empresa. Sus ideas corres-

---

6 Al ... cabo = in the end, the final analysis.

pondían a las de la burguesía europea, y según las apariencias tenía el país encaminado hacia una transición desde su pasado feudal al *"mundo moderno."* Lo consideraban como el presidente más ilustre de toda Latinoamérica. Incluso un norteamericano, después de entrevistarlo, proclamó que Abraham Lincoln, Simón Bolívar, y Porfirio Díaz eran los tres grandes estadistas de toda la historia de las Américas. Pero en realidad, la herencia colonial del cuasi-feudalismo estaba ahora más que nunca institucionalizada en México. Las tierras estaban concentradas en manos de una clase de terratenientes más pequeña y más fuerte, mientras mucha de la industria, la producción minera, y la economía comercial había pasado a intereses extranjeros. Así es que el cambio realizado durante el porfirismo no fue más que una nueva clase burguesa sustituyendo la clase feudal que había perdurado desde la época colonial. Desafortunadamente, esa nueva clase se apropió de la filosofía positivista para justificar el *status quo.*

Octavio Paz, por eso, opina que el régimen porfirista representa un período de falsedad histórica y que el positivismo no fue más que un disfraz. El positivismo disfrazaba al régimen porfirista, dándole un aspecto de *modernidad*, mientras el régimen mismo, con una fachada de progreso, se falsificaba a sí mismo. Pero,... a pesar de todo, tenemos que preguntarnos: ¿Hubo alguna alternativa válida? ¿Una alternativa válida sería la peninsular, la amerindia, la afroamericana, o una expresión espontánea desde el corazón de la pluralidad cultural latinoamericana? Las preguntas son, desde luego, problemáticas, pero hay que tenerlas presentes[7] en los capítulos que vienen.

Por ahora, vamos a volver a la literatura latinoamericana del siglo XIX y su relación con Europa.

## Preguntas

1.     ¿En qué manera son diferentes la perspectiva del español y la del hispanoamericano, y qué tiene esta última que ver con el utopismo?
2.     ¿Qué es el neoclasicismo? ¿El romanticismo?
3.     ¿Qué fue la "Asociación de Mayo"? ¿la "Polémica de 1842"?
4.     ¿Por qué es importante la obra de Sarmiento, *Facundo*?
5.     ¿Qué demuestra la comparación entre Andrés Bello y Sarmiento?

---

[7] Tener ... present = to keep in mind.

6.    ¿Cuál fue el problema que resultó después de que los hispanoamericanos trataron de rechazar su herencia cultural?
7.    Describa el conflicto entre los federalistas y los unitarios de Argentina.
8.    ¿Quién fue Auguste Comte, y cuál fue su filosofía?
9.    ¿Qué impacto de culturas extranjeras hubo durante las últimas décadas del siglo XIX?
10.  ¿Qué fue lo más bárbaro del positivismo?
11.  ¿Por qué se abría aun más la brecha entre las ciudades y las provincias a fines del siglo XIX?
12.  ¿Por qué fue el régimen porfirista una falsedad histórica?

## Temas para discusión y composición

1.    ¿Creen Uds. que controversias de tipo de la "Polémica de 1842" fueron saludables para los países latinoamericanos recién independizados? ¿Por qué?
2.    ¿Cuál fue la equivocación de los latinoamericanos en su afán por modernizarse a través de la aplicación de la filosofía positivista? ¿Qué lección puede haber en esa equivocación para Latinoamérica hoy en día?

## Un debate amigable

Una polémica que incluya diversas perspectivas y opiniones de alumnos/as que representan: (1) un/a romanticista liberal, (2) un/a neoclasicista conservador/a, (3) una persona que proponga una vuelta a las normas culturales prehispánicas, sobre todo en Bolivia, Perú, Ecuador, Guatemala y México, (4) alguien que proponga que las normas culturales afroamericanas deben predominar en el Caribe y el noreste de Brasil, y, por fin, (5) un/a creyente en el pluralismo cultural como modelo para Latinoamérica.

# CAPÍTULO CATORCE

# ¿CIVILIZACIÓN O BARBARIE?: LITERATURA Y CULTURA

**Fijarse en:**
- La *necesidad de considerar* las *culturas* latinoamericanas como *pluralistas*.
- Las *formas especiales* que tomó la *literatura* después de la *Independencia* de Latinoamérica.
- *Los problemas* que se les presentaron a los *escritores latinoamericanos* en el *siglo XIX*.
- Las *características* del *modernismo* en la poesía hispanoamericana.
- El *porqué emergieron* precisamente *estas características* modernas.

**Términos:**
- *Determinismo Geográfico, Epopeya, Fusión, Hibridación, Indianismo, Indigenismo, Modernismo, Nacionalismo Cultural, Novela Picaresca, Parnasianismo, Pluralidad, Sátira, Socio-Político-Económico.*

## En busca de una expresión genuina

Muchos intelectuales han sostenido que una característica sobresaliente de la literatura latinoamericana es la búsqueda intensa por una identidad nacional. Hay que agregar que si puede haber alguna identidad latinoamericana, será a base de la *pluralidad* cultural. Será como una tapicería rica en colores y diseños. Como escribe el peruano Julio Ortega en *Crítica de la identidad* (1988): "Sólo podemos pensar en una identidad conciente de su peculiaridad y su pluralidad, arraigado en la historia común y en el proyecto colectivo."

Las culturas latinoamericanas son sumamente *pluralistas*. Son una *hibridación* de muchas culturas; son heterogéneas en todo el sentido de la palabra. Esta *pluralidad* tiene su eco en lo que está pasando dentro de muchas culturas del mundo hoy en día con la integración de grupos étnicos y culturas: África del Sur, el Medioeste, toda Europa, y hasta

Canadá y EE.UU. En este sentido, en nuestros días no es, como observó Octavio Paz en *Laberinto de la soledad* en 1950, que los países latinoamericanos son ya "contemporáneos" de todos los países. Latinoamérica es ahora "más que contemporánea," porque en otros países del mundo ahora está ocurriendo algo semejante a lo que ha ocurrido desde hace mucho tiempo en Latinoamérica. Vamos, entonces, a fijarnos unos momentos en la *pluralidad latinoamericana* del siglo XIX a través de un aspecto importante de su cultura: la *literatura*.

Como hemos observado, el *romanticismo* fue una reacción al *neoclasicismo*. Pero el romanticismo hispanoamericano en realidad tiene una cara diferente a la del romanticismo en Europa. En Europa, los románticos colocan el "yo" como el centro de todo arte, y de ahí el predominio del individualismo y sujetivismo. El autor tiene la libertad para expresar sus propios pensamientos, sentimientos y personalidad. En el romanticismo europeo hay un verdadero culto a la naturaleza, lo nacional, lo pintoresco, y lo típico de la vida cotidiana. Se busca más la expresión particular que la universal, y por eso a menudo hay una supremacía de la imaginación, la fantasía, y la pasión sobre la razón. Hay, en paralelo con el interés en lo nacional, una revalorización del pasado y un interés en la historia—por ese motivo se escribieron muchas novelas históricas, como las de Sir Walter Scott (1771-1832). Hay, en fin, la búsqueda de una nueva sensibilidad social, humana y artística, y hay una renovación del espíritu, de la expresión individual, y del estilo personal.

El romanticismo apenas comenzó a entrar en Latinoamérica con los últimos respiros del colonialismo. Pocos años después, encontró ese movimiento literario mucha inestabilidad política y social, levanta-mientos militares, guerras civiles, y dictaduras. Es por eso de suponer que el romanticismo, como rebeldía del individuo, iba a encontrar eco en la lucha social en contra de tiranías e injusticias sociales. Y así fue. Existía en el romanticismo latinoamericano una afanosa búsqueda de la expresión del ser humano a través de su lucha por la libertad. Casi todos los románticos eran rebeldes políticos tanto como rebeldes lite-rarios: luchaban por una forma de vida y un gobierno mejor. El movimiento, entonces, fue un movimiento vital. A veces las obras románticas se enfocaban en la naturaleza americana, se apropiaban del amerindio y del mestizo como personajes literarios, y revelaban sus costumbres y condiciones sociales. Lo que es más importante aun, casi siempre se caracterizaban por una oposición a la opresión política.

Pero la conciencia social de los románticos latinoamericanos de la primera mitad del siglo XIX emergió de una gran disparidad entre *su idea de la cultura*, refinada en los salones de tipo parisense, y *el ambiente que les rodeaba*. Los románticos se sintieron como parte de la tradición occidental y desearon crear su arte dentro de esa tradición. Por lo tanto quisieron escribir de acuerdo con las corrientes literarias de Europa: novelas históricas, novelas *quasi*-sociológicas de tipo de Honoré de Balzac (1799-1850), y novelas indianistas como las de François Auguste René de Chateaubriand (1768-1848). Sin embargo, las circunstancias latinoamericanas fueron muy diferentes a las de Europea. Concientes de esas diferencias, los escritores de este continente se sintieron obligados a explorar el terreno presentado por su propio ambiente *socio-político-económico* sin abandonar totalmente las formas europeas.

Sin embargo, fue difícil, ya que su propio ambiente les imponía necesidades sociales que limitaban su libertad para escribir, y las necesidades económicas les obligaba a casi todos de ellos a trabajar para ganarse la vida, dejando poco tiempo para dedicar a su arte. A pesar de esas dificultades, escribieron, y en muchos casos escribieron bien. Pero lo que produjeron no cupo efectivamente dentro de las clasificaciones normales de la literatura europea. Además, como ya hemos visto, hubo el marcado elemento de rebelión *política-social*, aparte de la rebelión romántica estética, que destaca en el romanticismo latinoamericano. Es por eso que la literatura latinoamericana desde el comienzo del período nacional manifestó un elemento de *pluralidad*. Vamos a ver un quarteto de escritores a este respecto: obras de José Joaquín Olmedo (1780-1847), Alonso Carrió de la Vandera ("Concolorcorvo") (1715-78), José Joaquín Fernández de Lizardi (1776-1827), y Domingo Faustino Sarmiento (1811-88).

Generalmente se clasifica al gran poema, la *Victoria de Junín* de Olmedo, dentro del *neoclasicismo*. En realidad, va un poco más allá de las normas neoclásicas. Al principio parece que el poeta quiso cantar la hazaña de la victoria de Junín (1924) por el libertador Simón Bolívar. Poco tiempo después hubo otra batalla, la de Ayacucho, que tuvo aun más importancia que la de Junín en la campaña para la Independencia. José Joaquín Olmedo, entonces, se sintió obligado a incluir las dos batallas dentro de su obra. Pero al hacerlo, rompió con las *unidades neoclásicas*—eso es, el concepto de que (1) la acción debe ser continua, (2) no debe ocupar más de veinticuatro horas, y (3) no debe haber cambios radicales de lugar. Además, el héroe del poema fue Simón Bolívar, pero él ni siquiera estuvo presente en Ayacucho, siendo capitaneada esa batalla por su lugarteniente, Antonio José de Sucre. Olmedo resolvió el problema al hacer de su poema algo típico de una epopeya.[1] Aparece en el poema una figura "mágica," el Inca Huayna-Capac, quien fue emperador anterior a la llegada de los hermanos Pizarro y padre de Huáscar y Atahuallpa. El poema primero canta la victoria de Junín, y luego aparece el Inca Huyna-Capac con un papel sorprendente: ¡discursa sobre ideas filosóficas del Siglo de las Luces y profetiza el futuro triunfo en Ayacucho! Después, tenemos la batalla misma de Ayacucho. Y por fin, el poema termina al estilo típicamente *romántico* con un himno de las vírgenes del sol en la presencia del emperador incaico, y con la entrada triunfal de Simón Bolívar en Lima. Los versos finales son un llamamiento a la paz y una nueva visión a la naturaleza americana. De este modo, el poema rompe con el neoclasicismo en cuanto a la destrucción de la unidad acción-tiempo-espacio, el uso de figuras históricas, el elemento fantástico, el culto a la naturaleza, y la sujetividad. Es un poema *quasi-romántico*, pero con un sabor *neo-clásico*. Es un buen ejemplo de una *fusión* que creó la *pluralidad estético-cultural* típica de la tradición latinoamericana.

Hay un acuerdo general de que *El Periquillo Sarniento* (1816) del mexicano Fernández de Lizardi es la primera novela latino-americana. Sin embargo, hubo un antecedente importante en *El Lazarillo de ciegos caminantes* (1775 o 1776) de Carrió de la Vandera, conocido por el seudónimo de "Concolorcorvo."[2] Carrió de la Vandera nació en España en 1715 pero vivió en Perú desde 1746 hasta su muerte en 1778. Decidió escribir bajo un seudónimo a la mejor para evitar ataques y complicaciones, porque a menudo criticaba severamente al sistema colonial. *Lazarillo*, escrito como un manual para viajeros, tiene algo de documental, crónica, tradiciones populares, anécdotas y diálogos: es una *fusión* de estilos, formas, y temas. Pero sobre todo, es de la tradición *picaresca* (brevemente mencionada en el Capítulo Siete). La obra narra las aventuras de un vagabundo cínico y juguetón que sirve a muchos amos. A través de ese personaje, predomina una aguda *crítica*

---

[1] Epopeya = epic poem, an extended poem celebrating episodes of a people's heroic tradition, originally developed within oral cultures.

[2] "Concolorcorvo" es una abreviación de "con color de cuervo."

*satírica*[3] en contra de las costumbres, la administración española, y las prácticas hipócritas de la clerecía.

De orientación reformadora, moralizante y didáctica, típico del movimiento *neoclasico*, *El Periquillo Sarniento*, como Lazarillo, es un comentario sutil de la corrupción del sistema colonial. También, como *Lazarillo*, es más o menos de la tradición *picaresca*, que ha prevalecido hasta hoy en día en ciertas partes de Latinoamérica, y sobre todo en México. Destaca en ese picarismo, y en el *Periquillo* en especial, una característica irónica y burlona que no existía hasta tal grado en la *novela picaresca* española. Además, el protagonista, Periquillo, no es exactamente un pícaro al estilo del pícaro español, sino que es víctima de unas circunstancias que no puede cambiar porque al Periquillo le falta la voluntad y el dominio del pícaro de la tradición peninsular. Esta y otras características de la obra de Fernández de Lizardi la acercan un poco al movimiento literario que siguió al *romanticismo*: el *realismo*. Es decir, *El Periquillo Sarniento* se clasifica como una obra *neoclásica* en cuanto a la didáctica, la pedagogía y la crítica. A la vez es una obra *picaresca* en cuanto al método que usa el autor de desarrollar sus elementos *neoclásicos*, pero el picarismo es demasiado *realista* para caber efectivamente dentro de la tradición picaresca de la península. Tal *fusión* y *pluralidad* literaria consiste de algunas características de la literatura del Viejo Mundo adaptadas a las condiciones particulares del Nuevo Mundo.

Tenemos, por último, la obra maestra de Sarmiento, *Facundo*, que fue escrita con mucha precipitación y con plena intención política. La obra es, por supuesto, algo *romántica*. Sin

> Los elementos principales de la *novela picaresca* son: (1) la narración en primera persona, como forma de testimonio, (2) el héroe (o mejor, anti-héroe) como un tipo de vagabundo que vive de su propia astucia, (3) un realismo sórdido, con punzantes comentarios críticos de la sociedad, muchas veces con sátira. La novela picaresca abundaba en España durante el siglo XVII, ejemplar del cual, aparte de las obras citadas en el Capítulo Siete—es *La vida del buscón* (1626) de Francisco de Quevedo (1580-1645).

---

[3] Crítica satírica = critical satire, the use of wit and humor to expose hypocrisy, injustice, and other social ills.

embargo, es difícil clasificarla dentro de un sólo movimiento literario europeo, porque, como fue mencionado arriba, tiene elementos históricos, sociológicos, novelescos, y biográficos que son genuinamente americanos. Como *novela* y obra *biográfica* e *histórica*, cuando menos tiene algunas características del *romanticismo*. Como *sociología* es algo *realista*, pero más bien de tipo "positivista," porque la tesis de Sarmiento es que el *gaucho* y el *caudillo* son como son por ser el producto de su medio ambiente, la pampa. Es decir, la obra revela la idea del *"determinismo geográfico"*[4] de la "ciencia positivista." Pero como tal, Sarmiento antecede al "positivismo" en Latinoamérica, porque ese movimiento no llegó al continente hasta después. Además, como ya hemos visto, la obra no es tan *romántica* a la moda europea como quizás se quisiera, porque la "barbarie" para Sarmiento es la vida de la pampa, y de las villas y ciudades provincianas, en contraste al *romanticismo* europeo que evoca una huida de la ciudad y una vuelta nostálgica a la naturaleza y la vida simple del campo. Puede que la dicotomía bien marcada de la obra de Sarmiento, *"civilización/barbarie,"* sea poco más que un medio retórico para que el autor desarrolle su mensaje político. De todos modos, una de las características más sobresalientes de *Facundo* es que es la primera obra en plena búsqueda de la *argentinidad*, es decir, de la identidad. Y esa búsqueda se revela en forma de una *fusión* o *hibridación* de géneros literarios, de temas, y de perspectivas. Por eso tiene que ser genuinamente americana, o sea, *pluralista*.

Entonces tenemos: (1) un poema *neoclásico* que es a la vez *pre-romántico*, (3) una obra de vagas características de novela con elementos *satíricos* y *picarescos*, (3) una novela *neoclásica* que es también *picaresca* y algo *pre-realista*, con un fuerte elemento de mexicanidad, y (4) una obra *romántica* pero a la inversa al *romanticismo* europeo, porque tiene elementos *pre-realistas* y hasta *pre-positivistas*. El poema de José Joaquín Olmedo no es en términos precisos ni indigenista ni propone una vuelta a los orígenes prehispánicos, sino que comienza a revelar la *pluralidad cultural* de Latinoamérica. *Lazarillo*, precursor a la novela con fuertes elementos didácticos a la manera picaresca, trae diversos recuerdos de estilos y temas del pasado. La novela de Fernández de Lizardi es una crítica

---

4 Determinismo geográfico = geographical determinism; the theory that the geographic conditions of a region determine the social and psychological characteristics of the people residing therein.

según la tradición neoclásica, pero inyectada de una dosis innegable de una *mexicanidad compleja y plural*. Y la obra de Sarmiento no es ni una cosa ni la otra sino todo en simultaneidad, una expresión argentina de la *fusión* o *hibridación cultural*. La literatura hispanoamericana: una *fusión* y *confusión*, una *pluralidad* y *hibridación* maravillosa de elementos.

## El romanticismo en Brasil, y después

Brasil, el país latinoamericano que experimentó la transición más pacífica del colonialismo al nacionalismo, tiene una literatura de mensajes menos urgentes y de temas más moderados. Sólo en 1838, cuando se fundó el Instituto Histórico y Geográfico de Brasil, comenzaron los brasileños la búsqueda de su identidad nacional. Fue entonces cuando el interés volvió al amerindio—ya casi exterminado en las costas donde se encontraba la gente europea y afroamericana—como enfoque de identidad nacional. Se creía que a través del pasado amerindio se podía forjar el prototipo de un nuevo Brasil y lograr independencia cultural y unidad nacional. Por lo tanto, el esfuerzo *romántico* de Brasil, con el fin de unificar una prehistoria amerindia idealizada con una concepción sentimental de la vida colonial, dominó las letras durante medio siglo.

El poeta romántico de más renombre fue Antônio Gonçalves Dias (1823-64), quien escribió sobre los heroísmos y felicidades idílicas de tiempos pasados. Su poema, "Canto del destierro," todavía recitan los niños en las escuelas. Ese punto de vista optimista de los orígenes de Brasil alcanzó su expresión máxima en la narrativa de José de Alencar (1829-77). La obra de Alencar ofrece una expresión idealizada del profundo deseo, compartido con muchos de los intelectuales de su tiempo, de recobrar un pasado heróico capaz de darle a la nación joven la resonancia de una historia legendaria. El tema fundamental de Alencar es la fusión de la inocencia y pureza amerindias con valores portugueses, lo que daría lugar, se esperaba, al origen de un nuevo sentimiento nacional—que denomina E. Bradford Burns en *Nationalism in Brazil* (1968) un *"nacionalismo cultural."* Las novelas más conocidas de Alencar, *O Guaraní* (1857) e *Iracema* (1865), describen el amor entre europeos y mujeres amerindias. El mundo de estas es siempre sacrificado por el de aquellos, un proceso, como el nacimiento mismo, que es doloroso pero que de ahí brota una nueva vida. Por ejemplo, en *Iracema*, Moacir, mestizo e hijo de Iracema y el conquistador Martim, tiene cualidades de las dos razas: como producto de esta *fusión*, es presentado como símbolo del primer brasileño auténtico.

Lo más notable de Alencar es su deseo de unir la experiencia colonial tal como existía en la imagen popular con la idea emergente de Brasil como república independiente y soberana. La experiencia hispanoamericana, en cambio, fue por regla general todo lo contrario. En Hispanoamérica, el período colonial brotó después de la independencia en un campo de batalla ideológica entre liberales y conservadores. Como respuesta a esas tensiones ideológicas, los escritores, con algunas excepciones, se enfocaron en la división y la ruptura de las dos expresiones: *civilización* y *barbarie*. Exhaltaban muchas veces el progreso y hasta la superioridad de la *civilización* a la exclusión de la *barbarie*, o de la cultura criolla e europeizante a la exclusión de las culturas de las *castas*. Es decir, la literatura excluía ciertos elementos sociales; entonces culturalmente hablando no fue muy *pluralista*. De todos modos fue literatura *pluralista* en el sentido estético porque mezclaba estilos, formas, y temas.

En cambio, Alencar mantuvo un optimismo romántico casi místico acerca de una síntesis amerindio-europeo. Es interesante notar que ni Alencar ni otros escritores brasileños realizaron la expresión de una síntesis afroamericano-europeo como fuente de orígenes nacionales. Puede ser porque el conflicto entre los afroamericanos y los europeos dificultaba la idealización de la etnicidad africana, mientras que los amerindios no se concebían como problema. Sea como sea, en su búsqueda de inspiración nacional, los escritores *indianistas*[5] de Brasil alcanzaron una conciencia social que indudablemente fue el punto axial del *nacionalismo cultural* brasileño desde el siglo XIX hasta la actualidad.

Sin duda el gran novelista de toda Latinoamérica del siglo XIX fue el brasileño Joaquim Maria Machado de Assis (1839-1908), mulato nacido de padres al servicio de *fazendeiros* ricos. Machado comenzó su vida profesional en trabajos clericales menores. Pero sus talentos se dejaron ver, y pronto subió en la escala social, casándose con una mujer de familia ilustre. En cuanto a su biografía, casi no hay nada extra-

---

[5] La diferencia entre *"indianismo"* e *"indigenismo"*—que, como veremos en el próximo capítulo, tuvo mucho impacto en Hispanoamérica—es que el *"indianismo"* ofrece una imagen idealizada y romántica del amerindio en contraste con el *"indigenismo,"* que es un intento de penetrar la psicología personal y colectiva del amerindio y describirla desde su propio punto de vista.

ordinario. Sus novelas y cuentos, no obstante, son estéticamente revolucionarios. Revelan un sentimiento de ironía y escepticismo, de rebelión en contra de las hipocresías de la sociedad brasileña, y a veces de decepción y amargura. En sus tres novelas más conocidas, *Memórias póstumas de Brás Cubas* (1881), *Quincas Borba* (1891), y *Dom Casmurro* (1899), emerge de modo sútil el conflicto entre la conciencia individual y las exigencias del orden social. A través de sus personajes nos ofrece una serie de análisis agudos de las paradojas y las ambigüedades de las relaciones sociales y su efecto en la psicología individual. En fin, la obra de Machado revela la complejidad, la jerarquización, la heterogeneidad, y en cierto sentido la *pluralidad*— pero de manera muy ingeniosa—de la cultura brasileña.

# El modernismo hispanoamericano

En Hispanoamérica, a fines del siglo XIX apareció, principalmente en la poesía, el movimiento literario que se conoce como el *modernismo*.[6]

Comenzó el *modernismo* más o menos en 1888 con la publicación de *Azul* del nicaragüense, Rubén Darío (1867-1916)—quien es considerado como el gran patriarca del movimiento. Terminó el movimiento *modernista* un poco después de 1910. (Algunos críticos marcan el fin del modernismo en 1911 con el poema del mexicano Enrique González Martínez [1971-1952], "Tuércele el cuello al cisne,"[7] que representó una reacción contra los excesos decorativos de los modernistas.) De vez en cuando los críticos han atacado a la literatura modernista como poco más que pirotécnica verbal, llena de frivolidades y ornamentos exóticos de poca sustancia. Y han culpado a los escritores

---

[6]  No hay que confundir el término *modernismo*, que se refiere a un movimiento literario, con la *"modernidad"* del capítulo anterior, que tiene que ver con la imagen del progreso científico, tecnológico y material de la tradición del mundo occidental. Además, como observaremos en las páginas que siguen, en Brasil durante el presente siglo hubo un movimiento en las artes que lleva el mismo nombre, "modernismo," que es distinto al *modernismo* hispanoamericano.

[7]  Torcer = To twist, wring; cisne = swan. The *swan*, symbol of elegance, along with the color *blue*—the title of Darío's work of 1888—symbol of cool, detached contemplation of the aesthetic dimensions of poetic expression, made up two of the modernists' favorite images.

modernistas de *dandys*[8] elitistas, decadentistas, y escapistas refugiados en su "torre de marfil," dependientes y hasta esclavos de las modas francesas. Pero esa corriente de crítica ha sido injusta.

El modernismo en realidad siguió e intensificó la tradición literaria estéticamente *fusionista, híbrida,* y *pluralista* ya establecida en Latinoamérica: la asimilación de múltiples formas, estilos, técnicas, y temas. Pero fue un movimiento sumamente ecléctico. Dio énfasis a elementos bajo la superficie de la cultura que muchas veces habían sido ignorados por los románticos.

Hay que reconocer, además, que el aparente "escapismo" de los modernistas no fue necesariamente una falta de preocupación con respecto a los problemas sociales y políticos de Hispanoamérica. No es que sencillamente huían de su medio ambiente, sino respondían a las condiciones en sus alrededores a través de una rebelión *estética* en vez de una rebelión *socio-política.*

El modernismo, en fin, es complejo, y está envuelto en controversias. Sin la posibilidad de darle justicia al tema en este texto, cuando menos vamos a considerar un argumento del porqué del

En general, se le atribuyen al *modernismo* cuatro características principales: (1) expansión de temas para incluir mitologías, tradiciones folklóricas, y grandes obras literarias y valores estéticos del occidente, (2) innovaciones en cuanto a metro, ritmo, musicalidad, e imágenes decorativas en la poesía, y a la vez adaptación del *simbolismo* y el *parnasianismo* francés,[9] (3) interés en las culturas de Grecia, China, India, y Japón, y (4) arte desinteresado ("arte por el arte") con inclinaciones hacia mundos imaginarios de fantasía.

modernismo, pero sin perder la idea de que es solamente *una* interpretación del modernismo entre varias. En *The Dialectics of Our America* (1991), José David Saldívar sostiene que encontramos en las raíces del modernismo, y más que nada en la expresión del poeta cubano, José Martí (1853-95), el comienzo de una nueva época de resistencia a la colonización. Pero ahora la rebelión va en contra de la

---

[8] Dandy = dandy; a person, customarily male, of exaggerated elegance and ostentation in his clothes and manners.

[9] Parnasianismo = parnasianism; the cultivation of poetry in a cool, rather impersonal manner, with obsessive attention to poetic form over content.

colonización predominantemente *económica* de EE.UU. en vez de la colonización de tipo *política* y *social* de España. En su ensayo, "Nuestra América" (1891), Martí manifiesta los valores sentimentales del romanticismo a favor de una nueva expresión de solidaridad continental. Pero la obra también es mucho más: un desafío en contra de las fuerzas culturales europeas y estadunidenses que habían predominado en el suelo latinoamericano. Varios años después de que apareció la obra de Martí, Rubén Darío escribe su poema, "A Roosevelt" (1903), en que expresa admiración por la grandeza de EE.UU. A la vez, expresa una honda preocupación por sus tendencias hacia el imperialismo. Esa preocupación compele al mismo Darío a escribir en su poema titulado "Brumas septentrionales[10] nos llenan de tristezas," con un poco de cinismo y algo de recelo, que termina en: "¿Tantos millones hablaremos inglés?" La preocupación de por sí puede ser válida. Pero además, como muchas otras tendencias que brotan del corazón del pueblo latinoamericano, el porqué de esa preocupación tiene raíces profundas. Vamos a ver.

El deseo de ser "contemporáneos," en el sentido de Octavio Paz, fue de seguro un aspecto principal del *modernismo* hispanoamericano. En gran parte el arte y el pensamiento de Europa y EE.UU. a fines del siglo pasado fue una extensión del Siglo de Las Luces. Tuvo énfasis en el sueño de la *modernidad*, es decir, la emancipación de todos los seres humanos (la esfera *social*), el perfeccionamiento de las sociedades humanas a través de la "Libertad, Igualdad, y Fraternidad" (la esfera *política*), y un progreso material sin límites (la esfera *económica*). Pero poco a poco emergió una contradicción desde dentro de ese gran sueño: el progreso material no tuvo distribución equitativa, entonces las injusticias políticas y sociales fueron perpetuadas. La misma contradicción creó una tensión que se reveló a través de la *literatura modernista*: el *movimiento* fue una *revolución estética*, sin embargo, los *modernistas* fueron de una región que carecía de revoluciones complementarias en las esferas *socio-político-económicas*. Esa tensión inherente del *modernismo* a veces se revela a través de las innovaciones puramente estéticas en conjunto con la rebelión de los *modernistas* en contra del colonialismo *económico* de EE.UU. (la hipótesis de Saldívar). La tensión, además, implica un reconocimiento de parte de los *modernistas* de su *dependencia* en cuanto a su propia estética de formas, estilos y temas de la literatura extranjera.

---

[10]  Brumas septentrionales = northerly mists.

En parte, habían importado esas formas, estilos y temas de otros países para llenar el *vacío cultural* que la ruptura con España había dejado (eso es, el contraparte del *vacío* o la *ausencia de legitimidad* en la política, como notamos en el Capítulo Once). Lo que resultó, a la larga, fue la producción de una variedad impresionante de temas, estilos y formas en las obras *modernistas*. Es decir, una vez más tenemos el tema de la *fusión*, la *hibridación*, la *pluralidad*. Ahora son *puramente estéticas*, por cierto, pero con implicaciones *socio-político-económicas*.

A fin de cuentas, en su búsqueda de expresiones nuevas, los poetas *modernistas* terminaron como transgresores de normas públicas y gustos artísticos por excelencia. Se lanzaron hacia horizontes desconocidos, y sus líneas poéticas ahora quedaban libres para crear sus propias imágenes, sus propias "realidades." De esta manera, ofrecían una llave para abrir la puerta al siglo XX, puerta que daba a la posibilidad de cambios profundos en todas las facetas de las sociedades latinoamericanas. Parece que el *modernismo* estaba más ligado al ambiente hispanoamericano de lo que se creía.

# Preguntas

1. ¿Por qué es Latinoamérica ahora "más que contemporánea" que otras áreas?

2. ¿Cómo son las normas artísticas del neoclasicismo? ¿Cómo es que los escritores hispanoamericanos divergían de esas normas?

3. ¿Cuáles características especiales tiene el romanticismo hispanoamericano? ¿Qué problemas tuvieron que confrontar los románticos hispanoamericanos?

4. ¿Qué es la tradición picaresca? ¿Qué tiene que ver con la tradición literaria hispanoamericana?

5. Describa las características principales de *La victoria de Junín*, *El Lazarillo de ciegos caminantes*, *El Periquillo Sarniento*, y *Facundo*.

6. ¿Cómo fue la expresión inicial de la literatura brasileña en el siglo XIX?

7. ¿Por qué tiene tanta importancia Machado de Assis?

8. ¿Cuáles son las características principales del modernismo hispanoamericano?

9. ¿Quién fue Rubén Darío? ¿En qué manera sobresale su obra en la literatura hispanoamericana?

10. ¿Cuál fue la tensión fundamental que se siente en la literatura modernista, y cuál fue el resultado de ella?

## Temas para discusión y conversación

1.  ¿Por qué tendría que ser la identidad de Latinoamérica pluralista? ¿Cómo es la pluralidad latinoamericana diferente a la de EE.UU.?

2.  ¿Por qué creen Uds. que emergió el modernismo precisamente a fines del Siglo XIX, y por qué queda todavía envuelto en controversias?

## Un debate amigable

Una discusión sobre dos líneas de pensamiento:  (1) la pureza cultural y lingüística, y (2) la pluralidad, para que se conserven las ricas tradiciones de diferentes grupos étnicos y diferentes lenguas.  ¿Cuál es preferible?

# CAPÍTULO QUINCE

# BIENVENIDOS AL NUEVO SIGLO

**Fijarse en:**

- La *naturaleza* de la *novela* del fin de siglo XIX y el principio de este siglo, y *por qué* en Latinoamérica tiene una *cara diferente.*
- Las *características especiales* de las *obras literarias* discutidas en este capítulo.
- La *literatura* como *expresión* de la *diversidad* de las *culturas latinoamericanas.*
- La *importancia* de la *Semana de Arte Moderno* de Brasil.
- La *función* de la *literatura* como *reflejo* de una *identidad nacional.*

**Términos:**

- *Afroamericanismo, Arielismo, Criollismo, Europeizante, Identidad Nacional, "Modernismo," Novela de la Tierra, Novela Indigenista, Novomundismo, Primitivismo, Realismo-Naturalismo, Regionalismo.*

## El arielismo: sus pros y sus contras

En la *narrativa* de Hispanoamérica a fines del siglo XIX y a principio del XX la expresión *realista-naturalista* complementa la *poesía* del *modernismo.*

En términos generales, mientras el *modernismo* busca la estética ideal de la imaginación, el *realismo-naturalismo* busca un reflejo fiel del mundo tal como es. Literatura más bien *realista* se nota en obras como *La Parcela* (1898) de José López-Portillo y Rojas (1850-1923) de México. Encontramos los ejemplos más puros del *naturalismo* en la colección de cuentos de protesta social, *Sub Terra* (1904) y *Sub Sole* (1907), del chileno Baldomero Lillo (1867-1923), y *Os Sertões* (1902), un estudio literario-sociológico de una sublevación de campesinos en el noreste de Brasil de Euclydes da Cunha (1866-1909). De todos modos, por regla general, en las letras latinoamericanas existe una mezcla de las dos tendencias: por eso el término está combinado en *realismo-naturalismo*.

Durante las primeras décadas de nuestro siglo, la expresión *realista-naturalista* en Hispanoamérica dio lugar a en un movimiento que llevaba como nombre el *criollismo*. Las manifestaciones literarias principales que emergieron del sentimiento *criollista* llevaban los títulos de *novela de la tierra* y la *novela indigenista*. La novela de la tierra tiene su acción en el campo como retrato de la vida y las costumbres típicas de América; la *novela indigenista* retrata la vida y las costumbres de las culturas que se mezclaron con la cultura peninsular para formar el núcleo de lo típicamente latinoamericano. La expresión sintética de toda esa narrativa—el criollismo, la novela de la tierra, y la novela indigenista—deriva de la idea del *novomundismo*, eso es, una marcada vuelta al Nuevo Mundo con el afán de descubrir la esencia de "lo americano."

Como fenómenos literarios originados en Europa, el *realismo* y el *naturalismo* son dos movimientos distintos. Mientras el romanticismo hace énfasis en lo subjetivo, el *realismo* se basa en la primacía del estudio objetivo de la sociedad por medio de la observación empírica. En otros términos, la literatura *realista* no debe ser simplemente el producto de lo que se siente y se inventa, debe ser el resultado de lo que se observa. Una obra *realista* debe ser reflejo fiel de la sociedad misma. El *naturalismo*, que siguió al *realismo*, va más lejos todavía en dirección a la ciencia. Propone una consideración de la sociedad como si fuera un gran laboratorio dentro del cual el escritor experimenta con la conducta humana para llegar a conclusiones universales, y por supuesto, "científicas." En Latinoamérica, como ya hemos visto en otros casos, no hay una división clara entre *realismo* y *naturalismo*, de modo que se unen en una tendencia más bien denominada como *realismo-naturalismo*, en sentido *pluralista*.

Pero ya nos hemos hundido en un diluvio de términos que hasta ahora nos son desconocidos. Mejor vamos a pasos un poco más lentos. Los *"ismos"* mencionados en el párrafo anterior y en los dos cuadros descriptivos tuvieron su nacimiento un poco después de 1900, que fue el año en que el pensador uruguayo José Enrique Rodó (1871-1917) publicó un ensayo titulado *Ariel*. Usando como modelo *The Tempest* de William Shakespeare (1564-1616), Rodó presenta a Próspero, quien da consejos a un grupo de jóvenes (por implicación, la juventud latino-americana) a través del contraste entre dos figuras simbólicas: *Ariel* y *Calibán*. Ariel incorpora valores espirituales, morales, éticos y estéticos, mientras Calibán simboliza apetitos materialistas. Rodó presenta esa dualidad como manifestación de las distinciones principales entre las culturas latinoamericanas y la cultura anglosajona de EE.UU. El autor de *Ariel* concede que las características de Ariel y Calibán existen en todas las culturas del continente americano. Pero el hecho es que las características de Ariel predominan en Latinoamérica mientras las de Calibán son más típicas de EE.UU. De esta manera, Rodó sugiere una resistencia en contra de la creciente influencia del materialismo de los anglosajones—evidente también en los abusos de la filosofía positi-vista—y un nuevo enfoque en el espíritu genuino de los latinoameri-canos. Rodó deja a través de su obra el mensaje de que a los intelectuales al sur de EE.UU. les queda una misión importante: la de servir como voceros[1] para propagar la tradición humanística greco-romana. Esa tradición, precisamente, podría ser la contribución de Latinoamérica a todo el continente como complemento a las prácticas de la vida materialista del industrialismo norteamericano.

Hay, entonces, un espíritu *novomundista* indudable en *Ariel*. Rodó estaba obsesionado con la esencia de la expresión latinoamericana en una época en que Europa y EE.UU., con su poder económico, empezaban a relegar a Latinoamérica a una posición de poca importancia. Rodó sintió que el papel de los latinoamericanos no era simplemente el de importar la ola de la *modernidad* europea y estadunidense a sus propias culturas, sino el de complementarla con valores espirituales, morales, éticos y estéticos. Era en gran parte la preocupación de Rodó por las tendencias expansionistas de la economía de EE.UU. que impresionó a muchos intelectuales jóvenes de su época. Entonces hasta cierto punto *Ariel* concuerda con la tesis de José David Saldívar, brevemente discutida en el capítulo anterior, de que los poetas modernistas indirectamente emprendieron una rebelión en contra del colonialismo *económico* de EE.UU. La obra de Rodó alcanzó un impacto que de seguro habría quedado fuera de sus sueños más

---

[1] Vocero = spokesperson.

optimistas. Emergió toda una generación *novomundista* que abrió la conciencia a la posibilidad de una expresión de valores hispano-americanos genuinos.

Pero el *"arielismo"*—como expresión del *novomundismo*—no escapó a la crítica, del mismo Saldívar y otros. Hubo escritores *criollistas* con inclinación hacia el *indígenismo* cuyas obras pintaban la vida y los problemas de los amerindios, y otros escritores igualmente *criollistas* que en la *novela de la tierra* narraban la confrontación del ser humano y la inmensidad del paisaje americano. Ellos culpaban al *arielismo* de "elitista." Muchas obras del *indígenismo* y la *novela de la tierra* eran de contenido social, como reacción contra la explotación de los amerindios y la violencia que definía la vida del campo. En cambio, el *arielismo* tenía intereses en su mayor parte literarios, intelectuales y cosmopolitas. Es por eso que se les culpó a Rodó y a sus discípulos, los *arielistas*, de ser *europeizantes*, y tan envueltos en su "torre de marfil" que habían vuelto la espalda a lo más íntimo de su propia cultura.

> No hay que confundir el *criollismo* en la literatura con el *criollo* como tipo cultural-social (el español nacido en América). De todos modos, los dos términos están relacionados. Mientras el *criollismo* quiere representar una expresión genuinamente americana en la literatura (con la *novela de la tierra*, la *novela indigenista*, y otras corrientes), el *criollo* como tipo humano representa un producto étnico genuino del colonialismo americano. Es decir, el *criollismo* y los *criollos* son a su propia manera una manifestación más de la rica *pluralidad* latinoamericana.

Bueno. De seguro el *arielismo* no tenía como meta principal la de atacar directamente los problemas políticos y sociales de los países latinoamericanos. Sin embargo, el hecho de que la expresión *arielista* generalmente no criticara gobiernos, instituciones, y la explotación de las clases pobres y los amerindios, no quiere decir que aprobaba el *status quo*. Existe el argumento de que la huída a una "torre de marfil" a partir de un disgusto por el malestar *socio-político-económico* es el primer paso a la expresión y acción revolucionarias. Tenemos, por ejemplo, el ya mencionado caso del poeta y ensayista, José Martí, cuya expresión estética complementaba su acción directa en la lucha para la Independencia de su país (él murió en el campo de batalla). El hecho es que los *arielistas* de ninguna manera fueron instrumentos manipulados por las instituciones de sus respectivos países. Diseminaban la idea de que cada individuo debía desarrollar sus capacidades intelectuales y artísticas hasta dónde le fuera posible, y como tal, podría realizar una contribución valiosa a su patria y al pueblo.

Inevitablemente surge la pregunta: ¿Qué balance debe existir entre la expresión puramente moral-ética-estética y la protesta social en países donde abundan las injusticias? Para hallar una posible respuesta a esta pregunta, vamos a ver con más detalle la otra cara del *criollismo*.

## Una vuelta a las raíces americanas

Ya observamos que en términos generales la novela *criollista* fue motivada por un profundo deseo de re-descubrir la esencia de América: el aspecto geográfico, los tipos humanos, los acontecimientos históricos y políticos, y los problemas morales, sociales y económicos.

Esa literatura a veces tendía hacia el pesimismo, ya que se fijaba en la lucha entre el individuo y su medio físico, que casi siempre vencía al individuo. A menudo la literatura *criollista* era también panorámica y épica, con el intento de elevar la expresión local hasta niveles universales para incluir problemas comúnes a toda la humanidad. Además, hay un aspecto innegable de realismo que le daba a esa literatura un aspecto documental, como testimonio de lo que hay, lo que pasa, y lo que se debe hacer para remediar los problemas existentes. Entonces aunque la narrativa *criollista* tuviera un sello particular y regional, de todos modos reconocía antecedentes europeos e intentaba ligarlos a las raíces americanas. En fin, hasta cierto punto se puede decir que los escritores trataban de lograr una fusión de lo popular y lo *criollo* (del *realismo*) con una expresión artística (de influencia del *modernismo*). El producto llegó a conocerse en algunos círculos como la *novela de la tierra*. Esa *novela de la tierra*, junto con la *novela indigenista*, contrastaban con el espírito del *arielismo*, que fue una expresión más *moral-ética-estética* que *socio-política* y *regional*.

Uno de los grandes escritores de la *novela de la tierra* fue Rómulo Gallegos (1884-1969) de Venezuela, cuya obra de más renombre es *Doña Bárbara* (1929), brevemente discutida en el Capítulo Tres. Esta novela se trata del conflicto entre Doña Bárbara, terrateniente y "devoradora de hombres," y Santos Luzardo, un abogado de la ciudad. Doña Bárbara representa la *barbarie* de los llanos venezolanos, simbólica de Juan Vicente Gómez, dictador del país de 1908 hasta 1935. Santos Luzardo, en cambio, es el elemento *civilizador*. Incorpora las supuestas características nobles y progresistas del país. A través de la novela, los defectos concentrados en la mujer luchan contra las virtudes que posee el hombre. Por fin, la naturaleza, es decir, la *barbarie* (doña Bárbara) está destinada a triunfar sobre la *civilización* (Luzardo). Según la opinión crítica, esta novela de Gallegos es una de las mejores del *regionalismo criollista* de la primera mitad de nuestro siglo.

El colombiano José Eustasio Rivera (1889-1928) publicó en 1924 *La vorágine*, novela *regionalista* de la selva americana por excelencia. En esta novela, Arturo Cova, poeta y rebelde, huye con su novia Alicia desde Bogotá, hacia el campo. Hay intrigas—en una de las cuales se escapa Alicia—aventuras brutales, y largas jornadas en la selva donde Cova conoce la esclavitud y explotación de los amerindios en la industria cauchera.[2]   Al final Cova mata al vendedor de esclavos amerindios y, ya reunido con Alicia, decide regresar a la civilización. Pero terminan los dos devorados por la misma selva en que antes habían buscado refugio, lo que marca su separación definitiva de la *modernidad*. Tal como la *barbarie* de la obra de Gallegos triunfó sobre la *civilización*, así la *naturaleza* misma en *La vorágine* ahoga cualquier impulso *civilizador*. En suma, *La vorágine* presenta la selva como la verdadera protagonista, pero además, por el desarrollo de los personajes y el estilo a veces poético, la obra de Rivera merece su lugar entre las mejoras *novelas de la tierra*.

*Don Segundo Sombra* (1926), de Ricardo Güiraldes (1886-1927), es una novela nostálgica de la vida del gaucho de la pampa argentina. Narra la historia de un joven de unos catorce años atraído por el aura de misterio alrededor de Don Segundo Sombra, representante del tipo nacional por excelencia: el *gaucho*. Pero ahora la tradición del gaucho está pasando a la historia, y por lo tanto don Segundo Sombra no es más que una "sombra," un recuerdo vago de una época heroica pintada en el conocidísimo poema gauchesco casi-épico del siglo XIX, *Martín Fierro* (1872-79) de José Hernández (1834-86), entre otras obras. El joven huye de su casa de adopción para hacerse un gaucho verdadero bajo el aprendizaje de Don Segundo Sombra a quien llama "padrino."[3]   Después de cinco años, y ya hecho un gaucho genuino, le llega al joven la noticia de que ha heredado una estancia de su familia. Siguiendo la recomendación de Don Segundo, decide aceptar su

---

[2]  Industria cauchera = the harvesting and processing of latex from the rubber trees.

[3]  Padrino = godfather.

herencia. Abandona la vida de gaucho, y se hace hombre culto, estanciero responsable, y escritor. Como evocación de un período de la nación argentina pronto a desaparecer, y como estudio de la psicología juvenil y la sociología del gaucho, *Don Segunda Sombra* no tiene igual en Latinoamérica. Además, como expresión puramente *criolla*, es el máximo ejemplo. Estas características distinguen a la novela de Güiraldes de *Doña Bárbara* y *La vorágine* en el sentido de que la gran lucha entre el individuo y la naturaleza, y el triunfo de esta última, casi no entra como tema: el mensaje principal es la desaparición de una forma de vida que les había otorgado a los argentinos la base de una identidad nacional.

## Raíces pluriculturales

En la misma época de la llamada *novela de la tierra* y el *criollismo* se desarrolló la *novela indigenista*. Dos de las características principales de esta novela son la explotación de los amerindios y la búsqueda de la manera más indicada para integrarlos a la corriente principal de la vida social, política y económica de sus respectivos países. A veces la *novela indigenista* defiende al mestizo como heredero étnico y cultural de la civilización amerindia tanto como la europea, y a veces lo denigra como explotador brutal de la misma gente con la cual comparte su cultura. A veces intenta recobrar la grandeza del amerindio en el pasado, y a veces sugiere la disolución de su etnicidad y su cultura dentro de la cultura dominante europea. A veces pinta al amerindio como torpe, brutalizado, y sin identidad propia a causa de generación tras generación de mal trato, y a veces lo pinta como individuo noble de valores superiores a sus contrapartes, los europeos. En fin, la *novela indigenista* tiene muchas facetas, y por eso es difícil clasificarla.

*Aves sin nido* (1889) de la peruana Clorinda Matto de Turner (1852-1909) fue la primera novela *indigenista* ampliamente diseminada y de personajes bien desarrollados. Aunque quepa dentro del romanticismo, esta obra queda lejos de las novelas *indianistas* del movimiento romántico con personajes puramente cosméticos e idealizados. Describe con mucho detalle las condiciones de miseria, abyección, e injusticia en que vivían los amerindios dentro de una sociedad de explotación y abusos. *Aves sin nido* despertó mucho interés, y fue motivo de una denuncia de las prácticas comúnes respecto a los indígenas americanos. Pronto alcanzó tres ediciones y una traducción al inglés que fue publicada en Londres. *Huasipungo* (1934),[4] del ecuatoriano Jorge Icaza (1906-78), también gozó de fama inmediata. Relata la construcción de una carretera por Alfonso Pereira, terrateniente adinerado, para abrir tierras en el interior del país y venderlas a una empresa capitalista de Norteamérica. Usando maniobras engañosas, don Alfonso consigue el trabajo gratis de los amerindios a base de promesas falsas, y muchos de ellos pierden la vida al servicio de su patrón. El punto culminante llega cuando los amerindios se dan cuenta de que don Alfonso ha vendido tierras que incluyen sus huasipungos, y pronto tendrán que abandonarlos. Se rebelan, pero están destinados a la derrota, porque la oposición consiste de las fuerzas combinadas del empresario norteamericano, el latifundista, el gobierno, y la iglesia. *Huasipungo* es una expresión fuerte de la opresión del elemento indígena de América. Pero hay que conceder que le falta un argumento bien desarrollado; pues, casi no es más que una sucesión de escenas, a veces sin conexión bien definida. (En realidad, padecen muchas novelas de la época de la misma falta, como por ejemplo *Raza de bronce* [1919] del boliviano Alcides Arguedas [1879-1946], aunque sigan teniendo valor histórico.)

El peruano Ciro Alegría (1909-67) nos ha dejado *El mundo es ancho y ajeno* (1941), considerada en su época como la cumbre de la novela *indigenista*. El autor describe una comunidad amerindia ejemplar, pero sujeta a muchas injusticias. Cuando Rosendo Maqui, el alcalde indígena, muere injustamente en la cárcel, no pueden aguantar más los amerindios, y se rebelan contra sus explotadores—sin embargo, no antes de que un mestizo y líder de un sindicato simbólicamente les dé una base de ideas marxistas. La obra termina con el sonido de los rifles del ejército aplastando la rebelión a favor de los intereses de los grandes latifundistas. El mensaje es fuerte: el mundo es "ancho" para el que tiene el poder, pero queda "ajeno" al pobre amerindio que considera a las tierras que habita como suyas por herencia. Tocante al tema de la *novela indigenista*, de ninguna manera se puede hacer caso omiso a otro escritor peruano, José María Arguedas (1911-69), cuyas novelas principales, *Los ríos profundos* (1958) y *Todas las sangres* (1964) combinan antiguos mitos quechuas con la condición del amerindio en la actualidad. Además, *El zorro de arriba y el zorro de abajo* (1971), libro póstumo de Arguedas e impresionante testimonio personal de la vida del amerindio, se extiende hacia la condición general de la humanidad.

---

[4] "Huasipungo" es el nombre que daban a las parcelas de tierra que cultivaban los amerindios durante la era prehispánica.

De México y Centroamérica destacan sobre todo los nombres del laureado del Premio Nobel en 1968, Miguel Angel Asturias (1899-1974) de Guatemala, y la escritora mexicana, Rosario Castellanos (1925-74). *Hombres de maíz* (1949) de Asturias es un intento de recapitular la historia entera de los mayas, y por extensión los amerindios de todas las Américas, a través de la mitología. Se trata del conflicto entre el concepto que tiene el indígena y el europeo moderno del maíz. Para el amerindio, el maíz es algo sagrado: como la base de su alimento, equivale a la vida misma. En cambio, para el europeo no representa más que una función comercial, y por eso hay que destruir la selva para sembrar el maíz y otros productos de la tierra en grandes cantidades. Al final, la novela revela el alma del amerindio y su postura tradicional-mítica *vis-à-vis* la situación *socio-político-económica* de Centroamérica en el proceso de su *modernización*. Rosario Castellanos, habiendo vivido en contacto íntimo con los amerindios del estado de Chiapas, México desde su niñez, tiene una intuición bastante certera en cuanto al espíritu del indígena americano. La que sea quizás su mejor obra, *Oficio de tinieblas* (1962), pone al descubierto la degeneración de la psicología del europeo de la zona y el estado de miseria e ignorancia en que ha caído el amerindio. El conflicto violento entre las dos culturas desde el tiempo de la conquista ha llegado a ser endémico, produciendo un conformismo de parte de los explotados y los explotadores en contra del cual Castellanos lucha a través de su pluma. Pero a fin de cuentas la autora queda escéptica, reconociendo que un diálogo verdadero entre las dos culturas nunca se va a realizar.

Hay, además, una rica *expresión afroamericana* en la literatura que contribuye a la *pluralidad* cultural de Latinoamérica. Esta expresión encuentra su medio ejemplar más bien en la *poesía*, aunque hay casos notables de prosa afroamericana, tales como *Ecué-Yamba-O* (1933) y *El reino de este mundo* (1949) del escritor cubano, Alejo Carpentier (1906-80). La primera novela es una historia de los afro-cubanos, y la segunda, escrita después de que al autor visitó Haití, se trata de la sublevación de los esclavos y su movimiento para la Independencia de este país—el primero de toda Latinoamérica. En la poesía, autores como el puertorriqueño Luis Palés Matos (1989-1959) y el cubano Nicolás Guillén (1902-89) intentan captar el ambiente psicológico y social, los sentimientos e intuiciones, y los sufrimientos y las creencias místicas y mágicas, del afroamericano. Relevan su modo de hablar y de vivir, sus ritos, música y danzas, y sus tradiciones folklóricas. Es poesía dinámica, con mucho ritmo y sonoridad.

Hay poetas afroamericanos que son negros y mulatos, ejemplar de los cuales es el mismo Nicolás Guillén. Pero la mayoría de los poetas de expresión afroamericana son criollos. Pues, en Latinoamérica el interés por las culturas afroamericanas fue despertado en los años 1920 por la vanguardía artística francesa. Esa vanguardia tuvo enfoque en el *"primitivismo"* de culturas tradicionales, sobre todo en el continente africano. Entonces la literatura afroamericana desde el principio no fue, propiamente dicho, solamente el producto de un movimiento que nació directamente del suelo americano: fue muchas veces una "importación" de parte de gente criolla, "los de arriba." Sin embargo, el hecho de que la literatura afroamericana fuera de orígenes indirectos no necesariamente le quita valor como literatura. A menudo la *expresión literaria afroamericana* a través de un autor criollo le da más sabor al *pluralismo* cultural latinoamericano.

Un ejemplo de la fusión de elementos vanguardistas y la expresión literaria de todos los días del afroamericano—fusión que Alfonso Reyes (1884-1959), intelectual mexicano, bautizó con el nombre de *jitanjáforas*—es el de "Danza negra" (1926) del puertorriqueño, Luis Palés Matos (1898-1959):

Calabó y bambú
Bambú y calabó
El gran Cocoroco dice:  tu-cu-tú
La gran Cocoroca dice:  to-co-tú
--------------------------------
Rompen los junjunes en furiosa ú
Los gongos trepidan con profunda ó
Es la raza negra que ondulando va
en el ritmo gordo de mariyandá.

Lea Ud. estas líneas en voz alta, porque así deben ser leídas:  son de la tradición oral.   Sienta Ud. el ritmo, la ondulación de sonidos, la combinación juguetona de las vocales y consonantes.  Léalas despacio, con concentración en los movimientos de las cuerdas vocales, la lengua, y los labios.

¿Ya agarró el ritmo?  Se tiene que vivirlo.  Es decir, el ritmo vive, porque la vida misma es ritmo.  De nuevo, entonces, la literatura latinoamericana:  una fusión y confusión, que intriga e inspira.

# La expresión brasileña

A través de las obras *indianistas* de José de Alencar y otros escritores del siglo XIX, los intelectuales brasileños comenzaron a escudriñar[5] su pasado—su herencia europea, y sus raíces culturales en un esfuerzo por encontrar la esencia de lo brasileño. La búsqueda les llevó a una conciencia social que culminó en la lucha para abolir la esclavitud en los últimos años del siglo XIX.

Esa nueva conciencia de lo brasileño emergió en São Paulo entre el once y el dieciocho de febrero de 1922 en forma de una nueva expresión artística. Durante esa semana, conocida como la *Semana de Arte Moderno*, fue introducido un movimiento que se llama el "modernismo." Los grandes patriarcas del "modernismo" de Brasil incluían a Mário de Andrade (1893-1945), el llamado "Papa del Modernismo," Manuel Bandeira (1886-1968), y Oswaldo de Andrade

> El "modernismo" brasileño es distinto al *modernismo* hispanoamericano. El *modernismo* de Hispanoamérica, que antecedió al "modernismo" de Brasil, se limita más a la pura expresión literaria, con un marcado elemento de preocupación por las tendencias de la *modernidad* del mundo occidental y su influencia en Hispanoamérica. En cambio, el "modernismo" del país de habla portuguesa se trata de una integración de todas las artes en una sóla expresión artística. Representa una fusión artística de las tendencias vanguardistas de europa, sobre todo el interés en el *"primitivismo"* africano, con lo genuinamente brasileño—que incluye la tradición oral de los amerindios y afroamericanos. Además, abarca un culto a los avances materialistas y tecnológicos del mundo occidental "moderno," culto que en Europa tiene como nombre el "futurismo."

(1890-1954), cuya frase irónica shakespeariana, "Tupí or not tupí, that is the question," condensa la mencionada fusión de lenguas y culturas en una sóla línea. El culto a la *modernidad* se nota de manera dramática en dos obras de Mário de Andrade, *Paulicéia desvairada* (1922; "Ciudad alucinada"), y *Macunaíma* (1928).

Esta última obra es una fusión cultural de la tradición mítica-mágica, el colonialismo, el folklore, y la *modernidad* occidental. Macunaíma, el protagonista, es el *hibridismo* viviente: representa la

---

5 Escudriñar = to scrutinize, search for.

*fusión* de múltiples perspectivas culturales.   Con rasgos de amerindio, afroamericano, y europeo manifestando culturas tradicionales y "modernas," y como analfabeto y a la vez conocedor de las literaturas y el pensamiento del mundo, Macunaíma incorpora dentro de sí mismo todos los aspectos *pluralistas* de la naciente cultura brasileña contemporánea.   Es la condensación de todos los brasileños, es el símbolo mismo de la nación brasileña.   Aunque *Macunaíma* como obra ha quedado fuera de la conciencia colectiva del pueblo brasileño, Macunaíma, el protagonista, sigue como expresión del espíritu de la *Semana de Arte Moderno* que no ha perdido su vitalidad:  ha servido como fuerza motriz para todas las artes en Brasil hasta hoy en día.

En fin, el *arielismo, criollismo, indígenismo, afroamericanismo*, y el "modernismo" brasileño son expresiónes que, aparte de las aportaciones de Europa, brotaron como fuente del corazón y la mente de los intelectuales latinoamericanos.   Hay antecedentes a esos movimientos en el *modernismo* hispanoamericano y obras brasileñas del siglo XIX, desde luego, y no se puede ignorar las múltiples influencias desde el extranjero.   Pero lo importante es que hubo un intento, que llegó a ser una obsesión, de encontrar la esencia de "lo americano."   Fue una vuelta hacia el interior, a la contemplación y la introspección, con las preguntas: ¿Porqué somos como somos?   ¿Qué es lo que nos distingue de los demás pueblos?   ¿Qué contribuciones tenemos para el mundo en general que sean legítimamente nuestras y únicas?

Se abren los ojos, los oidos, y las conciencias a las realidades latinoamericanas, y lo que se ve es un *nuevo mundo*, un mundo que había callado la conquista, la colonia, y el nacionalismo de tendencias imitativas del siglo XIX.   Por primera vez en Latinoamérica, se deja ver lo que había sido el *otro* (lo amerindio, afroamericano, mestizo).   Como resultado, América empieza a "inventarse" de nuevo.   Esta nueva "invención" fue—y todavía es, porque no se ha completado—a la vez dolorosa y deslumbrante, aterradora y atrayente.

Durante las primeras dos décadas de este siglo, en la esfera *socio-político-económica*, el impulso máximo de esa nueva "invención" no podría ser otra cosa que la Revolución Mexicana, que ahora merece atención especial.

## Preguntas

1.     ¿Qué es el realismo-naturalismo?   ¿Por qué están los dos términos unidos en uno?

2.     ¿Qué es el criollismo? ¿El novomundismo?

3.      ¿Cómo se definen la novela de la tierra y la novela indigenista, que nacieron del sentimiento criollo?

4.      ¿Por qué es *Ariel* importante?   ¿De qué manera lo han criticado?

5.      ¿Qué características tienen *Doña Bárbara*, *La vorágine*, *Don Segundo Sombra*?

6.      Describe brevemente a *Aves sin nido*, *Huasipungo*, y *El mundo es ancho y ajeno*.

7.      ¿Cómo se puede caracterizar la expresión afroamericana?

8.      ¿Por qué sería la poesía la expresión más eficaz de la literatura afroamericana?

9.      ¿Qué fue la Semana de Arte Moderno?

10.     ¿Cómo fue distinto el "modernismo" de Brasil al *modernismo* hispanoamericano?

11.     ¿Qué cualidades destacantes tiene *Macunaíma*?

12.     ¿Cómo fue la nueva "invención" de América?

13.     ¿Por qué son tan importantes las nuevas tendencias literarias de Latinoamérica durante las primeras décadas de este siglo?

## Temas para discusión y composición

1.      Expliquen la controversia entre los arielistas y los criollistas o americanistas.   ¿Por qué fue importante y saludable que brotara esa controversia?

2.      ¿Cuál puede ser el papel de la literatura en formar una identidad colectiva de un pueblo?   ¿Hasta qué punto desempeñó la literatura este papel en Latinoamérica?

## Un debate amigable

Un equipo de debate que defienda un punto de vista algo intelectual y quizás "elitista" del "arielismo," y otro que defienda la necesidad de una expresión "popular," es decir, expresión "del pueblo."

# CAPÍTULO DIECISEIS

# MÉXICO, UN PAÍS QUE SE ENCUENTRA A SÍ MISMO

**Fijarse en:**
- La *función* de los *"mitos"* en la *cultura mexicana*, y por extensión, en las *culturas latinoamericanas*.
- Las *características* de los *héroes* y los *villanos* de la *Revolución Mexicana*.
- La *manera en que* poco a poco *el pueblo entró* en la Revolución.
- Los *aspectos políticos, sociales* y *económicos* de la Revolución, que aparecieron en *diferentes épocas*.
- La *evolución* del *sistema político* de *México* y la manera en que *es extraordinario* en Latinoamérica.
- La *naturaleza* del *paternalismo* en México *desde la Revolución*.
- El *acontecimiento traumático* de 1968 y sus *consecuencias*.

**Términos:**
- *Corporatismo, Corrido, Decena Trágica, Golpe de Estado, Imagen folklórica o popular, Muralistas, Nacionalización, Partido de la Revolución, Paternalismo, Personalismo, Privatización, Profesionalismo, Reformista, Revolución Agraria, Revolución Socio-Político-Económica, Revolucionario, Sector, Soledad, Tlatelolco.*

## En el comienzo

Todo mundo sabe algo de la Revolución Mexicana a través de cuentos populares, leyendas, y estereotipos. Ha habido películas "hollywoodescas" de Pancho Villa y Emiliano Zapata, dos de los héroes revolucionarios de más fama internacional. Quizás Ud. haya oido canciones revolucionarias como "La Cucaracha" o "La Adelita." Sin embargo, lo más probable es que si Ud. ha sabido algo de la Revolución Mexicana a través del cine, revistas, o aun libros de historia, lo que sabe estará hasta cierto punto cargado de alguna que otra *"imagen popular"* o *"folklóri-*

*ca,"* o simplemente *"imagen"* (es decir, una historia en parte verdadera y en parte fabricada sobre algún héroe o algún aspecto de la Revolución).

Para comprender a fondo la Revolución Mexicana, entonces, hay que saber un poco más de las *imágenes populares*. Pero sólo podemos comprender las *imágenes* de la Revolución Mexicana al comprender México y su Revolución. ¿Cómo es eso? Un círculo vicioso, parece. Y así es; así es la Revolución Mexicana misma. Un círculo, un torbellino,[1] o mejor, como la metáfora del novelista, Mariano Azuela (1873-1952), la Revolución es un *huracán*. El huracán resiste la comprensión. Pero por lo menos hay que comprender la Revolución Mexicana hasta dónde sea posible. Haremos, pues, la lucha.

Ya sabemos que en México, Porfirio Díaz fue un "dictador benigno" de 1876 a 1880 y de 1884 a 1910. Durante el porfirismo hubo apariencias de prosperidad, pero, para repetir la historia ya conocida, en realidad esas apariencias engañaban. Los peones en las haciendas quedaban atrapados, sin la esperanza de encontrar mejores condiciones. Cada año el salario de los trabajadores en las ciudades compraba menos, y mucha gente de la clase media nacida durante el porfirismo encontraba las puertas cerradas a cualquier oportunidad. Al mismo tiempo, protestas, rebeliones, y huelgas[2] eran sofocadas, a veces con brutalidad.

El *Partido Liberal Mexicano* (PLM), partido de oposición a Porfirio Díaz, fue organizado en 1901. Pero en los primeros años de su existencia no llegó a tener mayor fuerza. En 1910, por fin hubo una chispa prometedora: en una entrevista de Porfirio Díaz con el periodista norteamericano James Creelman, el dictador anunció que había decidido no lanzar su campaña[3] para la presidencia del país. Entonces Francisco I. Madero, hijo de una de las familias más conocidas del estado de Coahuila en el norte, se declaró *"apóstol de la democracia,"* y lanzó su propia campaña. Sin embargo, al acercarse las elecciones, Porfirio Díaz decidió entrar en las campañas para la presidencia, desvirtuando así la promesa[4] hecha en la *"Entrevista Creelman."* Hubo elecciones, y Díaz declaró que había "vencido" con una victoria casi unánime: el fraude

---

[1] Torbellino = whirlwind.

[2] Huelga = strike.

[3] Lanzar ... campaña = to throw his hat in the ring for the presidential race.

[4] Desvirtuando ... promesa = diminishing the value of or going against his word.

electoral fue bastante obvio. Madero, que ahora temió por su vida, huyó a Texas donde proclamó el *Plan de San Luis Potosí.* El *Plan* denunció las elecciones, e incitó al pueblo entero a la revolución para el día 20 de noviembre en contra de Porfirio Díaz. Una sublevación comenzó precisamente en esa fecha. La fuerza del ejército porfirista era menos de lo que se creía, y en realidad la oposición en contra de Díaz había crecido durante la última década. Como consecuencia, Díaz duró poco tiempo en la presidencia, y Madero entró triunfante en la ciudad de México. Poco después hubo elecciones en que Madero salió ganador, y comenzó a gobernar el país.

Madero había entrado a la ciudad de México como en una marcha triunfal. Las esperanzas del pueblo mexicano fueron puestas en este recién llegado, "con la frente ancha, nariz chata, barba negra, piel fláccida, y ojos ardientes ... que combinaban con su estatura baja" para ofrecer la imagen de un "profeta, mesías y apóstol" (como lo describe Edith O'Shaugnessy).[5] El pueblo llenaba las

El término *"imagen popular"* o *"folklórica"* dentro del presente contexto se refiere al conjunto de imágenes populares, leyendas, historias folklóricas, y hasta chismes y chistes, que contienen una poca de verdad y una poca de mentira o ficción acerca de las figuras y los acontecimientos más conocidos de la cultura. Una *imagen*, entonces, generalmente se trata de un suceso o un héroe, ya sea verdadero o ficticio, que evoca profundos sentimientos y deseos en la conciencia colectiva del pueblo. Por ejemplo, en EE.UU., ha habido *imágenes* sobre personajes puramente ficticios— Johnny Appleseed, Paul Bunyan, Pecos Bill—y otras figuras históricas—Daniel Boone, Davy Crockett, Buffalo Bill, Billy the Kid, Wyatt Earp—que han contribuído a la creación de una identidad cultural. Ya que la Revolución Mexicana consiste de una serie volcánica de acontecimientos que transformaron radicalmente a la cultura, se espera que hubieran existido muchas figuras características de ese período alrededor de las cuales fueron creados algunas *imágenes.* Y las hubo.

---

[5] Edith O'Shaughnessy, *Intimate Pages of Mexican History* (New York: George H. Doran, 1920), 149.

calles por donde pasaba el nuevo héroe con gritos de "¡Viva Madero!" "¡Viva el Incorruptible!" "¡Viva el Redentor!" Madero el *incorruptible*, sí. Pero eso no necesariamente lo calificaba como *redentor*. En verdad, México merecía una redención. Pero en realidad Madero fue un instrumento débil para llevarla a cabo.[6]

Madero prometió elecciones limpas, y las hubo. Fue un paso gigantesco hacia la democracia. Pero los campesinos también querían tierra, y los trabajadores querían oportunidades de trabajo y un sueldo justo. Los hacendados reclamaban represalias en contra del pueblo que estaba invadiendo sus haciendas. Los embajadores pedían orden y protección a las empresas y sus compatriotas extranjeros. El problema es que en realidad, Madero era un teórico político que sabía poco de economía y administración. A consecuencia de ese problema, el colapso de su gobierno en febrero de 1913 fue inevitable. Durante diez días (a lo que se le llamó la *decena trágica*) ex-porfiristas atacaron al ejército del gobierno en la capital. Victoriano Huerta, un general porfirista que Madero había dejado encargado del ejército, emergió como el hombre dominante. Muchos maderistas fueron encarcelados o fusilados, y el mismo Francisco I. Madero fue asesinado el día 22 de Febrero.

Pero el fracaso también fue en parte causado por el aura *imaginaria* que envolvía la figura de Madero. Originario de Coahuila, un estado alejado de la capital de la república, Madero era relativamente poco conocido en el centro del país. Es decir, el pueblo en general lo conocía sólo a través de la retórica política en los periódicos y los rumores y chismes en las calles. No lo conocían en persona. Según se le pintaba[7] en la *imagen popular*, Madero tendría que aparecer como *caudillo* en todo el sentido de la palabra—imponente, dinámico, carismático, y de aspecto físico impresionante. Vendría desde el norte ese *"apóstol de la democracia,"* aplastando a todos los porfiristas que se le atravesaron en su camino, y con su nueva política liberal, resolvería todos los males del país.

Pero la "realidad" Madero demostró otra cosa. Una vez en la silla presidencial, ese supuesto *"caudillo"* no fue capaz de estar a la altura de la *imagen* que se había formado en la mente del pueblo. Como lo describe Edith O'Shaugnessy, Madero, de estatura bastante baja, parecía una persona insegura y titubeante. Por la voz débil que tenía, fue ineficaz como orador. Además, su estilo de vida como espiritista y

---

[6] Llevar a cabo = to bring to fruition or completion.

[7] Según ... pintaba = according to the way he was depicted.

vegetariano, y su conducta pacífica y moderada durante tiempos críticos, no impresionaban mucho al pueblo. Madero el supuesto *"caudillo"* prototípico de la imagen popular desapareció, y en su lugar apareció un hombre que parecía incapaz de enfrentarse a la situación de México, país que ahora era una bomba lista para explotar. Otra vez, lo *ideal* había cedido lugar a lo *real*. Y así se disolvió la primera *imagen* de la Revolución Mexicana. Pero aparte del conflicto entre la imagen popular de Madero y el Madero verídico de carne y hueso, había un problema grave.

## Ahora entra el pueblo

En realidad, Madero fue *"reformista,"* no *"revolucionario."* Un verdadero *revolucionario* lucharía por la redistribución de las haciendas y derechos para los trabajadores. Según un programa *revolucionario*, los campesinos deberían de ser dueños de la tierra que trabajaban y los empleados en las ciudades deberían de trabajar en condiciones favorables, y si no, tendrían el derecho de manifestar sus quejas a través de la huelga. En cambio, un *reformista* propondría un gobierno democrático y un sistema de libre empresa[8] que diera oportunidades sobre todo a la clase media.

Es decir, un programa *reformista* no se enfocaría tanto en el bienestar de las masas oprimidas. Aunque Madero prometió al pueblo mejores sueldos, derechos para los trabajadores y tierras para los campesinos, sus compromisos en realidad estaban con la clase media, clase frustrada a causa de sus esfuerzos infructuosos por mejorar su propia situación económica. Madero, entonces, nunca fue gran partidario de las masas oprimidas, a pesar del aura de "redentor" que tuvo en la imagen popular. Fue, más bien, un *"reformista."* Sin embargo, fue un "reformista puro," como lo califica el historiador, Enrique Krause.[9] Como tal, Madero no fue tan inepto como la historia generalmente lo pinta. Al contrario. El momento propicio para este tipo de democracia libre y abierta no había llegado a México todavía, envuelto como estaba el país en un sinfín de tensiones que amenazaban convertirse en caos.

---

[8] Sistema ... empresa = free enterprise system, that of a capitalist society in which opportunities are provided for the citizens who prove themselves to be the most industrious.

[9] Enrique Krause, *Caudillos culturales en la revolución mexicana* (México: SepCultura, 1985), 28.

Pero hay que comprender un poco la *naturaleza de la clase media* de México, e incluso la de toda Latinoamérica de aquella época (naturaleza que tiene repercusiones en nuestros días, como veremos más adelante). El gran *sueño* de los mexicanos que esperaban subir la escala social no era sólo el de pertenecer a la clase media, y nada más. Veían su entrada en la clase media no como el final del camino, sino como un ascenso hacia niveles superiores. Era cuestión de ascender de "Don Nadie" a "Don Alguien," de entrar por la puerta que daba paso a una vida más respetable: la de la clase aristocrática, no la clase media. Es en gran parte por eso que la frustración de la clase media, mucha de ella mestiza, tiene algo de semejanza con la frustración criolla de las últimas décadas del período colonial. Tal como los criollos quisieron reemplazar a los peninsulares, así la clase media mexicana quiso reemplazar a— o cuando menos integrarse a—la elite superior del porfirismo. Esa clase media, igual que los trabajadores y los campesinos, veía a Madero como un libertador que derrumbaría las barreras que impedían su avance hacia la vida que deseaba.

Para abreviar una historia muy compleja, al llegar a la presidencia, Madero no disolvió la estructura político-militar establecida durante el porfirismo. La dejó más o menos intacta. Incluso dejó al General Victoriano Huerta, uno de los principales militares del régimen de Díaz, bien colocado en su lugar. Fue el mismo Huerta el que, en colaboración con el embajador de EE.UU. Henry Lane Wilson— desacatando las órdenes del Presidente Woodrow Wilson—depuso a Madero, y lo mandó asesinar. Fue entonces, y sólo entonces, cuando entraron las masas de los campesinos en rebelión contra Huerta, el "usurpador." Pero si Huerta era un villano, el pueblo necesitaba un héroe. ¿Quién sería? Ni más ni menos que Madero, no el Madero de carne y huesos sino el Madero de la memoria colectiva del pueblo, el Madero "caudillo" y "redentor," el Madero del *mito* o la *imagen popular*. Ahora ese Madero se convirtió en el "verdadero revolucionario" y defensor del pueblo. Pues bien, no es que Madero hubiera tenido la intención de llevar a cabo una revolución agraria, expropiando las haciendas, dividiéndolas, y entregándoselas a los campesinos. Al contrario. Madero fue, para reiterar, "reformista," no un "revolucionario" genuino. Sin embargo, en la conciencia popular seguía como el "apóstol" y "salvador" de los oprimidos. Es decir, el pueblo seguía con la *imagen popular*, no el Madero tal como fue.

Entre los líderes campesinos revolucionarios de más fama que se sublevaron en contra de Victoriano Huerta se contaban Doroteo

Arango—con el seudónimo de Pancho Villa—del estado de Chihuahua, y Emiliano Zapata del estado de Morelos en el sur. Por otro lado, jefes "revolucionarios-reformistas" de la clase media-alta incluían, entre los más sobresalientes, los terratenientes norteños Venustiano Carranza de Coahuila y Alvaro Obregón de Sonora. En alianza vaga y tenue con las fuerzas campesinas, Carranza, Obregón, y otros de la clase media y alta, emprendieron una sublevación en contra de Huerta. Desde el principio, Carranza se declaró el *"Primer Jefe Constitucionalista,"* con pretensiones vanas—sin embargo, Villa, con su *"División del Norte,"* después tuvo mayor poder. Huerta, frente a esa alianza subversiva de pobres, medio ricos, y bastante ricos, pudo mantenerse en la silla presidencial sólo hasta el verano de 1914.

Pero, en realidad, el destino de Huerta estaba ya escrito. La imagen popular lo calificaba como dictador brutal. Según esa *imagen*, también *mitificada*, Huerta tenía la personalidad de un animal: era salvaje cruel y bárbaro. Además, corría cierto rumor que vivía perpetuamente bajo el influjo del alcohol, y lo que era peor, fumaba marijuana. Esa última característica fue recogida en algunas líneas del famoso *corrido*[10] que se diseminaba por los campos del norte, "La Cucaracha":

> La cucaracha, la cucaracha,
> Ya no puede caminar.
> Porque no tiene, porque le falta,
> Marijuana pa' fumar.

Fue esa "cucaracha" precisamente una metáfora de Huerta, el gran villano, la encarnación del mal que había acabado con el *"Apóstol de la Democracia,"* Madero. Y he aquí, otra *imagen* de la Revolución Mexicana, la *imagen* de Huerta, una *imagen* "negra" que contrasta con la *imagen* "blanca" de Madero. Pero como ya sabemos, lo *ideal* y lo *real, imagen,* y *mundo actual,* suelen ser dos cosas distintas. En un intento por disolver la *imagen,* el historiador Michael C. Meyer, en *Huerta: A Political Portrait* (1972), demuestra que Huerta en realidad no fue tan malo como lo pintaban. Parece que en realidad no era prisionero irremediable de los vicios, y no tenía una disposición hacia la crueldad excesiva sino que las condiciones de la época a veces exigían actos de violencia para evitar un desorden incontrolable. Pero, la verdad

---

[10] Corrido = a type of song, accompanied by guitar, and serving as a medium for the dissemination of news, gossip, jokes, and folktales among the lower classes.

a veces nada puede en contra del sentimiento del pueblo y sus *imágenes*. Huerta, según el pueblo, fue una águila falsa cuyo único rumbo podía ser la caída. Y cayó.

Después de Huerta, y con la esperanza de llegar a un acuerdo, las varias facciones revolucionarias se reunieron en la *Convención de Aguascalientes* (1914) para organizar un gobierno provisional. Desafortunadamente las fuerzas de Carranza y Obregón que defendían los intereses de la clase media, y las de Villa y Zapata que defendían los de los campesinos, entraron en desacuerdo. En una ocasión cuando el desorden llegó a un punto culminante, Villa a la fuerza tomó la palabra[11] y sugirió, en tono irónico, que para resolver este desacuerdo insuperable, él y Carranza deberían suicidarse—un acto máximo de *machismo*. Pero siguió el desorden.[12] Por fin, Eulalio Gutiérrez fue elegido como presidente interino. Pero nadie estuvo conforme. Entonces las fuerzas campesinas dirigidas por Villa y Zapata y las fuerzas de Carranza y Obregón se separaron. Y siguió la guerra civil, sin tregua.[13] Pero ahora la lucha era entre los "revolucionarios" y los "reformistas," es decir, entre los que tenían intereses mas bien de la clase media y los que apoyaban a los campesinos.

Pancho Villa, a diferencia de Huerta, fue capaz en poco tiempo de crear una *imagen* de sí misma popular y positiva. Comenzó su carrera revolucionaria como fugitivo de la ley en las montañas del oeste de Chihuahua. Después, entró en la Revolución. Conocía como la palma de la mano el terreno de aquellas comarcas, estaba dotado de una aptitud natural para las tácticas guerrilleras, y tenía una personalidad carismática y una determinación y fuerza de voluntad impresionantes. Con estas cualidades, en muy poco tiempo conquistó fama por todas partes. Teniendo acceso a las fronteras de EE.UU., con facilidad compraba armamento de guerra y uniformes "caqui"—que fue la razón por la cual a los villistas se les diera el nombre de los "dorados." Consiguió varios aviones piloteados por norteamericanos para funcionar como reconocimiento militar, y dirigía sus tropas por rutas que seguían las vías de tren con carros bien equipados—hasta tenía carro hospital. Hay que notar también que un gran número de soldados iban acompañados

---

[11] Tomó ... palabra = took the stand.

[12] Como ... esperarse = as would be expected.

[13] Sin tregua = without respite, truce.

por sus mujeres, y, desde luego, siempre había algunas *soldaderas*,[14] simbolizadas en la canción de la inmortal, "La Adelita." Se calcula que el ejército de Villa alcanzó entre 50.000 y 65.000 soldados. Para aquella época fue impresionante.

En contraste con la imagen de Victoriano Huerta, tenemos en el mismo *corrido*, "La Cucaracha," una referencia a Villa:

> Una cosa me da risa,
> Pancho Villa sin camisa.
> Ya se van los carrancistas,
> Porque vienen los villistas.

Corría la fama—es decir, la *imagen*—de la invencibilidad de Villa. Pronto llegó a ser en la mente colectiva del pueblo como un tipo de "Robin Hood," que robaba a los grandes terratenientes para entregar el botín[15] a los pobres. Cuanto más se diseminaban las noticias de las hazañas de Villa, tanto más heróico e invencible parecía. La *novela de la Revolución Mexicana* más conocida, *Los de abajo* (1915) de Mariano Azuela revela la reacción de una pequeña banda de campesinos revolucionarios al recibir la noticia de que Villa por fin había sido derrotado:

> —¿Derrotado el general Villa?... ¡Ja!, ¡Ja!, ¡Ja!...
> Los soldados rieron a carcajadas....
> —¡No nace todavía el hijo de la... que tenga que derrotar a mi general Villa!—clamó con insolencia un veterano de cara cobriza con una cicatriz de la frente a la barba.

Pancho Villa era ya una *imagen popular*. La *imagen* escondía al Pancho Villa verdadero, ese hombre que Martín Luís Guzmán (1887-1976) describe en *El águila y la serpiente* (1928) como un hombre de intuición e instinto extraordinarios, pero a fin de cuentas con defectos como todos los seres humanos. No obstante, la *imagen* de la figura de Pancho Villa se perpetuó.

La *realidad*, desde luego, tenía otra cara: el héroe de los oprimidos sí fue vencido por las tropas de Obregón en la *Batalla de Celaya* en 1915. Aunque Villa fuera tan astuto como un zorro cuando se trataba de las guerrillas en las montañas, en campo abierto y

---

14 Las soldaderas eran mujeres que rompían con el papel tradicional de la mujer al tomar armas y pelear al lado de los hombres en la revolución.

15 Botín = booty.

empleando tácticas militares clásicas, como fue la situación de Celaya
donde encontró su primera derrota, no pudo con Obregón.  Después de
su derrota en Celaya, Villa huyó hacia el norte, perdiendo tropas que
desertaban porque ya no tenían el mismo entusiasmo, y perdiendo otras
en batallas esporádicas en contra de las fuerzas de Obregón que le
perseguían.  Después de la época más violenta de la Revolución, a Villa
se le otorgaron amnistía y la concesión de una hacienda en el norte.
Pero el Villa de la *imagen* se perpetuaba como una amenaza a los ojos
de los políticos que tenían el poder en la capital del país:  por consiguiente, en 1923 fue asesinado en una emboscada cuyo motivo hasta hoy
en día no se ha aclarado.  Villa ya no existía.  Sin embargo, la *imagen*
del águila del norte seguía perpetuándose.

       La rebelión de Emiliano Zapata fue más bien local que
nacional:  nunca quiso otra cosa que tierra para los que la labraban y
libertad para labrarla.  Deseaba un cambio al sistema agrario comunal
que había existido durante la época prehispánica.  Según este sistema—
el de los ya mencionados *ejidos*—a cada campesino se le concedía una
pequeña parcela de tierra, que no era suya sino de la comunidad.  Tenía
cada individuo el derecho a cultivar su parcela, y si no lo hacía con
prudencia, perdía ese derecho.  Esa institución agraria fue protegida por
las Leyes de las Indias durante el período colonial, aunque, como ya
hemos visto, había ciertos abusos por parte de los colonos.  Pero estas
leyes fueron abolidas durante el siglo XIX, y los *ejidos* fueron absor-
bidos por las grandes *haciendas*.  Ahora Zapata quería restaurarlos, y
sus ambiciones no iban mucho más allá de esa restauración.  En vista de
que la revolución zapatista fue local, casi no salió de los estados de
Morelos y Guerrero.  Pero Zapata nunca fue derrotado por completo;
sólo fue contenido dentro de las fronteras de su tierra.  Sin embargo,
igual a Villa, después del período más violento de la Revolución,
seguían considerándolo peligroso.  En 1919 fue invitado a una reunión
en una antigua hacienda para establecer relaciones pacíficas.  La invitación, sin embargo, fue engañosa, y el jefe guerrillero del sur, quizás el
más auténtico de la Revolución, fue asesinado en una emboscada.[16]

       Zapata siempre había sido una palabra mágica para los
campesinos de Morelos.  Llegó a ser la *imagen* pura, que encarnaba la
Revolución Mexicana e inspiraba versos, narraciones, cuadros de

---

[16] Emboscada = ambush.

pintura, y programas agrarios, políticos y sociales.[17] Como Cuauhtémoc y el independentista José María Morelos, Zapata es uno de los héroes legendarios más venerados por los mexicanos hoy en día. En la figura de Zapata, *imagen popular* y *realidad* se unen en la ardiente imagen de una figura que murió de la misma manera en que vivió: abrazando la tierra. Años después de su asesinato, en su tierra corría la leyenda de que su venerado héroe en realidad no había muerto. Había escapado, y un día volvería en su famoso caballo blanco para reemprender la lucha en contra de los federales. La *imagen* zapatista resistía el pasaje al olvido en la conciencia popular.

Bueno. Creo que valió la pena dedicar un poco de tiempo a la Revolución Mexicana y a sus *imágenes populares* por: (1) la centralidad de la Revolución como iniciadora de las transformaciones que estaban destinadas a ocurrir en las esferas *socio-político-económicas* de toda Latinoamérica, y (2) la naturaleza misma de las *imágenes*, que revela una corriente profunda en la conciencia y la conducta de los latinoamericanos, sobre todo en los países de culturas más *pluralistas*. No hay que olvidar que el deseo de los mexicanos de "inventar" su identidad a través de sus *imágenes* es en realidad una característica universal. Según Octavio Paz, la gente de todas las culturas ha sentido un hueco, algo que falta, algo de que quizás los antepasados hayan gozado o algo de que quizás se pueda gozar en el futuro. Ese hueco, ese vacío, envuelve al individuo en la *soledad*. Se siente sólo aunque esté rodeado de otros individuos, todos en busca de una *comunidad ideal*. Por lo tanto, todos los individuos de una sociedad crean sus *imágenes* para combatir esa sensación de *soledad*, para que cada individuo pueda sentir que comparte algo con sus prójimos.[18] Y vuelven a despertar, dentro de esas mismas *imágenes*, para vivir en un mundo que es en parte *ideal* sin que se haya dejado completamente lo *real*. México, en este sentido, no es único sino que incorpora las características básicas de todas las culturas. En todas las culturas, las *imágenes* seguirán viviendo mientras haya vida.

Ya hemos reflexionado bastante sobre las *imágenes populares*. Volvamos a la trayectoria tumultuosa de la Revolución Mexicana.

---

[17] Vale la pena mencionar que la clase media y la aristocrática de la capital del país le decían a Zapata el "Atila del Sur," pues, el *mito* que convenientemente había fabricado la clase media en las ciudades fue el de un salvaje, un bárbaro que quería acabar con la "civilización."

[18] Prójimos = neighbors.

# Hacia una revolución legitimizada

Para 1915-16, Carranza y Obregón habían triunfado definitivamente. Es decir, triunfaron los intereses de la clase media y perdieron los de la clase campesina. Carranza fue elegido presidente e inaugurado en 1917. Poco después fue escrita la *Constitución de 1917*, que, gracias a la presión que todavía existía de los verdaderos revolucionarios, contenía programas sociales que le colocaba entre las constituciones más progresistas del mundo occidental de aquella época. Sin embargo, aun no había acabado toda la violencia en el país. Con el tiempo creció la oposición en contra de Carranza, y, presintiendo su caída, en 1920 huyó en tren hacia el puerto de Veracruz. Pero antes de llegar, fue asesinado en la selva. Poco tiempo después, hubo elecciones, el general Obregón ganó, y pudo sobrevivir su período presidencial de 1920-24. Sólo hasta la presidencia de Obregón, empezó el gobierno a poner en vigor las reformas agrarias escritas en la Constitución de 1917 con la repartición de tierras a los campesinos—aunque en realidad no fue más que un comienzo.

Obregón organizó un programa de educación bajo la dirección del escritor José Vasconcelos (1882-1959). De acuerdo con ese programa, maestros y estudiantes de las universidades salían de las ciudades para enseñar a los campesinos a leer y a escribir. Los artistas, que también recibieron apoyo del gobierno obregonista, tenían la filosofía de que el arte debía existir para el beneficio de toda la ciudananía. La forma más impresionante de la expresión artística dentro de ese programa, bajo la influencia del caricaturista, José Guadalupe Posada (1852-1913), y el pintor, Dr. Atl (1875-1964),[19] fue la de los *muralistas*, cuyos representantes más notables fueron José Clemente Orozco (1883-1949), Diego Rivera (1886-1957) y David Alfaro Siqueiros (1898-1974). Esos tres muralistas pronto conquistaron fama internacional. Su fama consagró ese momento y los que siguieron como una época de oro en la historia de la cultura mexicana, y dio un impulso dinámico a la creatividad artística de las próximas generaciones.

Plutarco Elías Calles fue eligido presidente para el período 1924-28. Según la Constitución de 1917 un presidente no podía volver a hacer campaña para otro período en la silla presidencial, artículo escrito con el fin de evitar otra larga dictadura como la de Porfirio Díaz.

---

[19] Atl = agua (en náhuatl). Dr. Atl fue el seudónimo de Gerardo Murillo.

Sin embargo, Obregón, como si estuviera burlándose de ese artículo, en 1928 lanzó una campaña para la presidencia, y ganó la mayoría del voto popular—aunque José Vasconcelos, otro candidato, denunció las elecciones como fraudulentas. Pero antes de su inauguración, Obregón fue asesinado, según dijeron, por un fanático religioso. Ahora Calles, previendo una nueva explosión de violencia, pronto impuso su voluntad. Durante los seis años siguientes, ejerció poderes casi-dictatoriales con su "sombra" en vez de su "presencia" en el palacio gubernamental, época narrada en *La sombra del caudillo* (1929) de Martín Luís Guzmán. Es decir, para conformar con el precepto constitucional de la no reelección, Calles mismo puso tres hombres en la silla presidencial entre 1928 y 1934, cada uno ejerciendo en su lugar el poder durante un lapso de dos años. Para estabilizar la política, Calles organizó en 1929 un partido oficial, el *Partido Nacional Revolucionario* (PNR), que sigue vigente hasta hoy en día—aunque con dos cambios de nombre, como veremos más adelante.

Entre 1934 y 1940 gobernó el Presidente Lázaro Cárdenas (los períodos presidenciales se habían extendido de cuatro a seis años). Cárdenas había sido discípulo y aprendiz de Calles. Calles lo seleccionó como el próximo candidato para la presidencia, creyendo que podría manejarlo a su voluntad. Pero Cárdenas no cumplió el papel que quiso imponerle Calles. Después de su inauguración, inmediatamente procedió a lanzar la serie de reformas más profundas de la historia de la Revolución Mexicana, pero no antes de mandar a Calles a Los Angeles, California, donde pasó el resto de su vida. Cárdenas, el "Tata" ("Papá") como le decían los campesinos indígenas, era un firme creyente de las virtudes de una *revolución agraria*: favoreció el sistema de *ejidos*, sistema que, como ya sabemos, fue semejante al de la época prehispánica. Para 1940 más de 17 millones de hectáreas habían sido distribuidas para el cultivo *ejidal*, lo que representaba más de la mitad de la producción agrícola del país. Cárdenas servía como árbitro en las contiendas entre trabajadores y empresarios, y la mayoría de las ocasiones se ponía a favor de los trabajadores (por lo tanto los sindicatos durante esa época alcanzaron su máximo poder). Además, bajo Cárdenas, hubo un programa dinámico de *nacionalización* de servicios públicas, ferrocarriles, fábricas y minas: todo fue puesto bajo el control del gobierno federal.

Pero la nacionalización más dramática para los mexicanos y más traumática para los inversionistas extranjeros fue la del petróleo. En 1938, cuando las empresas de Estados Unidos, Gran Bretaña y

Holanda se negaron a respetar un acuerdo con los trabajadores arbitrado por Cárdenas mismo, el presidente ordenó la expropiación de todo el petróleo. Después, hizo una petición al pueblo mexicano a que contribuyera lo que pudiese a la nación para ayudar al pago del petróleo a las empresas extranjeras. En un acto de patriotismo, mujeres ricas contribuyeron joyas y cubiertos de plata, niños vaciaron sus alcancías[20] para ayudar la causa, y los campesinos entregaron puercos y gallinas a su "tata." Todas las contribuciones ayudaron poco a la indemnización de los empresarios extranjeros del petróleo, desde luego, pero fue un acto de importancia simbólica más bien que la solución al problema. Sin embargo, estos actos de contribución a una causa sirvieron para unificar al pueblo mexicano más que nunca. A pesar de las protestas de las empresas extranjeras y de los rumores de intervención de gobiernos extranjeros, el presidente de México se mantuvo firme respecto a la nacionalización del petróleo. El petróleo, desde entonces, es de los mexicanos. (Hay que agregar, también, que la indemnización, determinada por un comité internacional, fue pagada en su totalidad una década y medio después).

En fin, Cárdenas cambió la cara de México, quitándole la cosmética extranjera que había retenido desde el porfirismo y que había sobrevivido la revolución y los años de Carranza, Obregón y Calles. Ahora era un país en el camino hacia algo nuevo, algo genuinamente mexicano, con identidad propia. Es significativo y hasta simbólico, entonces, que Cárdenas hubiera confirmado esas transformaciones con un nuevo nombre para el partido oficial: el *Partido de la Revolución Mexicana* (PRM).

## Un intermedio

Ya que con la presidencia de Lázaro Cárdenas hemos llegado a lo que muchos historiadores consideran la culminación de la Revolución Mexicana, nos conviene echar una nueva mirada[21] a un aspecto sobresaliente de la cultura mexicana, y de hecho, de las culturas latinoamericanas en general: el *paternalismo*.

México, gracias a su Revolución, se abrió a nuevas posibilidades para que la gente de clases antes subyugadas pudiera comenzar a soñar de nuevo y a trabajar hacia la realización de sus sueños. Debido en gran parte a esa apertura, toda una generación dinámica de políticos,

---

[20] Alcancías = savings banks ("piggy banks").
[21] Echar ... mirada = to take another look.

profesionistas, y empresarios emergió. Esa nueva generación de mexicanos llegó a tener éxito a través de su inteligencia, su industria, y sobre todo por medio del provecho que sacaba de las interrelaciones humanas que existían en esa nueva sociedad. Hay que mencionar que en una sociedad *paternalista*, la red de *interrelaciones humanas* es de suma importancia.[22] Por eso, no sería nada extraordinario encontrar una persona del México post-cardenista con bastante renombre e influencia que describiera el camino a su éxito más o menos de la siguiente manera:

> "Nací de una familia provinciana *medio pobre*. A los doce años *fui a la ciudad* a vivir con mis tíos porque mi padre murió y mi madre ya no podía con siete hijos. *Asistí a la Universidad* donde *conocí algunos alumnos de familias bien adineradas*, y con ellos durante el último año de mi educación universitaria *tomé parte activa en las elecciones gubernamentales*. El padre de uno de mis amigos fue elegido senador del estado, y después de graduarme, *me invitó a trabajar con él en su negocio*. Él tuvo después la bondad de *prestarme dinero* para *poner una planta de cemento*. Varios años después, *hice campaña para diputado* y por fortuna el pueblo me eligió. Ultimamente, la Secretaría de Obras Públicas *me ha concedido cuatro contratos de una suma de dinero impresionante* para la construcción de nuevos edificios en las ciudades principales del estado. Así es que, *me va bien*."

Y, ¿por qué "le va bien"? Por los "contactos" que ha hecho. Y ahora, como frutos de sus esfuerzos, se encuentra rodeado de "amigos" (de "compadres"), dentro de un sistema profundamente *paternalista*.

El camino al éxito no es solamente el de la frugalidad, el trabajo diligente, y la inversión de dinero con bastante cordura—como sería el camino más apropiado al éxito según la *imagen popular* estadunidense de Horacio Algiers. En Latinoamérica, más que en EE.UU., también es importante conocer gente respetable, hacer contactos, adquirir influencia a través de la familia, obtener membresía en los "clubs" apropiados, y entrar en los círculos de influencia en la escuela, el comercio, la burocracia, y el palacio municipal. El éxito de uno no se mide solamente a base de su actividad industriosa o de haber corrido con suerte. Su éxito es también el producto de la red de socios y "compadres" que haya establecido: pues, como va el refrán, "Díme con

---

[22] Suma importancia = of utmost importance.

quien andas y te diré quien eres." Además, el éxito no le favorece por el sólo hecho de que lo haya merecido. Fue en gran parte a base de los contactos: "Hay que tener 'palanca,'" o "Estar 'enchufado,'" como dicen.[23]

Pero no hay que creer que los procedimientos dentro del sistema *paternalista* de Latinoamérica sean por eso menos justos que los procedimientos del sistema social de EE.UU. o de cualquier otra sociedad. Sencillamente son diferentes. En Latinoamérica no existe una *"meritocracia"* en que le dan premios a un individuo por lo que que haya logrado, y nada más. En realidad, tampoco en EE.UU. vamos a encontrar un proceso de selección que escoge objetivamente los más preparados para los trabajos, la administración, la burocracia, la política, y el ejército. Pero el sistema en EE.UU. sí es menos *personal*. Por eso a EE.UU. le hace falta una característica que sobresale en México y en Latinoamérica: el *personalismo* (las *interrelaciones interpersonales*), que es inherente al *paternalismo* (como fue mencionado en el Capítulo Dos). Tal como la política latinoamericana se basa más bien en *relaciones concretas* que en *instituciones abstractas*—como suele ser la práctica en EE.UU.—del mismo modo todos los aspectos culturales latinoamericanos tienden a basarse en relaciones humanas de índole personal, *concreta*, y *humana* (lo que ya vimos en la discusión sobre el *vacío de la legitimidad* en el Capítulo Once).

Así es que aunque el camino al éxito en Latinoamérica quizás no nos parezca a nosotros ni lógico ni justo, para los latinoamericanos, sigue rutas bastante acostumbradas y cómodas. El individuo que depende de parientes, amigos, y otros conocidos para subir de categoría, tiene un modo de conducta que le es bastante razonable. Su camino al éxito es para él tan razonable como para el norteamericano es razonable que debe tener confianza en la preparación que tiene y en sus talentos para realizar sus sueños como individuo (eso es, el "rugged indivi- dualism" de EE.UU.). Aunque nosotros prefiramos nuestro modo de conducta en la vida pública, no podemos negar que el *personalismo* le pueda dar a un individuo de Latinoamérica un lugar más seguro, más íntimo, más cómodo, y de más sociabilidad, que nuestro sistema relativamente abstracto y frío. Hay que repetir: ni un sistema ni el otro es necesariamente superior o inferior; son diferentes, y cada uno tiene sus ventajas y sus desventajas, cada uno atrae pero a la vez quizás repele

---

[23] Tener palanca, estar enchufado = to have connections, "pull."

un poco. Y, hay que agregar, fue la Revolución Mexicana, al igual que otros movimientos de Latinoamérica, los que transformaron radicalmente sus respectivas culturas, y abrieron las posibilidades para que funcionara esa característica profunda del *personalismo-paternalismo*.

Ya terminada esta breve divagación, prosigamos con la trayectoria histórica de México.

## Y ahora, la Revolución institucionalizada

El huracán de cambios cardenistas fue demasiado profundo y demasiado rápido. Había llegado la hora de volver hacia una política más "conservadora" y "calmada," después de tantos programas "radicales." O cuando menos, esa era la opinión general de la clase media y la alta, y de la corriente tradicional del catolicismo.

Los períodos presidenciales de Manuel Avila Camacho (1940-46) y Miguel Alemán (1946-52) fueron, por lo tanto, una vuelta de la "izquierda" cardenista hacia el "centro" avilacamachista y por fin a la "derecha" alemanista. Durante ese período, la industrialización llegó a tener prioridad sobre la revolución agraria, las empresas fueron favorecidas mientras los trabajadores ganaban un sueldo que cada vez alcanzaba menos, y la estabilidad política fue la norma en vez de la iniciación de programas nuevos y cambios bruscos. A la vez, hubo *modernización* de la economía nacional. Las fábricas empezaron a reemplazar las minas como la base principal de la economía. La mecanización de la agricultura y el cultivo de los productos agrícolas por parte de los granjeros de clase media para la exportación tomaron prioridad sobre los *ejidos* de los campesinos. Y una profusión de dinero invertido desde el extranjero en fábricas y comercio comenzó por primera vez desde la época de Porfirio Díaz a tener un papel importante en la economía del país. Se hablaba del "milagro mexicano" a causa de su aparente progreso económico.

En 1946 esa transformación fue legitimada con otro cambio del nombre del partido oficial.: fue bautizado con el nombre de *Partido Revolucionario Institucional* (PRI). El PRI, según la retórica oficial, perpetuaba el papel dinámico de la Revolución Mexicana. Se presentaba como un partido obsesionado con el ideal de una democracia capaz de unificar todo el pueblo. Pero a la vez, bajo el programa del PRI, el *personalismo* disminuía mientras el *profesionalismo* cobraba más vigor. Es decir, hasta cierto punto las relaciones burocráticas y abstractas de las *instituciones sociales, políticas* y *económicas* reemplazaban las relaciones puramente *paternalistas* y *personalistas* típicas del cardenismo.

La política, por lo tanto, se inclinaba hacia una administración de *técnicos* en vez de *patrones*, de *política* en vez de *administración* a base de *interrelaciones humanas*.

Por otra parte, entre un número impresionante de intelectuales, comenzaron las dudas acerca de le legitimidad de ese partido "revolucionario." Hubo preguntas como: ¿Estaba todavía con vigor la Revolución Mexicana, o había muerto? Esas dudas aumentaron, sobre todo durante los períodos de los presidentes Adolfo López Mateos (1958-64) y Gustavo Díaz Ordaz (1964-70). Como todo mundo sabe, durante aquellos años hubo mucha inquietud política y social por todas partes: los asesinatos de John F. y Robert Kennedy, Martin Luther King Jr. y Malcolm X en EE.UU., la revolución cultural en China, la revolución social de Cuba, el movimiento en París en 1968, y la guerra de Vietnam. México no fue ninguna excepción. Pero hasta cierto punto la inquietud de México tomó una cara diferente, de acuerdo con las circunstancias particulares.

En primer lugar, para fines de la década de 1960 el "milagro mexicano" de la economía parecía alejarse en el horizonte. El proceso de la industrialización estaba perdiendo su ímpetu. Las empresas ya no podían competir con eficacia en el mercado internacional. Y con un aumento de población del 3 al 4 por ciento cada año, por primera vez desde el comienzo del cardenismo había necesidad de importar alimentos básicos. En segundo lugar, para el verano de 1968, año en que México había sido escogido para patrocinar los Juegos Olímpicos, un conflicto entre estudiantes en huelga y representantes del gobierno llegó a un punto crítico. Pero las manifestaciones estudiantiles no se dirigían hacia el sueño de una revolución de tipo marxista-socialista, como en otros países latinoamericanos y en Europa. Al contrario. Por regla general, los estudiantes simplemente pedían democratización política y reformas universitarias. Desde el exterior se criticaba a México y su inestabilidad, y peor todavía, había rumores de que quizás no se permitiera los Juegos Olímpicos allí.

El gobierno mexicano, entonces, recurrió a medidas represivas. El 2 octubre de 1968 hubo una masacre en *Tlatelolco*, o la *Plaza de las Tres Culturas*,[24] donde se había reunido un grupo enorme de estu-

---

[24] Se le fue dado el nombre "Plaza de las Tres Culturas" porque allí descubrieron los restos de construcciones aztecas (cultura prehispánica—la plaza se llamaba Tlatelolco) en el sitio en que existía una iglesia edificada durante el período colonial (cultura española tradicional), y en la periferia de la

diantes, profesores y otros simpatizantes. La operación fue sencilla y certera. El gobierno mandó al ejército al sitio de la reunión, y de repente, comenzó a disparar a la gente. Según han calculado, entre 400 y 600 estudiantes perdieron la vida durante ese momento trágico en la historia de México. La Revolución ahora parecía sin duda "institucionalizada," o sea, *impersonalizada*. Es decir, el gobierno se había demostrado como *benigno* y *paternalista* durante tiempos de quietud y estabilidad, pero capaz de imponer castigos severos durante tiempos de rebelión. La matanza de Tlatelolco fue una verdadera tragedia, pero a la vez sirvió para demostrar otra máscara del gobierno mexicano: un coronel-esqueleto con el sable sangriento típico de los dibujos de José Guadalupe Posada.

Después del acontecimiento trágico de Tlatelolco, los presidentes que siguieron a Díaz Ordaz probaron nuevos caminos para cooptar, acomodar, y asimilar los elementos inquietos. Luís Echeverría (1970-76) puso renovado énfasis en la redistribución de tierras y el nacionalismo, mientras su sucesor, José López Portillo (1976-82) intentó reformas políticas y una expansión de la representación de los partidos políticos que competían con el PRI. Al final de 1970 el descubrimiento de yacimientos extensos de petróleo le dio a la llamada "familia revolucionaria" del PRI la confianza de pedir al Banco Mundial grandes préstamos para instituir obras públicas con la suposición de que el petróleo proveería los medios para pagarlas. Poco después, México tenía la deuda más grande de los países en desarrollo, deuda que México había incurrido con el *sueño* de que a base de dinero prestado el país podría entrar en la plena *modernidad*. Lo que en realidad pasó es que las obras públicas no se realizaron según se esperaba, algunos políticos se llenaron sus bolsas de dinero, y con la nueva ola de corrupción, el PRI cosechó ira y cinicismo por parte del pueblo.

Además, el gran proyecto de la *modernidad* del Presidente López Portillo se esfumó en 1982 con la caída del precio de petróleo. El peso mexicano fue devaluado 600 por ciento, y López Portillo acabó su término presidencial envuelto en controversia. Miguel de la Madrid (1982-88) con prudencia inició un programa de *privatización*[25] de muchas de las empresas que habían pertenecido al estado, y una

---

misma Plaza habían construido el edificio gubernamental de las Relaciones Exteriores (cultura contemporánea).

[25] Privatización = privatization; placement of state owned properties into the hands of private individuals or corporations, by sale, bid, or auction.

liberalización de comercio entre México y otros países. El sucesor del Presidente de la Madrid, Carlos Salinas de Gortari (1988-94), quien ganó en las elecciones más controvertidas de la historia del PRI, prolongó el programa de privatización. Para 1994 la inflación había sido reducida, la economía parecía sana, y el país tenía un acuerdo con sus deudores para pagarles a plazos más largos. Con renovada confianza, en enero de 1994 se ratificó el *Tratado de Libre Comercio* (TLC) (North American Free Trade Association, NAFTA).

Pero para colmo de la ironía, a principio de ese mismo mes brotó la rebelión del *Ejército Zapatista de Liberación Nacional* (EZLN) en el estado de Chiapas. Pues, en realidad a los campesinos marginados les había ido cada vez peor en las últimas décadas. Además, el nuevo Presidente, Ernesto Zedillo (1994-2000), devaluó el peso después de que había prometido un futuro estable, lo que puso en crisis al joven TLC. Como resultado, la inquietud de nuevo seguía en aumento, en parte debido a que el ex-presidente Salinas de Gortari y su hermano habían sido implicados en unos asesinatos políticos y en el tráfico de drogas. La pregunta clave respecto a los años de la década de 1990 es si el PRI puede mantenerse en el poder a través de medios pacíficos, reestableciéndose como el partido que mejor representa el pueblo, o si la oposición puede conquistar la confianza de la ciudadanía de tal forma que derrote al PRI en las elecciones. La situación es enigmática y sumamente insegura.

## ¿Y por qué México?

En fin, el caso de México es único, porque quizás ejemplifique la naturaleza *socio-político-económica* de Latinoamérica mejor que cualquier otro país. Ahora Ud. va a preguntar: ¿Por qué?

Hay varias razones para poner de relieve[26] el caso de México. En primer lugar, la Revolución Mexicana fue una revolución legítima. No fue sencillamente un *golpe de estado* en que un general del ejército desplaza a un presidente elegido, o en que un general desplaza a otro general. Tales *golpes* no son sino revoluciones *políticas*: las estructuras *sociales* y *económicas* se modifican poco. En cambio, la Revolución Mexicana realizó una transformación *política* durante su período más violento (1910-17), una transformación *social* bajo la presidencia de Cárdenas (1934-40), y una transformación *económica* durante los últimos años de Cárdenas y los dos presidentes que le siguieron, Avila

---

[26] Poner ... relieve = to highlight.

Camacho (1940-46) y Alemán (1946-52). Otros países latinoamericanos que han logrado una revolución en ese sentido cabal de la palabra
son: (1) Guatemala (1945-54), pero fue una revolución frustrada por la
intervención apoyada por la CIA de EE.UU., (2) Bolivia (1952-68), que
después tuvo una intervención del ejército boliviano, (3) Cuba (1959- ),
que sigue en poder hasta hoy en día, y (4) Nicaragua (1979-90), que
llegó a su fin cuando Violeta Barros de Chamorro derrotó al "sandinista," Daniel Ortega, en las urnas electorales.

En segundo lugar, México es el país mestizo por excelencia, y
por lo tanto ejemplifica maravillosamente el fenómeno de la *pluralidad*
cultural latinoamericana. Como hemos visto, los países del sur de
Sudamérica, son más bien de características europeas. Los países andinos no lograron una mezcla racial-cultural tan profunda desde la
conquista como México. Las repúblicas de Centro América son en su
mayoría o indígena (Guatemala), criolla (Costa Rica), afroamericana
(Panamá), o de mestización esporádica (Nicaragua, Honduras, El
Salvador). El Caribe carece de una larga tradición amerindia. Paraguay
es un país predominantemente mestizo, pero hay poca cultura "moderna" y casi no hay influencia afroamericana. Brasil, desde luego, tiene
una de las *pluralidades* étnicas y culturales más complejas del mundo.
Sin embargo, el mestizaje es local. El sur de Brasil es sobre todo
europeo, mientras el noreste es más bien afroamericano. El interior de
Brasil, aunque de población escasa, tiene de todo. Pero la mezcla es
también esporádica: hay indígenas que se han mezclado poco con la
cultura dominante, y hay migrantes de la costa de norte a sur que han
mantenido las características de la provincia de su origen. Aunque el
sur de México sea más amerindio y mestizo que otra cosa, y aunque lo
afroamericano esté concentrado en las costas, la mezcla en México es
más completa que la de otros países grandes de Latinoamérica.

En tercer lugar, México fue el primer país en crear un programa genuino para revelar, rehabilitar, y asimilar su pasado prehispánico.
José Vasconcelos, escritor y Ministro de Educación Pública bajo la
presidencia de Obregón, mantenía la idea de que el futuro del continente
dependía de la fusión de todos los grupos étnicos en una cultura única.
Vasconcelos, el "caudillo de la cultura," organizó una campaña de educación universal y un programa con énfasis en las culturas prehispánicas
y en el arte muralista, la literatura, y el teatro, con el objeto de forjar un
sentido de identidad nacional en todos los ciudadanos del país. La estabilidad de México del presente siglo—cuando menos hasta fines de los

años 1980—en gran parte se debe al éxito de incorporar la herencia indígena en el concepto de la "mexicanidad."

En cuarto lugar, México quizás sea el país que mejor haya logrado una evolución política *sui generis*.[27] En cuanto a la evolución del sistema político, la Constitución de 1917 fue escrita de acuerdo con las condiciones del país después de la Revolución. Fue Cárdenas el instrumento principal en la creación de una estructura administrativa del estado de acuerdo con los artículos de la Constitución, con su revolución agraria, la nacionalización de bienes del estado, y los derechos otorgados a los trabajadores y a los campesinos. Esas transformaciones fueron posibles por medio de los cambios efectuados en el partido oficial de la Revolución, el PNR, fundado por Calles. El partido, ya bautizado como el PRM, fue reorganizado alrededor de cuatro *ramas* o *sectores*, que incluían los *campesinos*, los *trabajadores*, la *burocracia*, y el *ejército*. Conflictos entre los diferentes *sectores*, y entre los *sectores* y otros grupos del país, eran arbitrados directamente por los líderes de los *sectores* y el presidente—el *congreso*, por lo tanto, fue excluido casi por completo, contrario al sistema de EE.UU. De esta manera se disminuyó aun más la influencia de las ramas *jurídica* y *legislativa* y se aumentó el poder del *ejecutivo*, el poder del *Sr. Presidente*.

Como consecuencia, el sistema fue ahora menos comparable al de EE.UU. con sus tres divisiones de poder entre el *jurídico*, el *legislativo* y el *ejecutivo*, y fue un poco semejante a un *estado corporatista*.[28] (Como vamos a ver más adelante, ese aspecto *corporatista* también sirvió como modelo para la presidencia de Juan Domingo Perón [1946-55] de Argentina y el *estado nôvo* de Getúlio Vargas [1930-45] de Brasil.) La diferencia principal entre la estructura política establecida por Cárdenas y el *corporatismo* es que la Constitución de 1917 tenía como base preceptos democráticos con marcados elementos socialistas, lo que sirvió como barrera para que México no se convertiera completamente en un estado totalitario. Por otra parte, la matanza de Tlatelolco en 1968 bien podría haber servido como una transición al totalitarismo. Sin embargo, no hubo tal transición, porque la Constitución funcionó como una especie de freno. De todas maneras, existe el hecho de que,

---

[27] *Sui generis* (Latin) = unique, original, arising from within.

[28] Estado corporatista = corporate state, a political system in which the principal economic functions, such as banking, industry, and labor are organized into one body ultimately controlled by the government. This type of government has existed in the past in Italy, Portugal, and Spain.

dado el sistema *quasi-corporatista*, hay una *tendencia hacia el totalitarismo.*

La evolución del cuerpo político no paró con Cárdenas. Con Alemán y el PRI, fue abolido el *sector* militar y subieron de importancia los *sectores* de *profesionistas* (médicos, abogados, ingenieros, profesores, etcétera), y de *empresarios.* Desde entonces se ha formado una alianza entre la clase política y la clase profesionista, entre los administradores de la nación y los grandes empresarios. Esa "institucionalización" ha producido lo que quizás sea la "máquina *paternalista* burocratizada" menos *personalista* de todas las sociedades latinoamericanas, según escribió Octavio Paz en *Posdata* (1970).

A fin de cuentas, México puede ser una clave principal para una comprensión de la "latinoamericanidad" en general.

# Preguntas

1. ¿Cómo fue "re-eligido" Díaz en 1910, y qué pasó con Madero?
2. Describa la "imagen popular" de Madero. ¿Por qué desapareció después?
3. ¿Cuándo y cómo fue que entraron los campesinos a la Revolución?
4. ¿Quiénes fueron Villa, Zapata, Carranza, Obregón?
5. ¿Cómo se caracteriza la "imagen popular" de Huerta?
6. ¿Qué función tienen los corridos? ¿Qué es una soldadera?
7. Describa a Villa según su "imagen popular." ¿Cómo es que fue derrotado Villa, y qué pasó después?
8. ¿Qué aspecto extraordinario tiene la "imagen folklórica" de Zapata, y por qué perduró tanto en la conciencia popular?
9. ¿Qué fue lo que querían los zapatistas de la Revolución?
10. ¿Cómo subió Carranza a la presidencia, y qué le pasó?
11. Describa el pequeño "renacimiento" durante el gobierno de Obregón.
12. ¿Qué importancia tiene el PNR? ¿Qué otros nombres ha tenido el partido oficial, y qué significan los cambios?
13. ¿Qué características especiales tenía Cardenas?
14. ¿Qué cambios radicales hubo después de Cárdenas? ¿Por qué se puso en duda la Revolución?
15. ¿Qué aspecto tuvo el gobierno mexicano después de 1968? ¿Por qué fue tan problemática la situación?
16. ¿Por qué merece atención especial el caso de México?
17. ¿Qué aspectos únicos tiene el sistema político de México?

## Temas para discusión y composición

1.    ¿De qué manera se puede decir que la revolución social de México no llegó hasta la presidencia de Cárdenas?

2.    ¿Qué diferencias hay muchas veces entre un individuo que ha tenido éxito en Latinoamérica y su contraparte en EE.UU.? ¿Por qué creen que existen estas diferencias?

3.    ¿De qué manera representa el acontecimiento trágico de Tlatelolco la culminación de tendencias que existían en México desde la conquista y la colonización?

## Un debate amigable

Tres grupos: el primero propone y explica una pequeña lista de "imágenes populares" norteamericanas según el modelo de las "imágenes" descrito en este capítulo, el segundo critica la lista, porque hay diferencias grandes entre las "imágenes" norte-americanos y las "imágenes" en Latinoamérica, y el tercero sugiere que, como las "imágenes" son universales, las semejanzas son más importantes que las diferencias.

# CAPÍTULO DIECISIETE

# UNA ERA DE CAMBIOS POLÍTICOS

**Fijarse en:**
- El *significado* del gran *sueño de la modernidad.*
- La *importancia* de Eva Perón en el *experimento argentino.*
- Las *condiciones especiales* de Brasil y la *naturaleza de su dictadura.*
- Las *semejanzas* y *diferencias* entre Juan Domingo Perón y Getulio Vargas en sus respectivos intentos de realizar su *sueño.*
- El *porqué* de las *intervenciones militares* en Argentina y Brasil.
- La *diferencia fundamental* entre *Perú*, por una parte, y *Argentina* y *Brasil*, por otra.
- Las características de la *teoría* de la *"dependencia."*

**Términos:**
- *Aprismo, Dependencia, Desaparecidos, Ditabranda, Estado Nôvo, Guerra Sucia, Junta, Justicialismo, Manifesto, Modernidad.*

## Sueños

Desgraciadamente en este volumen ha sido necesario, por falta de espacio, omitir muchísimos nombres, lugares, y sucesos importantes. El problema es que el calidoscopio cultural del continente es de tal complejidad que no permite una revelación amplia en unas cuantas páginas.

Pero así también es la vida al sur de las fronteras de EE.UU.: calidoscópica, compleja, y de una velocidad vertiginosa. Lo que pasa es que una gran parte de los latinoamericanos quieren alcanzar la *"modernidad."* Quieren cambios, pero ya. En muchos casos—aunque no todos, como vamos a ver—la gente, sobre todo la de la clase media, tiene la idea de que los cambios que quiere traerán progreso económico. Habrá prosperidad y abundancia, y entonces estarán al alcance casa, carro, televisión, computadora, juegos de video, y teléfono celular. EE.UU., por las buenas o por las malas, ha contribuido a la proyección de esa imagen de la buena vida del consumismo por todos los países en desarrollo del mundo. La imagen fascina a los hambrientos y los desempleados, y nutre los *sueños* que perduran en la mente de la clase media. Como resultado, existe la esperanza de que el "milagro económico mexicano, brasileño, chileno, argentino, peruano, etcétera," se va a realizar, y todo quedará resuelto. Pero como escribió el dramaturgo español de la Edad de Oro, Calderón de la Barca: La vida es sueño, y sueño, sueño es. Sí, los *sueños* son *sueños*, y nada más. Sin embargo perduran.

Son dignos de mención especial dos caminos hacia la realización de esos *sueños* de la sociedad consumista, tanto como el *sueño* de lograr un sistema socio-político ideal: (1) a través de experimentos "desde arriba" (Argentina, Brasil, Perú), y (2) a través de experimentos *socialistas* o *casi-socialistas* (Chile, Cuba, Nicaragua). Vamos a echar una vista breve a cada uno de estos casos, los primeros tres en este capítulo y los últimos tres en el capítulo que sigue.[1]

## Del experimento al hecho hay un gran trecho: Argentina

Después del lema del estadista Juan Bautista Alberdi, "Gobernar es poblar," Argentina logró una transformación demográfica a base de ola tras ola de inmigrantes, la gran mayoría de ellos italianos y españoles.

Mientras estuvo de presidente Domingo Faustino Sarmiento (1968-74), se había establecido en Argentina la base de educación pública más sólida de toda Latinoamérica. El presidente Julio A. Roca había limpiado la pampa de amerindios al barrerlos hasta la Patagonia—y desafortunadamente en algunos casos al exterminarlos. El puerto de Buenos Aires estaba ya equipado para la exportación de pieles de ganado en cantidades impresionantes, y hubo el comienzo de una red de vías de ferrocarril y un sistema de telégrafo. Ahora el país estaba listo para recibir a los inmigrantes, sobre todo granjeros y ganaderos, para trabajar en las estancias. En 1880, 26.000 inmigrantes llegaron a Buenos Aires, número que subió hasta 219.000 para 1889. En 1990 Buenos Aires tenía cerca de 300.000 habitantes, 90% de ellos

---

[1] Aunque hay otros países que también merecen nuestra atención, desgraciadamente tenemos que limitarnos.

extranjeros. Para 1909 la ciudad porteña contaba con 1.244.000 habitantes, y en 1914 la población del país había alcanzado 7.900.000. El problema fue que la oligarquía tradicional siguió en control de las estancias y de la política del país desde 1890 hasta 1910. Durante esa época la *Unión Cívica Radical* (los "radicales") cada vez alcanzaba más influencia—se llamaban "radicales," aunque en términos políticos de hoy en día no serían tan "radicales." La oligarquía cedió lugar a los "radicales" por el voto popular en 1910, y ellos mantuvieron el poder hasta 1930, cuando volvió el antiguo régimen conservador. Pero la Argentina de entonces, envuelta en la Gran Depresión económica y con la caída de precios de trigo y carne de res, ya no fue la Argentina próspera de antes. La oligarquía en realidad no había creado oportunidades económicas para las olas de inmigrantes, y desafortunadamente no había tenido la visión de establecer una base industrial para complementar la producción de la agricultura. Entonces mientras los productos de la industria pesada[2] de Europa y EE.UU. importados a Argentina cada vez valían más, el trigo y el ganado que los argentinos exportaban valían menos. Como consecuencia, el balance de comercio cambió de favorable a desfavorable. A la vez, el crecimiento demográfico de Buenos Aires seguía a pasos asombrosos. Se conglomeraban en los barrios de Buenos Aires los hijos de la generación de inmigrantes italianos y españoles y los trabajadores recién llegados desde las estancias casi-feudales de la pampa en busca de una vida mejor. Todos estaban en espera de sueldos más respetables en los *mataderos*[3] y los *frigoríficos*.[4] Estaban dispuestos a dar su apoyo a cualquiera que les prometiera mejores condiciones. Los burócratas y profesionistas de la clase media, insatisfechos con sus salarios, también soñaban en un mundo mejor. La situación fue precaria.

Ahora entra Juan Domingo Perón (1895-1974), *caudillo* impresionante y jefe de *Grupo de Oficiales Unidos* (GOU), una organización militar. En 1943 Perón fue designado como Ministro de Trabajo, e inmediatamente se puso a organizar a los trabajadores, cuya membresía en los sindicatos había subido de 10% a casi 70% en dos años. El prestigio de Perón también subió al mismo paso, animándolo a lanzar una campaña presidencial para las elecciones de 1946. Ganó con facilidad, y comenzó a crear una organización política poderosa con el

---

2  Industria pesada = heavy industry, producing durable manufactured goods.
3  Mataderos = slaughterhouses.
4  Frigoríficos = packing houses and refrigeration chambers.

fin de mejorar los sueldos de los trabajadores, los llamados *"descamisados,"*[5] y de promover la industrialización del país. Su esposa Eva Duarte de Perón, mujer guapa, extrovertida, y de familia pobre, había trabajado en la radio y era bien conocida en Buenos Aires. Consiguió la simpatía de la clase trabajadora y sobre todo de los pobres, y emprendió una lucha para mejorar sus condiciones. "Evita" tenía una energía impresionante: salía a la calle para conocer personalmente y apoyar de manera concreta a "los de abajo," y con la sanción de la Iglesia, hizo una campaña para mejorar la asistencia médica, organizar centros de ayuda para los desempleados, y otros programas sociales. Mientras tanto, Juan extendía promesas a los trabajadores a través de una denuncia de la oligarquía conservadora.

El programa político de Perón consistió de un camino intermediario: eligió algunos elementos del capitalismo, otros tantos del socialismo, y unos cuantos más del fascismo, para crear una ideología ecléctica y vaga que bautizó con el nombre de *justicialismo*. Pero Perón nunca definió bien su *justicialismo*. El programa llegó a ser, a medida que Perón le daba referencias vagas en su retórica política, una mezcla de *corporatismo*—el *caudillo* fue admirador de Benito Mussolini de Italia—con una fachada más o menos democrática. Los dos Perones, Juan y Evita, tuvieron la suerte de iniciar el programa durante un nuevo período de prosperidad económica, de modo que pudieron lanzar una serie de proyectos sociales y exigir a las empresas sueldos más altos para los trabajadores. Pero el período de prosperidad fue breve, y la situación financiera del país pronto agravó. Poco a poco Juan y Evita perdieron apoyo de la Iglesia y del ejército, y cultivaron nuevas enemistades entre gente de la oligarquía, que de todos modos no los quería desde el principio. El acontemimiento más trágico para Juan llegó con la muerte de su esposa en 1952. Sin el carisma de la enigmática Evita, y ya habiendo perdido mucho de su ímpetu, el *sueño* de Juan Perón comenzó a desvanecerse. Mientras tanto, la oposición cada vez cobraba más vigor. Previendo su caída, el 19 de septiembre de 1955 Perón renunció y buscó asilo en Paraguay. Ya había acabado el experimento *populista-justicialista*.

Durante los años que siguieron al derrocamiento de Perón, Argentina sufrió de: (1) un golpe de estado de parte del ejército en 1962, (2) una vuelta al peronismo con el voto de los eternamente fieles trabajadores a favor de Juan Perón en 1973, y su muerte repentina en

---

[5] Descamisados = the shirtless ones.

1974, (3) un desastroso período en que la segunda esposa y ahora viuda de Perón, Isabel, fue presidente—la primera mujer como presidente en toda Latinoamérica—y (4) un régimen militar de 1976 a 1983. Durante esa última dictadura, la violación de los derechos humanos se intensificó, con un estimado de 23.000 *desaparecidos*—enemigos reales o imaginarios que dejaron de existir, sin rastro—en lo que se ha denominado la *guerra sucia*. El régimen cultivó más antipatía con cada año que pasaba. En 1982 el ejército ocupó las Malvinas (Falkland Islands), que Argentina había reclamado de la Gran Bretaña desde el siglo pasado. Se supone que ese acto desesperado por parte del ejército fue un intento de demostrar su patriotismo y salvar su reputación. Sin embargo, no dio resultado. La represalia de la Gran Bretaña fue inmediata, y el ejército argentino fue derrotado rotundamente. Un grito de indignación del pueblo a causa de la ineptitud de la dictadura fue espontáneo, y en 1983 el ejército, con prudencia, permitió elecciones.

Pero ahora, un nuevo mal empezó a corroer la república: la inflación (de 4.923% en 1989) ligada con el estancamiento económico ("stagflation"), y la deuda externa (que alcanzó 65 millones de dólares, la más grande después de Brasil y México). Por fin, el nuevo presidente "peronista," Carlos Saúl Menem (1990-95; re-elegido en 1995), ha podido controlar la inflación con la imposición de un programa de austeridad que inyectó la economía con una pequeña dosis de vitalidad. No obstante, las medidas de Menem fueron al costo de una creciente brecha entre los ricos y los pobres, lo que ha causado nueva inquietud. El futuro, por supuesto, queda inseguro.

(Con respecto a Argentina y los demás países del sur del continente, hay que hacer mención, aunque breve, del Mercosur, un mercado común redactado en Asunción de Paraguay en 1991 entre Argentina, Brasil, Paraguay y Uruguay, y puesto en vigor en 1995. Según este acuerdo, los productos de los cuatro países circulan libremente con una tarifa de entre 0% y 20%, y el dinero invertido desde un país a otro goza de las mismas garantías que existen dentro del país de donde proviene el dinero invertido. El éxito del acuerdo, desde luego, depende del control de inflación en los cuatro países, y de un crecimiento económico equilibrado entre ellos. A pesar de su comienzo tenue, el presidente argentino, Carlos Menem, opinó que el Mercosur debe considerarse como un paso necesario para el establecimiento de un mercado común hemisférico.)

## Cambios sí, pero suaves desde luego:  Brasil

Como hemos observado, en 1822 en Ipiranga Dom Pedro I declaró "Independencia ou morte!," y con relativamente poca violencia Brasil quedó libre del colonialismo. En 1831 Pedro I dejó el país en desorden, y diez años después Pedro II fue proclamado emperador. Reinó hasta 1889, cuando comenzó la "Primera República" (1889-1930), durante la cual dominaron los republicanos. A principio los republicanos estaban divididos. Pero pronto formaron una coalición débil, que apenas controlaba a los *caudillos* (Port., *coroneis*) locales, que a menudo entrababan en guerras con el gobierno federal. El poder político oscilaba entre São Paulo y Rio de Janeiro hasta 1906, cuando se formó una alianza entre los dos centros de poder económico, São Paulo y Minas Gerais (alianza de *café* con *leche*, le decían), que fue prolongado hasta 1930. Durante ese tiempo São Paulo pudo dominar a Rio y el sur del país.

Para el año 1930 la Gran Depresión económica había tenido su efecto desastroso en brasil, y las elites estaban divididas. Getúlio Vargas, gobernador del estado de Rio Grande do Sul, hizo campaña para la presidencia en 1930 y perdió. De todos modos, el ejército lo colocó en la silla presidencial, y Vargas comenzó a gobernar, casi sin programa político aparte de una obsesión por acabar con el dominio de la elite cafetera de São Paulo. Hombre enérgico y práctico, Vargas se aprovechó de los *caciques* de las provincias (ahora eran conocidos como los *tenientes* [Port., *tenentes*]) que formaban una coalición sumamente tenue pero eficaz. Los *tenientes* instituyeron reformas sociales tales como educación obligatoria y derechos para los trabajadores. Pero esas reformas, demasiado pocas y mal organizadas, sólo sirvieron para incurrir la oposición vehemente de los paulistas. Vargas concedió la libertad a los viejos republicanos de São Paulo para gobernar tal como quisieran. A la vez, para satisfacer a los que pedían más democracia, lanzó una reforma electoral con el voto de las mujeres y más colaboración de los estados en los asuntos del gobierno federal. De esta manera, se presentó como un líder que representaba todo para todo el mundo: un *caudillo* audaz y eficaz, práctico pero enigmático.

De 1930 a 1945 Vargas se mantuvo en poder a través de una "dictadura benigna" o "blanda" (Port., en vez de *"ditadura," "ditabranda"*), típica de la personalidad relativamente suave de los brasileños. Bautizó el régimen con el nombre de *Estado Nôvo*, siguiendo más o menos el ejemplo del dictador fascista, Antônio Salazar de Portugal. Pero el gobierno de Vargas no fue del todo fascista. Vargas nunca formó un sistema totalitario, ni gozaba de carisma como Perón.

Su gobierno fue en cierto sentido semejante al de Porfirio Díaz de México: "Mucha administración y poca política," como decía el mismo Díaz. Es decir, escogía con cuidado a los administradores de modo que formaran una coalición, aunque débil. Pero Vargas no echaba al olvido[6] a las masas de pobres en el campo y en la ciudad como hizo Porfirio Díaz. Su táctica fue la de un héroe con mil máscaras. Se ponía una de sus máscaras mientras danzaba en los salones de las elites, otra máscara en el mercado y las oficinas cuando se asociaba con la clase profesionista, y otra máscara todavía al ponerse en el desfile carnavalesco con los explotados y oprimidos. Para repetir: quería presentarse como representante de todo para todos.

Los problemas más apremiantes de Brasil fueron la *unificación nacional*, y la *industrialización*. Como solución, Vargas empezó poco a poco a reducir el poder de los estados—que antes les había dado ilusiones de que gozaban de autonomía para conquistar su apoyo. Puso secretarías de industria y trabajo bajo el control del gobierno central— sin embargo, los intereses agrícolas poderosos seguían intocables. En un acto puramente simbólico, fueron quemadas las banderas de los estados para indicar que de ahí en adelante Brasil se guiaría por una sola bandera: la que representaba a un Brasil para todos los brasileños. Ahora según el *sueño* de Vargas existía *un pueblo* y *un país*, lo que fue algo irónico en vista de la población étnica tan diversificada de norte a sur, con la riqueza en el sur y la pobreza en el noreste. De todos modos, el *Estado Nôvo* intentó crear un ambiente de movilidad social y económica y un orgullo nacional. Se aprovechó de la afición de los brasileños por el fútbol sóquer, el carnaval, y la música y el arte para fomentar un sentimiento de nacionalismo. Pero había demasiados conflictos en esa sociedad sumamente *pluralista*, y la deseada creación de un Brasil para todos no pudo realizarse con la facilidad que Vargas hubiera querido. En 1945 Vargas renunció bajo mucha presión del ejército y varios grupos elitistas. Regresó a Rio Grande do Sul, y se dedicó a cuidar su ganado. Pero todavía no le había llegado la tranquilidad de espíritu: se suicidó en 1954, dejando para la posteridad una carta misteriosa en la que denunciaba intervenciones clandestinas de la oligarquía nacional y de países extranjeros en los asuntos de la nación.

A la larga, el experimento de Vargas fracasó. Pudo centralizar la máquina política, pero la simpatía de la gente seguía descansando en los jefes provincianos en vez del gobierno central. Estableció una base

---

6 Echar ... olvido = To forget, cast into oblivion.

industrial, pero el país todavía dependía demasiado de la agricultura. Ahora hasta cierto punto Brasil era para los brasileños, no obstante continuaban las enemistades entre provincias, clases sociales, y grupos étnicos. El *sueño* fue bonito, y hubo beneficios a favor del experimento con una democracia limitada, por cierto, pero la *utopía* todavía quedaba en el horizonte lejano.

Una época nueva, la de la llamada "República Democrática," siguió a Vargas de 1946 hasta 1964. Fue un período de inquietud social, de coaliciones esporádicas y desorganización política, y de subidas y bajadas económicas. En 1964 intervino el ejército con el pretexto de "limpiar" la política del país. Comenzó, entonces, otra *ditabranda* (¡y apenas unas horas después, el Presidente Lyndon Johnson de EE.UU. telefoneó a los generales, felicitándolos por haber llevado a cabo una transformación "democrática"!). Los generales despidieron a la mayoría de los políticos principales, acusándolos de "corruptos" y "comunistas"—términos tan generales y vagos de la época que se podían aplicar a todos los que no estuvieran de acuerdo con la política conservadora. Represión política hubo durante la época, nadie puede negarlo. Pero fue una represión sutil—típico de una *ditabranda*—en los niveles subterráneos de la sociedad. A un turista pasando sus vacaciones en Rio de Janeiro le habría parecido una sociedad de placer y alegría, con el máximo de libertad. Pero debajo de esa superficie, había violencia política. De todos modos, quizás haya una nota positiva como resultado de la *ditabranda*. A base de un programa de austeridad impuesta por el ejército, dentro de poco tiempo la inflación fue reducida a niveles tolerables, y hubo nuevo influjo de vida en la economía del país. Con la nueva estabilidad, durante los años 1970 la exportación de productos de la industria brasileña llegaron a ser de importancia prima. Lo malo es que, según la crítica—y con razón—el "milagro económico" fue realizado al costo de los trabajadores y la gente marginada.

En 1985 hubo elecciones y un Presidente civil, José Sarney, jefe del *Movimiento Democrático Brasileño* (MDB) tomó las riendas de la presidencia. Ahora hubo más libertad, por cierto, pero menos control. Comenzó una época de hiperinflación, hubo nueva polarización de las fuerzas políticas, y la diferencia entre ricos y pobres llegó a ser cada vez más aguda. En 1989 fue elegido Fernando Collor de Mello, joven conservador de 40 años de edad. Para este año la inflación había bajado un poco, pero todavía alcanzó 1.765% por año. La disparidad social ahora era pésima: 60% de los pobres recibían sólo 16.4% de los ingresos nacionales, mientras el 10% recibía 66.6%. Una pequeña minoría había recibido el beneficio de desarrollo económico desequilibrado desde la Segunda Guerra Mundial. Las medidas de Collor de Mello para remediar esta disparidad social fueron austeras. Bajo su plan para un *"Nuevo Brasil,"* puso en dieta de austeridad al cuerpo gordo de la burocracia, aflojó las restricciones económicas para que hubiera más libertad de comercio, y congeló los precios en un esfuerzo por bajar la inflación—lo que enajenó a gran parte de la clase adinerada. En general, a pesar de que Collor de Mello a veces se portaba como "payaso" en público con sus intentos ridículos de presentarse como *populista*, Brasil alcanzó un nivel moderado de estabilidad y crecimiento económico (aunque desequilibrado).

Pero Collor de Mello acabó desempeñando el papel del protagonista en un teatro de farsa. En 1992, fue relevado de su puesto (incapacitado o "impeached") por un acto del congreso a causa de 20 denuncias, que incluían transacciones económicas ilegales, uso ilegítimo de su oficina, falsificación de documentos, y extorsión. Ese acto del congreso desató una celebración de gente de la clase media por toda la república que alcanzó euforia de carnaval. De repente parecía que la democracia estaba funcionando: por acción civil en vez de militar se pudo superar una crisis política, y ese medio implicaba precisamente la voluntad del pueblo. La gran ironía fue que Collor de Mello había llegado a la presidencia con la promesa de acabar con la corrupción.

Pero la política, política es. Relativamente poco cambió después de Collor de Mello aparte de una diminución impresionante de inflación, y el país forzosamente volvió a la brusca *realidad.* Lo que urgentemente le hace falta a Brasil es asimilar la clase trabajadora y la campesina a la prosperidad de que goza las clase media y alta, aunque sea un poco. El *sueño*, desde luego, persiste. Y a veces amenaza convertirse en *pesadilla* para el nuevo presidente electo, Fernando Henriquez Cardoso (1994-98—y re-elegido en 1998).

## Todos militares, sí señor, pero responsables: Perú

Al independizarse Perú, más de la mitad de los peruanos eran amerindios, la mayor parte de ellos sin hablar castellano. Este hecho no pudo menos que agravar las dificultades que se presentaron al pueblo peruano, ansioso de forjar una nueva nación. Lo peor fue que los peruanos, profundamente concientes del glorioso pasado colonial de Perú como centro de poder, actividades comerciales, y cultura, quisieron extender su autoridad a los nuevos vecinos de Bolivia y Ecuador. Generales ambiciosos de los tres países pasaron la primera década después de la independencia peleándose entre sí. Pero fue en vano: en realidad, nadie logró nada.

De 1840 hasta 1880, ricos depósitos de *guano*[7] y *nitratos*[8] en las costas de Perú, Bolivia—entonces tenía territorio que daba al mar—y Chile, exigían buenos precios a Europa, ya que había cada vez más demanda de fertilizantes. La competencia para esos depósitos culminó en la *Guerra del Pacífico* (1879-82). Chile fue victorioso, Perú perdió territorio, y Bolivia quedó sin costa. Entre los años 1880 y los 1930, hubo en Perú un fuerte influjo de capital extranjero. La producción de azúcar, textiles, y cobre, y la construcción de vías de ferrocarril, puertos, utilidades, y edificios públicos, estaban en manos de intereses internacionales, lo que causó una ola creciente de crítica por parte de la clase media del país. Hubo demandas de: (1) menos concentración del poder en las manos de los extranjeros y los terratenientes, (2) derechos civiles para los grupos marginados, y (3) más libertad para la prensa.

Críticos dignos de notar fueron Víctor Raúl Haya de la Torre (1895-1979) y el marxista José Carlos Mariátegui (1894-1930). Mariátegui, en *Siete ensayos de interpretación de la realidad peruana* (1928) enfocó sus ataques en los graves problemas sociales de su país. Haya de la Torre, autor de *Espacio-tiempo histórico* (1948), propuso un programa universal para el continente americano. Mientras estaba en el exilio en México, e impresionado con el movimiento revolucionario de ese país, Haya de la Torre fundó la *Alianza Popular Revolucionaria Americana* (APRA), que consistió de una llamada a todos los latinoamericanos a una unificación política, social y económica con la creación de una fuerza capaz de enfrentarse con EE.UU. y Europa. Haya de la Torre, representando su *Partido Aprista Peruano* (PAP), captaba cada cinco años en las elecciones para la presidencia la simpatía de los trabajadores y la clase media liberal. Pero a causa de la oposición de la iglesia, el ejército, los terratenientes, e intereses extranjeros, nunca logró gran éxito. De hecho, su carrera fue esporádica e interrumpida con períodos de encarcelamiento y exilio.

Durante la Segunda Guerra Mundial, la demanda por parte de EE.UU. de cobre y otros minerales, y de algodón y azúcar, mantuvo viva la economía peruana. Pero al concluir la guerra, los mismos problemas

---

[7] Guano = seabird droppings, used as fertilizer.
[8] Nitratos = nitrates, chiefly potassium nitrate, used as fertilizer.

volvieron. Los elementos conservadores echaban la culpa a los *apristas*, y los *apristas* y otros grupos radicales echaban la culpa a los conservadores. Nada se resolvió, aunque promesas vagas de reformas abundaban. En 1963, el liberal, Fernando Belaúnde Terry, fue elegido presidente, y al siguiente año puso en marcha una reforma agraria. Pero la reforma fue de visiones angostas; pues, las fincas de azúcar y algodón en las costas y la industria del ganado quedaban inmunes a las transformaciones reformistas. El proyecto predilecto de Belaúnde fue el desarrollo de la zona selvática con la construcción de una carretera marginal que la ligara con la zona andina y la costal. Opinaba que esa zona del interior, cobrando importancia por los yacimientos de petróleo, era estratégica, ya que Ecuador también mostraba señales de interés en su propio territorio interior. En vista de una amenaza creciente de movimientos radicales izquierdistas—por real o imaginaria que fuera— en 1968 el ejército quitó a Belaúnde, y una *junta*[9] dirigida por Juan Velasco Alvarado tomó las riendas del gobierno. Y entonces, otro experimento.

Por medio de un *manifesto*, la *junta* anunció su intento de llevar a cabo una revolución pacífica. El *manifesto* condenó de injusto el sistema social y económico que ponía las riquezas nacionales al alcance de una minoría, mientras la gran mayoría sufría las consecuencias de la marginación. Le hacía falta a Perú, proclamaron los militares, un nuevo órden económico que no fuera ni capitalista ni comunista, capaz de abolir las desigualdades y crear un ambiente para que cada ciudadano pudiera gozar de justicia y dignidad. La visión de Velasco y la *junta* fue la de un sistema económico no muy diferente al que se había formado en México a través de los años. Pero la revolución peruana fue desde "arriba," y no sufrió de una sangrienta guerra civil como hubo en México de 1910 a 1917. Metas nobles, ideales admirables, *sueños* bonitos, de esa *junta* que se había lanzado hacia espacios desconocidos.

En general, tres características distinguen la *junta* peruana de otros gobiernos militares de Latinoamérica hasta entonces. Primera, gozó de autonomía social y económica. El ejército peruano actuó por su propia iniciativa, no por medio de presión de grupos poderosos como los terratenientes, empresas extranjeras, o la iglesia, todos aterrorizados por una supuesta amenaza "comunista." De esta manera, no tuvo la *junta*

---

[9] Junta = a council, usually of military personnel, charged with directing the affairs of a country.

que responder a nadie. Segunda, adoptó la *teoría de la dependencia* que estaba de moda entre muchos intelectuales de la época. Según esa teoría, la economía de los países del llamado "Tercer Mundo" está subordinada a, y al mismo tiempo dependiente de, intereses capitalistas del exterior. El sistema de dependencia es como una serie de círculos concéntricos en que cada círculo se nutre de los círculos que contiene. Para romper con ese sistema de dependencia, la *junta* propuso una independencia de las fuerzas extranjeras a través de la nacionalización de bancos, fábricas, y casas de comercio. Tercera, y la característica que fue más extraordinaria entre los ejércitos latinoamericanos, la *junta* manifestó simpatía genuina hacia los campesinos oprimidos. Pues, los terratenientes, opinaba Velasco, ya no comerían bisteces al costo de la pobreza de los campesinos.

La *junta* organizó el *Sistema Nacional en Apoyo de la Mobilización Social* (SINAMOS) para llevar a cabo las reformas. Atacó el sistema agrario. Expropió las grandes *fincas*, las subdividió, y entregó las parcelas a los campesinos en forma de *cooperativas*. Para 1979, la mitad de los 21 millones de hectáreas en la costa en la región andina había vuelto a manos de los campesinos. Para crear estabilidad y un espíritu de comunidad, comenzó a organizar las *barriadas*[10] escuálidas alrededor de Lima en un conjunto de *Pueblos Jóvenes*, cada uno con su propia administración. (Esos *Pueblos Jóvenes*, según el plan, consistían de algo remotamente semejante a los *cabildos* de la época colonial, o sea, grupos de las barriadas mismas trabajando hacia el fin de mejorar sus condiciones.) Para 1974 la mayoría de las *barriadas* se habían convertido en *Pueblos Jóvenes*. Con el fin de fomentar una comunidad industrial, estableció la ley de que con tiempo a los trabajadores se les pasara un un mínimo de 50% de las acciones del establecimiento en que trabajaban, con el derecho de representación en la mesa de directores. De esta manera se suponía que los trabajadores llegarían a ser co-dueños. Para fines de 1974, había alrededor de 3.500 comunidades industriales, con 200.000 socios en control de aproximadamente 13% de las acciones de las fábricas. Por último, nacionalizaron los bancos, las minas, el petróleo, y otras propiedades que estaban en manos de intereses extranjeros.

La revolución peruana "desde arriba para abajo" se llevó a cabo con el fin de integrar a las masas urbanas y rurales marginadas en la corriente principal de la vida nacional del país, y luego de establecer la

---

10  Barriadas = slums.

base de desarrollo independiente de las fuerzas capitalistas externas y del comunismo internacional. Creyó la *junta* que se podía reducir los conflictos de las clases sociales y realizar un avance económico sin las injustias del capitalismo y sin la represión acostumbrada de los estados "comunistas." Ese método, para repetir, no estaba lejos del de Cárdenas de México.

Sin embargo, el gobierno de Velasco no escapó a la crítica de los *apristas*, de campesinos que no se conformaban con los mandatos de "los de arriba," y de las viejas elites horrorizadas con lo que estaba ocurriendo. En vista de las protestas, el régimen empezó a cerrar periódicos y difusoras de televisión y radio. Y enemigos del régimen fueron perseguidos, encarcelados y exiliados. Obviamente, el gobierno militar, a pesar de toda la rétorica, inclinaba a fin de cuentas hacia el autoritarismo, un "autoritarismo burocrático." Pero todavía difería de los regímenes de Argentina y Brasil: seguía libre de fuerzas extranjeras, aun intentaba conseguir el apoyo de las clases populares, y no había emprendido una campaña de terror (de todos modos, cuando la oposición presentó su cara, el ejército estuvo allí para darle una bofetada, aunque ligera). El *sueño* fue lindo, y fue fabricado con buenas intenciones, pero las condiciones tradicionales resistían los cambios profundos que ese experimento exigía.

En 1980 hubo elecciones, y Belaúnde ganó otra vez. Pero problemas no previstos aparecieron. Una recesión mundial frustró todos los esfuerzos de Belaúnde por mantener la economía en vigor. Hubo que aplicar austeridad, para la cual el pueblo ya no tenía paciencia. Además, hubo otro reto formidable: la aparición del *Sendero Luminoso*, una organización guerrillera en la sierra. Pequeño pero violento, y a base del comunismo Maoista,[11] algunos observadores comparaban al *Sendero Luminoso* con el *Khmer Rouge* de Cambodia. En vista de la amenaza de los senderos, por la persistencia de los problemas económicos, y sobre todo por las medidas de austeridad, la popularidad de Belaúnde cayó. En 1985 los *apristas* ganaron la presidencia por primera vez con el carismático Alan García, y en 1990 Alberto Fujimori, político a todo parecer escrupuloso, ganó con una coalición al candidato conservador, el novelista internacionalmente conocido, Mario Vargas Llosa. Fujimori volvió a ganar la presidencia en 1995 a través de

---

[11] Maoista, de Mao Tze-tung, líder del gobierno comunista de China después de la revolución de 1949.

elecciones controvertidas y en contra de candidatos que incluían a José
Pérez de Cuéllar, ex-Secretario de las Naciones Unidas.

Pero todavía existen los problemas de una economía inestable,
de inquietud y oposición, y, lo que no es un problema ligero, el tráfico de
cocaína.   Sin embargo, sigue el *sueño*.   Y lo más probable es que
seguirá.

## Entonces, ¿para dónde hay que ir?

En realidad todo no está tan negro como quizás parezca
después de leer las secciones anteriores.   Los pueblos de Argentina,
Brasil, y Perú, igual que los de Uruguay, Paraguay, Ecuador, Colombia,
Venezuela, Panamá, Costa Rica, Honduras, Santo Domingo y otros:
han tenido sus *sueños*.   A veces se realizan cuando menos en parte, y a
veces se esconden.   Pero no se mueren.

No se mueren, porque lo que sobre todo perdura en el espíritu
latinoamericano es una capacidad para seguir haciendo la lucha.   Esta
capacidad puede llamarse *persistencia, resistencia, perseverancia*.   Y a
veces puede llamarse *tenacidad, obstinación*, y hasta *terquedad*.   Ese
temperamento en parte tiene su origen en la obsesión ibérica casi-
religiosa en contra de los moros y en contra de los amerindios, obsesión
que le daba una vitalidad y una energía en un momento de la historia
que pocos pueblos han conocido.   En la América Latina esa obsesión
poco a poco se convertía en un tipo humano *mixto*, de acuerdo con la
*pluralidad* cultural, que por naturaleza se oponía a cualquier fuerza en
contra de su constitución.   El tipo humano latinoamericano es derivada
de la mentalidad peninsular, del estoicismo del amerindio, y de la
vivacidad del afroamericano, tendencias opuestas que se unen para crear
una tensión viva y dinámica.

Entonces, se sigue *soñando*.   Como dijo una vez el escritor
mexicano Juan Rulfo (1918-86), autor de *Pedro Páramo* (1955), "el
*sueño* nunca muere bien muerto, sino que sigue vivito, aunque sea muy
poquito."[12]   Sí, *se sueña*.   Los latinoamericanos son quizás los *soña-
dores* por excelencia del mundo actual, lo que da testimonio de su
grandeza, pero también, desafortunadamente, de sus fracasos.

## Preguntas

---

[12] El señor Rulfo ofreció esa opinión durante una charla con el autor del texto
que Ud. tiene en las manos.

1.   ¿Cuáles son los sueños de la modernidad que tienen los latinoamericanos?
2.   ¿Dentro de cuáles dos caminos existe la posible realización de los sueños?
3.   Describa el progreso en Argentina en el siglo XIX.
4.   ¿Cuáles fueron las tácticas de Juan y Eva Perón?
5.   ¿Qué fue el justicialismo?
6.   ¿Cuáles fueron los problemas de Argentina después de Perón?
7.   ¿Cuál fue el gran error del régimen militar de Argentina de 1976 a 1983?
8.   ¿Qué es el Mercosur?
9.   ¿Cómo fue la política brasileña en el siglo XIX?
10.  ¿En qué diferían Vargas y Perón?
11.  ¿Cómo es que una dictadura de Brasil podría ser una *ditabranda*?
12.  ¿Qué medidas tomó Vargas para resolver los problemas de Brasil?
13.  ¿Qué fue el *Estado Nôvo*?
14.  ¿Qué aspectos tuvo la nueva *ditabranda* de Brasil después de 1984?
15.  ¿Cuáles problemas surgieron después del régimen militar de Brasil?
16.  ¿Cuál fue el gran problema de Perú después de la Independencia que Argentina y Brasil no tuvieron?
17.  ¿Quién fue Haya de la Torre, y qué ideas propuso?
18.  ¿En qué sentido fue el gobierno militar de Perú extraordinario?
19.  ¿Qué son los Pueblos Jóvenes?
20.  ¿Qué es el Sendero Luminoso?
21.  ¿Cuáles son los problemas actuales de Perú?

## Temas para discusión y composición

1.   Comparen Uds. los intentos de lograr la fórmula del progreso *socio-político-económico* ideal de los argentinos, los brasileños y los Peruanos.
2.   ¿Cómo es el sueño de la modernidad que han tenido los países latinoamericanos? ¿Por qué creen Uds. que no han podido realizar ese sueño? ¿Cómo creen que será Latinoamérica si es que en el futuro logran realizarlo?
3.   ¿Por qué son necesarios los sueños para cualquier cultura del mundo? ¿Podría mantenerse dinámica una cultura sin ellos?

## Un debate amigable

Una discusión entre dos grupos de dos opiniones:    (1) la
modernización de Latinoamérica es la clave para remediar sus
problemas socio-político-económicos, (2) ¡que no!, los latinoamericanos deben recordar las enseñanzas de José Enrique
Rodó:   los valores morales, éticos, y estéticos son más importantes que el puro progreso material.

# CAPÍTULO DIECIOCHO

# SUEÑOS REVOLUCIONARIOS

**Fijarse en:**
- La *trayectoria dolorosa* de la *Revolución Cubana* y sus *consecuencias*.
- Las *características sobresalientes* de la *política chilena*.
- El *por qué* la *Revolución de Nicaragua* estaba destinada al *fracaso*.
- La *manera en que* las *Revoluciones* de *Chile* y *Nicaragua* *difieren* a la de *Cuba*.
- La *importancia* de la *tradición de los sueños* para el pueblo latinoamericano.
- Las teorías de la *"modernización"* y la *"dependencia,"* sus *puntos débiles*, y sus *puntos fuertes*.
- El *papel* que ha tenido *EE.UU.* en los asuntos latinoamericanos, y la manera en que hubiera sido diferente.

**Términos:**
- *Chileanización, Colonia Política/Colonia Económica, Contra-Sueño, Destino Manifiesto, Economía Mixta, Gobierno Parlamentario, Iniciativa Económica/Iniciativa Moral-Ética, Monocultura, Nueva Sociedad-Nuevo Hombre, Revolución Genuina, Socialismo Cristiano.*

## El caso de Castro

La entrada de EE.UU. al lado de Cuba en su lucha para la Independencia en 1898 frustró el esfuerzo de España de retener los últimos vestigios de su grandeza colonial. España pronto fue derrotada, y perdió a Cuba y Puerto Rico, entre otras posesiones. Puerto Rico luego fue incorporado a EE.UU. En cambio, los cubanos se encontraron bajo una ocupación militar del "Coloso del Norte" hasta 1902. En ese año, Cuba no tuvo más remedio que el de aceptar la *Enmienda de Platt* según la cual Cuba sería protectorado ("protectorate") de EE.UU., y EE.UU.

tendría derecho de establecer una base naval en Guantánamo.[1] Por bien o por mal, durante la primera mitad de este siglo, inversiones de capital norteamericano en Cuba crecieron a grandes pasos, lo que exigió lazos entre la isla y EE.UU. cada vez más apretados. Durante la década de 1950, 2/3 del azúcar cubana fue exportada a EE.UU. y 3/4 de las importaciones de Cuba venían de EE.UU. Muchos cubanos sentían que el colonialismo aun no había acabado:  se había convertido de una *colonia política* a una *colonia económica*.

Para fines de la década de 1950, Cuba era un país de contrastes. Tenía 6 millones de habitantes de los cuales un millón vivía en o alrededor de la Habana. En cuanto a la vida material, Cuba era uno de los países más avanzados de Latinoamérica. A fines de 1954 salió un anuncio proclamando que durante ese año más carros de marca Cadillac habían sido vendidos en la Havana que en cualquier otra ciudad del mundo. En parte debido a la proximidad con EE.UU., Cuba tenía más aparatos de televisión que cualquier otro país latinoamericano. Hoteles lujosos, casinos brillantemente iluminados, y playas hermosas atraían millones de dólares turísticos cada año. Sin embargo, en el campo, los *guajiros* (campesinos) seguían sufriendo de pobreza y analfabetismo. Cuba era efectivamente un país de contrastes.

El General Fulgencio Batista había entrado a la fuerza en el palacio presidencial en 1952, después de un breve período de democracia bajo las presidencias de Ramón Grau San Martín de 1944 a 1948 y Carlos Prío Socarras de 1948 a 1952. En 1953 Fidel Castro Ruz hizo su primer intento de tumbar a Batista al tomar posesión de los cuarteles militares de *Moncada*. Ese intento, que ocurrió exactamente 100 años después del nacimiento del poeta y apóstol de la Independencia Cubana, José Martí, llegó a tener como nombre el *"Movimiento del 26 de Julio."* El movimiento fracasó, y Castro terminó en la prisión. Pero después, recibió perdón, y en 1955 se fue a México para reorganizar el movimiento revolucionario.

El programa de Castro en 1953 no parecía tener ningún aspecto explícito del marxismo-leninismo. Sencillamente recetó una vuelta a preceptos democráticos. Después, cuando Castro se unió con el médico argentino, Ernesto "Che" Guevara (1928-67) en México, y durante su campaña desde que llegó a la Sierra Maestra de Cuba en 1956 hasta la victoria de la revolución en enero de 1959, tampoco hubo indicio de que

---

[1] Aunque la Enmienda fue abolida en 1934, EE.UU. sigue en control de la base en Guantanamo hasta hoy en día.

su ideología fuera marxista-leninista.  Todo parecía "normal." Las fuerzas revolucionarias habían tumbado con facilidad a Batista, y con fuerte apoyo popular, Castro había asumido control de la isla: según las apariencias, entonces, el *caudillo* de la Sierra Maestra no representaba más que otro intento de la clase media reformista de exigir sus derechos democráticos de un régimen militar.  Pero después, Castro poco a poco empezó a cambiar de máscara, revelando que su meta verdadera era la de una transformación total de Cuba.  Entonces volaron las esperanzas de la clase media y la aristocrática de restaurar los preceptos democráticos tal como estaban escritos en la Constitución de 1940 (pues, Castro y sus camaradas gobernaron sin constitución formal hasta 1976, cuando Castro mismo fue nombrado presidente).  Al darse cuenta de esa nueva cara de Castro, comenzaron a expatriarse a Florida de EE.UU. y a otros lugares los que habían sido de la clase privilegiada.

Los anti-castristas expatriados se prepararon para un movimiento en contra de la Revolución.  En abril de 1961 invadieron Cuba desde la *Bahía de los Puercos*.  La invasión tuvo la sanción, aunque no la participación activa, de EE.UU.  De todos modos fue inútil:  las fuerzas revolucionarias rechazaron a los invasores con facilidad.  En diciembre de 1961 Castro hizo una declaración pública y formal de que la Revolución Cubana de ahí en adelante iba a seguir un camino marxista-leninista.  Poco tiempo después, EE.UU. impuso un embargo a Cuba que con various cambios todavía sigue en vigor.  Durante los años que siguieron, más del 80% de la producción de azúcar fue convertida en propiedad del estado.  Los casinos, burdeles, hoteles, en fin, todos los establecimientos que tenían que ver con el turismo, fueron cerrados.  Y lo que causó gran enemistad de parte de EE.UU., las refinerías de petróleo en Cuba, petróleo que venía de Venezuela y luego se exportaba a EE.UU., fueron nacionalizadas.  Todas esas medidas pusieron a Cuba en la mente del pueblo del "Mundo Libre" como un nuevo "satélite comunista."  Lo que era peor aun, estaba en las Américas.

La Revolución Cubana, según la ruta por la que Castro la llevó, tuvo metas ambiciosas.  Dentro de poco tiempo fue instituida una de las campañas educativas más amplias de toda la historia de Latinoamérica, que pronto convirtió a Cuba en un país casi sin analfabetismo.  Durante la década de 1960, bajo los experimentos del Ministro de Industria, Che Guevara, hubo un programa de industrialización con el plan de diversificar la economía y convertir a Cuba en una sociedad que no dependiera de la *monocultura*.  Pero hubo un problema.  Como ideólogo y guerrillero en la sierra, el "Che" sin duda fue extraordinariamente capaz; pero como administrador de los asuntos económicos del país, fue algo inepto. El proyecto fracasó, y Cuba no tuvo más remedio que volver a la *monocultura*—el azúcar—aunque sí hubo expansión de la pesca y otras industrias de menor importancia. Cuba, ya sin otro remedio y en vista del camino ideológico al que se dirigía, se encontraba cada vez más estrechamente ligada a la Unión Soviética, y dependiente de ella para su venta de azúcar.

Y ahora, después de haber cumplido Fidel Castro cuarenta años en el poder, ¿cuáles son los frutos de la Revolución Cubana? Desde el principio Castro quería crear una *"Nueva Sociedad"* y un *"Nuevo Hombre."* Quería acabar con el prejuicio racial, la discriminación contra las mujeres, y las distinciones de clases sociales. Quería establecer una sociedad no a base de *iniciativa económica* y de *consumismo*, como veía la situación en los países capitalistas, sino a base de *iniciativa moral-ética*. Cada ciudadano, educado y conciente, tendría una profunda responsabilidad hacia la comunidad entera, y conduciría su vida de acuerdo con esa responsabilidad. Su vida no sería el producto de la competencia agresiva y brutal que a veces terminaba en injusticias y la explotación de unos por otros, como ocurría en las sociedades capitalistas. Todo lo contrario. Cada quien trabajaría por el bien de la comunidad, no sencillamente para beneficiarse a sí mismo. Además, la salud pública, la educación, y las artes deberían ser para todos los cubanos, y por lo tanto serían gratis.

Al principio los revolucionarios tuvieron un fervor que recordaba la obsesión de los primeros misioneros de España a las colonias, como el padre Quiroga, Bartolomé de las Casas y los Jesuítas en Paraguay en su esfuerzo por crear un *"Nuevo Mundo"* en las Américas. De verdad, la fe de Castro de que los guerrilleros de la Sierra Maestra hubieran sido los prototipos de un *"Nuevo Hombre"* le dio a la Revolución un aura impenetrable de legitimidad: la visión fue la de un *"Nuevo Mundo"* en todo el sentido de la palabra. Iba a haber una transformación de todos los compatriotas, y como fruto de sus esfuerzos, el medio ambiente se transformaría.

Sí, ese fue el *sueño*. Y lindo *sueño* que fue. Pero, como ya vimos, el hecho es que no todos los cubanos lo compartían. Muchos, de la vieja clase media y la alta—la mayor parte profesionistas—habían salido al exilio, y ahora radicaban en Miami, Nueva York y otros lugares. Desde luego, no se puede negar que Castro les haya dado una nueva vida a los campesinos y la clase pobre de las ciudades. Por ejemplo, durante los primeros años de la revolución, cuando llegaba el tiempo de la *zafra*,[2] la responsabilidad de cortar la caña de azúcar recaía en todos los cubanos. Doctores, abogados, profesores, oficiales del gobierno, hasta Castro mismo, salían al campo para prestar servicio a su patria. Esa clase de trabajo, antes delegada a los campesinos la mayoría de los cuales eran de decendencia afroamericana, ahora les daba dignidad. En general, los afroamericanos, mujeres, y niños, tanto como hombres, recibieron derechos que jamás habían creído posible. Además, Castro había desafiado al "Coloso del Norte" (EE.UU.) y sobrevivió, lo que ayudó a infundir un sentimiento de patriotismo en los cubanos. Ahora Cuba era para los cubanos. Sí, parecía un *sueño* digno de admiración.

Pero vamos a oír la reacción *anticastrista* un momento. Los numerosos *contrarrevolucionarios*, ya radicados en el extranjero, sostenían, y siguen sosteniendo con vehemencia, que Castro hizo a un lado la posibilidad de una Cuba libre y se entregó al totalitarismo soviético. Opinan que la Cuba de Castro sí es el verdadero *colonialismo económico*, y que Castro dio lugar a un sistema aun más tiránico que la dictadura que le precedió. "¿Dónde está la justicia?," preguntan. "¿En un sistema que ofrece la libertad para que todos puedan, por su propio trabajo, mejorar su situación económica? ¿O en el sistema cubano actual que a la fuerza reduce a todos al mismo nivel de la pobreza?" "En realidad," siguen los anticastristas, "cuando Cuba se entregó política y economicamente a los comunistas, se puso en un camino que la llevó a un grado de subdesarrollo peor que antes. La escasez de alimentos, ropa y artículos básicos ha hecho intolerable la vida. Lo que ha agotado aun más la economía cubana es que los rusos obligaron a Cuba a entrenar y equipar soldados revolucionarios para exportar la revolución a otras partes de Latinoamérica y lugares como Angola de África." En otros términos, para los contrarrevolucionarios el *sueño* ha sido más bien una *locura* que está acabando con todas las tradiciones y los verdaderos *sueños* cubanos: la Iglesia, la libre empresa, la libertad de expresión, en fin, la democracia.

Bueno. Lo cierto es que el caso de Cuba ha sido uno de los experimentos *socio-político-económicos* más profundos del mundo en nuestro siglo. Pero como hemos visto repetidas veces en los capítulos sobre la conquista y el período colonial, los *ideales* de la mente humana muchas veces están, inevitablemente, en conflicto con la brusca *realidad*. Sería demasiado esperar que Cuba fuera una excepción a la regla.

---

2 Zafra = the sugar cane harvesting season.

Poco a poco el *sueño* de Castro empezó a revelar algunos puntos débiles. Mataron al "Che" en la sierra de Bolivia en 1967 mientras guiaba un grupo de campesinos revolucionarios. En 1971 el crítico y poeta Heberto Padilla fue arrestado y obligado a confesar sus "crímenes" contra la Revolución, y en los años que siguieron otros escritores y artistas fueron al exilio. Además, el caso de Padilla dividió el mundo intelectual hispano. Escritores de renombre internacional como Octavio Paz y Carlos Fuentes (México), Mario Vargas Llosa (Perú) y Juan Goytisolo (España), que antes habían apoyado la Revolución Cubana, ahora la vieron como en un proceso de "estalinización."[3] En cambio, otros escritores del mismo renombre, como Gabriel García Márquez (Colombia) y Julio Cortázar (Argentina) reafirmaron su lealtad hacia Castro.

¿Dónde, por fin, está la verdad? En un régimen medio cerrado como el de Cuba es imposible saber con certeza qué es lo que sucede. Pero en los últimos años ha habido bastantes indicios de inquietud. Sobre todo durante las últimas dos décadas, no ha dejado de haber gente que quiere escapar de la isla por una razón u otra. El acontecimiento más notable fue en 1980, cuando casi 11.000 personas buscaron asilo en la Embajada Peruana de la Havana. Las autoridades cubanas trataron de arreglar la situación para abrir el puerto de Mariel a los que deseaban huir. Cerca de 125.000 *"marielistas"* salieron para Florida en pequeños barcos y lanchas. Pero aparte de los que no quisieron seguir bajo el régimen, muchos de los inmigrantes eran delincuentes, gente con problemas psicológicos, y drogadictos. Parece que Castro los invitó a salir para deshacerse de un elemento poco deseable, y además, para poner en ridículo al gobierno de EE.UU. con la implicación de que sólo los enfermos y mal adaptados querían dejar el *"Nuevo Mundo"* en el trópico. Otro asunto de gravidez fue el de la ejecución en 1989 del héroe de las guerras en Angola, General Arnaldo Ochoa Sánchez, que estaba implicado en el tráfico de drogas. En la misma época, con el fin de la "Guerra Fría" y la desintegración del "bloc comunista," Cuba perdió su aliado y fuente principal de auxilio económico:  la Unión Soviética. Como consecuencia, la economía ha ido de mal en peor, y

---

[3] "Estalinización" = "stalinization," the term is derived from Joseph Stalin, undisputed leader of the USSR from 1929 until his death in 1953, who helped turn Russia into an industrialized nation, but at the expense of institutionalized terror that brought about the death of millions of people.

Castro ha permitido cierto grado de "capitalización" de la sociedad cubana. Quizás esa sea su única salida.

De todos modos, hay que conceder que la Revolución Cubana ha eliminado muchas de las injusticias sociales y económicas que aun persisten en otras partes de Latinoamérica. A pesar de la austeridad y la carestía de libertad individual, la población en general no sufre excesivamente de hambre o de falta de beneficios médicos—hay más médicos por cada mil habitantes en Cuba que en cualquier otro país latinoamericano. Quizás la hazaña más notable de la Revolución haya sido la creación de un sentido de identidad nacional, de un espíritu de comunidad—aunque los problemas económicos en los últimos años han sido causa de su disminuición. Ese mismo espíritu, cabe notar, hace falta en otras sociedades del continente.

Se ha dicho que tal como va Castro, así va la Revolución Cubana. La pregunta, entonces, es: Y después de Castro, ¿qué *sueño* va a haber?

## Ya no hay desfile en Chile

Chile emergió de su independencia como el país más estable y con la economía más dinámica del continente. Hubo una larga serie de presidentes elegidos, gracias a la base democrática establecida por el Presidente Diego Portales (1793-1837) en la Constitución de 1833. El éxito de Chile se debe en parte a que la oligarquía estaba concentrada en el valle central alrededor the Santiago, y no había el problema de la competencia de las elites de varias regiones—el *localismo*—como en Argentina, Brasil, Colombia, México, Perú y Venezuela.

Después de una época esporádica de violencia que acabó en guerra civil, en 1891 se estableció un *gobierno parlamentario*,[4] con representación de las varias regiones, que duró hasta 1924. Pero a fines de esa época parlamentaria las cosas no iban bien. En 1920, hubo acalorados debates entre los de la recién formada facción política, *Alianza Liberal* (AL), que querían acabar con el sistema. El candidato de AL, Arturo Alessandri, ganó las elecciones ese mismo año. De forma semejante a los Radicales de Argentina, Alessandri y los Liberales

---

[4] Gobierno parlamentario = parlimentary government, a government consisting of a representative body having supreme legislative powers, as in the United Kingdom, made up of the House of Lords and the House of Commons; there is considerably less power invested in the equivalent in a democratic government of the executive and judicial branches.

chilenos proponían la intervención directa del estado, que incluía la nacionalización de los bancos y la industria de nitratos, reformas educativas, derechos para los trabajadores, y un programa de seguro social. Con la entrada a la arena política de programas tan radicales, brotaron vigorosos debates por todos los rincones del gobierno de arriba hasta abajo. De ahí en adelante la política chilena poco a poco se volvió pluralista y sumamente compleja. Es decir, el sistema político se fracturó en muchas facciones representando la mayoría de las ideologías que existían en aquel tiempo. En este sentido la política chilena adquirió una característica extraordinaria entre los países latinoamericanos. Vamos a ver en breve cómo ocurrió eso.

El ejército, temiendo que el orden del país fuera amenazado, intervino en 1924 en apoyo a Alessandri, quien en realidad no les había pedido ninguna ayuda. Alessandri, en forma de protesta, se negó a gobernar por la gracia de la fuerza militar, y se fue a Italia. La inestabilidad reinó en el país hasta 1932, cuando fue re-elegido Alessandri. Los liberales, ahora en protesta, se alejaron del AP y formaron el *Frente Popular* (FP), una coalición de izquierdistas. El FP triunfó en las elecciones de 1938, dándole a Chile el primer régimen a base de una coalición de facciones políticas diversas en el continente. Después de 1938 hubo tres divisiones de bloques parlamentarios conservadores, varios partidos de clase media, y otro número de grupos izquierdistas. Obviamente la situación había cambiado de compleja a perpleja, de más o menos democrática a laberíntica.

Lo sorprendente es que, a pesar de esa confusa pluralización, y de las inevitables riñas e intrigas, desde 1924 el ejército se mantuvo en paz. Y eso, cuando por toda Latinoamérica los ejércitos estaban interviniendo en los asuntos de los gobiernos civiles. Fue de seguro un reflejo de la larga tradición democrática y parlamentaria de que había gozado el país. También queda el hecho de que el ejército chileno consistía de profesionistas relativamente educados, al contrario de los ejércitos de otros países latinoamericanos llenos de reclutas analfabetos. En general tenían los militares chilenos preocupación por el bienestar social de la nación. Así es que la vía estaba establecida para una diversidad política extraordinaria desde la década de 1930 hasta la de 1960. Aprovechándose de esa diversidad hasta el máximo, Eduardo Frei llegó al poder bajo el pendón de un fenómeno también nuevo en toda Latinoamérica, la *Democracia Cristiana* (DC), y sirvió como presidente de 1964 hasta 1970. Frei inmediatamente comenzó a poner en vigor un programa de *"socialismo cristiano"* (una "revolución reformista" dentro de la libertad), reestructurando la nación con la *"chileanización"*[5] de las minas de cobre y una reforma agraria. Pero dentro de poco tiempo Frei cayó de la gracia de la oligarquía por su programa "socialista," y de las clases populares por un alto nivel de inflación junto con un crecimiento de desempleo.

En gran parte a causa de esa inquietud, en las elecciones de 1970 triunfó un socialista sin tanto cristianismo, Salvador Allende. Llegando a la presidencia con una coalición llamada la *Unidad Popular* (UP), fue el primer triunfo del socialismo-marxismo en Latinoamérica a través de las urnas electorales. Pero el triunfo no fue por el voto de una mayoría. Parece que Chile, con su complejidad política, ya no disfrutaba de esos lujos. Ganó Allende, pero con una *pluralidad*,[6] recibiendo apenas 36.3% de los votos. Casi inmediatamente el gobierno de Allende se enfrentó con una oposición formidable desde EE.UU.—ya que tenía recuerdos desagradables de Fidel Castro—y desde los intereses conservadores de la oligarquía y la clase media de Chile. A pesar de las fuerzas de oposición, las metas de la UP fueron revolucionarias: romper el poder de la oligarquía, del capitalismo monopolista, y del imperialismo, que quería decir la nacionalización y la socialización de los recursos del país. Sólamente de esta manera, razonaba Allende, se podía acabar con el "subdesarrollo" de Chile. Pero no fueron esas metas para un futuro lejano las que causaron la caída de Allende, sino sus programas inmediatos.

En parte por el intento de Allende de redistribuir los recursos del país, la inflación llegó al nivel más elevado de la historia de Chile. Para controlarla hubo un esfuerzo por limitar los precios con la idea de que de esa manera la producción aumentaría y habría un crecimiento económico satisfactorio. Esa medida dio resultados durante apenas un año, y luego volvió la inflación. El valor del peso bajó rapidísimo, el mercado negro floreció, y nadie estaba contento: la clase trabajadora porque su sueldo no compraba tanto como antes; la clase media porque artículos importados del exterior costaban más; la clase alta simplemente porque era la clase alta. El programa de nacionalización tampoco dio los frutos esperados. A medida que minas, bancos, teléfonos, telecomunicaciones, y varias empresas fueron nacionalizadas, la inflación que devaluaba el peso le quitaba al gobierno el capital necesario

---

[5] Chileanización = nationalization of private owned enterprises in Chile.
[6] Pluralidad = plurality, the winning vote in elections consisting of more than two candidates, even though that winning vote is less than 50%.

para pagar recompensas a las empresas expropiadas. Cuando el problema de Chile llegó a un punto culminante, el entonces Presidente estadunidense, Richard Nixon, le cortó al país el crédito y los préstamos, lo que empeoró la situación.

En cuanto a la reforma agraria, Allende se puso a trabajar con el programa que ya había instituido la DC en 1967, que incluía la expropiación de las haciendas de más de 80 hectáreas. Pero el programa fue en realidad reformista, no radicalmente revolucionario, y no se desenvolvió de acuerdo con las expectativas de los campesinos. Allende sí quiso poner en práctica un programa agrario capaz de resolver de una vez para siempre el problema del campo. Pero mientras subían las demandas de los campesinos por una reforma agraria genuina, el programa de Allende se perdía en el laberinto burocrático confuso del nuevo gobierno socialista. Entonces crecía aun más la inquietud por parte de las mismas masas a que Allende tanto había tratado de ayudar. Con los elementos conservadores y los intereses extranjeros hostiles, la clase media enajenada, y la clase trabajadora y campesina ahora sin paciencia, la última hora había llegado: el 11 de septiembre de 1973 hubo un golpe de estado (organizado, se sospecha, en parte por el CIA de EE.UU. y la Compañía Internacional de Teléfonos [IT&T]). Allende murió defendiendo el palacio presidencial, el General Augusto Pinochet ocupó la presidencia, y una ola de violencia sistemática envolvió a Chile.

Los objetivos de Pinochet fueron dobles: erradicar todo vestigio de socialismo—lo que trajo medidas que incluyeron la tortura y el homicidio—y desmontar el sector estadista-socialista con la introducción de la privatización. La justificación, al infligir esas medidas traumáticas, fue la supuesta necesidad de corregir los errores del socialismo. Muchos de los consejeros de Pinochet eran tecnócratas economistas. Habían recibido su educación en la Universidad de Chicago bajo el Profesor Milton Friedman, un proponente del concepto del mercado libre. Por eso llamaban "Chicago Boys" a esos opositores radicales de la intervención del estado en los asuntos económicos de la nación. De hecho, el régimen de Pinochet estaba tan obsesionado con el libre comercio como había sido Allende con la intervención del estado. Pero a diferencia de Allende, Pinochet creía que se podía llevar a cabo su programa sólo a través de la represión completa de la oposición: por eso la violencia de Pinochet y el ejército.

Hubo, sin embargo, algunas buenas noticias. Después de un comienzo débil, la economía engordó: un "pequeño milagro chileno."

El crecimiento económico durante la ocupación militar fue entre 5% y 6% de 1985 a 1988, el más alto de la región. El problema fue la desigualdad del progreso. En 1981 el 20% de la población que consistía de los ricos consumía lo mismo que en 1969, mientras el 20% de la población que incluía los pobres estaba consumiendo 20% menos. Hubo crítica del gobierno de Pinochet, y mucha inquietud. Además, el pueblo chileno no se contentaba sólo con pan; añoraba la libertad que había tenido durante los largos años de tradición democrática.

En vista del aumento de crítica al régimen militar, Pinochet permitió un *plebescito*[7] en 1988. Los que apoyaban al dictador veían el futuro bajo el régimen comparable al "milagro económico" de Taiwan. En cambio, la oposición no veía ningún futuro prometedor, ya que el progreso económico que había era al costo de la opresión del pueblo y mucho sufrimiento. Pinochet, con sólo 42% de los votos, perdió. Para sorpresa de muchos, aceptó los resultados del plebiscito, aunque de mala gana. Hubo elecciones en 1989, en las que Patricio Aylwin, de la DC, ganó.

En suma, Salvador Allende, como Castro, tuvo un *sueño* socialista. Pero su *sueño* tomó el camino de la legitimidad en vez de la revolución armada, con toda la violencia acostumbrada. Sin embargo, Allende no pudo con[8] los enemigos en conjunto con las fuerzas internacionales. El *sueño* llegó a ser una *pesadilla* que por fin consumió a su creador. Pinochet tuvo un *contra-sueño*, sosteniendo que el *sueño* de Allende no fue más que una importación artificial y peligrosa. Pero el *contra-sueño* se le echó encima a Pinochet, y fue consumido por una *realidad* que hasta entonces había desconocido: el deseo intransigente del pueblo por la libertad. Partidos y contra-partidos, ideologías y contra-ideologías, tendencias y contra-tendencias: el caso de Chile es en cierto sentido una imagen de la polarización de toda América Latina.

## Tenue tregua en nicaragua

Nicaragua ha sufrido de una historia tumultuosa. Desde su independencia hasta mediados del siglo XIX, una rivalidad que existía entre los liberales de León y los conservadores de Granada no permitió la organización de una nación a su manera debida. En 1855 el

---

[7] Plebescito = plebiscite, a direct vote in which the people are asked to accept or reject the political party or person in charge.
[8] No ... con = could not handle.

filibustero norteamericano y creyente fanático del *Destino Manifiesto,*[9] William Walker, invadió la república con el pretexto de prestarles ayuda a los liberales. Ocupó Granada y se declaró Jefe del Ejército de Nicaragua. Con pretensiones egomaniáticas, hizo preparaciones para una larga ocupación del país. Pero duró poco, y en 1857 se vio obligado a huir a EE.UU.

Durante los 35 años siguientes, Nicaragua sufrió del conflicto liberal-conservador típico de todo el continente. El conflicto alcanzó su punto culminante en 1893, cuando José Santos Zelaya subió al poder e inició uno de los regímenes más atroces de Centroamérica. Su comportamiento volátil e infantil fue motivo para que interviniera un congreso internacional con el propósito de arbitrar disputas entre Santos Zelaya y una serie de ofendidos. Durante el arbitraje, el Secretario de Estado de EE.UU. denunció al tirano de Nicaragua como una vergüenza de su patria. De hecho, la opinión del Secretario, en conjunto con las quejas de banqueros de Nueva York y Londres de que Nicaragua faltaba al pago de préstamos, motivaron la petición a que EE.UU. interviniera en Nicaragua. E intervino. Esa, la primera invasión norteamericana, tuvo lugar en 1912. Como consecuencia, Nicaragua fue el paradero de marineros y consejeros estadounidenses hasta 1925, cuando los préstamos fueron por fin pagados. Pero tan pronto como la presencia de EE.UU. no se sintió, brotó una guerra civil. De nuevo entraron los marineros estadounidenses, ahora para quedarse hasta 1933.

Esta vez la ocupación fue manchada por una serie de episodios que dejó a mucha de la población con un resentimiento irreparable hacia EE.UU. En 1931, Augusto César Sandino se alzó en armas contra las fuerzas de ocupación. A causa de la tenacidad de Sandino, ni él, ni el ejército norteamericano, pudiera lograr una victoria. Por fin, en 1933 hubo un acuerdo entre Sandino y los representantes de EE.UU. en el que las tropas norteamericanas abandonarían el país si él cesaba su rebelión. Sandino cumplió, y salieron los marineros, pero no sin colocar a Anastasio ("Tacho") Somoza como Jefe de la *Guardia Nacional*—una organización creada por los mismos norteamericanos. Hubo elecciones, y el liberal, Juan B. Sacasa, ganó. Ahora todo bien. O cuando menos, así parecía hasta 1934, cuando Somoza mandó asesinar a Sandino. Ya no existía el héroe que había desafiado a EE.UU., ganando en el proceso

---

[9] Destino Manifiesto = Manifest Destiny, the 19th century doctrine that the United States had the responsibility, and quasi-religious duty, to expand its dominion throughout the whole of North America.

la simpatía de todos los latinoamericanos. Y Nicaragua quedaba ahora vulnerable, con "Tacho" en control.

Durante las próximas décadas, la república pareció convertirse en una gran *finca* de la familia Somoza. Hubo construcción de escuelas, hospitales, plantas hidroeléctricas y carreteras, y mecanización de la agricultura. Pero parece que cada planta, cada máquina, cada escuela y hospital, y cada carretera nueva, tenía como fin el de servir a las *fincas* de los Somoza, sus "compadres," y sus "socios." Y una gran parte de los productos que se vendían en el mercado internacional venía de las mismas *fincas*. Sin embargo, desde Washington, "Tacho" fue considerado como "amigo," y se le extendía una abundancia de préstamos. Fue bastante suave la vida del déspota.

Pero en 1956, "Tacho" fue asesinado, y su hijo, Luis Somoza probó la silla presidencial. Quedó allí hasta 1967, cuando llegó el turno de otro hermano, Anastasio hijo ("Tachito"), quien fue declarado "triunfador" en las elecciones presidenciales, obviamente arregladas a su favor. La corrupción y la opresión poco a poco llegaron a los extremos, enajenando al pueblo hasta que por fin no pudo aguantar más. Varias facciones políticas se reunieron alrededor de la familia Somoza, y con el nombre de *"Sandinistas"* en memoria de su héroe, se rebelaron, derrotando con facilidad a "Tachito" en 1979. "Tachito," sin embargo, no aceptó ninguna culpa de nada: mantenía que no había sido el pueblo nicaragüense el que lo había tumbado, sino una conspiración internacional que tenía como fin el de convertir a Nicaragua, e incluso a toda la América Latina, en "satélites comunistas." Poco tiempo después, en manos de un asesino, ese último de los Somoza encontró la muerte en Paraguay.

Para fines de la década de 1970 la mayoría de la población de Latinoamérica vivía bajo gobiernos militares. Es sobre todo por eso que la Revolución de Nicaragua fue vista por los izquierdistas como un aliento de aire fresco. Comparaciones se hacían con la Revolución Cubana. Tal como el régimen de Batista fue derrumbado con facilidad porque interiormente estaba enfermo y porque ya era un vestigio de épocas pasadas, así el gobierno de los Somoza decayó porque pertenecía a un tiempo ya muerto. Tal como José Martí fue visto por los castristas como un héroe martirizado mientras luchaba contra el imperialismo y la dominación de EE.UU., así los *sandinistas* evocaron el nombre de su héroe, Augusto César Sandino, quien había emprendido una rebelión contra el "Goliat del Norte." Y tal como después del triunfo de la Revolución Cubana, Castro se puso en oposición a EE.UU., así uno de los primeros actos del *gobierno sandinista* bajo Daniel Ortega fue el de resistir la dependencia total de Norteamérica. Pero hubo diferencias importantes. Los sandinistas proclamaron la creación de una *"economía mixta"* que no fue ni capitalista ni comunista en su totalidad. Habría control de la economía cuando fuera necesario para proteger los derechos de la ciudadanía, pero en general la base de la economía estaría en manos de los mismos ciudadanos.

Hay que conceder que la Revolución Nicaragüense tuvo un comienzo prometedor. El entonces Presidente Jimmy Carter, al contrario de la antipatía de Dwight D. Eisenhower hacia la Revolución Cubana, invitó a Daniel Ortega y los líderes sandinistas a la Casa Blanca, mandó $8.000.000 de dólares a Nicaragua para gastos urgentes, y ofreció un paquete de préstamos de $75.000.000 de dólares para futuros proyectos. Así es que en el principio dinero no faltaba. Además, al expropiar las propiedades somocistas, se pusieron los sandinistas en control de aproximadamente 20% de los recursos del país. Fue más fácil que la expropiación en Cuba, donde los castristas tuvieron que enfrentarse con numerosos dueños de la oligarquía cubana y otros dueños extranjeros. En vista de que una parte considerable de Nicaragua no había sido más que una *finca* somocista, al correr a la familia Somoza, muchas de las barreras de expropiación ya no existieron.

Los sandinistas inmediatamente atacaron los mismos problemas sociales que habían sido el blanco de ataque de Castro: reforma agraria, educación, asistencia médica. Al principio, dieron la bienvenida a la ayuda de Cuba tanto como la de EE.UU., sin ponerse en una posición de subordinación ni al comunismo ni al capitalismo, ni a EE.UU. ni a la Unión Soviética. Castro, como señal de amistad, mandó 2.500 médicos, enfermeras, maestros, e ingenieros sanitarios para complementar la ayuda que Nicaragua había recibido de EE.UU. Sin embargo, las relaciones medio buenas entre EE.UU. y los sandinistas duraron poco tiempo. El señor Ronald Reagan ganó las elecciones presidenciales en 1980, e inmediatamente hubo una voltereta. Ahora desde la Casa Blanca de Washington, la Revolución Nicaragüense fue considerada como producto de infiltración de "ideología comunista." Reagan, por consiguiente, lanzó una campaña contra el gobierno sandinista que incluyó un embargo que, por falta de otros remedios, obligó a los nicaragüenses a establecer relaciones más ligadas con Cuba y el bloc comunista. Ese cambio les sirvió a los de Washington como "prueba" de que Daniel Ortega no era sino uno más de los odiados "comunistas."

Hay que conceder que en realidad hubo ambigüedad en cuanto a la naturaleza del régimen sandinista. Como fue mencionado, Nicaragua no parecía ni dictatorial ni democrático, sino que oscilaba entre los dos polos. Por una parte, el gobierno había cerrado la prensa que estaba en su contra, y por lo tanto se acercaba a un gobierno dictatorial. Por otra parte, el gobierno seguía bastante abierto: la mayoría de la tierra todavía estaba en manos de dueños particulares, se permitían partidos políticos de oposición, y ciertas empresas internacionales (la compañía petrolera de Esso, por ejemplo) seguían funcionando. Para ese entonces el gobierno también demostraba una cara democrática. Parece, a pesar de todo, que la sociedad nicaragüense estaba más abierta que la cubana—es importante notar que Castro mismo había aconsejado a los sandinistas a que, para evitar problemas, no rompieran completamente con el mundo capitalista como él mismo había hecho en Cuba. De todas maneras se intensificó la lucha entre los sandinistas y los llamados *"contras"* (o "freedom fighters," como les había denominado Reagan). Los "contras" consistieron de ex-compatriotas de los Somoza y de otros que se habían desilusionado de la Revolución Sandinista. Formaron un ejército que, según las evidencias, en parte fue fundado clandestinamente por EE.UU.

Entonces, ahora que las buenas relaciones entre los sandinistas y Norteamérica se veían imposibles, Nicaragua no tuvo más remedio sino el de acercarse paulatinamente al modelo cubano. A medida que proseguía la guerra entre los "contras" y los sandinistas, llegó a ser obvio que no iba a haber ni victoria ni derrota a corto plazo.[10] Los "contras" tuvieron bastante fuerza para atacar al ejército sandinista, pero no fue suficiente para penetrar el territorio nicaragüense y marchar hacia la Capital. Y los sandinistas pudieron defenderse con bastante energía, pero no se atrevieron a invadir a los "contras," ya que su base de operaciones estaba en Honduras—país que tenía un acuerdo con EE.UU. para permitir actividades antirrevolucionarias. Pero los "contras" sí obligaron al gobierno nicaragüense a gastar casi la mitad del presupuesto nacional en su defensa. Esa fue, quizás, su mayor victoria.

En 1987 el Presidente de Costa Rica, Oscar Arias, propuso un plan de paz para toda Centroamérica—había también una guerra civil en El Salvador, y mucha inquietud en Guatemala—acto por el cual se le fue otorgado después el Premio Nobel de la Paz. En 1988 los sandinistas y los "contras" firmaron un acuerdo, en parte motivado por

---

[10] A ... plazo = short range, in the short run.

el plan de Arias. Según el acuerdo, cesaría el fuego, se permitiría más libertad para facciones que oponían al gobierno, y habría elecciones en 1990. Un año después, el bloc comunista de Europa del Este se estaba desintegrando, la "Guerra Fría" estaba llegando a su etapa final, y la Unión Soviética comenzó a presionar a los sandinistas a que permitieran elecciones. Las hubo. Y para sorpresa de todos, Violeta Barrios de Chamorro, candidata de una coalición de 14 partidos, le ganó a Daniel Ortega. Prácticamente dicho, la Revolución había terminado.

En fin, la *Revolución Sandinista*: otro *sueño* bonito y otro *fantasma* elusivo. Otro intento de resolver problemas nacionales sin la posibilidad de desprenderse de fuerzas internacionales, y otra desilusión. La Presidenta Chamorro es proponente de la nueva ola de privatización y *libre comercio*. Pero Nicaragua es un país con muchos problemas y relativamente pocos recursos. Lo que dificulta aun más la situación es que la prensa tanto como el gobierno de EE.UU. casi han ignorarado a Chamorro y su pequeña república, como si todo ya estuviera resuelto. Después de Chamorro, Arnoldo Alemán fue elegido presidente. Ha quedado igualmente desconocido en EE.UU. Lástima, porque ahora más que nunca los nicaragüenses necesitan simpatía y ayuda.

## ¿Por qué son así las cosas?

Aparte de los casos revolucionarios ya estudiados de México, Cuba, Chile, y Nicaragua, ha habido revoluciones genuinas en Bolivia y Guatemala, que luego fueron abortadas.[11] Los problemas *socio-político-económicos* de estos dos países todavía están lejos de resolverse. De todos modos, en Guatemala de 1945 a 1954 y Bolivia de 1952 a 1964, representantes internacionales observaban ciudadosamente cada maniobra, y cada paso, como si estas pequeñas repúblicas en realidad representaran una amenaza. Y cada paso que sugiriera de la manera más remota algo parecido al "comunismo" tenía repercuciones inmediatemente en EE.UU. Si hubieran dejado en paz a estos países para que buscaran su propio camino, ¿habrían tenido más éxito? ¿Por qué no les permiten ejercer su propia soberanía? Bueno. Una respuesta

---

[11] Acuérdese que una *revolución genuina*, como leímos en el capítulo sobre la Revolución Mexicana, es más que un *golpe de estado*, es decir, un cambio limitado a la esfera política. Tiene que haber profundas transformaciones en las tres esferas: *social* (una re-estructuración de la composición de las clases), *política* (un grupo enteramente nuevo llega al poder), y *económica* (una redistribución de las riquezas del país).

no es fácil. Pero cuando menos para comprender un poco mejor la situación, vamos a ampliar nuestra vista para incluir toda Latinoamérica desde las últimas tres décadas y media.

Uruguay merece un comentario aquí, pues, fue ese país, la "Suiza de las Américas," el del programa social más avanzado del mundo a principio de este siglo, gracias a la obra visionaria de José Batlle y Ordóñez (1856-1929). Sin embargo, por la década de 1960, la economía de Uruguay, ahora estancada, no podía sostener sus programas sociales. Como respuesta al problema, y siguiendo la tradición uruguaya de un alto nivel de preocupación social de parte de la ciudadanía fomentada por Batlle y Ordóñez, en 1967 aparecieron los *"tupamaros"*—el nombre fue derivación de Tupac Amaru, inca rebelde en 1780. Representando la primera fuerza guerrillera urbana de Latinoamérica, los "tupamaros" emprendieron una lucha en contra del gobierno. En particular, criticaban (1) los procesos *políticos* que a través de los años se habían burocratizado y ahora estaban casi estáticos, (2) la falta de diversidad *económica* que evitaba la entrada de Uruguay en la arena de los países desarrollados, y (3) el desequilibrio *social* que estaba apareciendo por causa del estancamiento *económico*. El movimiento de los "tupamaros" no acabó hasta que hubo una intervención militar y suspensión de los procesos constitucionales en 1973, intervención que duró hasta 1984. El caso de los "tupamaros" es de importancia especial, porque puso a la vista precisamente las faltas de la llamada "teoría de la Modernización."

En las ciencias sociales de las universidades de EE.UU. a fines de la década de 1950, y un poco antes de la Revolución Cubana, hubo bastante optimismo respecto al futuro de Latinoamérica. Ese optimismo queda ejemplificado en estudios tales como el del historiador John J. Johnson en *Political Change in Latin America* (1958). Aplicó Johnson con confianza la *"teoría de la modernización"* al continente entero. Esta teoría, que tiene como contrateoría la de la "dependencia" (brevemente descrita en el Capítulo Diecisiete), es "reformista" en vez de "revolucionaria." La "teoría de la modernización" cabe dentro de las fórmulas de la democracia y la libre empresa, mientras la "teoría de la dependencia," como "revolucionaria," generalmente—aunque no siempre—está cargada de elementos socialistas-marxistas. Según Johnson, efectivamente se podría poner a la práctica la "teoría de la modernización" en Latinoamérica. El crecimiento de la *economía* del continente engendraría transformaciones *sociales* que a su vez harían posible el desarrollo de la esfera *política*. Y, como si fuera un proceso de evolución natural, los problemas *socio-político-económicos* poco a poco estarían resueltos. No habría habido necesidad ni de la Revolución Cubana ni las otras revoluciones que siguieron.

El "milagro" iba a funcionar de esta manera. Desde hacía años por toda Latinoamérica había habido una transformación *social* de pueblos predominantemente rurales a pueblos urbanos. A causa de esa transformación, ahora la gente, como en los países ya desarrollados, empezaría a identificarse con, y participar en, las varias organizaciones *políticas* que por naturaleza emergerían. Esas organizaciones servirían para conducir a la gente hacia una conciencia colectiva verdaderamente *democrática*. Más importante aun, emergería una *clase media* numerosa, fuerte, dinámica, y progresista. Los miembros de esa *clase media* tomarían la responsabilidad de crear las condiciones *económicas* para que los menos afortunados—trabajadores y campesinos—pudieran mejorar su nivel de vida. Dentro de poco, la *clase media* en todos los países latinoamericanos representaría la mayoría. Y todo bien. Pues, eso es más o menos lo que había ocurrido en EE.UU. y Europa, y parecía que el proceso ya había comenzado en los países del sur.

La *realidad*, no obstante, fue más intransigente de lo que se esperaba. Hubo crecimiento *económico* en Latinoamérica durante la década de 1960 y la de 1970, por cierto. Pero en vez de que la *clase media* distribuyese las riquezas a todo el mundo a través de programas *sociales*, la desigualdad llegó a ser todavía más grave. A su vez, parece que la *política* de los países latinoamericanos tenía su propio camino, y no fue el que pronosticaban los profetas de la "modernización." La "conciencia colectiva" de la clase media emergía, pero en los momentos críticos, muchas veces apoyaba a las oligarquías y los ejércitos. Tal fue el caso de Argentina en 1955 al caer Perón y en 1962 con el golpe de estado, de Brasil en 1964 con la entrada de los generales, y de Chile en 1973 con Pinochet. Hubo también transiciones hacia gobiernos militares, muchos de ellos dictaduras, en Uruguay, Bolivia, Perú, Panamá, Guatemala, y Santo Domingo. Lo que fue peor, como contradicción de la "teoría de la modernización," los países que sufrieron más a causa de las dictaduras militares fueron precisamente los países que habían alcanzado el nivel más alto de desarrollo *socio-político-económico*: Argentina, Uruguay, Chile, Brasil.

¿A qué se debía el fracaso? Hubo en general tres explicaciones. (1) las tradiciones culturales de Latinoamérica y sus orígenes de España y Portugal—el catolicismo y paternalismo que tendían a producir *sociedades* autoritarias y jerárquicas—no eran compatibles con el tipo de desarrollo que había ocurrido en el norte de Europa y en EE.UU. (2) el desarrollo democrático se dificultaba por el hecho de que las *economías* de Latinoamérica eran ya dependientes de las sociedades desarrolladas, lo que puso un obstáculo infranqueable por delante (la teoría de la "dependencia"). Es decir, Latinoamérica funcionaba como una clase baja de EE.UU. y Europa, y por eso no hubo la posibilidad de que de allí surgiera una clase media dentro de la misma clase baja (esa interpretación fue la predilecta de los marxistas por razones obvias). (3) todos los países latinoamericanos estaban estrechamente ligados a EE.UU., por lo tanto las transiciones de la política de EE.UU. no podían menos que tener efecto en la *política* de todo el continente. Por un lado, cuando la política de EE.UU. experimentaba una vuelta hacia la izquierda, generalmente había una evolución en Latinoamérica hacia programas más democráticos. Por otro lado, cuando EE.UU. gravitaba hacia la derecha, con más preocupación por los asuntos de escala internacional—sobre todo por la supuesta "amenaza del comunismo"— había entre los países latinoamericanos una tendencia hacia dictaduras para evitar la infiltración de la "amenaza." De esta manera, los ejércitos de los países latinoamericanos desde 1960 hasta fines de la década de 1980 no hicieron más que responder a los mensajes "anticomunistas" de EE.UU.

De las tres explicaciones del "fracaso" de la clase media de Latinoamérica, ¿dónde descansaría la verdad? ¿Es la revolución genuina el único camino a transformaciones *socio-político-económicas*? Es dudoso, porque la violencia implicada por el camino revolucionario trae problemas. ¿O hay otro camino "reformista" y con menos violencia, camino que no viola los derechos humanos? El problema es que ese camino desafortunadamente tiende a favorecer más a los ricos que a los pobres. Las preguntas, parece, quedan sin respuesta duradera. No obstante, quizás se puede concluir: Las teorías de la "dependencia" y la "modernización" no ofrecen fórmulas válidas, y el futuro en gran parte depende de las relaciones que se establecieron entre Latinoamérica y EE.UU.[12]

Pero parece que estamos viendo todo con ojos sumamente pesimistas. En realidad, respecto a Latinoamérica hay estrellas brillantes que penetran las zonas de oscuridad que les rodea. Vamos a fijar la vista en algunas de ellas.

# Preguntas

1. ¿Cuáles fueron los resultados de la Enmienda de Platt?
2. Describa brevemente la trayectoria de Fidel Castro desde Moncada hasta el triunfo de la Revolución Cubana.
3. ¿Cuáles fueron los sucesos que revelaron la ideología marxista de Castro?
4. ¿En qué consistían la "Nueva Sociedad" y el "Nuevo Hombre" que deseaba Castro para Cuba? ¿Fue simplemente un sueño? ¿Por qué?
5. ¿Qué opinión tienen los anticastristas de la Revolución Cubana?
6. ¿Por qué cambiaron de opinión varios escritores acerca de Cuba?
7. ¿Cómo fue el caso de los marielistas?
8. ¿Cómo es la situación de Cuba hoy en día?
9. ¿Cuál es la naturaleza extraordinaria del sistema político de Chile?
10. ¿Por qué es la política chilena más pluralista que la de otros países?
11. ¿Cuáles problemas se le presentaron a Allende, y cómo trató de resolverlos?
12. ¿Cuáles fueron las medidas de Pinochet, y cómo fueron los resultados?
13. Describa brevemente la historia tumultuosa de Nicaragua hasta el régimen somocista.

---

[12] Una nueva teoría, siguiendo el "neoliberalismo," implica la privatización, y relativamente poca intervención del estado en los asuntos económicos para dejar que los procesos de negociación entre empresas internacionales dicten la naturaleza del mercado. Esta teoría no puede recibir la atención que merece en el volúmen que Ud. tiene en las manos. Sin embargo, ha sido el tema de acalorados debates en los últimos días (para lectura sobre el tema véase los libros sobre NAFTA en la lista que corresponde al Capítulo Veintiuno).

14. ¿Quién fue Sandino y que importancia tuvo?
15. ¿Cómo subió la familia Somoza al poder y cuál fue su plan para Nicaragua?
16. ¿De qué manera fueron semejantes y diferentes las Revoluciones de Nicaragua y Cuba?
17. ¿Quiénes son los "contras"? ¿Cómo es que hubo un tipo de *jaque mate* ("check mate") entre ellos y los somocistas?
18. ¿Quién fue Oscar Arias y qué hizo?
19. ¿Cuál es la teoría de la modernización? ¿Cuáles fueron los problemas de esta teoría respecto a la situación latinoamericana?
20. ¿Qué explicaciones hay para el fracaso de los "sueños" latinoamericanos?

## Temas para discusión y composición

1. Hagan una breve comparación de las revoluciones de Cuba, Chile, y Nicaragua. ¿Creen Uds. que habría sido posible el mismo camino para las tres repúblicas?
2. ¿Cómo podría haber sido diferente la política exterior de EE.UU. de modo que países como Cuba, Chile, y Nicaragua pudieran haber resuelto mejor sus problemas?

## Un debate amigable

Organícese una polémica que incluya tres perspectivas: (1) que la teoría de la dependencia es la más válida, (2) que tendría más éxito la teoría de la modernización, y (3) que ni la una ni la otra, porque Latinoamérica tiene sus propios problemas y por lo tanto debe encontrar su propio camino.

# CAPÍTULO DIECINUEVE

# IDENTIDAD, MODERNIDAD, Y MÁS ALLÁ EN LA NOVELA

**Fijarse en:**
- La *naturaleza* de lo que se llama el *"realismo mágico,"* y la manera en que *revela la pluralidad* de las *culturas latinoamericanas.*
- La *importancia del sincretismo* en la formación de las *culturas* y *civilizaciones* del continente.
- El *significado* del término *"Cultura,"* con mayúscula, y el *rol de los artistas* en la *formación de la Cultura* en Latinoamérica.
- La función de la *soledad* en las *expresiones culturales* del pueblo latinoamericano.
- La *razón* por la cual la *literatura* es de *tanta importancia* en un continente donde existe un *índice relativamente alto de analfabetismo.*
- Lo que es el *"boom"* de la *nueva novela latinoamericana.*
- La manera en que los *latinoamericanos* son *"más contemporáneos"* en cuanto a esa *nueva narrativa.*

**Términos:**
- *"Boom," Creacionismo, Cultura (con mayúscula), Laberinto, Literatura de la Onda, Nueva Narrativa Latinoamericana, Primitivismo, Realismo Mágico, Sincretismo, Soledad, Surrealismo, Ultraísmo.*

## Una expresión nueva y a la vez vieja

Algo maravilloso destacó en la literatura latinoamericana durante el presente siglo: se llama el *"realismo mágico."* Parece contradictorio el término, ¿no? Si algo es "real," no tiene que ver con la "magia," y si es "mágico," se supone que no debe entrar en la "realidad." ¿Cómo puede figurar ese término en la literatura, entonces?

Bueno, la literatura tiene que presentar cuando menos un toque de verosimilitud; debe ser hasta cierto punto creíble. Ahí está la "realidad" de la literatura. Pero mucha de la literatura contemporánea de

Latinoamérica también tiene algo de "magia." El componente "mágico" consiste de una dosis de imaginación que se inyecta en esa "realidad" para que la literatura tenga un aspecto ficticio. Entonces, ¿cuál es el problema? El problema es que una descripción de la naturaleza del *realismo mágico* no es tan fácil. No se presta el término a una descripción fácil, sino que, como la América Latina misma, tienen muchas caras, todas vagas y ambiguas. Por eso hay lo que parece un sinfin de estudios sobre el fenómeno del *realismo mágico*. Y la controversia sigue. De todos modos, vamos a hacer la lucha[1] para comprender ese fenómeno, aunque sea un poquito. Hay que hacer la lucha, porque el *realismo mágico* nos puede revelar algunas características fundamentales de las culturas latinoamericanas.

Hasta cierto punto se puede decir que el *realismo mágico* es un *sincretismo pluralista*, compuesto de elementos de toda la historia del continente (lo prehispánico, la "invención de América," la conquista, lo africano, lo mestizo, el Barroco, el Siglo de las Luces, la Independencia, la edad de los *caudillos*, el modernismo, la Revolución Mexicana, la novela de la tierra, la novela indigenista, la literatura afroamericana, la Revolución Cubana, etcétera). Consiste de una poca de *magia* y otra de *realidad* que se han escapado del limbo de la conciencia colectiva de los latinoamericanos. Tiene algo de *magia*, porque la *realidad* latino-americana inevitablemente tiene una apariencia algo "mágica." Por ejemplo, el *surrealista* francés André Breton (1896-1966), al visitar México, se sorprendió de que los mexicanos no tenían que aprender del *surrealismo*: ¡Lo vivían todos los días!, exclamó.[2] Pero aunque el *surrealismo* francés tiene cierto parecido con el *realismo mágico*, de todos modos no son iguales. El surrealismo fue un movimiento inaugurado en 1924 por Breton. Proponía una transformación radical de los valores sociales, científicos y filosóficos a base de la liberación de la subconciencia. A causa de esa liberación, se supone que el surrealis-mo sea el producto de la imaginación pura que emerge directamente de las tinieblas oscuras de la mente del individuo. En cambio, la base del *realismo mágico* descansa en la "conciencia colectiva" del pueblo latinoamericano. Esa "conciencia colectiva" no necesita una "libera-ción," porque siempre ha existido y existe. Ha perseverado a pesar de represiones políticas, religiosas, y sociales en todo el continente. Lo que siempre le hacía falta era una "expresión" genuina.

---

[1] Hacer ... lucha = to do one's best, give it one's best effort.

[2] Surrealismo: *sur-* (bajo) + *realismo* = la "realidad" de la subconciencia.

Otro francés, Antonin Artaud (1896-1948), después de pasar tiempo con los amerindios tarahumara en el norte de México, reportó que se sentía como si hubiera estado en un ambiente de pura *magia*. Pero su *magia* tampoco fue equivalente al *realismo mágico*: faltaba el aspecto de la "realidad" *pluralista* latinoamericana como "invención" de la "conciencia colectiva." D. H. Lawrence (1885-1930) y Malcolm Lowry (1909-57), dos escritores de la Gran Bretaña, también quedaron fascinados con México, e incluso escribieron novelas basadas en la *magia* mexicana y su influencia en la psicología humana: *La serpiente emplumada* (*The Plumed Serpent* [1926]) de Lawrence y *Bajo el volcán* (*Under the Volcano* [1947]) de Lowry. Pero su ficción tampoco cabe dentro del *realismo mágico*: la *magia* de ellos es más bien una imitación, y por lo tanto le hace falta una *magia* "real-inventada." ¿Qué, entonces, es el *realismo mágico*? Bueno. La pregunta queda, como si se estuviera burlando de nosotros. Pero vamos a seguir haciendo la lucha para comprender ese fenómeno enigmático.

La ruptura entre Latinoamérica y España en el siglo XIX había conferido a los intelectuales del continente una importancia que habría sido inaudita durante la época colonial. Ahora, ocupaban una posición como voceros de sus respectivas repúblicas recién independizadas. Sobre su espalda quedaba la responsabilidad de forjar una conciencia colectiva y una nación. Pero algo faltaba, algo esencial. Ese algo consistía de voces que habían quedado sofocadas durante casi tres siglos de colonialismo. Poco a poco los escritores empezaron a descubrir ("¿re-inventar?") ese algo al comienzo del presente siglo con la ya mencionada vuelta a la "realidad" latinoamericana en la literatura con el novomundismo, el criollismo, la novela de la tierra, y la novela indígenista. Para complementar la novela indígenista, en *Ecué-Yamba-O* de Alejo Carpentier, escrito en 1927 y publicado en 1933, tenemos el comienzo de una novela verdaderamente afroamericana. Pero ni el "africanismo" ni el "indigenismo" de por sí contienen la esencia de lo "latinoamericano," porque no se puede negar categóricamente a la herencia europea y la presencia mestiza. Una comprensión cabal de las culturas latinoamericanas en el sentido más amplio de la palabra tendría que incluir una re-invención y re-interpretación de las relaciones entre Europa y América Latina—o en otras palabras lo que había sido el impacto de la Edad Medieval, el Renacimiento, el Barroco, y el Siglo de las Luces, y el Romanticismo en las culturas latinoamericanas.

Pero tampoco podemos olvidarnos del presente siglo. Muchos intelectuales latinoamericanos de las primeras décadas de este siglo pasaron algunos de sus años de formación en Europa. Allá, se decepcionaron con los efectos de la revolución científica, el racionalismo, y el positivismo—lo que fue principalmente una herencia del mundo occidental. Sobre todo, con la emergencia del fascismo y el nazismo en Europa durante las décadas de 1920 y 1930, llegaron a ser cada vez más críticos de Europa como parte de su herencia cultural. Encontraron, entre otros movimientos, el *surrealismo* de Breton y sus colaboradores. Inspirados por el padre de la psicoanálisis, Sigmund Freud (1856-1939), los surrealistas estaban obsesionados con lo irracional tanto como el subconciente. Ese interés en lo irracional incluía una búsqueda de las raíces del pensamiento moderno en lo "primitivo" de las culturas "exóticas." Pero ese "primitivismo" no fue nada nuevo para los jóvenes latinoamericanos radicados en Paris. Pués, precisamente las culturas "exóticas"—cuando menos "exóticas" para los europeos—abundaban en Latinoamérica: allá se vivía lo "exótico." En cambio, lo "exótico" en Europa como producto de la búsqueda de las raíces culturales no pudo ser más que una expresión algo artificial. Por ejemplo, lo "exótico" de África había sido fuente de influencia en el arte desde que el pintor español, Pablo Picasso (1881-1973), lo introdujo a principio de este siglo. Pero África en realidad no había sido una parte íntima de la experiencia cultural de Europa—aunque, como hemos visto, por la influencia islámica existía un eco de África cuando menos en la península. En contraste, la presencia pluralista de complejas mezclas étnicas y culturales de América Latina consistía en lo "exótico" vivo, que incluye lo africano. Es decir, lo que los europeos consideraban como "exótico"—y al ser trasplantado a Europa llegó a ser artificial—era parte de la vida genuina de todos los días en Latinoamérica.

En el continente americano, las culturas amerindias y las afroamericanas forman parte de la *Cultura*—ahora hay que escribir el término en mayúscula. La *Cultura* es un conjunto de muchas culturas. Es producto del la Edad Medieval, el Renacimiento, el Siglo de las Luces, y el Romanticismo, desde luego. Pero más que nada, tiene una fuerte corriente del movimiento que casi había sido sofocado en Europa, el Barroco, que dejó su marca tan profunda en Latinoamérica. La *Cultura* también es producto de culturas africanas e indígenas. Pero esas culturas ya no son puras sino fundidas—sincretizadas—con las culturas colonizadoras. La *Cultura* es a la vez barroca y moderna, "exótica" y europea, pasado y presente. Es una tensión vibrante de muchas expresiones en una lucha perpetua por dejarse sentir.

La *Cultura*, tal como nació del suelo americano en la forma de una tensión entre múltiples tendencias y expresiones, ha producido lo que se llama el *realismo mágico*. Quizás se puede decir que Latinoamérica fue "re-inventada" en parte a través del *realismo mágico*. El continente no es sencillamente la "utopía" que los pensinsulares querían "inventar" e inyectar en la "realidad" americana después de la conquista. No es simplemente una combinación de *Padre Europa* y *Madre América* que engendraron una combinación de *Hijos naturales* (los mestizos) a la vez que abrazaron una variedad de *Hijos Adoptivos* (de África). Es decir, Latinoamérica no es una simple dualidad sino una *pluralidad*: las *culturas* y *civilizaciones latinoamericanas* están envueltas en una sóla cultura, la *Cultura*. Entonces se supone que esa *pluralidad* debe tener alguna clave para comprender a fondo el *realismo mágico*.

Pero, ¿cuál es? Pues, es posible que una de las expresiónes más profundas de la *pluralidad latinoamericana* se encuentre en la literatura que tenga elementos *mágicorrealistas*. Vamos a ver.

## "Ahora somos más que contemporáneos"

La trayectoria literaria de Alejo Carpentier, considerado por muchos como el padre del *realismo mágico* (aunque en el principio él lo denominaba "*lo real maravilloso*"), revela en sus obras la esencia de ese fenómeno. Después de *Ecué-Yamba-O*, las próximos dos novelas de Carpentier, *El reino de este mundo* (1949) y *Los pasos perdidos* (1953), demuestran la imposibilidad de recobrar y reduplicar el *pasado* cultural africano e indígena, porque no se puede tirar la *Cultura* del *presente* a la basura: la *Cultura* es una parte íntima del *yo* de cada individuo. *El siglo de las luces* (1962) es un estudio sobre el impacto de la corriente central del pensamiento europeo, el racionalismo como producto del Siglo de las Luces, en latinoamérica. Sugiere esta novela que a fin de cuentas el pensamiento racionalista implantado en las Américas fue limitado, porque tuvo que competir con otras tendencias que le contradecían: lo africano y lo indígena.

La próxima novela de Carpentier, *El recurso del método* (1974), se trata de la "barbaridad" de las dictaduras latinoamericanas: son el resultado de un predominio del aspecto irracional de la *Cultura*, cuando las múltiples tensiones están fuera de balance. Esa pluralidad de tensiones tiene que seguir su propia forma de "democracia," porque si no, las venas de Latinoamérica se abren, y entonces pierde su vitalidad. *La consagración de la primavera* (1978) es un intento admirable de

Carpentier de sintetizar toda América Latina a través de un enfoque en Cuba y su Revolución. En general, el autor ve a la Revolución como fuente de un nuevo individuo superior y una sociedad auténtica. Tomando en cuenta la historia reciente de Cuba, hay duda acerca de esas conclusiones de Carpentier. Sin embargo, la idea perdura: dentro de la *pluralidad sincrética* del continente existe, de alguna forma u otra, la identidad de los latinoamericanos y la posibilidad de una nueva comunidad humana. Y la última novela del escritor cubano, *El arpa y la sombra* (1979), critica el esfuerzo europeo de "civilizar" las Américas a lo largo de toda su historia. Fracasó ese esfuerzo "civilizador," como fracasará cualquier otra forma de "imperialismo" cultural.

Tenemos en la obra de Carpentier, entonces, el *realismo mágico* en una nuez.[3] La visión que ofrece no es sencillamente la de la "magia" mezclada con la "realidad." Incluye la visión del fracaso de las grandes ilusiones del mundo occidental. El "utopismo" de la conquista y la colonia está enterrado, el del Siglo de las Luces ya casi no figura, y el de las ideas europeizantes de los liberales del siglo XIX ya se perdió en las tinieblas. Además, el "utopismo" de las primeras décadas de este siglo, concentrado en la obra visionaria del mexicano José Vasconcelos, *La raza cósmica* (1925)—es decir, la "raza mestiza"—ha perdido su dinámica. Entonces queda la pura *soledad*, según escribió Octavio Paz en *Laberinto de la soledad* (1950) y según novelaron Gabriel García Márquez (1928-) en *Cien años de soledad* (1967) y el paraguayo Augusto Roa Bastos (1917-) en *Yo el supremo* (1974), entre otros. La *soledad* es una de las metáforas principales que han emergido de los orígenes prehispánicos y afroamericanos, y de la conquista, la colonización, y el siglo XIX. Pero Europa a mitad de este siglo y durante los años que siguen ha experimentado su propia *soledad* al confrontar los efectos de dos guerras mundiales en menos de cuatro décadas. Es a este respecto que escribió Paz en 1950 que los latinoamericanos eran "contemporáneos de todos los hombres."

Pero ahora, cuando todas las culturas del mundo están experimentando su forma particular de pluralización, parece que, como fue sugerido brevemente en el Capítulo Catorce, ahora son los latinoamericanos "más que contemporáneos," porque esas transiciones nuevas para Europa son del pasado histórico de Latinoamérica. Quizás la metáfora más apta para esas transiciones sea, otra vez, la de Paz: *laberinto*. Pero es un *laberinto* no de dualidades sino de *pluralidades*. El *laberinto*

---

[3] En ... nuez = in a nutshell.

latinoamericano es algo íntimo, algo que se siente pero no se puede reducir a las palabras, aunque sí se presta a "re-invenciones." Según el escritor Eduardo Galeano en *Las venas abiertas de América Latina* (1984), los latinoamericanos siempre están buscando su identidad, siempre están "re-inventando" Latinoamérica, porque es un continente de naciones que tienen mucho en común y que están en busca de un hilo que las unifique, pero el proyecto queda perpetuamente incompleto.

Bueno. Ud. va a decir que yo ya me metí en contemplaciones demasiado oscuras. Pero, para comprender hasta donde sea posible las *culturas* y *civilizaciones latinoamericanas*, requiere esfuerzo. Por lo tanto: Sigamos, pues.

## La voz del escritor como expresión colectiva

Desde luego los latinoamericanos no se nutren solamente de sus novelas. Hay poesía, teatro, ensayo. Además hay pintura, escultura, arquitectura, y hay arte de la cultura popular.

Inmediatemente después del *modernismo*, en la poesía hispanoamericana hubo más experimentos que en la novela o el teatro. Movimientos vanguardistas como el *"ultraísmo,"* fundado en 1919 con la publicación de un "Manifiesto" y del cual el argentino Jorge Luís Borges (1899-1986) es el más conocido, buscaban libertad de formas y nuevos modos de expresión. Tenemos los tres grandes poetas chilenos: Gabriela Mistral (1889-1957), Vicente Huidobro (1893-1948), y Pablo Neruda (1904-73). A Mistral, poetisa de líneas de tristeza, soledad, y ternura, con una honda preocupación por los sufridos de su país, se le fue otorgado el Premio Nobel en 1945. Huidobro, iniciador de lo que se llamó el *"creacionismo,"* eleva al poeta como la fuente de la expresión nueva, un "pequeño dios" del lenguaje. Neruda, cuya poesía pasó de una etapa vanguardista a la expresión ideológica de su tendencia marxista, y luego hasta líneas dedicadas a las clases populares y la vida cotidiana, también recibió el Premio Nobel en 1971.

Tenemos poetisas que agregan su voz a la corriente literaria que hasta entonces había sido predominantemente masculina: de Uruguay, Delmira Agustini (1886-1914), autora de poesía de intensa expresión erótica, y Juana de Ibarbourou (1895-1979), cuyas obras pasaron del narcisismo a un sensualismo pagano y a una etapa de pesimismo y tono trágico, y de Argentina, Alfonsina Storni (1892-1938), con sus preocupaciones feministas. Tenemos la poesía conversacional y de protesta social del peruano César Vallejo (1892-1938), la expresión *"tropicalista"* de Carlos Pellicier (1899-) de México, y la profusión metafórica del ecuatoriano Jorge Carrera Andrade (1903-79). No se puede hacer caso omiso a la gran poesía de Octavio Paz, premiado del Nobel en 1990, cuyas líneas en *Piedra de sol* (1958) recobran aspectos de la mitología prehispánica. Tenemos, además, la expresión afroamericana ya mencionada, característica más notable de la cual es la *"jitanjáfora,"* término inventado por Alfonso Reyes para designar el complejo de combinaciones fonéticas que da nuevos ritmos a las líneas poéticas. En fin, la poesía latinoamericana alcanzó la "contemporaneidad" cuando la novela estaba todavía envuelta en la "tierra" con temas y estilos que, con algunas excepciones, recordaban a los del siglo pasado. Esta "contemporaneidad" es superada en años recientes en la forma que ha dejado la pluma de portavoz poético de la Revolución Nicaragüense, Ernesto Cardenal (1925-).

Un poco después de que la poesía comenzó su camino hacia el renombre internacional, la búsqueda de una identidad cultural-social cobró nueva vida a través del ensayo. Sobresale el ensayo indigenista peruano. El ya mencionado marxista José Carlos Mariátegui en *Siete ensayos de interpretación de la realidad peruana* alaba al amerindio como fuente de la autenticidad cultural de Perú, y por extensión de toda Latinoamérica. Durante la década de 1930 el padre de la APRA, Víctor Raúl Haya de la Torre (1895-1979), escribió una serie de ensayos publicados en 1948 con el título de *Espacio-Tiempo histórico* (1948). Ese libro, que propone una América unida bajo el eje principal del indigenismo, tiene influencia del filósofo español José Ortega y Gasset (1883-1955), quien a su vez estaba influido por la teoría de la relatividad de Albert Einstein y su posible relevancia para las culturas humanas.

Bajo la influencia de la corriente *arielista*, el argentino Ezequiel Martínez Estrada (1895-1964) busca las raíces culturales de su país en *Radiografía de la pampa* (1933) a base de una crítica de los programas liberales del siglo XIX. La obra de Martínez Estrada fue punto de partida para el ensayista y novelista, Eduardo Mallea (1903-82), en *Conocimiento y expresión de la argentina* (1935) e *Historia de una pasión argentina* (1939). En México, la base del ensayo en este siglo fue establecida por Alfonso Reyes y la fundación del "Ateneo de la Juventud" en 1907, una organización que desde el principio sirvió como foco de actividad artística e instrumento de crítica del gobierno de Porfirio Díaz. Partiendo de esa actividad, Vasconcelos escribió *Raza cósmica*, y una década después Samuel Ramos (1897-1959) emprendió un penetrante estudio de la psicología colectiva del mexicano que culminó en *El perfil del hombre y la cultura en México* (1934), seguido por el internacionalmente conocido ensayo, *Laberinto de la soledad* (1950) de Octavio Paz.

## El "boom" de la novela

Pero lo más notable de las letras latinoamericanas durante la segunda mitad del presente siglo se encuentra en la prosa, el género literario que con más eficacia se prestaba a la expresión *mágicorrealista*. Hubo una "explosión"—un "boom" como le dicen—de narrativa.

Obras como los cuentos fantásticos de Jorge Luis Borges en *Ficciones* (1944) y *El Aleph* (1949), *Los pasos perdidos* de Carpentier, *Al filo del agua* (1947) de Agustín Yáñez (1904-1980), *Pedro Páramo* (1955) de Juan Rulfo (1918-1986) de México, *El Señor Presidente* (1946) del guatemalteco Miguel Angel Asturias (1899-1974), *Grande sertão: veredas* (1956) del brasileño João Guimarães Rosa (1908-1967), y *El túnel* (1949) del argentino Ernesto Sábato (1914-), sirvieron como base para el lanzamiento de la nueva novela. Esos y muchos otros autores latinoamericanos formaron alrededor de 1960 un círculo encaminado hacia un sólo fin: crear una novela auténticamente latinoamericana. Ese fin fue algo nuevo en la historia del continente. ¿Cómo es que fue nuevo?

Bueno, durante el siglo XIX, desde México hasta Argentina y Chile, los intelectuales tradicionalmente habían puesto la vista más bien hacia Europa que hacia otros países latinoamericanos, de modo que el diálogo entre sí había sido relativamente mínimo. Ahora era diferente, bastante diferente. Una nueva era se abría. Como fue descrito en el Capítulo Dieciocho, durante la década de 1960 hubo optimismo entre los intelectuales de EE.UU. respecto al futuro de Latinoamérica. En cambio, a los intelectuales de Latinoamérica se les hacía[4] que una ola de transformaciones políticas y sociales y de expansión económica quedaba en el porvenir. A veces veían a esa nueva ola de una manera positiva respecto al progreso económico que prometía, y a veces la veían de una manera negativa, porque podría terminar en una prolongación de la represión política y la dominación de EE.UU. Una de las primeras novelas en reflejar esa ambigüedad fue *La región más transparente* (1958) de Carlos Fuentes (1929-). El escenario de esa obra intenta incluir la totalidad de la ciudad de México. Fuentes ofrece una de las primeras grandes novelas urbanas y la primera con el proyecto de

---

[4] Se ... hacía = it seemed to them (that).

abarcar las aspiraciones y los temores, las costumbres y las características, y la psicología particular y colectiva, de todas las clases sociales de la capital de su país.

Fuentes continua su estudio sociológico-cultural en prosa con *La muerte de Artemio Cruz* (1962). Un año después, Julio Cortázar (1914-84) publica *Rayuela* (1963). La acción de esa novela compleja, una colección impresionante de estilos literarios, imágenes, y yuxtaposiciones, comienza en París, y llega a su final a Buenos Aires. Intelectualmente una de las más brillantes de las novelas contemporáneas del mundo, *Rayuela* examina las relaciones entre Europa y Latinoamérica a la vez que analiza la naturaleza de la "realidad," la ficción, el lenguaje, y las artes. Pone en cuestión la supuesta oposición entre lo racional y lo irracional, lo lógico y lo ilógico, para concluir que no hay oposición de los pares de términos en cuestión sino que ha habido siglos de confusión en el mundo occidental. *La región más transparente*, novela urbana, y *Rayuela*, novela cosmopolita por excelencia, en conjunto con las novelas más destacadas sobre el campo y las ciudades provincianas, contribuyen al establecimiento de las normas del llamado "boom" de la narrativa latinoamericana.

En 1966 el peruano Mario Vargas Llosa (1936-) publica *La casa verde*, que también debe considerarse como una de las mejores novelas del continente en las últimas décadas. Basada en muchas de las experiencias personales del autor, oscila la acción de *La casa verde* entre la ciudad de Santa María de Nieva al lado este de los Andes en la zona selvática, y Piura, ciudad norteña cerca de la costa. Esa obra es un estudio panorámico de tipos humanos, clases sociales, y vida y costumbres de diferentes zonas geográficas. Hacia el final de la década de 1960, Carlos Fuentes escribe *Cambio de piel* (1967), José Donoso (1924-) de Chile termina con *El obsceno pájaro de la noche* (1970), y los cubanos José Lezama Lima (1912-76) y Guillermo Cabrera Infante (1929-) revelan al mundo sus maravillosos laberintos lingüísticos, *Paradiso* (1966) y *Tres tristes tigres* (1965).

Pero a la pregunta "¿cuál es la obra más conocida del 'boom'?," no hay ninguna duda. Es *Cien años de soledad* (1967) del colombiano Gabriel García Márquez, a quien se le fue otorgado el Premio Nobel en 1982. Su obra maestra había sido traducida a casi 30 idiomas y se habían vendido cerca de 30 millones de copias al cumplir dos décadas de su publicación. La novela se lee como una bella leyenda, como una intricada genealogía de la familia Buendía, como un mito sobre la historia de toda Latinoamérica, o como el mito de la humanidad entera.

La sencillez compleja, la complejidad simple, de la obra maestra de García Márquez se nota desde el principio, en la primera página, donde leemos:

> Muchos años después, frente al pelotón del fusilamiento, el coronel Aureliano Buendía había de recordar aquella tarde remota en que su padre lo llevó a conocer el hielo. Macondo era entonces una aldea de veinte casas de barro y cañabrava construidas a la orilla de un río de aguas diáfanas que se precipitaban por en lecho de piedras pulidas, blancas y enormes como huevos prehistóricos. El mundo era tan reciente, que muchas cosas carecían de nombres, y para mencionarlas había que señalarlas con el dedo.

¿Podría ser más sencillo, es decir, podría parecerse más sencillo y a la vez ser más complejo? Comienza como un cuento de hadas,[5] pero las implicaciones son múltiples y múltiplemente complejas. En suma, la cita de *Cien años de soledad* contiene (1) la larga trayectoria de las dictaduras sugeridas por el "fusilamiento," (2) la tradición patriarcal en la mención de la familia arquetípica de Latinoamérica, (3) la ciudad provinciana de Macondo como símbolo del comienzo de toda Latino-américa—o la humanidad entera—(4) la magia (*realismo mágico*) implicada en las piedras como "huevos prehistóricos," y (5) referencia a la función concreta del lenguaje, función que todos los seres humanos casi hemos echado en el olvido.[6] He aquí, la caracterización en unas cuantas palabras de la *pluralidad* latinoamericana, y a la vez la síntesis *mágicorrealista* de la novela latinoamerica.

Fue sobre todo durante la época del "boom" que la mujer latinoamericana emergió como gran escritora de prosa. Desde las obras de la argentina Silvina Ocampo (1909-) (*Autobiografía de Irene*, 1948), la chilena María Luisa Bombal (1910-80) (*La amortajada*, 1938), las mexicanas Rosario Castellanos (*Balún-Canán*, 1957) y Elena Garro (1920-1998) (*Recuerdos del porvenir*, 1963), y la brasileña Clarice Lispector (1925-77) (*Laços de familia*, 1960), el impacto de las escritoras se dejaba sentir cada vez más. En las últimas dos décadas han surgido nuevas voces femeninas. Entre otras, tenemos Elena Ponia-towska (1932-) de México, con sus obras documentales como *La noche de Tlatelolco* (1971)—sobre el masacre en la Plaza de las Tres Culturas en 1968, además de sus excelentes novelas, *La "Flor de Lis"* (1988) y

---

[5] Cuento ... hadas = fairy tale.
[6] Echar ... olvido = to relegate to forgetfulness.

*Tinísima* (1992). De Argentina tenemos Luisa Valenzuela (1938-) *Cambio de armas* (1982) y *Cola de lagartija* (1983). Y de Chile tenemos Isabel Allende (1942-), sobrina de Salvador Allende y autora de *La casa de los espíritus* (1982), *De amor y de sombra* (1984), y *Eva Luna* (1987). Sin duda, las obras de estas y muchas escritoras más quedan al par de las mejores obras que han salido de Latinoamérica en los últimos cuarenta años. Además, hay que hacer mención especial de la literatura testimonial de las experiencias personales de gente marginada, oprimida y explotada, experiencias editadas por escritores profesionales. Tenemos, como ejemplo máximo de esta clase de literatura, *Hasta no verte Jesús mío* (1969) de Poniatowska, y *Me llamo Rigoberta Menchú* (1983), a la narradora de la cual, Rigoberta Menchú de Guatemala, se le otorgó el Premio Nobel de la paz en 1992.

## Otras corrientes[7]

Después del torbellino inicial del "boom," los "boomistas" escribieron una serie de novelas de dictaduras, siguiendo la tradición de *El Sr. Presidente* de Miguel Angel Asturias.

Hay, entre otras obras, la ya mencionada *Yo el supremo* de Roa Bastos sobre el Doctor José Gaspar de Francia quien gobernó con mano de hierro a Paraguay de 1811 a 1840, la ambiciosa *Terra Nostra* (1975) de Carlos Fuentes, una obra que pretende abarcar toda la historia psicológica-social de la época colonial, *El otoño del patriarca* (1975) de García Márquez sobre una dictadura imaginaria cualquiera, y *La guerra del fin del mundo* (1981) de Vargas Llosa, novela apocalíptica basada en *Os Sertões* (1902) de Euclydes da Cunha, que se trata de una sublevación del "profeta" Antônio Conselheiro en Canudos, Brasil en 1897. En años más recientes han aparecido, entre una larga serie de obras, *Gringo viejo* (1985) de Carlos Fuentes que narra la aventura del escritor norteamericano, Ambrose Bierce (1842-1914), en la Revolución Mexicana—y que fue hecha película de Hollywood—*El general en su laberinto* (1989) de García Márquez sobre los últimos días del libertador, Simón Bolívar, y la monumental *Noticias del imperio* (1987) del mexicano Fernando del Paso, que se trata de la época de la

---

7 Desafortunadamente, la producción literaria de Latinoamérica en los últimos años ha sido tan rica, abundante, y variable que no se puede hacer mención de más de una selección pequeña de autores y de obras—además del hecho que no alcanza el espacio por tratar a otros géneros como el teatro y el cuento, de los cuales también hay ejemplares brillantes.

intervención francesa en México y el imperio de Maximiliano y Carlota de 1862 a 1867. No hay que hacer caso omiso a una obra que fue clásica desde que apareció: *Viva o povo brasileiro* (1984) de João Ubaldo Riveiro, novela que cubre cuatro siglos de acontecimientos reales e imaginarios de Brasil.

Desde México hay una ola de literatura sobre las experiencias de los jóvenes de la década de 1960, con marcada influencia en las protestas de EE.UU., la música "rock," las drogas, y los problemas de identidad personal. Esa literatura, que tiene como nombre la *"literatura de la onda,"* tuvo su comienzo en las obras de José Agustín (1944-) (*De perfil,* 1966), y Gustavo Sainz (1940-) (*Gazapo,* 1965). La literatura argentina ha sido más seria, debido en parte al trauma de la dictadura militar y la *guerra sucia.* El internacionalmente conocido Manuel Puig (1932-90) ofrece novelas como *La traición de Rita Hayworth* (1968). Trata de la cultura popular, con una abundancia de alusiones a películas, nombres, acontecimientos y libros. Pero además de celebrar la cultura popular, Puig escribe sobre el efecto enajenante de la represión política, como en el ejemplo brilliante de *El beso de la mujer araña* (1976) sobre la interacción entre un homosexual y un preso político en una penitenciaría, libro que inspiró una película de Hollywood que ganó el Premio Oscar. Digna de mención también es *Respiración artificial* (1980) de Ricardo Piglia (1940-), novela histórica de honda introspección sobre el porqué de la tendencia argentina hacia la intransigencia política y social.

En fin, la producción literaria en los últimos años ha sido rica, múltiple, y variada. Ha elevado a Latinoamérica a una categoría única en cuanto a la literatura mundial: ya no es solamente "contemporánea" de todas las literaturas sino en muchos aspectos sirve como guía. Es, para reiterar la expresión, "más que contemporánea." Sí, hay que decir "más que contemporánea," porque la llamada *"nueva narrativa latinoamericana"* no sólo revela con eficacia el fracaso de todos los "utopismos" del mundo occidental, sino revela la belleza y la problemática de la *pluralidad cultural* de Latinoamérica, envuelta como está en su *laberinto de soledad,* y en busca de una *expresión genuina* y una *identidad.*

# Preguntas

1.    ¿Por qué debe ser pluralista cualquier concepto legítimo del realismo mágico?

2.     ¿Qué relación tiene el realismo mágico con el surrealismo? ¿Qué tiene que ver con lo exótico?
3.     ¿Cómo se puede cualificar la "magia" del realismo mágico?
4.     ¿Por qué debe usarse Cultura con mayúscula, en cuanto a Latinoamérica?
5.     ¿Qué quiere decir "laberinto" y "soledad" en la Latinoamérica de hoy en día?
6.     ¿Cuáles poetisas importantes hubo en la primera mitad de este siglo? ¿Cómo son sus obras?
7.     ¿Quiénes fueron dos de los ensayistas más importantes, y cómo son sus ideas?
8.     ¿Quiénes son los precursores del "boom" de la novela?
9.     ¿Cuáles son las características principales de *La región más transparente* y *Rayuela*? ¿Por qué son importantes?
10.    ¿Cuál es la obra más conocida del "boom," y por qué?
11.    ¿Cuáles son las características de la novela durante el "boom," y por qué es tan importante ese momento en la literatura latinoamericana.
12.    ¿Quién es Rigoberta Menchú? ¿Quiénes son las escritoras más sobresalientes de hoy en día?
13.    ¿Qué es la literatura de la "onda"?
14.    ¿Cómo se caracteriza la literatura argentina en los últimos años?
15.    ¿Qué, por fin, querrá decir la expresión "más que contemporáneos"?

## Temas para discusión y composición

1.     ¿Por qué es tan problemática la definición del realismo mágico? ¿Por qué está tan profundamente arraigado en las culturas y la "conciencia colectiva" de los latinoamericanos?
2.     ¿De que manera relevan las novelas del "boom" la búsqueda de la identidad en Latinoamérica?
3.     ¿Qué importancia tiene la novela de este siglo en la creación de una cultura única—una cultura radicalmente pluralista—en Latinoamérica?

## Un debate amigable

Organícese una discusión de "mesa redonda" que incluya varios personajes imaginarios, por ejemplo: (1) un escritor, (2) una escritora, (3) un(a) profesor(a) de historia de alguna universidad, (4) un(a) señor(a) de negocios, y (5) un(a) senador(a) que actualmente sirva en el gobierno federal. El tema girará alrededor de lo que debe ser la función de la literatura. ¿Debe tener fines prácticos, proponiendo cambios y soluciones a los problemas tan graves de Latinoamérica? ¿Debe ser literatura para el pueblo, o para una minoría selecta? Hay que basar la discusión en la naturaleza de la literatura del "boom."

# CAPÍTULO VEINTE

# OTROS ASPECTOS CULTURALES

**Fijarse en:**
- Lo que *más destaca* en el *arte*, la *música* y el *baile* de Latinoamérica.
- El *papel* del *folklore* y el *sincretismo*.
- Los *nuevos temas* que han surgido en la *expresión artística* de Latinoamérica.
- El *porqué son sobresalientes* los latinoamericanos en las *expresiones gráficas* (el *arte* y el *baile*).
- Los *aspectos principales* del *cine* y la *televisión* en Latinoamérica.

**Términos:**
- *Capoeira, Compadrito, Continentalización, Modernidad, Nueva Canción, Películas de Charro, Crítica Social, Documentales Étnicos y feministas, Romance, "Shows" de Auditorio, Tango, Telenovelas, Xou de Xuxa.*

## La pintura

Después de los tres grandes muralistas de la Revolución Mexicana, Rivera, Siqueiros y Orozco, subió a la prominencia una generación impresionante de pintores, con sus propios valores y estilos.[1]

El mexicano Rufino Tamayo (1899-1994) fue amerindio zapoteca de orígenes humildes. Comenzó su carrera bajo el tutelaje de Diego Rivera, se interesó en el surrealismo durante los años de 1930, y luego pasó mucha de su vida en París y Nueva York pintando cuadros de temas mitológicos con una calidad soñolienta, oscura, y a veces pesadillesca. Juan O'Gorman (1905-82), cuya obra cubre la fachada de la Biblioteca Central de la Universidad Nacional Autónoma de México,

---

[1] Regarding the following painters, and media figures, as well as the writers of the previous chapter, I would invite you to consult the internet. You will find a rich array fascinating web pages, with grafic illustrations, photographs, and art works.

tuvo interés sobre todo en la marcha de progreso de su país y del mundo occidental. En cambio, los cuadros y dibujos de José Luís Cuevas (1933-) nos sugieren que existimos en un estado de somnambulismo, que somos el espejo de nuestra imaginación, y ese espejo a menudo refleja una cara grotesca de violencia que mejor quisiéramos olvidar. El blanco de ataque de Cuevas, muchas veces inspirado por el pintor español Francisco José de Goya (1786-1828), es lo ridículo de la sociedad contemporánea y el estancamiento de la Revolución Mexicana.

Hablando de espejos, la pintora de una época pasada que sin embargo ha alcanzado renombre internacional en los últimos años es la sufrida esposa de Diego Rivera, Frida Kahlo (1907-54). Quizás destinada a superar en originalidad y expresión a Diego, los cuadros narcisistas de Frida invariablemente sugieren una imagen exprimida del dolor, la angustia, y el sufrimiento a causa de un accidente en un trolebús que la dejó casi inválida, por la relación difícil con un marido medio mujeriego,[2] y por sus propias tendencias bisexuales. Tenemos en sus cuadros un testimonio personal del impulso creador ligado a sus múltiples traumas y tragedias como a las de todo el pueblo mexicano, y hasta el pueblo latinoamericano en general. El espejo de Frida no sabe engañar. Revela algunas de las características más profundas de la psicología del latinoamericano.

El surrealismo francés dejó una impresión marcada en el chileno, Roberto Matta Echaurren (1912-). Después de conocer el patriarca del surrealismo, André Breton en París, Matta se quedó en Europa para hacer su carrera durante los años 1930. Sus cuadros son más bien de temas universales, pero no sin huellas de la tierra de su origen. El cubano, Wilfredo Lam (1902-82), de influencia surrealista igual que Matta, ha dejado lonas de primitivismo mágico que sugieren el *realismo mágico* de la literatura afroamericana del Caribe. Las obras de Lam ofrecen, a través de formas geométricas abstractas, a veces en blanco y negro solamente, una sensación casi táctil del caos de la flora selvática. Esta contradicción—geometría y caos—culmina en una visión que agrada y al mismo tiempo aterroriza, que atrae y repele. De hecho, Breton dijo en una ocasión que nadie sino Lam "ha operado con tanta sencillez la unión del mundo objetivo y el mundo mágico." Otro cubano, René Portocarrero (1912-), como Lam, demuestra preocupaciones con la fantasía y la magia que queda debajo de la superficie de las culturas del Caribe.

---

[2] Mujeriego = womanizer.

El colombiano Fernando Botero (1932-) ha tomado una ruta bastante distinta. Pinta parodias exageradísimas de la vieja oligarquía, el ejército, y la clerecía de su país y de Latinoamérica. Sus figuras consisten de gente gordísima. Todos tienen las mismas caras hinchadas, la misma expresión en blanco. Pero a la vez es gente egoista, de altanería, gente que después de haber ejercido dominio sobre las clases populares durante siglos, ahora tiene una complacencia estática y decadente. Nos reímos de sus caras ridículas. Al mismo tiempo, nos acordamos de que ellos mismos han sido autores de una tragicomedia, es decir, de una historia fascinante y a la vez brutal, carnavalesca y a la vez explosiva, alegre y a la vez triste. De Perú, destaca la obra indigenista de José Sabogal (1888-1956), que combina la estética con un mensaje social, siguiendo la línea de los intelectuales peruanos, Mariátegui y Haya de la Torre.

Artistas de las repúblicas del Río de la Plata, como los escritores, tienden hacia una expresión más cosmopolita. Quizás el pintor abstracto más notable, y el que más infundió en la pintura del cono sur con un toque internacional, haya sido el uruguayo, Joaquín Torres-García (1874-1949). Regresó a su tierra después de haber estudiado en Catalonia con el arquitecto, Antonio Gaudí y Cornet (1852-1926), y después de una breve estancia en Nueva York donde conoció a Marcel Duchamp (1887-1968). Vigorosamente promovió el arte abstracto, ejerciendo influencia en el movimiento ecléctico y dinámico bajo el nombre de *Arte Madí* de Buenos Aires durante la década de 1940. En la misma época el argentino, Alejandro Xul Solar (1887-1963), con inspiración del artista suizo, Paul Klee (1879-1940), los surrealistas, y el expresionismo alemán, ofrecía lonas de paisajes que sugieren ansiedades del subconciente. Sus cuadros son como si la búsqueda perenne de la identidad personal y social, y la lucha por entender la esencia de la argentinidad, tuviera expresión gráfica. Es como si las cejas unidas y la cara de Frida Kahlo se hubieran sumergido dentro de sus cuadros para re-emerger en forma abstracta con el grito: "¿Porqué, cómo, cuándo, dónde?" Impresionan y perplejan. Su estética complace y confunde. Los países del Río de la Plata han producido otros pintores excelentes, para mencionar tres: Emilio Pettorutti (1895-1971), de inspiración cubista, Lino Eneas Spilimbergo (1896-1964), con sus cuadros que recogen influencias variadas, y Raúl Soldi (1905-94), cuya temática predilecta es la fantasía.

Desde Brasil, el pintor Emiliano di Cavalcanti (1897-1976) fue uno de los organizadores de la *Semana de Arte Moderno* en São Paulo en 1922. Allá, él, Tarsila do Amaral (1886-1973), y otros, tuvieron exposiciones de sus obras. Durante la *Semana* hubo un intento de integrar el "modernismo" internacional—pero de interpretación brasileña— a la pintura y otros medios artísticos, con las preocupaciones nacionales y regionales del país. Hubo a la vez referencias al cosmopolitismo del Río de la Plata, lo afroamericano del Caribe, y lo indígena de Centroamérica y la región andina. A través de esa expresión, fueron manifestadas las dos grandes tensiones de todo el continente: lo europeo y lo americano (amerindio, afroamericano, mestizo). Fue en gran parte ese aspecto de la *Semana* lo que influyó al mexicano José Vasconcelos a escribir *La raza cósmica* después de haber visitado Brasil.

No se puede echar la vista al arte brasileño sin una consideración seria a dos gigantes de la arquitectura: Lúcio Costa (1902-) y Oscar Niemeyer (1907-). El primero diseñó la Iglesia de San Francisco de Belo Horizonte, encargada por el Ministerio de Educación de su país, y colaboró con otros arquitectos en el diseño de la estructura de las Naciones Unidas en Nueva York. Entre él y Niemeyer, fue diseñada la arquitectura ultramoderna de Brasília, capital de Brasil transplantada al interior del país. La construcción de Brasília fue sin duda uno de los eventos de mayor importancia de la década de 1950 en América Latina. El esquema original de Brasília desde el aire parece un pájaro gigante con las alas extendidas. Hay formas cóncavas, convexas, curvilíneas, multiangulares y parabólicas. Desde el piso, la gente se achica delante de lo enorme que son los edificios monolíticos y sombríos de concreto y vidrio. Con el apoyo del Juscelino Kubitschek de Oliveira (presidente, 1956-61), el proyecto de Brasília iba a ser la culminación de la modernidad internacional. Sería el gran símbolo del desarrollo del interior de Brasil y recuerdo de la grandeza del país tropical por excelencia del mundo. La arquitectura de Brasilia fue de una elegancia atrayente y emocionante mientras existía en la mente de sus creadores. La *realidad* de Brasilia, desgraciadamente, prometió otra cosa. A la larga, la enorme escala de la ciudad resultó algo ineficaz, el desarrollo del interior del país fue mucho menos de lo esperado, y los edificios ahora están manifestando la fuerza destructora del tiempo. ¿Otra lección de la contradicción entre lo *ideal* y lo *real*? Quizás. De todos modos hasta cierto punto se puede concluir que es la grandeza del *sueño* la que más cuenta.

A fin de cuentas, si el "modernismo" brasileño de la década de 1920 fue un poco más nacionalista que internacionalista y cosmopolita, para 1960, cuestiones de identidad cultural habían en gran parte cedido lugar a la asimilación de estilos internacionales. Pero lo americano seguía, si no en la superficie, sí en niveles ocultos e implícitos. ¿Será posible que al final del camino una identidad genuina respecto a los países latinoamericanos se encuentre en la fusión entre lo internacional y lo particular de cada país? ¿Tiene Latinoamérica un mensaje vital para el mundo respecto a la "mestización" de culturas y de grupos étnicos? En cuanto a la pintura tanto como a la literatura, puede que sí.

## La música y el baile

Sin duda, la música y el baile representan una de las mayores contribuciones culturales de Latinoamérica al mundo. La influencia de la música del continente comenzó durante los primeros años del colonialismo, y desde entonces ha ido en aumento, sobre todo en nuestro siglo.

Lo que abunda más que nada es la expresión folklórica. La música folklórica de Latinoamérica deriva principalmente de tres fuentes: lo indígena, la tradición de los colonizadores europeos, y lo africano. Elementos de estas tres fuentes se encuentran en muchas combinaciones de instrumentos, melodía, ritmos, y formas de expresión. El desarrollo de algunas formas de música folklórica tiene una línea desde los tiempos de la conquista. Los peninsulares trajeron lutas, harpas, violines y guitarras. Los amerindios adaptaron sus propios instrumentos según esos modelos extranjeros: en los Andes hay el *charango*, variación de la luta que fabricaban de la concha de un armadillo, los *tres* y *cuatro* (guitarras de tres y cuatro cuerdas), y el *guitarrón* de México, ¡que está cargado con 25 cuerdas! Esos instrumentos y la música que evolucionó con su uso han contribuido a la música popular de hoy en día. Mucha de esa música popular se basa en el *romance*.[3] Cantado al estilo de la tradición del Renacimiento, el *romance* ha ejercido influencia a estilos nacionalmente conocidos como los *corridos* mexicanos, las *tonadas* de Argentina y Chile, y los *estilos* en Argentina y Uruguay.

Bailes populares acompañados por música creada desde el comienzo de la época colonial son igualmente variables. El baile antiguo, la *zamacueca* de Perú, ha evolucionado en varias direcciones, con diseminación por toda Latinoamérica. Uno de los productos de esa evolución es la *cueca* peruana. Es un baile para una pareja en que los dos mantienen un pañuelo en el aire, imitando el cortejo de un gallo y

---

[3] Romance = romance, historic ballad, usually in the form of a brief lyric.

una gallina. En Chile la *cueca* es un baile nacional, mientras en Argentina se llama la *chilena*. En Venezuela una variación del mismo baile se llama el *joropo*, y en México existe algo semejante a la *cueca* en el *son* o el *huapango* (por ejemplo, "La Bamba"). Otro baile popular de México, acompañado por un *Mariachi* (conjunto de guitarras, guitarrones, violines, y trompetas) es el *jarabe*, entre los más conocidos de los cuales tenemos el *jarabe tapatío* del estado de Jalisco.

La música y el baile africano con fuertes tamborazos, con variedad de ritmo vivo, y con mucho *síncope*,[4] ha perdurado en el noreste de Brasil y las islas del Caribe. La *samba* de Brasil, de origen de culturas afroamericanas, se asocia en la mente popular con el Carnaval de Rio de Janeiro, donde hay escuelas de baile entre los barrios de trabajadores en que los alumnos se preparan todo el año para ese acontecimiento importantísimo de la cultura popular. La *samba* también se asocia con la *capoeira*, que vino a Brasil desde Angola. La práctica de la *capoeira* parece un tipo de *arte marcial*.[5] Es decir, dos jugadores giran al ritmo de música, estirando las piernas y los brazos como si estuvieran en combate, pero sin tocarse. Este baile intrigante consiste en una mezcla de creencias católicas y africanas ritualizadas con una profusión rítmica que a veces lleva a los creyentes a un estado de trance. Respecto a las ricas contribuciones brasileñas, no se puede ignorar el ritmo suave y nostálgico (de la *saudade*) de la *bossa nova*, creación de Antônio Carlos Jobim y otros, que ha tenido un impacto internacional. En los últimos años tenemos el sensual baile, la *lambada*, cuya música consiste de una combinación de ritmos afro-brasileños y andinos.

En el Caribe, Cuba ha sido quizás el país de más variedad e influencia en los géneros de baile: la *habanera, danza cubana, bolero, mambo, conga, rumba, cha-cha-cha*, todos con fuertes elementos de ritmo afroamericanos, sincopación y movimiento. Ha habido también una abundancia de formas *híbridas* de bailes norteamericanos y latinos en los salones de los barrios populares—por ejemplo, la *samba-fox* y la *rumba-fox*. Ultimamente, la *salsa* de Colombia y el *merengue* de Santo

---

[4] Síncope = syncope, a shift of accent in a composition that occurs when a normally weak beat is stressed.

[5] Arte marcial = martial art; the movements of the *capoeira* are much like those of karate and other Oriental martial arts, and it is equally as ritualistic as they are.

Domingo han pegado[6] bastante. Pero en las últimas décadas es la *cumbia* colombiana la que se ha bailado en todo el continente con más frecuencia. Lo importante para cualquier estudio de las culturas latino-americanas, es que la lírica de las canciones que acompaña a todos esos bailes revela características de la psicología colectiva de los pueblos y las creencias de la gente que ha emergido de manera espontánea.

Sin duda, uno de los más conocidos de todos los bailes es el *tango* argentino. El nombre, según algunos investigadores, tiene su origen en el siglo pasado de los esclavos afroamericanos de Buenos Aires; pues, se llamaba el *tango* un tipo de tambor que usaban en sus danzas populares. Hay varias clases de *tango*, pero el de más renombre que fue popularizado por la super-estrella, Carlos Gardel (1890-1935), fue el *tango-canción*. Esa música une elementos de baile y música populares y folklóricos, desde Andalucía de España hasta la *habanera* cubana y la *milonga* del Río de la Plata. El tono es lúgubre y la lírica es sentimental, a veces melancólica y pesimista. El hombre y la mujer lo bailan con cierta forma de enajenamiento: casi no tienen expresión en la cara, no tienen tanto contacto físico como en los bailes vivos del trópico, y no se ven cara a cara salvo durante algunos momentos efímeros. Sin embargo, el baile es muy sensual, una sensualidad a base de sugerencias sutiles en vez de manifestaciones explícitas. La estructura coreográfica del *tango* es rígida y formal. Concuerda con la tradición del *compadrito*[7] del submundo de Buenos Aires, con la *dominación masculina*, el *machismo*, y el *paternalismo*.

Después de la Revolución Cubana hubo por toda la América Latina otra corriente de música políticamente comprometida. Protestaba el malestar, la corrupción, la explotación y la represión de dictaduras militares. La música de Chile es la más notable a este respecto. Durante las décadas de 1950 y 1960, Violeta Parra (1917-67), entre otros, improvisaba varios números a base de canciones folklóricas de las provincias, y se las presentaba al público urbano. Los hijos de Violeta, Angel e Isabel, se cuentan entre los que perpetuaron la tradición de lo que llegó a conocerse como la *nueva canción*. Involvía flautas, guitarras, tambores, e instrumentos de percución de origen afroameri-cano, y a menudo tuvo influencia de la música de protesta de Joan Baez y otros cantantes de EE.UU. En el principio la *nueva canción* atraía

---

[6] Ha pegado = is a hit, a success.

[7] Compadrito = literally, godfather (in Argentina the term was used in reference to the image of a flashy, boastful,

sobre todo a grupos de estudiantes envueltos en aquellos tiempos de reformas universitarias, pero poco a poco encontró un público más amplio. Queda como un ejemplo clásico de la fusión de formas populares, formas urbanas, y formas extranjeras.

Hay que hacer hincapié, además, en la fusión de la música afroamericana, amerindia y folklórica como una expresión de música clásica, sobre todo en la obra del compositor brasileño, Heitor Villa-Lobos (1887-1959), quien escribió más de 700 piezas. En *Dansas Africanas* y *Macumba*, Villa-Lobos combina el ritmo de la música de África con elementos clásicos en un *sincretismo* que comunica un profundo sentimiento cultural brasileño. Integra melodías indígenas de la *Historia de un viaje al Brasil* (1578) de Jean Léry en otras composiciones. Destaca también *Bachianas brasileiras*, una *hibridación* que consiste del contrapunto de Johann Sebastian Bach (1685-1750) y elementos populares y folklóricos. No se puede dejar de mencionar al mexicano Carlos Chávez (1899-1978). Chávez llevó adelante el proyecto, iniciado por Manuel Ponce (1866-1948), de crear una expresión genuinamente mexicana a base de música clásica. Otra expresión nacional en la música existe gracias a Amadeo Roldán (1900-39) y García Caturla (1906-40) de Cuba. En sus composiciones utilizan temas del folklore nacional en un tiempo cuando formas de música popular tal como la *samba* de Brasil, la *rumba* y la *conga* de Cuba, y el *tango* de Argentina estaban alcanzando fama internacional.

Para fines de la década de 1980, la música latinoamericana, igual que todas las artes, había llegado a un momento de *pluralidad* compleja que tenía repercuciones internacionales. Esas repercuciones incluían, por ejemplo, el *"jazz tropical"* del caribe, la influencia continua del *bossa nova* en Brasil, la música *"texmex"* del suroeste de EE.UU., y música influída por las *flautas andinas*. La *pluralidad* comprueba de nuevo que la identidad cultural de Latinoamérica no se encuentra simplemente en los extremos del cosmopolitismo, criollismo, indigenismo, afroamericanismo, o ultranacionalismo. Tampoco se encuentra en la llamada "civilización o barbarie." Se encuentra en la *tensión entre*, y en un *balance* tenue, tentativo, y a veces titubeante, pero siempre sincopado *de*, muchos elementos. La *tensión* y el *balance* se deben en gran parte a que los latinoamericanos son superadeptos en equilibrar lo que reciben del mundo para ofrecer al mismo mundo algo parecido a una tapicería de un diseño inconcebiblemente rico y complejo. Música y baile: expresiones por excelencia del sentimiento latinoamericano.

# El cine

¿Qué se necesita para producir películas de primera calidad? En Hollywood existe la idea, un poco errónea por cierto, de que hay que invertir millones de dólares en la producción cinematográfica; si no, la película será inferior, y lo que es más importante para ellos, no atraerá a multitud de gente con dinero en la bolsa. Y eso, aunque algunas de las mejores películas de todos los tiempos han tenido un presupuesto bastante humilde. Desde luego, el cine latinoamericano no puede competir con Hollywood en cuanto al espectacularismo y la tecnología avanzada. No obstante, el continente ha producido obras de primera calidad.

Antes de los años 1940, Latinoamérica estaba casi a la par de EE.UU. y Europa en cuanto a la cinematografía. Durante las décadas de 1940 y 1950, la producción cinematográfica de Argentina y México todavía era impresionante. Pero desgraciadamente ahora las películas habían perdido su originalidad: muchas de ellas no demostraban más que una imitación de Hollywood. A veces la acción no tenía nada que ver con contextos y situaciones latinoamericanas, sino bien podrían haber tenido lugar en EE.UU. o Europa, y los actores parecían demasiado a Ingrid Bergman, Clark Gable, y otros. Excepciones notables se encontraban entre las *"películas de charro"* de México. Esas películas eran de tipo "western," con una combinación de Gene Autry y Roy Rogers, por una parte, y John Wayne y Gary Cooper por otra. Con Pedro Infante, Jorge Negrete, Javier Solís, y otros cantantes populares, había en esas películas, como en las de EE.UU. de la época, una división bien marcada entre los buenos y los malos. El protagonista-cantante luchaba por el bien del pueblo y en contra de las injusticias de parte de los terratenientes, los políticos, la policía corrupta, y los bandidos. Inevitablemente se enamoraba de una mujer demasiado estereotipada y le voceaba muchas canciones y serenatas acompañadas por mariachis que milagrosamente aparecían de la nada. Esas películas eran simplistas para nuestros ojos acostumbrados a un cine a base de tecnología avanzada. Sin embargo, representan la "Edad de Oro" del cine mexicano—de hecho, todavía se ven con frecuencia en los barrios populares de las ciudades latinoamericanas. Hubo, además, producciones cinematográficas brillantes, como las mexicanas, *María Candelaria* (1943) de Emilio Fernández, *Los olvidados* (1950) de Luis Buñuel, y *O cangaceiro* (*El bandido*) (1953), de Lima Barreto de Brasil, que ganaron premios en el Festival de Películas de Cannes de Francia en 1947, 1951 y 1953 respectivamente.

Durante la década de 1960 sobresalieron películas cubanas, donde la cinematografía recibió apoyo del gobierno. Obras como *Memorias del subdesarrollo* (1968) de Tomás Gutiérrez Alea, y *Lucía* (1969), una película de fuerte mensaje feminista de Humberto Solas, ganaron fama internacional. En Brasil, *Vidas secas* (1962), basada en una novela con el mismo título de Graciliano Ramos (1892-1953), es digna de notar. Durante esa década y la de 1970 hubo excelentes películas de crítica social de Jorge Sanjinés, como *Yawar Malku* (*The Blood of the Condor*) (1969) y *El coraje del pueblo* (1971). Los productores de esas obras vivieron con los campesinos, aprendieron Quechua y Aymara, e hicieron la lucha por traducir las expresiónes indígenas a un lenguaje e imágenes accesibles al público de habla española. Semejantes tácticas fueron empleadas en una serie de películas documentales como *Chircales* (*The Brickmakers*) (1968-72) de Colombia, y *La hora de los hornos* (1965-68) de Argentina (que ganó varios premios). Dividida en tres secciones de 95, 120 y 45 minutos, *La hora de los hornos* ofrece un panorama crítico de las relaciones *socio-político-económicas* dentro de Argentina y entre Argentina y el mundo exterior. Ha habido también películas de expresión feminista, como *Camila* (1984) de Argentina, *Frida: Naturaleza viva* (1984) de México, e *Iracema* (1974) de Brasil. Además, hay buenos ejemplares de películas de etnicidad como *Quilombo* (1984), un intento de recapitular la conciencia colectiva del espíritu afroamericano de Brasil.

En el cine latinoamericano, a menudo ha habido una tendencia hacia la *"continentalización"* de toda América, es decir, hacia la unificación de todas las culturas del continente en una sola cultura, la *Cultura.* Un buen ejemplo es *Barroco* (1989) de Paul Leduc. Intenta demostrar el *sincretismo* del mundo Viejo y el Nuevo, de elementos afroamericanos y amerindios sintetizados con elementos europeos. Presenta Latinoamérica como la "patria grande" compuesta de una *pluralidad* de "patrias chicas." Después de ver esta película, existe la pregunta: ¿Otra vez un gran *sueño*? Bueno, quizás en parte. Pero en términos de hoy en día es más bien el producto de múltiples tensiones arraigadas en el conflicto entre la tradición y la modernidad. Por eso, más bien que *sueño*, es la expresión de una realidad latinoamericana.

Entonces, de nuevo nos damos cuenta de que a través del cine la multiplicidad de tensiones que existe en Latinoamérica es riquísima, compleja, y profunda.

# La televisión

En Latinoamérica hay una locura por la televisión, sobre todo en Brasil. Según un estimado de 1990, hubo más de 41.000.000 aparatos de televisión en la América Hispánica y 35.000.000 en Brasil. La televisión es un medio de comunicación y un pasatiempo en los campos escasamente poblados tanto como en las grandes zonas urbanas de Buenos Aires, la Ciudad de México, y São Paulo. Hay varios factores que contribuyen a la importancia de la televisión. Entre los más sobresalientes es el índice relativamente bajo de la lectura de periódicos, el empuje del comercio, y el esfuerzo de algunos gobiernos de usarla como medio de educación y unificación nacional. Lo que es una desventaja, y podría ser un posible peligro, es que en la mayoría de los países latinoamericanos la radio y la televisión están bajo el control de departamentos del gobierno, y por lo tanto pueden ser utilizados como instrumento de propaganda y censura.

Para 1994 hubo cerca de 400 difusoras de televisión en Latinoamérica de producción variada. Argentina, Brasil y México habían tenido sus propias producciones durante la década de 1960, pero dependían en gran parte en la traducción de programas de EE.UU., y los países de menos población dependían de la producción de los tres países grandes de Latinoamérica y de EE.UU. Algunos programas de EE.UU. como *Dallas, Dynasty, E.R., NYPD Blue*, y otras "telenovelas de noche" ("evening soaps") han pegado, aparte de programas educativos, sobre todo *Sesame Street*. Además, productores latinoamericanos han imitado programas de EE.UU., como entrevistas (*Tonight Show, Late Show, Larry King Live*), juegos (*Wheel of Fortune, Jeopardy*), daytime telenovelas (*General Hospital, The Young and The Restless*), revelación de escándalos (*60 Minutes, Primetime Live, 20/20*), y variedades (*Saturday Night Live*). Al público le gusta, y tolera, programas del extranjero, pero exige también cierta cantidad de programas de sabor nacional.

Las *telenovelas* han sido las producciones de mayor éxito. La forma clásica es de temas románticos e intrigas de familia, como se encuentra en las conocidísimas *El derecho de nacer* de México y *Simplemente María* de Perú. Temas históricos han aparecido en series como las excelentes *El carruaje, Vuelo del águila*, y *Sendas de gloria* de México sobre los períodos de Benito Juárez, de Porfirio Díaz, y de la Revolución Mexicana respectivamente. Sobre todo en Brasil, ha habido telenovelas que pintan la vida y las costumbres de zonas específicas.

Tenemos *O casarão* (*La mansión*) de São Paulo, *O bem amado* (*El bien amado*), de la cultura bahiana, *Saramandaia* del noreste, *Pantanal* (*Tierra pantanosa*), de una región en el interior del estado de Mato Grosso, y más recientemente *O rei do gado* (*El rey del ganado*), sobre los inmigrantes italianos como ganaderos en las llanuras del sur de Brasil. En Argentina en especial, *"shows de auditorio"*[8] han pegado, tales como *Feliz domingo*. El equivalente en México ha sido *Siempre en domingo* y en Brasil, *Chacrinha* y *Sílvio Santos Show*. Programas de cómicos también han sido populares: *Planeta dos homens*, de tipo de *Laugh-In* de Brasil, y *Hogar dulce hogar* de México.

Un fenómeno único, que merece comentario especial, es el notorio *"Xou de Xuxa"*[9] de Brasil, que debutó en los años 1980. Xuxa (Maria da Graça Meneghel) llegó a ser una mega-estrella nacional con pretensiones de conquistar fama internacional. El *Xou de Xuxa* es una mezcla de programas para niños y adultos: por una parte, afirma lo ideal de las responsabilidades domésticas y maternales de la mujer, y por otra, presenta una imagen puramente exótica y sensual para los hombres. De pelo rubio, ojos claros y piel blanca, Xuxa es también una combinación de Doris Day, Barbie Doll, y Madonna: es la mujer que todas las niñas de Brasil quisieran ser. En cada programa Xuxa, más como objeto de consumo que ser humano de carne y hueso, baja en una enorme nave espacial, y al final sube en la misma nave con la promesa de volver. Entre la gran entrada y la triste despedida, Xuxa, vestida de manera provocativa, queda rodeada de niños ricos y pobres, gordos y flacos, rubios y morenos. Ella es, como dice, la *rainha dos baixinhos*.[10] Canta con un grupo de niños de todas las edades que siempre la rodea. Baila con ellos, juega con ellos, cuenta chistes con ellos, los entrevista, y sobre todo les ofrece la promesa de una vida frívola de consumo. Esta ex-modelo de *Playboy* de Brasil, ex-artista de películas medio pornográficas ("soft porn"), y ex-amante del rey de fútbol sóquer, Pelé (Edson Arantes do Nascimento), promueve—y sigue promoviendo—bicicletas, juguetes de toda clase, ropa, zapatos, cosméticos, joyería, sopas, y galletas. En 1991 entró en la lista de "Forbes" como una de las estrellas de más ingreso del mundo, acompañada por Madonna y Michael Jackson, entre otros. En fin, Xuxa ha conseguido llenar de ilusiones al

---

[8] Shows de auditorio = variety shows.

[9] Xou de Xuxa (pronounced "show de shusha") = Xuxa's show.

[10] Rainha ... baixinhos = queen of the "little people," a term of Xuxa's particular liking.

70% de los brasileños que viven en la pobreza de una vida de lujos y de un Brasil sin problemas sociales y políticos. No ha visto ni Latinoamérica ni el mundo industrializado tal fenómeno de la sociedad de consumo. "Xuxa": palabra mágica para gente que de otra manera quizás no tuviera esperanzas.

Cabe notar, además, que la red comercial de mayor público de todo el mundo ha sido la *Rede Globo* de Brasil. Hasta los últimos años, *Globo* domina en Brasil como nunca ha dominado ninguna red en EE.UU. Creada durante la dictadura militar, cada noche atrae un público de entre 70 y 90 millones de espectadores. En colaboración con el gobierno, *Globo* ha transformado la imagen de Brasil como la de un país *regional-rural* a la de un país *nacional-urbano* en la mente popular. Es la imagen, artificialmente creada por la televisión, de un pueblo en camino hacia la modernización en que todo el mundo puede mejorar su condición material cada vez más. Este tema de la modernización fue el resultado de un acuerdo entre *Globo* y el gobierno militar. Es que el gobierno quería combatir la teoría de que la economía brasileña "dependía" de los grandes centros de concentración capitalista de Europa y EE.UU., teoría bastante pesimista diseminada por facciones "izquierdistas" y "marxistas" (es decir, la teoría de la "dependencia").

En suma, *Globo* alcanza casi todas las municipalidades del país. Disemina el mensaje optimista de que a Brasil y a los brasileños todo les va bien, un mensaje que llena a la gente de esperanza, pero a la vez la mantiene en un estado de subordinación pasiva. Pues, ¿dónde existe un balance? ¿Cómo se puede crear y perpetuar un optimismo sin que haya esperanzas que estén destinadas a terminar en la frustración? Quizás en *Globo* también encontremos algo "más que contemporáneo"—la llamada *"supercarretera de la información"*[11] que domina cada vez más a la imaginación popular, por las buenas o por las malas.

A la larga, parece que la televisión quiere dar un brinco gigante hacia la "supermodernidad," hacia algo "más que contemporáneo."

# Preguntas

1.  ¿Qué características tiene la nueva pintura de México?
2.  ¿Por qué cree Ud. que Frida Kahlo es de importancia internacional en nuestros días?
3.  ¿Qué pintores contemporáneos de Latinoamérica son de más importancia?

---

[11] Supercarretera ... información = information superhighway.

4.   ¿Qué artistas sobresalieron en la *Semana de Arte Moderno* en Brasil?
5.   ¿Quiénes son los arquitectos principales de Brasil y por qué tienen importancia internacional?
6.   ¿De dónde viene la música folklórica latinoamericana, y cómo es?
7.   ¿Cómo es la influencia afroamericana en la música y el baile?
8.   ¿Cómo improvisaban los amerindios los instrumentos de Europa?
9.   ¿Cómo son los bailes populares de hoy en día y qué nombres tienen?
10.  ¿Cuál es el baile latinoamericano más conocido mundialmente, y qué aspecto tiene?
11.  ¿Qué características tiene la nueva canción?
12.  ¿Quiénes son Heitor Villa-Lobos y Carlos Chávez, y qué características especiales tiene su arte?
13.  ¿Cómo fue el comienzo de la cinematografía de Latinoamérica?
14.  ¿Por qué cree Ud. que sobresalieron las películas cubanas, las de protesta social, y los documentales precisamente en los años 1960 y 1970?
15.  ¿Qué aspecto han tenido las películas latinoamericanas en los últimos años?
16.  ¿Cuáles son las características de la televisión latinoamericana?
17.  ¿Cómo es el fenómeno de Xuxa? ¿Por qué ha tenido ella tanto éxito?
18.  ¿Cuál ha sido la red comercial más grande del mundo, y cómo es que ha podido dominar la televisión brasileña?

## Temas para discusión y composición

1.   ¿Por qué creen Uds. que la pintura ha tenido un papel especial en las culturas latinoamericanas?
2.   ¿Qué características extraordinarias tienen las culturas latino-americanas para que su contribución al mundo en la música y el baile sea de tanta importancia?
3.   ¿Por qué serían los latinoamericanos, y sobre todo los brasileños, tan adictos a la televisión? ¿Por qué sería la televisión una fuerza unificadora más fuerte en Latinoamérica que en EE.UU.?

# Un debate amigable

Dos grupos y dos confrontaciones: (1) que el arte, la arquitectura, la música y el baile de Latinoamérica deben ser una
expresión nacional, sin tanta influencia de EE.UU. y Europa, y
(2) que en gran parte la pluralidad de las culturas latinoamericanas consiste de una mezcla de lo nacional y lo
internacional; es una contribución valiosa, y hay que apoyarla.

# CAPÍTULO VEINTIUNO

# ¡QUÉ TERCOS SON LOS ESTEREOTIPOS!

**Fijarse en:**
- La *tendencia* que desafortunadamente tenemos todos de *estereotipar* a otra gente.
- *El peligro* de los estereotipos.
- *Las condiciones* que deben existir antes de que EE.UU. y Latinoamérica puedan *llegar a entenderse* bien.

**Términos:**
- *Estereotipos, Etnocentrismo.*

A principio de este siglo, según la opinión de observadores extranjeros, el México de Porfirio Díaz estaba ya muy pronto para contarse entre los países más avanzados del mundo. Argentina estaba compitiendo con EE.UU. para la dominación económica del hemisferio. Y Brasil estaba destinado para la grandeza dentro de poco tiempo. Sin embargo, hacia mediados del siglo la realización de ese futuro brillante que se pronosticaba de los tres países todavía estaba lejos.

Después de mucha inestabilidad, y a fines de la década de 1950, el futuro de toda Latinoamérica de nuevo era prometedor. Parecía que dentro de poco tiempo los regímenes militares no iban a ser más que reliquias históricas, que las sociedades manifestaban una infusión de dinamismo que no habían tenido desde hacía décadas, y que la situación económica era cada vez más prometedora. Pero desafortunadamente la región volvió al mismo valle de lágrimas.

Durante años más recientes, a veces ha brotado el mismo cuento del optimismo que luego da lugar a la frustración.[1] Quizás el caso más sobresaliente sea el de México. Con el Tratado de Libre Comercio (TLC) algunos de nuestros vecinos previeron un futuro no muy lejano en que su país iba a entrar plenamente en la "primer mundo." Pero casi inmediatamente hubo la sublevación de los campe-

---

[1] Da lugar ... frustración = give way to frustration.

sinos "zapatistas" en el estado de Chiapas. Poco después, en vista de una crisis económica, el peso fue devaluado. Y ahora parece que México por lo pronto tiene que permanecer en el callejón[2] oscuro con los pueblos del "subdesarrollo."

En nuestros días, por toda Latinoamérica, parece que los sueños se han esfumado, y un cinismo, a veces negro, ha dejado su marca. Tenemos un poco más de una década y media de caída económica en el continente. Los salarios han bajado hasta los niveles de los años 1960, y las consecuencias sociales están a la vista de todo el mundo: degeneración de viviendas, de educación y de servicios médicos, aumento de crímenes, clase media disilusionada, y millones de desempleados en las calles. A veces parece que no tiene fin la letanía de los males *socio-político-económicos*. Y según parece, la condición humana del continente no va a mejorar mucho si la población sigue creciendo al paso que va ahora.[3] Entre 1970 y 1988 la población de América Latina subió desde un poco más de 200 millones hasta más de 400 millones, y para el año 2.020 será más de 700 millones (véase la Tabla 1). Para agravar todavía más la situación, la población latinoamericana es joven; pues, casi la mitad tiene menos de quince años de edad. Es posible que al madurar estos jóvenes, echarán un ojo a su alrededor, y querrán saber por qué es que los adultos no han podido resolver mejor los problemas agobiantes que plagan a sus países. Lo más probable es que no recibirán respuesta.

¿Dónde existe la solución? Desde EE.UU., y sobre todo durante la década de 1960, se decía que la educación sería capaz de resolver los problemas de América Latina. ¿Eso no estaba ocurriendo ya en las naciones más educadas, Argentina, Chile y Uruguay? Pues, sí, efectivamente así parecía. Pero luego se hicieron pedazos[4] también esos pronósticos positivos para el futuro: precisamente en esas naciones, como ya hemos visto, hubo las dictaduras más represivas de todo el continente. Las constituciones elegantes y cuidadosamente preparadas fueron ignoradas, las cámaras de senadores y diputados clausuradas, y las cortes reducidas a la impotencia. "¿Cómo fue eso posible?," quisieran preguntar los observadores desde EE.UU. "¿No estaban Argentina, Chile y Uruguay siguiendo el camino de la democracia? ¿El buen ejemplo de los Estados Unidos?"

---

[2] Callejón = back alley.

[3] Al ... ahora = at the pace it is going now.

[4] Hacer pedazos de = to make shambles of.

Interesantes las preguntas, cargadas como están de *estereo-tipos* y del *etnocentrismo*. ¿Por qué tiene que ser "nuestro ejemplo" el mejor para culturas cuyas características son tan diferentes a las de nuestras culturas? ¿Por qué se supone que ellos quieran seguir "nuestro ejemplo," por bueno que nos parezca a nosotros?

*Estereotipos*. En realidad, los latinoamericanos no podrán, y en la mayoría de los casos no querrán, ser "como nosotros" en todo el sentido de la palabra. El˙ pueblo de EE.UU. ha querido verse como promovedor de la ciencia, la tecnología, y el progreso, todo medido en términos de logros materiales más bien que morales y culturales. De verdad, muchas veces parece que la imagen que tenemos de nosotros mismos ha sido semejante al del intrépido *Calibán* de José Enrique Rodó. Hemos considerado a nuestros vecinos del sur, en cambio, como gente "estancada," "encarcelada" dentro de culturas retrógradas, "víctimas" más bien que domadores de su medio ambiente y de su propia naturaleza interior. No son más que *Ariel*, quizás buenos cuando se trata de valores estéticos y espirituales, pero les hace falta la industria para que realicen un progreso cabal. Son "amables," "agradables," y "alegres," pero necesitan una poca de disciplina. La verdad es que, querámoslo o no, en gran parte hemos medido el "progreso" en cuanto al grado en que un pueblo sea capaz de conquistar a su medio ambiente. Hay que domar y dominar, hay que transformar al mundo (es nuestro gran *sueño* de la "modernidad"). Sí, ellos tienen que ser "como nosotros." Industriosos, progresistas, trabajadores, y responsables. Pero de nuevo surge la pregunta, ¿no es este un *estereotipo* demasiado simple de nosotros mismos? Tenemos que responder con un sí en la boca.

Sí: *estereotipos*.

De verdad, nuestra concepción de nosotros mismos ha sido ambigua. Según el *estereotipo*, hemos tenido una cara de Buffalo Bill, Davy Crockett, y Ernest Hemmingway como hijos y herederos de la naturaleza, otra cara de Walt Whitman, Mark Twain, y Henry David Thoreau como creadores de la cultura dentro de la naturaleza, y todavía otra cara de Benjamin Franklin, Thomas Edison, y Henry Ford como hombres de pensamiento, experimento, y acción. Hemos sido en parte Tom Saywer, prisioneros de nuestra obligación de civilizarnos pero con el deseo secreto de escapar, y Huckleberry Finn, con el deseo abierto de convivir con la naturaleza.[5] La realidad es que la cultura norte-

---

[5] Ud. de seguro habrá notado que mis ejemplos excluyen a las mujeres, lo que indudablemente revela algo importante acerca de nuestros propios *estereotipos*.

americana ha sufrido transformaciones radicales en los últimos 20 años. Obviamente la dinámica de nuestra sociedad ha disminuído. No gozamos de un *status* mundial tan dominante respecto a la fuerza económica. Hemos sido en cierto sentido "colonizados" por el capital de Japón, Corea, Taiwán, Arabia, y otros países.[6]

El problema es que los *estereotipos* no valen porque son generalidades, abstracciones que la realidad concreta siempre contradice hasta cierto punto. Tampoco valen los *estereotipos*, porque resisten el cambio. En realidad, las culturas desconocen la permanencia; siempre están en un proceso de cambio. Las culturas al sur de EE.UU. han cambiado tanto como han cambiado nuestras culturas. Por las buenas o por las malas, últimamente se han vuelto los latinoamericanos, sobre todo los de la clase media, cada vez más como el *estereotipo* que ellos mismos han tenido de nosotros. A causa del consumismo desaforado y la infatuación de los últimos productos de la tecnología (los "shopping,"[7] los *McDonald's*, la *Coca-Cola*, los *Wal Mart*), están desapareciendo los tacos, los jugos frescos de frutas, y los mercados al aire libre. Se oye más el "rock" de EE.UU. e imitaciones locales que música tradicional; muchas veces *Sylvester Stallone, Julia Roberts, Brad Pitt, Bruce Willis, U-2, Whitney Houston, Michael Jackson, Sammy Sosa,* y *Michael Jordan* les ganan en popularidad a las figuras célebres locales; ropa de Taiwán y Singapur predomina, y los *jeans* se dejan ver más en cada esquina; para los profesores ya no es tan indispensable un traje con camisa blanca y corbata unicolor y obscura; el presidente del país ya no es el mismo *Señor Presidente* de la tradicional imagen patriarcal. Pero desde un punto de vista más favorable, en Latinoamérica, igual como en EE.UU., la mujer ya no es considerada como un animal exótico de cabellos largos y pensamiento corto: le está llegando su época allá también.

Al mismo tiempo, EE.UU. ya no queda tan limpio de algunas de las "enfermedades" que, según nuestros *estereotipos* populares, plagaban y siguen plagando a los vecinos del sur. Ahora hemos llegado a una conciencia—con trabajo, pena, y dolor—de que muchos de

---

Pues, dejo esta característica de nuestra obsesión por los *estereotipos* a la especulación de Ud., ya que se trata más bien de nuestra cultura, no las latinoamericanas.

[6] Aunque, desde luego, en los últimos años los llamados "Tigres del Este" han perdido mucha fuerza económica debido a una profunda recesión.

[7] "Shopping" = shopping malls (an *anglicism*).

nuestros héroes culturales (políticos, empresarios, atletas, artistas de cine y televisión) son egocentristas, corruptos, inmaduros, y engañosos. En las casas y las calles no reina la paz sino la violencia endémica de raza contra raza, hombres contra mujeres, adultos contra niños, y criminales contra todos. Parece que no hemos podido domar y dominar nuestra propia naturaleza tanto como dictaban nuestros *estereotipos* de nosotros mismos. Pero uno quisiera protestar: "Estas características no son sino unos cuantos *estereotipos* más."

Pues, sí, es cierto. *Estereotipos, estereotipos* son.

Entonces hemos vuelto al comienzo de este libro donde encontramos la pregunta: "¿Puede haber generalidades sobre Latinoamérica?" La respuesta allí fue algo ambigua: No pero sí, o sí pero no, o sí y no. Cada generalidad, cada *estereotipo*, aunque tenga una poca de verdad, también engaña, y aunque engañe, tal vez puede enseñarnos una poca de la verdad. Quizás no haya otra manera de hablar de otras culturas humanas sin generalizar, sin crear abstracciones, y hasta sin *estereotipar* un poco. Lo peor es que los *estereotipos* viejos y gastados, como mitos viejos y gastados, resisten la muerte. Sin embargo, a pesar de nuestro afán por la *estereotipización*, ahora más que nunca EE.UU. y los pueblos latinoamericanos tienen que hallar alguna manera de convivir. Tienen que aprender a bailar de nuevo. Desafortunadamente nuestro gobierno ha tenido tanta obsesión por dominar a los vecinos del sur, y ellos se han obsesionado tanto con un resentimiento en contra de EE.UU., que el baile ha sido más bien una danza grotesca destinada a terminar o en la tragedia o en la autodestrucción.

Pero las cosas no tienen que seguir así, quizás. Si EE.UU. y Latinoamérica se envolvieran en un abrazo no como dominante y dominado sino con respeto mutuo, quizás pudieran, entonces, lanzarse hacia horizontes desconocidos al compás de un ritmo nuevo. Y el abrazo perduraría,... Bueno, quizás pudiese perdurar,... quizás. Pues, hay que *soñar*, ¿no?

## Preguntas

1. ¿Qué profecías para el futuro de Latinoamérica ha habido?
2. ¿Cuáles han sido los resultados de los *estereotipos* que hemos tenido en EE.UU. de los latinoamericanos, y cuáles son los resultados de los *estereotipos* que ellos han tenido de nosotros?
3. ¿Qué cara doble hemos tenido en EE.UU.?
4. ¿Por qué no valen como generalidades los estereotipos?

5.       ¿En qué manera están las culturas latinoamericanas volviéndo-
         se como los estereotipos que han tenido de EE.UU.?  ¿Cómo
         estamos dándonos cuenta de que la imagen que hemos tenido
         de nosotros mismos hasta cierto punto nunca fue verdadera?

## Temas para discusión y composición

1.       ¿Hasta qué punto creen Uds. que fue verdadera la oposición
         *Calibán/Ariel* de Rodó?   ¿Cuáles son los problemas de esta
         oposición?
2.       Si las culturas latinoamericanas cada vez llegan a ser más
         semejantes a EE.UU., ¿cuáles serán las pérdidas y cuáles los
         beneficios?   ¿Queda el balance a favor de las pérdidas o los
         beneficios?  ¿Por qué?
3.       Qué creen Uds., ¿se pueden hacer comparaciones y contrastes
         entre EE.UU. y las culturas latinoamericanas para com-
         prenderlas mejor, o son tan diferentes EE.UU. y Latinoamérica
         que no se prestan a tal análisis?  Si creen Uds. que el análisis
         no es factible, ¿cómo, entonces, puede uno llegar a comprender
         a fondo esas culturas tan distintas?

## Un debate amigable

         ¿Por qué no comienzan Uds. desde ahora mismo, inventando
         sus propios temas?  ¡A pensar Jóvenes!

# TABLA 1

## AMÉRICA LATINA EN COMPARACIÓN
## CON EL MUNDO

### Población Total (Milliones)[1]

|                      | 1988  | 2000  | 2020  | TF (1988)[2] |
|----------------------|-------|-------|-------|--------------|
| Mundo                | 5.128 | 6.178 | 8.053 | 3,6          |
| América Latina       | 429   | 537   | 711   | 3,7          |
| Africa               | 623   | 886   | 1.497 | 6,3          |
| Asia                 | 2.995 | 3.612 | 4.629 | 3,6          |
| Norteamérica         | 272   | 296   | 327   | 1,8          |
| Europa               | 497   | 506   | 499   | 1,8          |
| Unión Soviética[3]   | 286   | 311   | 354   | 2,5          |
| Oceania              | 26    | 30    | 36    | 2,6          |

[1] Los detalles para 1988 son estimados, y para 2000 y 2020 son proyecciones.

[2] TF = Tasa de Fertilidad (el término medio de nacimientos por cada mujer entre 15 y 49 años de edad).

[3] Eso es, tomando en consideración que la Unión Sociética no se hubiera fracturado.

FUENTE: Population Reference Bureau, Inc., 1988 World Population Data Sheet (Washington, D.C., 1988).

TABLA 2

EL CRECIMIENTO DE LA POBLACIÓN, 1950-2000
(Población = miles por año)

| | 1950 | 1985 | 2000 | 1950-1985 | 1985-2000 |
|---|---|---|---|---|---|
| América Latina | 165.363 | 403.699 | 540.076 | 2,55% | 1,94% |
| Argentina | 17.150 | 30.331 | 36.238 | 1,63 | 1,19 |
| Bolivia | 2.766 | 6.371 | 9.724 | 2,38 | 2,82 |
| Brasil | 53.444 | 135.564 | 179.487 | 2,66 | 1,87 |
| Chile | 6.082 | 12.122 | 15.272 | 1,97 | 1,54 |
| Colombia | 11.597 | 28.714 | 37.999 | 2,59 | 1,87 |
| Costa Rica | 862 | 2.642 | 3.711 | 3,20 | 2,27 |
| Cuba | 5.858 | 10.038 | 11.718 | 1,54 | 1,03 |
| Santo Domingo | 2.353 | 6.416 | 8.621 | 2,87 | 1,97 |
| Ecuador | 3.310 | 9.387 | 13.939 | 2,98 | 2,64 |
| El Salvador | 1.940 | 4.768 | 6.739 | 2,57 | 2,31 |
| Guatemala | 2.969 | 7.963 | 12.222 | 2,82 | 2,86 |
| Haití | 3.097 | 5.922 | 7.838 | 1,85 | 1,87 |
| Honduras | 1.401 | 4.383 | 6.846 | 3,26 | 2,97 |
| México | 28.012 | 79.376 | 107.233 | 2,98 | 2,01 |
| Nicaragua | 1.098 | 3.272 | 5.261 | 3,12 | 3,17 |
| Panamá | 839 | 2.180 | 2.893 | 2,73 | 1,89 |
| Paraguay | 1.351 | 3.693 | 5.538 | 2,87 | 2,70 |
| Perú | 7.632 | 19.698 | 27.952 | 2,71 | 2,33 |
| Uruguay | 2.239 | 3.012 | 3.364 | 0,85 | 0,74 |
| Venezuela | 5.009 | 17.317 | 24.715 | 3,54 | 2,37 |

FUENTE: CELADE, Boletín Demográfico, núm 41
(Enero 1988), págs. 21-24.

TABLA 3

ECONOMÍAS COMPARADAS EN CUANTO AL
CRECIMIENTO DEL PRODUCTO TOTAL
POR CABEZA EN LA AMÉRICA LATINA
Y OTRAS REGIONES, 1865-1988

|  | 1965-1973 | 1970-1980 | 1980-1983 | 1984-1988 |
|---|---|---|---|---|
| **AMÉRICA LATINA** |  |  |  |  |
| Argentina | 4.3% | 2.2% | -2.8% | -1.9% |
| Brasil | 9.8 | 8.4 | -1.3 | 3.7 |
| Chile | 3.4 | 2.4 | -3.4 | 5.5 |
| Colombia | 6.4 | 5.9 | 1.4 | 4.3 |
| México | 7.9 | 5.2 | 0.6 | 7.3 |
| Perú | 3.5 | 3.0 | -2.9 | 0.6 |
| Venezuela | 5.1 | 5.0 | -1.8 | 2.6 |
| Término Medio | 7.4 | 5.8 | -1.1 | 2.7 |
| **ASIA DEL ESTE** |  |  |  |  |
| Indonesia | 8.1 | 7.6 | 4.8 | 3.3 |
| Corea | 10.0 | 9.5 | 7.3 | 10.0 |
| Malaysia | 6.7 | 7.8 | 6.2 | 5.6 |
| Filipinas | 5.4 | 6.3 | 2.2 | 1.3 |
| Taiwan | 10.4 | 9.2 | 5.4 | 9.3 |
| Thailandia | 7.8 | 7.2 | 5.4 | 5.4 |
| Témino Medio | 8.3 | 8.0 | 5.3 | 6.5 |
| **ASIA DEL SUR** |  |  |  |  |
| Bangladesh | ---- | 3.9 | 3.6 | 3.9 |
| India | 3.9 | 3.6 | 5.4 | 4.3 |
| Pakistan | 5.4 | 4.1 | 5.3 | 7.3 |
| Sri Lanka | 4.2 | 4.1 | 5.3 | 3.9 |
| Término Medio | 4.1 | 3.7 | 5.4 | 4.5 |

FUENTE: A. Fishlow, "Some Reflections on Comparative Latin American Economic Performance and Policy," WIDER Working Papers, núm 22 (agosto 1987); IMF database: and ECLAC, Preliminary Overview of the Economy of Latin America and the Caribbean, 1989 (Santiago, diciembre 1989).

**TABLA 4**

**ÍNDICES DE SALUD**

| PAÍS | HABITANTES POR CADA MÉDICO | | MORTANDAD INFANTIL (POR 1.000 NACI- MIENTOS) | |
|---|---|---|---|---|
| | 1965 | 1984 | 1965 | 1984 |
| Argentina | 600 | 370 | 58 | 31 |
| Bolivia | 3,300 | 1,540 | 160 | 108 |
| Brasil | 2,500 | 1,080 | 104 | 61 |
| Colombia | 2,500 | 1,240 | 86 | 39 |
| Costa Rica | 2.010 | 960 | 72 | 18 |
| Chile | 2,120 | 1,230 | 101 | 20 |
| Ecuador | 3,000 | 820 | 112 | 62 |
| El Salvador | n/a | 2,830 | 120 | 57 |
| México | 2,080 | 1,240 | 82 | 46 |
| Perú | 1,650 | 1,040 | 130 | 86 |
| Uruguay | 880 | 520 | 47 | 23 |
| Venezuela | 1,210 | 700 | 65 | 35 |
| Estados Unidos | 670 | 470 | 25 | 10 |

FUENTE: IBRD, <u>World Development Report, 1990</u>.

**TABLA 5**

**ANALFABETISMO EN 1990 (ESTIMADOS)**

| PAÍS | ANALFA-BETISMO DE ADULTOS DE MAS DE 15 AÑOS | % DE HOM-BRES | % DE MUJERES | TOTAL | ANALFA-BETISMO EN 1980 |
|---|---|---|---|---|---|
| Argentina | 1,064,600 | 4.5 | 4.9 | 4.7 | 6.1 |
| Brasil | 18,406,700 | 17.5 | 18.9 | 18.2 | 25.5 |
| Chile | 603,200 | 6.5 | 6.8 | 6.6 | 8.9 |
| Colombia | 2,701,700 | 12.5 | 14.1 | 13.3 | 14.8 |
| Costa Rica | 138,500 | 7.4 | 6.9 | 7.2 | 7.4 |
| Cuba | 30,434 | 5.0 | 7.0 | 6.0 | 2.2 |
| Santo Domingo | 743,700 | 15.2 | 18.2 | 16.7 | 31.4 |
| Ecuador | 909,100 | 12.2 | 16.2 | 14.2 | 16.1 |
| El Salvador | 786,800 | 23.8 | 30.0 | 27.0 | 32.7 |
| Haití | 1,857,900 | 40.9 | 52.6 | 47.0 | 65.2 |
| México | 7,065,700 | 10.5 | 14.9 | 12.7 | 17.0 |
| Panamá | 187,100 | 11.9 | 11.8 | 11.9 | 14.4 |
| Paraguay | 252,400 | 7.9 | 11.9 | 9.9 | 12.5 |
| Perú | 2,024,500 | 8.5 | 21.3 | 14.9 | 18.1 |
| Uruguay | 87,700 | 3.4 | 4.1 | 3.8 | 5.0 |
| Venezuela | 1,450,000 | 13.3 | 10.4 | 11.9 | 15.3 |
| Total | 38,310,034 | 13.1% | 15.8% | 14.3% | ---- |

FUENTE: Statistical Yearbook 1990. UNESCO.

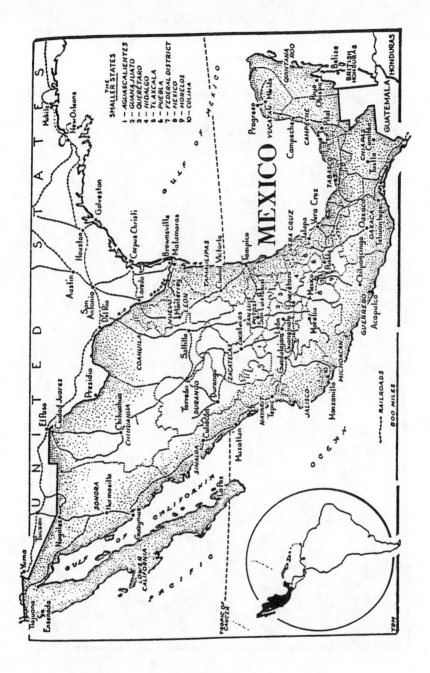

Mapa 1

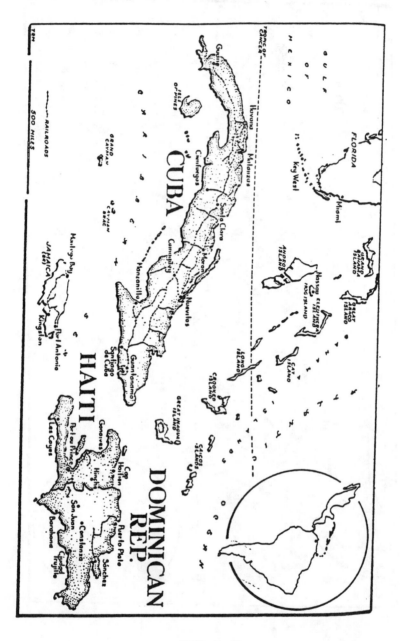

Mapa 2

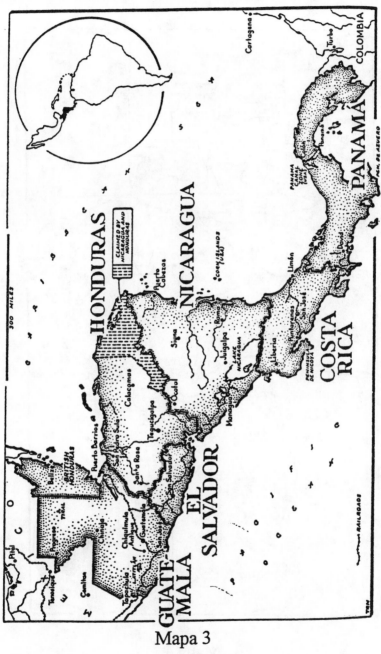

Mapa 3

Mapa 4

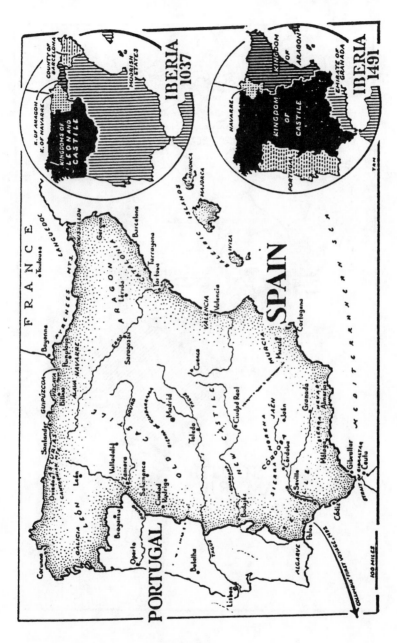

Map 5

Mapa 6

Map 7

# ¿QUIERE UD. SABER MÁS?

## General

Alba, Victor. *The Latin Americans.* New York: Praeger, 1969.

Ames, Barry. *Church and Politics in Latin America.* New York: St. Martin's, 1990.

Anderson Imbert, Enrique. *Historia de la literatura hispanoamericana.* México: Fondo de Cultura Económica, 1954.

Black, Jan Knippers (ed.). *Latin America: Its Problems and Its Promises,* rev. ed. Boulder: Westview, 1998.

Burkholder, Mark A. y Lyman J. Johnson. *Colonial Latin America.* New York: Oxford University Press, 1994.

Castedo, Leopoldo. *A History of Latin American Art and Architecture from Pre-Columbian Times to the Present.* New York: Praeger, 1969.

Cockcroft, James D. *Neighbors in Turmoil: Latin America.* New York: Harper & Row, 1989.

Collier, Simon. *From Cortes to Castro: An Introduction to the History of Latin America, 1492-1973.* New York: Macmillan, 1974.

Crow, John A. *The Epic of Latin America.* Berkeley: University of California Press, 1992.

Cubitt, Tessa. *Latin American Society.* New York: Wiley, 1988.

Fuentes, Carlos. *The Buried Mirror: Reflection on Spain and the New World.* Boston: Houghton Mifflin, 1992.

Herring, Hubert. *A History of Latin America.* New York: Alfred A. Knopf, 1965.

Langley, Lester D. *America and the Americas: The United States in the Western Hemisphere.* Athens: University of Georgia Press, 1989.

Morse, Richard M. *New World Soundings: Culture and Ideology in the Americas.* Baltimore: Johns Hopkins University Press, 1989.

Nida, Eugene A. *Understanding Latin Americans: With Special Reference to Religious Values and Movements.* Pasadena: William Carey Library, 1987.

Needler, Martin C. *The Problem of Democracy in Latin America.* Lexington: Lexington Books, 1987.

Oxford Analytica. *Latin America in Perspective*. Boston: Houghton Mifflin, 1991.
Rama, Angel, et al. *La crítica de la cultura en América Latina*. Caracas: Ayacucho, 1985.
Sheahan, John. *Patterns of Development in Latin America*. Princeton: Princeton University Press, 1987.
Skidmore, Thomas E., y Peter H. Smith. *Modern Latin America*. New York: Oxford University Press, 1992.
Van Cott, Donna Lee (ed.). *Indigenous Peoples and Democracy in Latin America*. New York: St. Martin's, 1994.
Williamson, Edwin. *The Penguin History of Latin America*. London: Penguin, 1992.
Winn, Peter. *Americas: The Changing Face of Latin America and the Caribbean*. New York: Pantheon, 1992.

## Ayudas pedagógicas

Cornbleth, Catherine y Clark C. Gill. *Key Ideas and Concepts in Teaching about Latin America*. Austin: Institute of Latin American Studies, 1977.
Glab, Edward (ed.). *Latin American Culture Studies: Information and Materials for Teaching about Latin America*. Austin: Institute of Latin American Studies, 1977.

## Capítulo Uno

Blakemore, H. y C. T. Smith (eds.). *Latin America: Geographical Perspectives*. London: Methuen, 1971.
Browder, John O. (ed.). *Fragile Lands of Latin America*. Boulder: Westview, 1989.
Butlano, Gilbert J. *Latin America: A Regional Geography*. London: Longman, 1972.
Butterworth, Douglas y John K. Chance. *Latin American Urbanization*. Cambridge: Cambridge University Press, 1981.
Davidson, William V. y James J. Parsons (eds.). *Historical Geography of Latin America*. Baton Rouge: Louisiana State University Press, 1980.
Dealy, Glen Caudill. *The Latin Americans: Spirit and Ethos*. Boulder: Westview, 1992.

Odell, P. L. y D. A. Preston. *Economics and Societies in Latin America: A Geographical Interpretation.* New York: Wiley, 1978.

Preston, David A. *Environment, Society, and Rural Change in Latin America: The Past, Present, and Future in the Countryside.* New York: Wiley, 1980.

Sánchez Albornoz, Nicolás. *Población y mano de obra en América Latina.* Madrid: Alianza, 1985.

## Capítulo Dos

Altman, Ida. *Emigrants and Society: Extremadura and Spanish America in the Sixteenth Century.* Berkeley: University of California Press, 1989.

Brenan, Gerald. *The Spanish Labyrinth.* Cambridge: Cambridge University Press, 1943.

Castro, Américo. *The Spaniards: An Introduction to Their History.* Berkeley: University of California Press, 1971.

Crow, John A. *Spain: The Root and the Flower.* Berkeley: University of California Press, 1985.

Díaz-Plaja, Fernando. *El español y los siete pecados capitales.* Madrid: Alianza, 1966.

Elliott, J. H. *Spain and Its World, 1500-1700.* New Haven: Yale University Press, 1989.

Hilton, Ronald. *The Latin Americans: Their Heritage and Their Destiny.* Philadelphia: Lippincott, 1973.

Liebman, Seymour B. *Exploring the Latin American Mind.* Chicago: Nelson-Hall, 1976.

Michener, James A. *Iberia.* New York: Fawcett, 1969.

Robinson, David J. (ed.). *Migration in Colonial Spanish America.* Cambridge: Cambridge University Press, 1990.

Souchère, Elena de la. *Explanation of Spain.* New York: Random House, 1964.

Stone, Samuel Z. *The Heritage of the Conquistadors.* Lincoln: University of Nebraska Press, 1990.

## Capítulo Tres

Boone, Elizabeth Till and Walter D. Mignolo (eds.). *Writing without Words: Alternative Literacies in Mesoamerica and the Andes.* Dunham: Duke University Press, 1994.

Céspedes, Guillermo. *Latin America: The Early Years.* New York: Alfred A. Knopf, 1974.

Crawford, Leslie. *Las Casas, hombre de los siglos: Contemporaneidad de sus ideas antropológicas.* Washington: Organización de los Estados Americanos, 1978.

Gerbi, Antonello. *Nature in the New World: From Christopher Columbus to Gonzalo Fernández de Oviedo,* trans. J. Moyle. Pittsburgh: University of Pittsburgh Press, 1985.

Greenblatt, Stephen. *Marvelous Possessions: The Wonder of the New World.* Chicago: University of Chicago Press, 1991.

Granzotto, G. *Christopher Columbus: The Dream and the Obsession.* London: Collins, 1986.

Jara, René (ed.). *Amerindian Images and The Legacy of Columbus.* Minneapolis: University of Minnesota Press, 1992.

Leonard, Irving A. *Portraits and Essays: Historical and Literary Sketches of Early Spanish America.* Newark: Juan de la Cuesta, 1986.

Núñez Cabeza de Vaca, Alvar. *Castaways: The Narrative of Alvar Núñez Cabeza de Vaca.* Berkeley: University of California Press, 1993.

O'Gorman, Edmundo. *La idea del descubrimiento de América: historia de la interpretación y crítica de sus fundamentos.* México: Centro de Estudios Filosóficos, 1951.

O'Gorman, Edmundo. *La invención de América.* México: Fondo de Cultura Económica, 1958.

Todorov, Tzvetan. *The Conquest of America.* New York: Harper and Row, 1984.

Williams, Jerry M. y Robert Earl Lewis (eds.). *Early Images of the Americas: Transfer and Invention.* Tucson: University of Arizona Press, 1993.

Zamora, Margarita. *Reading Columbus.* Berkeley: University of California Press, 1993.

Zavala, Silvio Arturo. *Sir Thomas More in New Spain: A Utopian Adventure of the Renaissance.* London: Hispanic and Luso-Brazilian Councils, 1955.

Zavala, Iris. *Discursos sobre la 'invención' de América.* Amsterdam: Rodopi, 1992.

# Capítulo Cuatro

Adams, Richard E. W. *The Origins of Maya Civilization*.
Albuquerque: University of New Mexico Press, 1977.
Baquedano, Elizabeth. *Los aztecas: Historia, arte, arqueología y
religión*. México: Panorama, 1987.
Bosch Gimpera, Pere. *La América pre-hispánica*. Barcelona: Ariel,
1975.
Coe, Michael. *The Maya*. London: Thames & Hudson, 1987.
Durand, José. *La transformación social del conquistador*. México:
Porrúa y Obregón, 1953.
Gibson, Charles. *The Aztecs under Spanish Rule*. Stanford: Stanford
University Press, 1964.
Gossen, Gary H. y Miguel León-Portilla (eds.). *South and Meso-
American Native Spirituality: From the Cult of the Feathered
Serpent to the Theology of Liberation*. New York: Crossroad,
1993.
Grieder, Terence. *Origins of Pre-Columbian Art*. Austin: University of
Texas Press, 1983.
Hadington, E. *Lines to the Mountain Gods: Nazca and the Mysteries of
Peru*. New York: Random House, 1987.
Keating, R. W. (eds.). *Peruvian Prehistory*. Cambridge: Cambridge
University Press, 1986.
Kendall, A. *Everyday Life of the Incas*. London: Batsford, 1973.
Kirkpatrick, Frederick Alexander. *The Spanish Conquistadores*. New
York: Barnes & Noble, 1967.
León-Portilla, Miguel (ed.). *El reverso de la conquista*. México:
Joaquín Mortiz, 1970.
León-Portilla, Miguel (ed.). *The Aztec Image of Self and Society: An
Introduction to the Nahua Culture*. Salt Lake City: University
of Utah Press, 1992.
Lothrop, Samuel K. *Treasures of Ancient America: Columbian Art
from Mexico to Peru*. New York: Rizzoli International, 1979.
Morley, Sylvanus G. y George W. Brainerd. *The Ancient Maya*.
Stanford: Stanford University Press, 1983.
Nicholson, Henry B. y Eloise Quiñones Keber. *Art of Aztec Mexico:
Treasures of Tenochtitlan*. Washington: National Gallery of
Art, 1983.

Prescott, William H. *History of the Conquest of Mexico and History of the Conquest of Peru.* New York: Random House, 1957.

Ricard, R. *The Spiritual Conquest of Mexico.* Berkeley: University of California Press, 1966.

Rivera Dorado, Miguel. *La religión maya.* Madrid: Alianza, 1986.

Silverblatt, Irene. *Gender, Ideologies and Class in Inca and Colonial Peru.* Princeton: Princeton University Press, 1987.

Sokolov, Raymond. *Why We Eat What We Eat: How the Encounter between the New World and the Old World Changed the Way Everyone on the Planet Eats.* New York: Summit, 1991.

Soustelle, Jacques. *Daily Life of the Aztecs.* Stanford: Stanford University Press, 1961.

Stern, Steve J. *Peru's Indian Peoples and the Challenge of Spanish Conquest.* Madison: University of Wisconsin Press, 1982.

Stevenson, Robert M. *Music in Aztec and Inca Territory.* Berkeley: University of California Press, 1968.

Thomas, Hugh. *Conquest: Moctezuma, Cortes, and the Fall of Old Mexico.* New York: Touchstone, 1995.

Vaillant, George C. *The Aztecs of Mexico: Origin, Rise and Fall of the Aztec Nation.* London: Harmondsworth, 1950.

Varner, John G. y Veannette J. Varner. *Dogs of the Conquest.* Norman: University of Oklahoma Press, 1983.

Wachtel, Nathan. *The Vision of the Vanquished: The Spanish Conquest of Peru through Indian Eyes, 1530-1570.* New York: Harper, 1977.

Zavala, Silvio Arturo. *The Political Philosophy of the Conquest of America.* México: Editorial Cultura, 1953.

# Capítulo Cinco

Bethell, Leslie (ed.). *Colonial Brazil.* Cambridge: Cambridge University Press, 1987.

Bethell, Leslie (ed.). *Colonial Spanish America.* Cambridge: Cambridge University Press, 1988.

Florescano, Enrique. *Memory, Myth, and Time in Mexico: From the Aztecs to Independence.* Austin: University of Texas Press, 1994.

Gibson, Charles. *Spain in America.* New York: Harper & Row, 1966.

Greenleaf, Richard E. y Lewis Hanke (eds*.*). *The Roman Catholic Church in Colonial Latin America.* New York: Alfred A. Knopf, 1971.

Hanke, Lewis. *Aristotle and the American Indians.* Chicago: University of Chicago Press, 1959.

Hanke, Lewis. *The Spanish Struggle for Justice in the Conquest of America.* Boston: Little Brown, 1965.

Haring, Clarence Henry. *The Spanish American Empire.* New York: Oxford University Press, 1947.

Hoberman, Louisa Schell y Susan Migden Socolow (eds.). *Cities and Societies in Colonial Latin America.* Albuquerque: University of New Mexico Press, 1986.

Kann, Robert. *The Hapsburg Empire.* New York: Praeger, 1957.

Lant, James. *Portuguese Brazil: the King's Plantation.* New York: Academic Press, 1979.

Lockhart, James y Stuart B. Schwartz. *Early Latin America: A History of Colonial Spanish America and Brazil.* Cambridge: Cambridge University Press, 1983.

Parry, J. H. *The Spanish Seaborne Empire.* London: Hutchinson, 1966.

Ramírez, Susan E. *Provincial Patriarchs: Land Tenure and the Economics of Power in Colonial Peru.* Albuquerque: University of New Mexico Press, 1986.

Rubert de Ventos, Xavier. *The Hispanic Labyrinth: Tradition and Modernity in the Colonization of the Americas.* New Brunswick: Transaction Press, 1991.

Twinam, Ann. *Miners, Merchants, and Farmers in Colonial Colombia.* Austin: University of Texas Press, 1982.

Zavala, Silvio Arturo. *The Spanish Colonization of America.* Philadelphia: University of Pennsylvania Press, 1943.

Zavala, Silvio Arturo. *The Defence of Human Rights in Latin America, Sixteenth to Eighteenth Centuries.* Paris: UNESCO, 1964.

# Capítulo Seis

Adrien, Kenneth. *Crisis and Decline: the Viceroyalty of Peru in the Seventeenth Century.* Albuquerque: University of New Mexico Press, 1986.

Aldrich, A. Owen (ed.). *The Ibero-American Enlightenment.* Urbana: University of Illinois Press, 1971.

Chevalier, F. *Land and Society in Colonial Mexico*. Berkeley: University of California Press, 1966.
Diffie, Bailey W. *Latin-American Civilization, Colonial Period*. New York: Octagon Books, 1967.
Floyd, Troy S. (ed.). *The Bourbon Reformers and Spanish Civilization: Builders or Destroyers?* Boston: Heath, 1966.
Hanke, Lewis y Jane M. Rausch. *People and Issues in Latin American History: The Colonial Experience*. New York: M. Wiener, 1993.
Jara, René y Nicholas Spadaccini (eds.). *1492-1992: Re/Discovering Colonial Writing*. Minneapolis: University of Minnesota Press, 1989.
Kicza, John E. *Colonial Entrepreneurs: Families and Business in Bourbon Mexico City*. Albuquerque: University of New Mexico Press, 1983.
Rabasa, José. *Inventing A-M-E-R-I-C-A: Spanish Historiography and the Formation of Eurocentrism*. Norman: University of Oklahoma Press, 1993.
Sariola, Sakari. *Power and Resistance: The Colonial Heritage in Latin America*. Ithaca: Cornell University Press, 1972.
Young, Eric van. *Hacienda and Marker in Eighteenth-Century Mexico*. Berkeley: University of California Press, 1981.
Worcester, Donald Emmet. *The Growth and Culture of Latin America*. New York: Oxford University Press, 1970-71.

# Capítulo Siete

Arciniegas, Germán. *El continente de siete colores*. Buenos Aires: Sudamericana, 1965.
Bakewell, Peter John. *Miners of the Red Mountain: Indian Labor of Potosí*. Albuquerque: University of New Mexico Press, 1984.
Barral Gómez, Angel. *Rebeliones indígenas en la América Española*. Madrid: MAPFRE, 1992.
Brusco, Elizabeth E. *The Reformation of Machismo: Evangelical Conversion and Gender in Colombia*. Austin: University of Texas Press, 1996.
Curtin, Philip D. *The Atlantic Slave Trade*. Madison: University of Wisconsin Press, 1969.

Davis, Darién J. (ed.). *Slavery and Beyond: The African Impact on Latin America and the Caribbean.* Wilmington: Scholarly Resources, 1995.

Estava-Fabregat, C. *Mestizaje in Ibero-America.* Albuquerque: University of New Mexico Press, 1987.

Ferguson, John Halcro. *El equilibrio racial en América Latina.* Buenos Aires: Editorial Universitaria de Buenos Aires, 1963.

Freyre, Gilberto. *The Masters and the Slaves.* Berkeley: University of California Press, 1986.

Goldwert, Marvin. *History as Neurosis: Paternalism and Machismo in Spanish America.* Lanham: University Press of America, 1980.

Graham, Richard (ed.). *The Idea of Race in Latin America, 1870-1940.* Austin: University of Texas Press, 1990.

Haberly, David T. *Three Sad Races: Racial Identity and National Consciousness in Brazilian Literature.* Cambridge: Cambridge University Press, 1983.

Hedrick, Basil Calvin. *Religious Syncretism in Spanish America.* Greeley: Museum of Anthropology, 1967.

Hemming, John. *Red Gold: The Conquest of The Brazilian Indians.* Cambridge: Harvard University Press, 1978.

Kicza, John E. (ed.). *The Indian in Latin American History: Resistance, Resilience and Acculturation.* Wilmington: Scholarly Resources, 1993.

Kiple, Kenneth F. *Blacks in Colonial Cuba, 1774-1899.* Gainesville: University Presses of Florida, 1976.

Kline, Herbert S. *African Slavery in Latin America and the Caribbean.* Oxford: Oxford University Press, 1986.

Knight, Franklin W. *Slave Society in Cuba During the Nineteenth Century.* Madison: University of Wisconsin Press, 1970.

Levine, Robert M. *Race and Ethnic Relations in Latin America and the Caribbean: An Historical Dictionary and Bibliography.* Metuchen, NJ: Scarecrow Press, 1980.

MacLachlan, Colin M. y Jaime E. Rodríguez. *The Forging of the Cosmic Race: A Reinterpretation of Colonial Mexico.* Berkeley: University of California Press, 1980.

Moreno Fraginals, Manuel (ed.). *Africa en América Latina.* México: Siglo XXI, 1977.

Mörner, Magnus. *Race Mixture in the History of Latin America.* Boston: Little, Brown, 1967.

Nash, June. *We Eat the Mines and the Mines Eat Us: Dependency and Exploitation in Bolivian Tin Mines*. New York: Columbia University Press, 1979.

Pérez, Luís A. *Slaves, Sugar and Colonial Society: Travel Accounts of Cuba, 1801-1899*. Wilmington: Scholarly Resources, 1992.

Ramos, Arthur. *The Negro in Brazil*. Philadelphia: Porcupine Press, 1980.

Rosenblat, Ángel. *La población indígena y el mestizaje en América*. Buenos Aires: Emecé, 1954.

Schwartz, Stuart. *Sugar Plantations in the Formation of Brazilian Society: Bahia, 1550-1835*. Cambridge: Cambridge University Press, 1985.

Scott, Rebecca J. *Slave Emancipation in Cuba: The Transition to Free Labor, 1860-1899*. Princeton: Princeton University Press, 1986.

Skidmore, Thomas E. *Black into White: Race and Nationality in Brazilian Thought*. New York: Oxford University Press, 1974.

Solaun, Mauricio y Sidney Kronus. *Discrimination without Violence: Miscegenation and Racial Conflict in Latin America*. New York: Wiley, 1973.

Toplin, Robert Brent (ed.). *Slavery and Race Relations in Latin America*. Westport: Greenwood, 1974.

Wagley, Charles y Marvin Harris. *Minorities in the New World*. New York: Columbia University Press, 1967.

Wolf, Eric Robert. *Sons of the Shaking Earth*. Chicago: University of Chicago Press, 1959.

Wright, Winthrop R. *Café con Leche: Race, Class, and National Image in Venezuela*. Austin: University of Texas Press, 1990.

# Capítulo Ocho

Acosta-Belén, E. *Puerto Rican Woman*. New York: Praeger, 1986.

Babb, Florence E. *Between Field and Cooking Pot: The Political Economy of Market Women in Peru*. Austin: University of Texas Press, 1989.

Cevallos Candau, Francisco J. *Coded Encounters: Writing, Gender, and Ethnicity in Colonial Latin America*. Amherst: University of Massachussetts Press, 1994.

Cypess, Sandra Messinger. *La Malinche in Mexican Literature: From History to Myth*. Austin: University of Texas Press, 1991.

De Aragón, Ray John. *The Legend of La Llorona*. Las Vegas: Pan American, 1980.

De la Maza, F. *El guadalupanismo mexicano*. México: Fondo de Cultura Económico, 1984.

Ellis, Havelock. *The Soul of Spain*. Boston: Greenwood Press, 1937.

Garza Tarazone, Silvia. *La mujer mesoamericana*. México: Editorial Planeta Mexicana, 1991.

Glantz, Margo (ed.). *La Malinche: sus padres y sus hijos*. México: UNAM, 1994.

Gonzalbo, Pilar. *Las mujeres en la Nueva España*. México: Colegio de México, 1987.

González Suárez, Mirta (ed.). *Estudios de la mujer: Conocimiento y cambio*. San José: Editorial Universitaria Centroamericana, 1988.

Guerra Cunningham, Lucía (ed.). *Mujer y sociedad en América Latina*. Santiago de Chile: Editorial del Pacífico, 1980.

Johnson, Julie Greer. *Women in Colonial Spanish American Literature*. Westport: Greenwood, 1983.

Johnson, L. L. y S. Lipsett-Rivera (eds.). *The Faces of Honor: Sex, Shame, and Violence in Colonial Latin America*. Albuquerque: University of New Mexico Press, 1998.

Ladd, Doris M. *Mexican Women in Anahuac and New Spain*. Austin: University of Texas Press, 1978.

Laurin, Asunción. *Latin American Women: Historical Perspectives*. Westport: Greenwood, 1978.

Laurin, Asunción. *Sexuality and Marriage in Colonial Latin America*. Lincoln: University of Nebraska Press, 1989.

Martin, Luis. *Daughters of the Conquistadores: Women in the Viceroyalty of Peru*. Albuquerque: University of New Mexico Press, 1983.

Miller, Francesca. *Latin American Women and the Search for Social Justice*. Hanover: University Press of New England, 1991.

Muriel, Josefina. *Las mujeres de Hispanoamérica*. Madrid: Mapfre, 1992.

Nash, June. *Sex and Class in Latin America*. South Hadley: Bergin and Garvey, 1980.

O'Sullivan-Beare, Nancy. *Las mujeres de los conquistadores*. Madrid: Compañía Bibliográfica Española, 1956.

Rodríguez, Jeanette. *Our Lady of Guadalupe*. Austin: University of Texas Press, 1994.

Schurz, William Lyle. *This New World.* New York: E. P. Dutton, 1964.

Silverblatt, Irene. *Gender, Ideal and Class in Inca and Colonial Peru.* Princeton: Princeton University Press, 1987.

Smith, J. B. *The Image of Guadalupe: Myth or Miracle.* New York: Doubleday, 1983.

Tuñón Pablos, Julia. *Women in Mexico: A Past Unveiled,* trans. A. Hynds. Austin: University of Texas Press, 1999.

Yeager, Gertrude M. (ed.). *Confronting Change, Challenging Tradition: Women in Latin American History.* Wilmington: Scholarly Resources, 1994.

# Capítulo Nueve

Baéz-Jorge, F. *La parentela de María: Cultos marianos, sincretismos e identidades nacionales en Latinoamérica.* Xalapa: Universidad Veracruzana, 1974.

Benassy-Berling, Marie-Cécile. *Humanismo y religión en Sor Juana Inés de la Cruz.* México: UNAM, 1983.

Carrilla, Emilio. *Maneirismo y barroco en las literaturas hispánicas.* Madrid: Gredos, 1983.

Carrillo Azpeitia, Rafael. *El arte barroco en México.* México: Panorama, 1982.

Carrión, Jorge. *Mito y magia del mexicano.* México: Porrúa y Obregón, 1952.

Claro, Samuel. *Antología de la música colonial en América del sur.* Santiago de Chile: Editorial de la Univerdidad de Chile, 1974.

Estrada, Jesús. *Música y músicos de la época virreinal.* México: Secretaría de Educación Pública, 1973.

Goic, Cedomil. *Historia y crítica de la literatura hispanoamericana: I, Epoca colonial.* Barcelona: Editorial Crítica, 1988.

Hoyt-Goldsmith, Diane. *Day of the Dead.* New York: Holiday House, 1994.

Ingham, J. M. *Mary, Michael and Lucifer: Folk Catholicism in Central Mexico.* Austin: University of Texas Press, 1986.

Jitrik, Noé. *El balcón barroco.* Mexico: UNAM, 1988.

Kelemen, Pal. *Baroque and Rococo in Latin America.* New York: Macmillan, 1951.

Kubler, G. y M. Soria. *Art and Archicture of Spain and Portugal and their American Dominions.* London: Harmondsworth, 1959.

Leonard, Irving A. *Baroque Times in Old Mexico: Seventeenth-Century Persons, Places and Practices.* Ann Arbor: University of Michigan Press, 1966.

Maravall, José Antonio. *La cultura del Barroco.* Madrid: Editorial Ariel, 1975.

Merrim, Stephanie (ed.). *Feminist Perspectives on Sor Juana Inés de la Cruz.* Detroit: Wayne State University Press, 1990.

Ochoa Zazueta, Jesús Ángel. *Muerte y muertos.* México: Sep/Setentas, 1974.

Paz, Octavio. *Sor Juana Inés de la Cruz o las trampas de la fe.* México: Fondo de Cultura Económica, 1982.

Picón Salas, Mariano. *De la conquista a la independencia.* México: Fondo de Cultura Económica, 1969.

Pratt, Mary Louis. *Imperial Eyes: Travel Writings and Transculturation.* New York: Routledge, 1992.

Promis Ojeda, José. *The Identity of Hispanoamerica: An Interpretation of Colonial Literature.* Tucson: University of Arizona Press, 1991.

Stevenson, Robert M. *Renaissance and Baroque Musical Sources in the Americas.* Washington: Organization of American States, 1970.

Velarde, Héctor. *El barroco, arte de conquista.* Lima: Universidad de Lima, 1980.

Weiss, Judith A. *Latin American Popular Theatre: The First Five Centuries.* Albuquerque: University of New Mexico Press, 1993.

Westheim, Paul. *La calavera.* México: Antigua Librería Robredo, 1970.

# Capítulo Diez

Alvas, Abel A. *Brutality and Benevolence: Human Ethology, Culture, and the Birth of Mexico.* New York: Greenwood Press, 1996.

Anna, Timothy E. *The Fall of the Royal Government in Peru.* Lincoln: University of Nebraska Press, 1980.

Belaunde, Victor Andrés. *Bolívar y el pensamiento político de la revolución hispanoamericana.* Madrid: Ediciones Cultura Hispánica, 1959.

Bethell, Leslie (ed.). *The Independence of Latin America.* Cambridge: Cambridge University Press, 1987.

Cussen, Antonio. *Bello and Bolívar: Poetry and Politics in the Spanish American Revolution.* Cambridge: Cambridge University Press, 1992.

Domínguez, Jorge. *Insurrection or Loyalty: The Breakdown of the Spanish American Empire.* Berkeley: University of California Press, 1980.

Golte, Jürgen. *Repartos y rebeliones: Túpac Amaru y las contradicciones del sistema colonial.* Lima: Instituto de Estudios Peruanos, 1980.

Johnson, John J. *Simón Bolívar and Spanish American Independence, 1783-1830.* New York: Van Nostrand, 1969.

Kinsbruner, Jay. *The Spanish American Independence Movement.* Hinsdale: Dryden, 1973.

Ladd, Doris M. *The Mexican Nobility at Independence, 1773-1808.* Gainsville: University Presses of Florida, 1978.

Lynch, John. *The Spanish American Revolution, 1808-1826.* London: Weidenfeld and Nicholson, 1973.

Madariaga, Salvador de. *The Fall of the Spanish American Empire.* London: Hollis & Carter, 1947.

Nicholson, Irene. *The Liberators: A Study of Independence Movements in Latin America.* New York: Praeger, 1969.

Phelan, John L. *The People and the King: The Comunero Revolution in Colombia, 1781.* Madison: University of Wisconsin Press, 1978.

Robertson, William Spence. *France and Latin-American Independence.* Baltimore: Johns Hopkins University Press, 1939.

Rodríguez-Alcalá, Hugo. *Literatura de la independencia.* Madrid: La Muralla, 1980.

Whitaker, Arthur P. (ed.). *Latin America and the Enlightenment.* Ithaca: Cornell University Press, 1961.

Whitaker, Arthur P. *The United States and the Independence of Latin America, 1800-1830.* New York: Russell & Russell, 1962.

Zea, Leopoldo. *Simón Bolívar, integración en la libertad.* México: Ediciones Edicol, 1980.

# Capítulo Once

Arguedas, José María. *Formación de una cultura nacional indoamericana.* México: Siglo XXI, 1975.

Bushnell, David. *The Emergence of Latin America in the Nineteenth Century*. New York: Oxford University Press, 1988.

Finer, Samuel E. *The Man on Horseback: the Role of the Military in Politics*. Boulder: Westview, 1988.

Goldwert, Marvin. *History as Neurosis: Paternalism and* Machismo *in Spanish America*. Lanham: University Press of America, 1980.

Goodrich, Diana Sorensen. *Facundo, and the Construction of Argentine Culture*. Austin: University of Texas Press, 1996.

Hamill, Hugh M. *Caudillos: Dictators in Spanish America*. Norman: University of Oklahoma Press, 1992.

Krauze, Enrique. *Caudillos culturales en la Revolución mexicana*. México: Siglo XXI, 1976.

Lambert, Jacques. *Latin America: Social Structures and Political Institutions*, trad. H. Katel. Berkeley: University of California Press, 1969.

Lynch, John. *Caudillos in Spanish America, 1800-1850*. New York: Oxford University Press, 1992.

Roett, Riorden y Richard S. Sacks. *Paraguay: The Personalist Legacy*. Boulder: Westview, 1991.

Vanger, Milton I. *José Batlle y Ordóñez of Uruguay: The Creator of his Times, 1902-1907*. Cambridge: Harvard University Press, 1963.

Weber, David J. y Jane M. Rausch (eds.). *Where Cultures Meet: Frontiers in Latin American History*. Wilmington: Scholarly Resources, 1994.

Williams, Harris G. *Paraguay and the Triple Alliance*. Austin: University of Texas Press, 1978.

## Capítulo Doce

Arrom, S. M. *The Women of Mexico City, 1790-1857*. Stanford: Stanford University Press, 1985.

Bullrich, Silvina. *La Argentina contradictoria*. Buenos Aires: Emecé, 1986.

Bushnell, David y Neil Macauley. *The Emergence of Latin America in the Nineteenth Century*. New York: Oxford University Press, 1988.

Delpar, Helen. *Red Against Blue: The Liberal Party and Colombian Politics, 1863-1899.* University: University of Alabama Press, 1981.

Hale, Charles. *Mexican Liberalism in the Age of Mora, 1821-1853.* New Haven: Yale University Press, 1968.

Lafaye, Jacques. *Quetzalcóatl and Guadalupe: The Formation of Mexican National Consciousness, 1531-1813.* Chicago: University of Chicago Press, 1976.

Lomnitz, Larissa Adler, et al. *A Mexican Elite Family, 1820-1980: Kinship, Class, and Culture.* Princeton: Princeton University Press, 1998.

Lynch, John. *Argentina Dictator: Juan Manuel de Rosas.* New York: Oxford University Press, 1981.

Musicant, Ivan. *The Banana Wars: A History of United States Military Intervention in Latin America from the Spanish-American War to the Invasion of Panama.* New York: Macmillan, 1990.

Palacios, M. *Coffee in Columbia, 1850-1970: An Economic, Social and Political History.* Cambridge: Cambridge University Press, 1980.

Raat, W. Dirk. *Mexico: From Independence to Revolution, 1810-1910.* Lincoln: University of Nebraska Press, 1982.

Rock, David. *Argentina 1516-1982: From Spanish Colonization to the Falkland War.* Berkeley: University of California Press, 1985.

Vallens, V. M. *Working Women in Mexico During the Porfiriato, 1880-1910.* San Francisco: R. & E. Research Associates, 1978.

# Capítulo Trece

Burns, E. Bradford. *The Poverty of Progress: Latin America in the Nineteenth Century.* Berkeley: University of California Press, 1980.

Bethell, Leslie (ed.). *Brazil: Empire and First Republic, 1822-1930.* Cambridge: Cambridge University Press, 1989.

Da Costa, E. V. *The Brazilian Empire: Myths and Histories.* Chicago: University of Chicago Press, 1986.

Davis, Harold Eugene. *Latin American Social Thought: The History of its Development Since Independence.* Washington: University Press of Washington, 1961.

Freyre, Gilberto. *Order and Progress: Brazil from Monarchy to Republic.* Berkeley: University of California Press, 1986.

Freyre, Gilberto. *New World in the Tropics*. New York: Alfred A. Knopf, 1959.
Fuentes, Carlos. *Tiempo mexicano*. México: Joaquín Mortiz, 1971.
Kern, Robert. *The Caciques: Oligarchical Politics and the System of Caciquismo in the Luso-Hispanic World*. Albuquerque: University of New Mexico Press, 1973.
Paz, Octavio. *Laberinto de la soledad*. México: Fondo de Cultura Económica, 1950.
Rama, Carlos M. *Historia de las relaciones culturales entre España y la América Latina, siglo XIX*. México: Fondo de Cultura Económica, 1982.
Zea, Leopoldo. *The Latin-American Mind*. Norman: University of Oklahoma Press, 1963.

## Capítulo Catorce

Burns, E. Bradford. *Nationalism in Brazil: A Historical Survey*. New York: Praeger, 1968.
Jrade, Cathy Login. *Rubén Darío and the Romantic Search for Unity*. Austin: University of Texas Press, 1983.
Kirkpatrick, Gwen. *The Dissonant Legacy of Modernismo: Lugones, Herrera y Reissig, and the Voices of Modern Spanish American Poetry*. Berkeley: University of California Press, 1989.
Larrea, Juan. *Rubén Darío y la nueva cultura americana*. Valencia: Pre-Textos, 1987.
Meléndez, Concha. *La novela indianista en Hispanoamérica (1832-1889)*. Río Piedras: Universidad de Puerto Rico, 1961.
Ortega, Julio. *Crítica de la identidad: La pregunta por el Perú en su literatura*. México: Fondo de Cultura Económica, 1988.
Picón-Salas, Mariano. *Dependencia e Independencia en la historia hispano-americana*. Caracas: Librería Cruz del Sur, 1952.
Rama, Angel. *Las máscaras democráticas del modernismo*. Montevideo: Fundación Angel Rama, 1985.
Ramos, Julio César. *Desencuentros de la modernidad en América Latina: Literatura y política en el siglo XIX*. México: Fondo de Cultura Económica, 1989.
Saldívar, José David. *The Dialectics of Our America: Geneology, Cultural Critique, and Literary History*. Durham: Duke University Press, 1991.

Sommer, Doris. *Foundational Fictions: The National Romances of Latin America.* Berkeley: University of California Press, 1991.

## Capítulo Quince

Aldrich, Earl M. *Regionalismo e indigenismo.* Madrid: La Muralla, 1980.

Alva Castro, Luís. *Haya de la Torre: Peregrino de la unidad continental.* Lima: Fondo Editorial "V.R. Haya de la Torre", 1988.

Bari de López, Camila. *Unidad e identidad de hispanoamérica en su literatura: La relación hombre/tierra.* Mendoza: Universidad Nacional de Cuyo, 1989.

Crawford, William Rex. *A Century of Latin-American Thought.* Cambridge: Harvard University Press, 1964.

Franco, Jean. *The Modern Culture of Latin America: Society and the Artist.* Middlesex: Penguin Books, 1970.

Henríquez Ureña, Pedro. *La utopía de América.* Caracas: Ayacucho, 1978.

Martínez, José Luís. *Unidad y diversidad de la literatura latinoamericana.* México: Joaquín Mortiz, 1972.

Rama, Angel. *Transculturación narrativa en América Latina.* México: Siglo XXI, 1982.

Ramos, Samuel. *El perfil del hombre y la cultura en México.* México: Espasa-Calpe, 1951.

Sánchez, Luís Alberto. *Vida y pasión de la cultura en América.* Santiago de Chile: Ercilla, 1935.

Torres-Rioseco, Arturo. *The Epic of Latin American Literature.* Oxford: Oxford University Press, 1942.

## Capítulo Dieciseis

Aguilar Camín, Héctor. *Después del milagro.* México: Cal y Arena, 1988.

Aguilar Camín, Héctor y Lorenzo Meyer. *The Mexican Revolution and the Anglo-American Powers.* La Jolla: Center for U.S.-Mexican Studies, 1985.

Aguilar Camín, Héctor y Lorenzo Meyer. *A la sombra de la Revolución Mexicana.* México: Cal y Arena, 1989.

Agustín, José. *Tragicomedia mexicana*, 3 tomos. México: Planeta, 1990-98.

Bartra, Roger. *The Cage of Melancholy: Identity and Metamorphosis in the Mexican Character*, trans. C. J. Hall. New Brunswick: Rutgers University Press, 1992.

Becker, Marjorie. *Setting the Virgin on Fire: Lázaro Cárdenas, Michoacán Peasants, and the Redemption of the Mexican Revolution*. Berkeley: University of California Press, 1996.

Brading, D. A. (ed.). *Caudillo and Peasant in the Mexican Revolution*. Cambridge: Cambridge University Press, 1980.

Brading, David A. *Prophecy and Myth in Mexican History*. Cambridge: Cambridge University Press, 1986.

Brandenburg, Frank. *The Making of Modern Mexico*. Englewood Cliffs: Prentice-Hall, 1964.

Brenner, Anita y George R. Leighton. *The Wind that Swept Mexico: The History of the Mexican Revolution of 1910-1942*. Austin: University of Texas Press, 1984.

Bruhn, Kathleen. *Taking on Goliath: The Emergence of a New Left and the Stuggle for Democracy in Mexico*. College Park: Pennsylvania State University Press, 1996.

Camp, Roderic Ai. *Politics in Mexico*. New York: Oxford University Press, 1989.

Castañeda, Jorge G. *The Mexican Shock*. New York: The New Press, 1995.

Charlot, Jean. *The Mexican Mural Renaissance, 1920-1925*. New Haven: Yale University Press, 1963.

Cockcroft, James D. *Diego Rivera*. New York: Chelsea House, 1991.

Cosío Villegas, Daniel. *Change in Latin America: The Mexican and Cuban Revolutions*. Lincoln: University of Nebraska Press, 1961.

Cruz, Barbara C. *José Clemente Orozco*. New York: Enslaw, 1998.

Cumberland, Charles C. *Mexico: The Struggle for Peace and Modernity*. Oxford: Oxford University Press, 1968.

De Mente, Boyé Lafayette. *There's a Word for It in Mexico: The Complete Guide to Mexican Thought and Culture*. Chicago: NTC, 1996.

Folgarait, Leonard. *So Far From Heaven: David Alfaro Siqueiros: The March of Humanity and Mexican Revolutionary Politics*. Cambridge: Cambridge University Press, 1987.

344        *Culturas y civilizaciones*

Folgarait, Leonard. *Mural Painting and Social Revolution in Mexico, 1920-1940.* Cambridge: Cambridge University Press, 1998.

Frank, Patrick. *Posada's Broadsheets: Mexican Popular Imagery 1890-1910.* Albuquerque: University of New Mexico Press, 1998.

Haddox, John H. *Vasconcelos of Mexico: Philosopher and Prophet.* Austin: University of Texas Press, 1967.

Herrera-Sobek, María. *The Mexican Corrido: A Feminist Analysis.* Bloomington: Indiana University Press, 1990.

Holland, Gini. *Diego Rivera.* Austin: University of Texas Press, 1997.

Katz, Friedrich. *The Life and Times of Pancho Villa.* Stanford: Stanford University Press, 1998.

Knight, Alan. *The Mexican Revolution,* 2 tomos. Cambridge: Cambridge University Press, 1986.

Levy, Daniel y Gabriel Szekely. *Mexico: Paradoxes of Stability and Change.* Boulder: Westview, 1983.

Lomnitz, Larissa A. *Networks and Marginality: Life in a Mexican Shantytown.* New York: Academic Press, 1977.

Macías, A. *Against All Odds: The Feminist Movement in Mexico to 1940.* Westport: Greenwood Press, 1982.

Meyer, Lorenzo. *La segunda muerte de la Revolución Mexicana.* México: Cal y Arena, 1992.

Meyer, Michael C. *Huerta: A Political Portrait.* Lincoln: University of Nebraska Press, 1972.

Meyer, Michael C. y William L. Sherman. *The Course of Mexican History.* New York: Oxford University Press, 1983.

O'Malley, Ilene V. *The Myth of the Revolution: Hero Cults and the Institutionalization of the Mexican State, 1920-1940.* New York: Greenwood Press, 1986.

Oster, Patrick. *The Mexicans: A Personal Portrait of a People.* New York: William Morrow, 1989.

Paz, Octavio. *Posdata.* México: Siglo XXI, 1970.

Poniatowska, Elena. *Nothing, Nobody.* Philadelphia: Temple University Press, 1995.

Reed, John. *Insurgent Mexico.* New York: International Publishers, 1969.

Riding, Alan. *Distant Neighbors: A Portrait of the Mexicans.* New York: Vintage, 1984.

Rodríguez, Antonio. *A History of Mexican Mural Painting.* London: Thames & Hudson, 1969.

Rodríguez, Victoria Elizabeth. *Women's Participation in Mexican Political Life*. Boulder: Westview Press, 1998.

Romanell, Patrick. *The Making of the Mexican Mind*. Lincoln: University of Nebraska Press, 1952.

Ross, Stanley R. *Francisco Madero: Apostol of Mexican Democracy*. New York: Columbia University Press, 1955.

Salas, Elizabeth. *Soldaderas in the Mexican Military: Myth and History*. Austin: University of Texas Press, 1990.

Simpson, Lesley Byrd. *Many Mexicos*. Berkeley: University of California Press, 1967.

Soto, Shirlene Ann. *Emergence of the Modern Mexican Woman*. New York: Arden Press, 1990.

Stein, Philip. *Siqueiros: His Life and Works*. New York: International Publishers, 1994.

Vasconcelos, José. *La raza cósmica*. Madrid: Austral, 1925.

Weinstein, Michael A. *The Polarity of Mexican Thought*. University Park: Penn State University Press, 1976.

Wilkie, James W. y Albert L. Michaels. *Revolution in Mexico: Years of Upheaval, 1910-1940*. Tucson: University of Arizona Press, 1984.

Wolfe, Bertram D. *The Fabulous Life of Diego Rivera*. New York: Stein and Day, 1963.

Womack, John. *Zapata and the Mexican Revolution*. New York: Vintage, 1970.

## Capítulo Diecisiete

Alexander, Robert J. (ed.). *Aprismo; The Ideas and Doctrines of Victor Raul Haya de la Torre*. Kent: Kent State University Press, 1973.

Avellaneda, Andrés (ed.). *Censura, autoritarismo y cultura: Argentina 1960-1983*. Buenos Aires: Biblioteca Política Argentina, 1986.

Balderston, Daniel, et al. (eds.). *Ficción y política: La narrativa argentina durante el proceso militar*. Buenos Aires: Alianza, 1987.

Barager, Joseph R. *Why Perón Came to Power?* New York: Knopf, 1968.

Bouvard, Marguerite Guzmán. *Revolutionizing Motherhood: The Mothers of the Plaza de Mayo*. Wilmington: Scholarly Resources, 1994.

Conniff, Michael L. y Frank D. McCann. *Modern Brazil: Elites and Masses in Historical Perspective*. Lincoln: University of Nebraska Press, 1989.

DaMatta, Roberto. *Carnivals, Rogues, and Heroes: An Interpretation of the Brazilian Dilemma*. Notre Dame: University of Notre Dame Press, 1991.

Dobyns, H. F. y P. L. Douglas. *Peru: A Cultural History*. New York: Oxford University Press, 1979.

Fraser, Nicholas y Marysa Navarro. *Eva Perón*. New York: W. W. Norton, 1980.

Gay, Robert. *Popular Organization and Democracy in Rio de Janeiro: A Tale of Two Favelas*. Philadelphia: Temple University Press, 1994.

James, Daniel. *Resistance and Integration: Peronism and the Argentine Working Class, 1946-1976*. Cambridge: Cambridge University Press, 1988.

Lieuwen, Edwin. *Generals vs. Presidents: Neomilitarism in Latin America*. New York: Praeger, 1964.

McClintock, Cynthia y Abraham F. Lowenthal (eds.). *The Peruvian Experiment Reconsidered*. Princeton: Princeton University Press, 1983.

Nunn, Frederick M. *The Time of the Generals: Latin American Professional Militarism in World Perspective*. Lincoln: University of Nebraska Press, 1992.

Page, Joseph. *Perón: A Biography*. New York: Random House, 1983.

Pike, Fredrick B. *The Politics of the Miraculous in Peru: Haya de la Torre and the Spiritualist Tradition*. Lincoln: University of Nebraska Press, 1986.

Rouquié, Alain. *The Military and the State in Latin America*. Berkeley: University of California Press, 1989.

Saba, Raúl P. *Political Development and Democracy in Peru: Continuity and Change in Crisis*. Boulder: Westview, 1987.

Schodt, David W. *Ecuador: An Andean Enigma*. Boulder: Westview, 1987.

Skidmore, Thomas E. *Politics in Brazil, 1930-1964*. New York: Oxford University Press, 1967.

Skidmore, Thomas E. *The Politics of Military Rule in Brazil, 1964-1985.* New York: Oxford University Press, 1990.

Skidmore, Thomas E. *Brazil: Five Centuries of Change.* New York: Oxford University Press, 1999.

Sosnowski, Saúl (ed.). *Represión y reconstrucción de una cultura: El caso argentino.* Buenos Aires: EUDEBA, 1988.

Stepan, Alfred C. *Rethinking Military Politics.* Princeton: Princeton University Press, 1989.

Summ, G. Harvey (ed.). *Brazilian Mosaic: Portraits of a Diverse People and Culture.* Wilmington: Scholarly Resources, 1995.

Vanger, Milton I. *The Model Country: José Batlle y Ordóñez of Uruguay, 1905-1915.* Hanover: University Press of New England, 1980.

Wilson, Carlos. *The Tupamaros.* Boston: Branden Press, 1974.

## Capítulo Dieciocho

Aguila, Juan M. del. *Cuba: Dilemma of a Revolution.* Boulder: Westview, 1984.

Berryman, P. *Liberation Theology: Essential Facts About the Revolutionary Movement in Latin America and Beyond.* New York: Pantheon, 1986.

Betto, Frei. *Fidel Castro y la religión.* México: Siglo XXI, 1986.

Beverley, John y Marc Zimmerman. *Literature and Politics in the Central American Revolutions.* Austin: University of Texas Press, 1990.

Blank, David B. *Venezuela: Politics in a Petroleum Republic.* New York: Praeger, 1984.

Booth, John y Thomas Walker. *Understanding Central America.* Boulder: Westview, 1982.

Calvert, Peter. *Guatemala: A Nation in Turmoil.* Boulder: Westview, 1985.

Camacho, Daniel y Rafael Menjívar. *Los movimientos populares en América Latina.* México: Siglo XXI, 1989.

Candelaria, Michael R. *Popular Religion and Liberation: The Dilemma of Liberation Theology.* Albany: State University of New York Press, 1990.

Careaga, Gabriel. *Mitos y fantasías de la clase media.* México: Joaquín Mortiz, 1975.

Careaga, Gabriel. *Biografía de un joven de la clase media.* México: Joaquín Mortiz, 1977.

Carothers, Tom H. *In the Name of Democracy: U.S. Policy toward Latin America in the Reagan Years.* Berkeley: University of California Press, 1991.

Cockroft, James D. *Neighbors in Turmoil: Latin America.* New York: Harper and Row, 1989.

Coraggio, José Luís. *Nicaragua: Revolution and Democracy.* Winchester: Allen & Unwin, 1986.

Cottam, Martha L. *Images and Intervention: U. S. Policies in Latin America.* Pittsburgh: University of Pittsburgh Press, 1994.

D'Antonio, William V. *Religion, Revolution, and Reform: New Forces for Change in Latin America.* New York: Praeger, 1964.

Domínguez, J. I. *Cuba: Order and Revolution.* Cambridge: Belknap, 1978.

Dorner, Peter. *Latin American Land Reforms in Theory and Practice: A Retrospective Analysis.* Madison: University of Wisconsin Press, 1992.

Draper, Theodore. *Castroism: Theory and Practice.* New York: Praeger, 1965.

Escobar, Arturo y Sonia E. Alvarez (eds.). *The Making of Social Movements in Latin America: Identity, Strategy, and Democracy.* Boulder: Westview, 1992.

García Canclini, Nestor (ed.). *Políticas culturales en América Latina.* México: Grijalbo, 1987.

Gillespie, C. G. *Negotiating Democracy: Politicians and Generals in Uruguay.* Cambridge: Cambridge University Press, 1991.

Gott, Richard. *Guerrilla Movements in Latin America.* London: Nelson, 1970.

Guerra Sánchez, Ramiro. *Sugar and Society in the Caribbean.* New Haven: Yale University Press, 1964.

Habel, Janette. *Cuba: The Revolution in Peril.* London: Verso, 1991.

Halper, Stefan A. *Latin America: The Dynamics of Social Change.* New York: St. Martin's, 1972.

Harris, R. y C. M. Vilas. *The Sandinista Revolution: National Liberation and Social Transformation in Central America.* New York: Monthly Review Press, 1986.

Heine, Jorge y Juan M. García-Passalacqua. *The Puerto Rican Question.* New York: Foreign Press Association, 1983.

Johnson, Scott (ed.). *The Case of the Cuban Poet Heberto Padilla.*
New York: Gordon, 1977.

Kay, Cristóbal. *Latin American Theories of Development and
Underdevelopment.* London: Routledge, 1989.

Klarén, Petger F. and Thomas J. Bossert (eds.). *Promise of
Development: Theories of Change in Latin America.* Boulder:
Westview, 1986.

La Feber, Walter. *The Panama Canal: The Crisis in Historical
Perspective.* New York: Oxford University Press, 1979.

Lynch, Edward A. *Latin America's Christian Democratic Parties: A
Political Economy.* Westport: Praeger, 1993.

McBeth, B. S. *Juan Vicente Gómez and the Oil Companies in
Venezuela, 1908-1935.* Cambridge: Cambridge University
Press, 1983.

Martin, Edwin M. *Kennedy and Latin America.* Lanham: University
Press of America, 1994.

Montgomery, Tommie Sue. *Revolution in El Salvador: Origins and
Evolution.* Boulder: Westview, 1982.

Mystrom, John Warren y Nathan A. Haverstock. *The Alliance for
Progress.* Princeton: Van Nostrand, 1966.

Ortiz, Fernando. *Contrapunteo cubano del tabaco y el azúcar.*
Caracas: Ayacucho, 1978.

Peeler, John A. *Latin American Democracies: Colombia, Costa Rica,
Venezuela.* Chapel Hill: University of North Carolina Press,
1985.

Rodríguez, Ileana. *Women, Guerrillas, and Love: Understanding War
in Central America,* trans. I. Rodríguez and R. Carr.
Minneapolis: University of Minnesota Press, 1996.

Ryan-Ranson, Helen (ed.). *Imagination, Emblems and Expressions:
Essays on Latin American, Caribbean, and Continental Culture
and Identity.* Bowling Green: Bowling Green State University
Press, 1993.

Selbin, Eric. *Modern Latin American Revolutions.* Boulder: Westview,
1993.

Sigmund, Paul E. *The Overthrow of Allende and the Politics of Chile,
1964-1976.* Pittsburgh: University of Pittsburgh Press, 1977.

Tata, Robert J. *Haiti: Land of Poverty.* Lanham: University Press of
America, 1982.

Thomas, Hugh S. *Cuba: The Pursuit of Freedom.* New York: Harper
and Row, 1971.

Thomas, Hugh S., et al. *The Cuban Revolution: 25 Years Later.*
Boulder: Westview, 1984.
Wickham-Crowley, Timothy P. *Guerrillas and Revolution in Latin
America: A Comparative Study of Insurgents and Regimes
Since 1956.* Princeton: Princeton University Press, 1992.
Wright, Thomas C. *Latin America in the Era of the Cuban Revolution.*
New York: Praeger, 1991.

# Capítulo Diecinueve

Agosín, Marjorie. *Women of Smoke: Latin American Women in
Literature and Life.* Trenton: Red Sea Press, 1989.
Ángulo, María-Elena. *Magic Realism: Social Context and Discourse.*
New York: Garland, 1995
Bassnett, S. *Knives and Angels: Women Writers in Latin America.*
Atlantic Highlands: Zed, 1990.
Benedetti, Mario. *La realidad y la palabra.* Barcelona: Destino, 1991.
Bueno, Salvador. *El negro en la novela hispanoamericana.* La Habana:
Letras Cubanas, 1986.
Castañeda, Jorge G. *Utopia Unarmed: The Latin American Left After
the Cold War.* New York: Vintage, 1993.
Campra, Rosalba. *América Latina: la identidad y la máscara.* México:
Siglo XXI, 1987.
Dorfman, Ariel. *Imaginación y violencia en América Latina.*
Barcelona: Anagrama, 1972.
Duncan, J. Ann. *Voices, Visions, and a New Reality: Mexican Fiction
Since 1970.* Pittsburgh: University of Pittsburgh Press, 1986.
Fernández Olmos, Margarite y Doris Meyer (eds.). *Contemporary
Women Authors of Latin America: New Translations.*
Brooklyn: Brooklyn College Press, 1983.
Foster, David William. *Cultural Diversity in Latin American
Literature.* Albuquerque: University of New Mexico Press,
1994.
Franco, Jean. *Plotting Women: Gender and Representation in Mexico.*
New York: Columbia University Press, 1988.
Galeano, Eduardo. *Las venas abiertas de América Latina.* México:
Siglo XXI, 1984.
González Echevarría, Roberto. *The Voices of the Masters: Writing and
Authority in Modern Latin American Literature.* Austin:
University of Texas Press, 1985.

Gugelberger, Georg M. (ed.). *The Real Thing: Testimonial Discourse and Latin America*. Durham: Duke University Press, 1996.

Hodara B., Joseph. *América Latina, ¿El fin de los intelectuales?* Lima: Universidad Nacional Federico Villarreal, 1972.

Jörgensen, Beth E. *The Writing of Elena Poniatowska*. Austin: University of Texas Press, 1994.

Lindstrom, Naomi. *The Social Conscience of Latin American Writing*. Austin: University of Texas Press, 1998.

Martin, Gerald. *Journeys Through the Labyrinth: Latin American Fiction in the Twentieth Century*. London: Verso, 1989.

Meyer, Doris. *Against the Wind and the Tide: Victoria Ocampo*. Austin: University of Texas Press, 1990.

Ricci della Grisa, Graciela N. *Realismo mágico y conciencia mítica en América Latina: Textos y contextos*. Buenos Aires: F. García Cambeira, 1985.

Schutte, Ofelia. *Cultural Identity and Social Liberation in Latin American Thought*. Albany: State University of New York Press, 1993.

Stabb, Martin S. *In Quest of Identity: Patterns in the Spanish American Essay of Ideas, 1890-1960*. Chapel Hill: University of North Carolina Press, 1967.

Steele, Cynthia. *Politics, Gender, and the Mexican Novel, 1968-1988*. Austin: University of Texas Press, 1992.

Szanto, George. *Inside the Statues of Saints: Mexico Writers on Culture and Corruption, Politics and Daily Life*. New York: Vehicle Press, 1997.

Unruh, Vicky. *Latin American Vanguards: The Art of Contentious Encounters*. Berkeley: University of California Press, 1994.

# Capítulo Veinte

Ades, Dawn (ed.). *Art in Latin America*. New Haven: Yale University Press, 1989.

Almeida, Bira. *Capoeira: A Brazilian Art Form—History, Philosophy, and Practice*. Berkeley: University of California Press, 1986.

Appleby, David P. *The Music of Brazil*. Austin: University of Texas Press, 1983.

Aretz, Isabel. *América Latina en su música*. México: Siglo XXI, 1977.

Baddeley, Oriana y Valerie Fraser. *Drawing the Line: Art and Cultural Identity in Contemporary Latin America*. London: Verso, 1989.

Bayón, Damián. *Arte moderno en América Latina*. Madrid: Taurus, 1985.

Béhague, G. *Music in Latin America: An Introduction*. Englewood Cliffs: Prentice-Hall, 1979.

Browning, Barbara. *Samba: A Body Articulate*. Bloomington: Indiana University Press, 1995.

Bullrich, F. *New Directions in Latin American Architecture*. New York: G. Braziller, 1969.

Burns, E. Bradford. *Latin American Cinema: Film and History*. Los Angeles: UCLA Latin American Studies, 1975.

Campa, Román de la. *Latin Americanism*. Minneapolis: University of Minnesota Press, 1999.

Carpentier, Alejo. *La música en Cuba*. La Habana: Letras Cubanas, 1988.

Castro, Donald S. *The Argentine Tango as Social History, 1880-1955: The Soul of the People*. Lewiston: E. Mellen, 1991.

Chaplik, Dorothy. *Latin American Art: An Introduction to Works of the Twentieth Century*. Jefferson: McFarland, 1989.

Chase, Gilbert. A. *Contemporary Art in Latin America*. New York: The Free Press, 1970.

Collier, S. *The Life, Music and Times of Carlos Gardel*. Pittsburgh: University of Pittsburgh Press, 1986.

Day, Holliday T., et al. *Art of the Fantastic: Latin America, 1920-1987*. Indianapolis: Indianapolis Museum of Art, 1987.

Desnoes, Edmundo. *Lam: azul y negro*. La Habana: Editorial Nacional de Cuba, 1963.

Drucker, Malka. *Frida Kahlo: Torment and Triumph in Her Life and Art*. New York: Bantam, 1991.

Foster, David William. *From Mafalda to Los Supermachos: Latin American Graphic Humor as Popular Culture*. Boulder: L. Rienner, 1989.

Fox, E. (ed.). *Media and Politics in Latin America: The Struggle for Democracy*. London: Sage, 1988.

Fraser Delgado, Celeste y José Esteban Muñoz (eds.). *Every-Night Life: Culture and Dance in Latin/o America*. Durham: Duke University Press, 1997.

Fuentes, Carlos. *Myself and Others, Selected Essays*. New York: Farrar, Straus and Giroux, 1988.

García Pinto, Magdalena. *Women Writers of Latin America*. Austin: University of Texas Press, 1991.

Guillermoprieto, Alma. *Samba*. New York: Random House, 1990.

Hague, Eleanor. *Latin American Music: Past and Present*. Detroit: B. Ethridge, 1982.

Herrera, Hayden. *Frida: A Biography of Frida Kahlo*. New York: Harper & Row, 1983.

Hinds Jr., Harold E. y Charles M. Tatum. *Handbook of Latin American Popular Culture*. Westport: Greenwood, 1985.

Jamis, Rauda. *Frida Kahlo*. Barcelona: Circe, 1988.

Johnson, Randal. *Cinema Novo: Masters of Contemporary Brazilian Film*. Austin: University of Texas Press, 1984.

King, John. *Magical Reels: A History of Cinema in Latin America*. London: Verso, 1990.

Mehuus, Marit y Kristianne Stølen (eds.). *Machos, Mistresses, Madonnas*. London: Verso, 1996.

Mora, Carl W. *Mexican Cinema: Reflections of a Society, 1896-1980*. Berkeley: University of California Press, 1980.

Pick, Zuzana M. *The New Latin American Cinema: A Continental Project*. Austin: University of Texas Press, 1993.

Ramírez Berg, Charles. *Cinema of Solitude: A Critical Study of Mexican Film, 1967-1983*. Austin: University of Texas Press, 1992.

Roberts, John Storm. *The Latin Tinge: The Impact of Latin American Music in the United States*. Oxford: Oxford University Press, 1979.

Rowe, William y Vivian Schelling. *Memory and Modernity: Popular Culture in Latin America*. London: Verso, 1991.

Schaefer, Claudia. *Textured Lives: Women, Art, and Representation in Modern Mexico*. Tucson: University of Arizona Press, 1992.

Simpson, Amelia. *Xuxa: The Mega-Marketing of Gender, Race, and Modernity*. Philadelphia: Temple University Press, 1993.

Skidmore, Thomas E. (ed.). *Television Politics and the Transition to Democracy in Latin America*. Baltimore: Johns Hopkins University Press, 1993.

Stavans, Ilan. *The Riddle of Cantinflas: Essays on Hispanic Popular Culture*. Albuquerque: University of New Mexico Press, 1990.

Stavans, Ilan. *The Hispanic Condition: Reflections on Culture and Identity in America*. New York: HarperCollins, 1995.
Traba, Marta. *Dos décadas vulnerables en las artes plásticas latinoamericanas, 1950-1970*. México: Siglo XXI, 1973.

# Capítulo Veintiuno

Acuña, Rodolfo. *Occupied America: A History of Chicanos*. New York: Harper & Row, 1981.
Agosín, Marjorie y Mónica Bruno. *Surviving Beyond Fear: Women, Children and Human Rights in Latin America*. Fredonia: White Pine Press, 1993.
Anda, R. M. (ed.). *Chicanas and Chicanos in Contemporary Society*. Boston: Allyn and Bacon, 1996.
Anzaldúa, Gloria. *Borderlands/La Frontera: The New Mestiza*. San Francisco: Aunt Lute Books, 1987.
Collier, G. and E. L. Quaratiello. *Basta!: Land and the Zapatista Rebellion in Chiapas*. Oakland: Institute for Food and Development Policy, 1994.
Davies, Miranda. *The Latin American Women's Movement*. Rome: Isis International, 1986.
García Canclini, Néstor. *Transforming Modernity: Popular Culture in Mexico*. Austin: University of Texas Press, 1993.
García Canclini, Néstor. *Hybrid Cultures: Strategies for Entering and Leaving Modernity*. Minneapolis: University of Minnesota Press, 1995.
Goldman, Shifra M. *Dimensions of the Americas: Art and Social Change in Latin America and the United States*. Chicago: University of Chicago Press, 1994.
Guillermoprieto, Alma. *The Heart that Bleeds: Latin America Now*. New York: Alfred A. Knopf, 1994.
Gustafson, Lowell S. (ed.). *Economic Development under Democratic Regimes: Neo-Liberalism in Latin America*. New York: Praeger, 1994.
Harrison, Lawrence E. *The Pan-American Dream*. Boulder: Westview, 1997.
Hartlyn, Jonathan y Lara Schoultz. *The United States and Latin America in the 1990s: Beyond the Cold War*. Chapel Hill: University of North Carolina Press, 1992.

Harvey, Neil. *The Chiapas Rebellion: The Struggle for Land and Democracy*. Durham: Duke University Press, 1998.

Hollander, Nancy Caro. *Love in a Time of Hate: Liberation Psychology in Latin America*. New Brunswick: Rutgers University Press, 1997.

Iglesias Prieto, Norma. *Beautiful Flowers of the Maquiladora: Life Histories of Women Workers in Tijuana*, trans. M. Stone and G. Winkler. Austin: University of Texas Press, 1997.

Jaquette, Jane S. (ed.). *The Women's Movement in Latin America*. Boston: Unwin and Hyman, 1989.

Jonas, Susanne y Edward J. McCaughan (eds.). *Latin America Faces the Twenty-First Century: Reconstructing a Social Justice Agenda*. Boulder: Westview, 1994.

Katzenberger, Elaine (ed.). *First World, Ha Ha Ha! The Zapatista Challenge*. San Francisco: City Lights Press, 1995.

Kryzanek, Michael J. *U.S.-Latin American Relations*. New York: Praeger, 1990.

La Botz, Dan. *Democracy in Mexico: Peasant Rebellion and Political Reform*. Boston: South End Press, 1995.

McWilliams, C. *North from Mexico: The Spanish Speaking People of the United States*. New York: Praeger, 1990.

Meier, M. S. and F. Ribera. *The Chicanos: A History of Mexican Americans*. New York: Hill and Wang, 1993.

Malloy, James M. y Mitchell A. Seligson (eds.). *Authoritarians and Democrats: Regime Transition in Latin America*. Pittsburgh: University of Pittsburgh Press, 1987.

Merrill, John Calhoun. *Gringo: The American as Seen by Mexican Journalists*. Gainesville: University of Florida Press, 1963.

Miller, Francesca. *Latin American Women and the Search for Social Justice*. Hanover: University Press of New England, 1991.

Mirandé, A. and E. Enríquez. *La Chicana*. Chicago: University of Chicago Press, 1979.

Nash, June. *Sex and Class in Latin America*. South Hadley: Bergin and Garvey, 1980.

Nash, J. y H. Safa (eds.). *Women and Change in Latin America*. South Hadley: Bergin and Garvey, 1985.

Oppenheimer, Andrés. *Bordering on Chaos: Mexico's Roller-Coaster Journey to Prosperity*. Boston: Little Brown, 1998.

Orme, Jr., William A. *Understanding NAFTA: Mexico, Free Trade, and the New North America.* Austin: University of Texas Press, 1996.

Otero, Gerardo (ed.). *Neoliberalism Revisited: Economic Restructuring and Mexico's Political Future.* Boulder: Westview Press, 1996.

Padilla, Félix M. *Latino Ethnic Consciousness: The Case of Mexican Americans and Puerto Ricans in Chicago.* Notre Dame: University of Notre Dame Press, 1985.

Peña, Devon Gerardo. *The Terror of the Machine: Technology, Work, Gender, and Ecology on the U.S.-Mexico Border.* Austin: University of Texas Press, 1997.

Peña, Devon Gerardo. *Chicano Culture, Ecology, Politics: Subversive Kin.* Tucson: University of Arizona Press, 1998.

Pike, Fredrick B. *The United States and Latin America: Myths and Stereotypes of Civilization and Nature.* Austin: University of Texas Press, 1992.

Raat, W. Dirk. *Mexico and the United States: Ambivalent Vistas.* Athens: University of Georgia Press, 1992.

Radler, Don H. *El Gringo: The Yankee Image in Latin America.* Philadelphia: Chilton, 1962.

Rangel, Carlos. *The Latin Americans: Their Love-Hate Relationship with the United States.* New Brunswick: Transaction Books, 1987.

Rodríguez O., James E. (ed.). *Common Border, Uncommon Paths: Race, Culture and National Identity in U.S.-Mexican Relations.* Yarmouth: Scholarly Resources, 1997.

Ross, John. *The Annexation of Mexico.* Monroe, MN: Common Courage Press, 1998.

Rotella, Sebastián. *Twilight on the Line: Underworlds and Politics at the U.S.-Mexican Border.* New York: W. W. Norton, 1998.

Rubenstein, Anne. *Bad Language, Naked Ladies and Other Threats to the Nation: A Political History of Comic Books in Mexico.* Durham: Duke University Press, 1998.

Sánchez, G. J. *Becoming Mexican American: Ethnicity, Culture and Identity in Chicano Los Angeles, 1900-1945.* Oxford: Oxford University Press, 1993.

Schoultz, Lars. *Human Rights and United States Policy Toward Latin America.* Princeton: Princeton University Press, 1981.

Shorris, Earl. *Latinos: A Biography of the People.* New York: Avon, 1992.

Suchlicki, Jaime. *Mexico: From Montezuma to Nafta, Chiapas and Beyond.* New York: Brasseys, 1996.

Vélez-Ibáñez, Carlos G. *Border Visions: Mexican Cultures of the Southwest United States.* Tucson: University of Arizona Press, 1996.

Vigil, James D. *From Indians to Chicanos: The Dynamics of Mexican-American Culture,* rev. ed. Prospect Heights, IL: Waveland Press, 1998.

Wise, Carol. *The Post-Nafta Political Economy: Mexico and the Western Hemisphere.* University Park: Penn State University Press, 1998.

Zeleny, C. *Relations Between the Spanish-Americans and Anglo-Americans in New Mexico.* New York: Arno Press, 1974.

# PELÍCULAS Y VIDEOS

Following, is a list of films and videos that are of special interest to the topics presented in this volume.

Libro de consulta: Karen Ranucci y Julie Feldman (eds.). *Guide to Latin American, Caribbean and U.S. Latino made Film and Video.* London: Scarecrow Press, 1998.

DE: FILMS FOR THE HUMANITIES AND SCIENCES (P.O. Box 2053, Princeton, NJ 08543, Teléfono [800] 257-5126).

"The Amazon River" (55 min.).
"In the Shadow of the Incas" (40 min.).
"The Fall of the Maya" (28 min.).
"Mitos, rituales y costumbres aztecas" (56 min.).
"Tenochtitlan" (56 min.).
"Teotihuacan" (56 min.).
"The Civilizations of Mexico" (13 min.).
"Colón señaló el camino" (52 min.).
"The Discovery of America" (13 min.).
"Conquest of Mexico and Peru" (13 min.).
"El enigma de Quetzalcoatl" (56 min.).
"Temples into Churches" (26 min.).
"The Sword and the Cross" (58 min.).
"Brazil in the 16th and 17th Centuries" (50 min.).
"Simón Bolívar: The Great Liberator" (58 min.).
"Invasion" (el destino de un grupo de amerindios de Brasil desde 1971, 26 min.).
"¡Esplendores! Splendors of Mexico" (sigue la conocidísima exhibición de 35 siglos de arte de México, 28 min.).
"Art and Revolution in Mexico" (60 min.).
"Frida Kahlo" (20 min.).
"Donde digo Diego Rivera" (56 min.).
"El pan nuestro" (sobre las tradiciones de México, 56 min.).
"Mexico City" (40 min.).
"Juan Peron" (22 min.).
"El abrazo" (sobre el tango, 50 min.).

"Mama Coca: Cocaine at Its Source" (26 min.).
"Castro and the Cuban Revolution" (13 min.).
"Fidel Castro" (22 min.).
"Hernández: Martín Fierro" (60 min.).
"Yo soy Pablo Neruda" (28 min.).
"The Inner World of Jorge Luís Borges" (28 min.).
"Octavio Paz: An Uncommon Poet" (28 min.).
"Carlos Fuentes: Man of Two Worlds" (35 min.).
"Gabriel García Márquez: La magia y lo real" (60 min.).
"Isabel Allende: The Woman's Voice in Latin American Literature" (56 min.).

De: FILMS INCORPORATED VIDEO (5547 N. Ravenswood Avenue, Chicago, IL. 60640, Teléfono [800] 343-4312).

"The Buried Mirror" (una presentación extraordinaria de Carlos Fuentes, consiste de 5 programas: La Virgen y el Toro, La Batalla de los Dioses, La Edad de Oro, El Precio de la Libertad, Las Tres Hispanidades, Español e Inglés, casi 1 hora cada programa).
"The Frescoes of Diego Rivera" (35 min.).
"Frida Kahlo" (62 min.).
"Carnaval Bahia" (50 min.).

De: FILMAKERS LIBRARY, INC. (124 East 40th Street, New York, NY 10016, Teléfono [212] 808-4980): www.filmakers.com.

"Macumba, Trance and Spirit Healing" (43 min.).
"Barriers of Solitude" (52 min.)
"Children of Zapata" (24 min.)
"Flowers for Guadalupe: The Virgin of Guadalupe Inspires Mexican Women" (57 min.)
"The New Cuban Crisis" (37 min.)
"Inside Castro's Cuba" (51 min.)
"Celebration: A Caribbean Festival" (30 min.)
"El Salvador: Portraits in a Revolution" (56 min.)
"Amazonia: The Road to the End of the Forest" (48 min.)
"Children of Rio" (48 min.)
"Lines of Blood: The Drug War in Colombia" (52 min.)
"Our God the Condor" (30 min.).

"Scraps of Life" (sobre el Chile de Pinochet, 28 min.).
"The King Does Not Lie: The Initiation of a Shango Priest" (50 min.).
"Coffee: A Sack Full of Power" (52 min.).
"The Fujimoro Empire" (34 min.).
"Barriers of Solitude" (52 min.).
"Nowhere Else to Live" (52 min.).
"Coffee Break!" (27 min.).
"Chile: Hasta Cuando?" (57 min.).
"Amazon Journal" (58 min.).
"Rumblings of the Earth: Wilfredo Lam, His Work and Words" (23 min.).

De: GLOBAL VIDEO (P.O. Box FLH-4455, Scottsdale, AZ 85206).

"Inca: Lost Civilizations" (60 min.)
"Incas Remembered" (60 min.)
"Mystery of Machu Picchu" (60 min.)
"Aztec Empire" (50 min.)
"Rise and Fall of the Aztecs" (50 min.)
"Mexico's Great Pyramids" (50 min.)
"Lost Kingdoms of the Maya" (60 min.)
"Voices in the Stones" (30 min.)
"Emerging Powers: Mexico" (50 min.)
"Cinco de Mayo" (30 min.)
"Masks of Mexico" (30 min.)
"Pancho Villa Biography" (50 min.)
"Diego Rivera" (35 min.)
"Frida Kahlo" (60 min.)
"U.S. in Latin America" (50 min.)
"Costa Rica" (60 min.)
"Cuba: Island of Dreams" (52 min.)
"Caribbean Islands" (35 min.)
"Argentina" (30 min.)
"Evita Peron" (50 min.)
"Emerging Powers: Brazil" (50 min)

De: WORLD CULTURES ON FILM AND VIDEO (University of California Extension, Center for Media and Independent Learning, 2176 Shattuck Avenue, Berkeley, CA 94704, Teléfono [510] 642-0460).

"Popol Vuh: The Creation Myth of the Maya" (60 min.).
"The Living Maya" (sobre la vida cotidiana de los Mayas de
hoy, cuatro programas de 58 min.).
"Nomads of the Rainforest" (59 min.).
"Hail Umbanda" (46 min.).
"Before Reggae Hit the Town" (21 min.).
"Voodoo and the Church in Haiti" (40 min.).
"Bahia: Africa in the Americas" (58 min.).
"Dancing with the Incas" (58 min.).

De: INSIGHT MEDIA, 121 West 85th Street, New York, NY 10024,
teléfono [212] 721-6316) (estos videos son principalmente para alumnos
del Español intermediario).

"Columbus: Man and Myth" (30 min.).
"Art and Recreation in Latin America" (44 min.).
"Piñatas, posadas y pastorelas" (25 min.).
"People of the Caribbean" (54 min.).
"La muerte viva" (sobre el Día de los Muertos en México, 28
min.).

De: LAVA (LATIN AMERICAN VIDEO ARCHIVES). Hay una
selección impresionante en el internet: www.lavavideo.org

Hay una selección de películas latinoamericanas con: FACETS VIDEO,
1517 West Fullerton Avenue, Chicago, Il. 60614, Teléfono [800] 331-
6197).

# GLOSARIO-VOCABULARIO

The "vocabulary" list gives definitions for words according to their use in this text. The list usually does not include: (1) words that will in all likelihood have been learned in Spanish classes taken prior to Latin American Cultures and Civilizations, (2) cognates whose equivalent in English should be apparent, (3) adjectives, when their corresponding nouns or verbs are given, (4) most adverbs ending in -*mente*, (5) verb conjugations (infinitives only will be given), (6) diminutives and superlatives, except in special cases, and (7) all pronouns. When not otherwise specified, masculine nouns will be designated (m.) and feminine nouns (f.).

Terms falling under the "Glossary" category, which will be either of non-European languages or of a technical nature (and hence given a more extensive definition), are capitalized and italicized. These terms, most of which have been discussed in the text, are available in this list for quick reference.

**Abastecer** To supply, furnish
**Abismo** (m.) Abyss
**Abogado(a)** Lawyer
**Abolir** To abolish
**Abrazar** To embrace
**Abreviar** To abbreviate
**Absuelto(a)** Absolved, acquitted
**Abundar** To abound, to be in abundance
**Aburrimiento** (m.) Boredom
**Aburrir** To bore
**Abuso** (m.) Misuse, abuse
**Abyección** (f.) Abjection, of servitude, contemptible status
**Acabado(a)** Finished, refined
**Acabar** To end, finish, complete

**Acalorar** To heat up, inflame, excite
**Acciones** (f.) Stock (in reference to the stock market)
**Acera** (f.) Sidewalk
**Acercarse (a)** To approach, get close to
**Achicarse** To feel small, to make small, diminish
**Acoger** To receive, protect, shelter
**Acomodar** To arrange, place; **A. a** To adapt oneself to
**Aconsejar** To counsel, give advice
**Acontecimiento** (m.) Event, happening

**Acudirse (a)** To respond (to a call), to resort to, have recourse to

**Acuerdo (m.)** Agreement, accord

*ADELANTADO* A Royal deputy and colony founder, who often paid his own expenses, and as a reward became governor of a colonial province and received certain privileges.

**Adepto(a)** Adept, skilled

**Adinerado(a)** Moneyed, wealthy

**Adjuntar** To enclose, include

**Adobe** Adobe—a mixture of mud and straw formed into blocks used by villagers and peasants for the construction of their homes.

**Adquirir** To acquire

**Adueñarse (de)** To take possession (of), become the owner (of)

**Afable** Affable, pleasant

**Afán (m.)** Eagerness, anxiety

**Afanoso(a)** Laborious, hard-working

**Afrancesado(a)** "Frenchified" (Argentina), one affected with French ways or ideas.

*AFROAMERICANISMO* Afroamericanism; an effort—which became an active movement—to discover and give expression to the African roots of Latin American cultures through literature, primarily poetry.

**Agobiar** To overwhelm, oppress

**Agotar** To exhaust, drain

**Agradar** To please, be pleasing

**Agradecer** To be grateful to someone for something

**Agravar** To become worse

**Agrícolo(a)** Agricultural

**Aguacate** (Mex.) (m.) Avocado

**Aguantar** To withstand, suffer through, put up with

**Agudizar** To become sharp, fine

**Águila (f.)** Eagle

**Ahogarse** To drown

**Ahorcar** To hang

**Ahorrar** To save

**Aislado(a)** Isolated

*ALCALDE MAYOR* Governor of a province called an *Alcaldía Mayor.*

**Alcance (m.)** Reach, scope

**Alcancía (f.)** Savings bank

**Alcanzar** To reach, attain

**Aldea (f.)** Village, hamlet

**Alejar(se) de** To remove oneself from

**Alfabeto(a)** Literate person

**Algarabía (f.)** Clamor, gabble

**Algodón (m.)** Cotton

**Aliar(se) con** To come into alliance with

**Aliento (m.)** Breath

**Aliviar** To alleviate, lessen the gravity of

**Alpaca (f.)** Alpaca; a wool-bearing ruminant of the Andean area.

**Alrededor** Surrounding

**Altanería (f.)** Haughtiness, arrogance

**Altiplanicie (f.)** Plateau, table land

**Altura** (f.) Height
**Alzar** To raise, lift
**Amalgama** (f. o m.)
Amalgam—a mixture,
usually of two or more metals
**Amante** (f. o m.) Lover
**Amargura** (f.) Bitterness
**Ambiente (medio a.)** (m.)
Environment
**Ámbito** (m.) Boundary line,
limit, scope
**Amenazar** To threaten
**Ameno(a)** Pleasant, agreeable
**Amnistía** (f.) Amnesty
**Amo** (f. o m.) Lord, lady
**Ampliar** To expand, enlarge
*ANÁHUAC* The ancient name
of the Valley of Mexico.
**Analfabeto(a)** Illiterate person
**Ancho(a)** Wide, broad
**Angosto(a)** Narrow
**Animar** To animate, encourage,
incite
**Ansiedad** (f.) Anxiety
**Anteceder** To precede
**Antepasado(a)** Ancestor
**Anuncio** (m.) Announcement
**Añorar** To suffer from nostalgia
regarding something,
someone, or some time in the
past
**Apaciguarse** To become
pacified
**Apedrear** To stone (someone or
something)
**Apenas** Scarcely, hardly
**Apertura** (f.) Opening
**Aplastar** To squash, flatten
**Apoderarse (de)** To take control
of

**Apogeo** (m.) Apogee, height,
culminating point
**Aportación** (f.) Contribution
**Apoyar** To support, help,
protect
**Apremiante** Urgent, pressing
**Aprendiz** (f. o m.) Apprentice
**Aprendizaje** (m.)
Apprenticeship
**Apropiado(a)** Appropriate, fit
**Apropiarse (de)** To take
possession of
**Apto(a)** Capable
**Arado** (m.) Plow
*ARAUCANOS* A bellicose
Amerindian group inhabiting
Chile during the time of the
Conquest.
**Arbitrar** To arbitrate
**Árbitro** (f. o m.) Arbiter,
arbitrator
**Arco** (m.) Arch
**Ardiente** Flaming, burning,
heated
**Arena** (f.) Sand; **A. movediza**
Quicksand
*ARIELISMO* An attitude,
inspired by José Enrique
Rodó's essay, *Ariel* (1900),
that placed a critical eye on
19th century imitative
practices, especially of the
nature of positivism, and
shifted focus to the non-
materialistic values inherent
to Spanish American
cultures.
**Armadura** (f.) Armor
**Arraigar** To set down roots

**Arrasar** To raze, demolish, level

**Arreglar** To arrange, put into order

**Arriero(a)** Muleteer

**Arriesgar** To risk; **Arriesgarse** To take a risk

*ARTE MADÍ* An eclectic movement in abstract painting in Buenos Aires, Argentina, during the 1940s.

**Artesano(a)** Artisan

**Artificio** (m.) Workmanship, craft, artifice

**Artimaña** (f.) Trap, strategem

**Ascender** To ascend, go up, be promoted

**Asegurar** To assure, fasten, secure

*ASIENTO* A monopoly granted by the king for the transportation and sale of slaves.

**Asignar** To assign

**Asilo** (m.) Asylum, refuge

**Asombroso(a)** Surprising, shocking

**Astucia** (f.) Cunning, slyness

**Asunto** (m.) Affair, business, subject matter

**Atar** To tie, bind

**Atavío** (m.) Dress, finery

**Aterrador(a)** Terrifying, frightening

**Atraer** To attract, entice

**Atrapar** To trap

**Atrasado(a)** Behind

**Atravesar** To cross

**Atrever(se) a** To dare (to do something)

**Atrevido(a)** Bold, daring, fearless

**Atribuir** To attribute, ascribe

**Atroz** Atrocious

**Audaz** Audacious

*AUDIENCIA* A high court with jurisdiction over a specified territory that exists within a viceroyalty.

**Aumento** (m.) Increase, expansion

**Auto-contenido(a)** Self-contained

**Avance** (m.) Advance, progress

**Avena** (f.) Oats

**Aviso** Announcement, warning

*AYLLUS* The smallest territorial units making up the Inca empire (compare to *Ejidos*).

*AYMARA* One of the languages spoken by the Amerindians of the Inca empire.

**Ayudar** To help

**Axial** Central

**Azar** (m.) Random

*AZTECS* The predominant Amerindian group of central Mexico at the time of the conquest, whose center of power rested in Tenochtitlán, at the site of present-day Mexico City.

**Azufre** (m.) Sulfur

**Baile** (m.) Dance

**Bajar** To descend, lower

**Balacear** To riddle with gunshots

**Balazo** (m.) Shot, bullet wound

*BANDEIRANTES* People of the São Paulo area of Brazil, who, during the colonial period, engaged in exploration and slave-raiding expeditions into the interior of Brazil and Paraguay.

**Bandera** (f.) Flag

**Banquero(a)** Banker

**Barato(a)** Cheap

**Barrera** (f.) Barrier, barricade

**Barriada** (f.) Slum area

**Barrio** (m.) City ward, district

**Barro** (m.) Mud, clay

*BARROCO* Baroque; a movement in the arts, architecture, and philosophy, growing out of a tension between the secularized Renaissance view and the Catholic tradition of the Medieval period; occurred particularly during the seventeenth century in Latin America.

**Basura** (f.) Garbage

**Batir** To beat

**Bautizar** To baptize

**Beldad** (f.) Beauty

**Belicoso(a)** Belicose, warlike

**Beneficiar** To benefit

**Bien** (m.) Good, benefit; **B-es. comunes** Common possessions; **B-es. materiales** Material possessions

**Bienestar** (m.) Well-being, comfort

**Bistec** (m.) Steak

**Blanco** (m.) Target

**Bofetada** (f.) Slap in the face

**Boleadoras** An instrument, used by the gauchos, which, when launched accurately, twists around an animal's legs and throws it.

**Bolero** (m.) Music of a smooth, rhythmic Cuban beat, often accompanied by a particular dance form.

**Bolsa** (f.) Pocket; **B. de valores** Stock market

*"BOOM"* (m.) A name given the remarkable flourishing of the "new Latin American narrative" beginning in the latter 1950s and the 1960s.

**Borbones** Bourbons; the royal French family that replaced the Hapsburgs and ruled Spain from 1700 to 1808.

**Bosque** (m.) Forest

**Bossa Nova** A musical form in Brazil, developed chiefly by Antônio Carlos Jobim; most popular during the 1960s and 1970s.

**Botín** (m.) Plunder, booty, spoils of war

**Brecha** (f.) Breach, gap, opening

**Brinco** (m.) Leap, jump

**Broma** (f.) Jest, joke

**Brotar** To spring forth

**Brujería** (f.) Witchcraft

**Brújula** (f.) Magnetic needle, compass

**Brusco(a)** Abrupt, rough, crude

**Buey** (m.) Ox

**Bulla** (f.) Racket, bustle

**Burdel** (m.) Brothel

**Burguesía** (f.) Bourgeoisie, middle-class trades persons traditionally at odds with the working class.

**Burla** (f.) Mockery, jeer, jest

**Burlón(ona)** A banter(-ing), gester(-ing) person

**Burlar(se) de** To mock, make fun of

**Buscar** To search for

**Búsqueda** (f.) Search, quest

**Cabal** Just, exact, complete, perfect, thorough

**Caballería** (f.) Chivalry

**Caballero** (m.) (Port. **Cavaleiro**) Cavalier, gentleman

**Cabecera** (f.) Heading, head, principal part, lead

**Cabello** (m.) Hair

*CABILDO* Municipal government of the colonial period; took on unwarranted autonomy prior to, and played an important role in, the early stages of the Independence movement in Latin America.

*CABILDO ABIERTO* Comparable to a "town house meeting," a meeting of the general public, headed by the authorities of the *Cabildo*.

**Cabra** (m.) Goat

**Cacahuate** (Mex.) (m.) Peanut

**Cacique** (f. o m.) From Taino-Arawako, a Caribbean language; originally meant an indian chieftain, later used to signify a political boss of a provincial area.

**Caer** to fall; **C. bien** To make a hit, hit it off well (with someone)

**Calavera** (f.) Skull

**Calidad** (f.) Quality

**Cálido(a)** Hot

**Callar** To silence, quiet, calm

**Callejón** (m.) Alley

*CALPULLI* Local clans making up the Aztec society.

**Calzada** (f.) Highway, causeway

**Cámara** (f.) Chamber, of Congress

**Camarada** (f. o M.) Comrade

**Cambio** (m.) Change, exchange

**Camino** (m.) Road, highway

**Camote** (Mex.) (m.) Sweet potato

**Campaña** (f.) Campaign

**Campeón(ona)** Champion

**Campeonato** (m.) Championship

**Campesino(a)** Peasant

**Campo** (m.) Country, countryside

**Cancha** (f.) Playing field, court

**Candelabrazo** (m.) A blow with a candelabrum

*CANDOMBLÉ* A Brazilian fetishist ritual-cult, consisting of a syncretic combination of African, Amerindian, and Catholic beliefs; includes chanting and dancing that reach a pitch during which a trance state is often induced in the participants.

**Caña (-de azúcar)** (f.) Sugar cane

**Cañón** (m.) Cannon

**Capa** (f.) Cloak, cover; **C. superior** Upper crust (of society)

**Capacitado(a)** Qualified, capable

**Capaz** Capable

**Capital** (m.) Capital, money; (f.) Capital city

**CAPITANIA** (Port.) An immense stretch of land granted to an explorer-conqueror-settler in Brazil, comparable to the Spanish *Encomienda.*

**CAPOEIRA** A Brazilian ritual-dance, the movements of which are comparable to the martial arts, except that they are more aesthetic, performative, and playful than combative—though this appearance could be deceptive during the colonial period, since the movements were often used as subtle preparation for possible future defense or revolts.

**Caporal** (m.) Foreman

**Captar** To take in, understand, captivate

**Cara** (f.) Face

**Carcajada** Outburst of laughter

**Cárcel** (f.) Jail, Prison

**Carecer** To lack

**Carestía** (f.) Lack

**Carga** (f.) Load, burden

**Cargador(a)** Porter

**Cargo** (m.) Burden, charge, responsibility

**CARNAVAL** Carnival; a season of revelry; originally extending from the feast of the Epiphany to Ash Wednesday; it now takes place a few days prior to Lent (the 40 weekdays preceding Easter).

**Caro(a)** Expensive, dear

**Carrera** (f.) Career

**Carretera** (f.) Highway

**Carro** (m.) Car, float (in parade)

**Carta** (f.) Playing card

**Cartógrafo** (f. o m.) Cartographer

**CASA DE CONTRATACIÓN** The "House of Trade," a colonial Spanish institution, centered at Sevilla and later at Cádiz, charged with regulating commerce between the New World and Spain.

**Casamiento** (m.) Marriage

**Casta** (f. o m.) Person of mixed "blood," of mixed ethnicity

**Castellano(a)** Castilian, Spaniard; (m.) Spanish (language)

**Casticismo** (m.) "Purity" (of Spanish "blood")

**Castigo** (m.) Punishment

**Castilla** Castile, the central area of Spain

**Castillo** (m.) Castle

**Cauce** (m.) River bed, channel

**CAUDILLO** Derived from an Arabic term meaning "leader." A charismatic, strong-willed individual, often of military background, whose rule is usually marked by populist tactics.

**Cazar** To hunt

*CE ACATL* The year 1519 of the Aztec calendar, when, according to legend, Quetzalcoatl was to return and destroy the Aztec empire.

**Cebada** (f.) Barley

**Cebolla** (f.) Onion

**Ceder** To cede, give in or give up

**Ceja** (f.) Eye brow

**Celo** (m.) Jealousy

**Cénit** (m.) Zenith

**Censura** (f.) Censure

**Centavos** (m.) Cents

**Centenar** Hundred; **A centenares** By the hundreds

**Cercano(a)** Close

**Cero** Zero

**Certamen (-poético)** (m.) Poetic tournament, competitive poetic readings

**Certero(a)** Certain, sure

**Certeza** (f.) Certainty, assurance

**Cesar** To cease (doing something)

**Césped** (m.) Grass

**Cicatriz** Scar

*CIENTÍFICOS* The group of professionals (technicians) acting as an advisory council to President Porfirio Díaz of Mexico from the 1890s to 1910.

**Cima** (f.) Peak

**Cimarrón(ona)** Escaped slave

**Cinc** (m.) Zinc

**Cine** (m.) Cinema, movie theater

**Cinismo** (m.) Cynicism

**Cinta** (f.) Ribbon, tape, band

**Cisma** (m.) Schism

**Ciudadano(a)** Citizen

**Ciudadanía** (f.) Citizenry

**Clandestino(a)** Clandestine, secret

**Clausurar** To close

**Clave** (f.) Key (to learning or doing or discovering something)

**Clerecía** (f.) Clergy

**Clérigo** (m.) Clergy

**Clima** (m.) Climate

*COATLÍCUE* The ancient mother-goddess of the civilizations of the Mexican highlands, later integrated into the Aztec religion.

**Cobrar** To charge, draw up, take up, become charged with

**Cobre** (m.) Copper

**Cobrizo(a)** Copper colored, swarthy

**Coca** (f.) Leaves containing small amounts of cocaine, chewed by the Native Americans in the Andean region in order to stave off hunger and enhance endurance in the high altitudes.

**Cocina** (f.) Kitchen

**Codicia** (f.) Covetousness

**Código** Code (of laws)

**Cofre** (m.) Strong box, chest, trunk

**Colgar** To hang

**Colmar** To fill up, fulfill
**Colmo (para el c.) (m.)** The last
straw
**Colocar** To place
**Comarca (f.)** Territory, region
**Comerciante** Merchant, trader,
dealer
**Comestible (m.)** Edible,
foodstuff
**Comienzo (m.)** Beginning
**Cómodo(a)** Comfortable
**Compadrazgo (m.)** State of
being a *compadre*, godfather
**Compadre (m.)** Godfather
**Compadrito (m.)** Literally,
Little Godfather; in
Argentina, stereotypical of
male dominance, a trait
integrated into the *tango*
culture.
**Compartir** To share
**Compatriota (f. o m.)** Patriot
**Complacer** To please
**Complejo(a)** Complex
**Compra (f.)** Purchase
**Comprador(a)** Customer, buyer
**Comprensión (f.)**
Comprehension,
understanding
**Comprobar** To prove
**Comunal** Common (property)
**Comuneros (m.)** Common
people
**Concebir** To conceive
**Conceder** To concede
**Concha (f.)** Sea shell
**Concienzudo(a)** Conscientious
**Concilio (m.)** Council,
collection of decrees

**Concordar (con)** To agree with,
be in agreement with
**CONCORDATO** Concordat; an
agreement between the Pope
and a sovereign government
regarding the regulation of
ecclesiastical matters.
**Conde (m.)** Count
**Condenar** To condemn
**Conducta** Behavior, conduct
**Conferir** To confer (upon)
**Confianza (f.)** Confidence, faith
in
**Confluencia (f)** Confluence
**Conga (f.)** A Cuban dance
**Congelar** To freeze, congeal
**Conjunto (m.)** United,
connected, a small musical
group; **En c. con** In
conjunction with
**Conmover** To move, be moved
**Cono** Cone; **C. sur** The
southern tip of South
America, including
Argentina, Chile, and
Uruguay
**Conocimiento (m.)** Knowledge
**Consagrar** To consecrate
**Conseguir** To obtain, acquire
**Consejero(a)** Counselor
**CONSEJO DE LAS INDIAS**
**(Port. *CONSELHO DA***
***INDIA*)** The colonial
institution charged with
interpreting and enforcing all
laws regarding the affairs of
the colonies.
**CONSERVADOR** Conservative;
especially during the 19th
century in Latin America, one

who favors preservation of the traditional order and regards change with distrust.

**Conservadurismo** (m.) Conservatism

**Consultorio** (m.) Medical clinic

**Consumo** (m.) Consumption

**Contar** To count, **contarse (entre)** To be counted with or among

**Contener** To contain

**Contentarse** To become content, satisfied

**Contienda** (f.) Strife, struggle, debate

**Continentalización** The unification of Latin America's cultures into a single artistic expression.

**Contrabalancear** To counterbalance

**Contradecir** To contradict

**Contraparte** (f. o m.) Counterpart

*CONTRARREFORMA* Counter Reformation; a reform movement within the Catholic Church during the 16th century and the first half of the 17th century as a response to the Protestant Reformation.

*CONTRAS* Antisandinistas; consisted of some of those who before the Nicaraguan Revolution backed the Somoza government and others who had become disenchanted with the Sandinista government.

*CONVERSO(A)* Convert; the name given to a Moor or Jew who converted to the Catholic Church, although at times this "conversion" was more for reasons of convenience than a true change of faith.

**Convertirse** To become converted (to a religion or sect)

**Convivir** To live together

**Cooperativa** (f.) Cooperative

**Cooptar** To coopt, bring into the group, appoint as an assistant or associate

**Coquetear** To flirt

**Corbata** (f.) Neck tie

**Cordillera** (f.) Mountain range

**Cordura** (f.) Wisdom, prudence

**Cornucopia** (f.) Horn of plenty

**Corona** (f.) Crown

*CORONELISMO* (Port.) (See the Spanish terms, *Caciquismo* and *Caudillismo.*)

*CORPORATISMO* A political system in which the principal economic functions (banking, industry, labor, government) are organized as collective bodies that address themselves directly to the person or corporate body in power.

*CORREGIDOR* Governor of a province called a *Corregimiento.*

*CORRIDO* (m.) A popular form of ballad in Mexico; became

particularly common during the Mexican Revolution.

**Corriente** (f.) Current, flow

**Corroer** To corrode

**Cortejo** (m.) Courting, courtship

**Cosechar** To harvest, reap

**Costeño(a)** A person from a coastal region

**Costero(a)** Pertaining to the sea coast

**Cotidiano(a)** Quotidian, daily, everyday

**Coya** (f.) Daughter of Inca aristocrats

**Craso(a)** Crass

*CREACIONISMO* Poet Vicente Huidobro's theory of poetry that endows the poet with supreme creative powers through language.

**Crecer** To grow

**Crecimiento** (m.) Growth

**Creíble** Credible, believable

**Creyente** (f. o m.) Believer

*CRIOLLISMO* A trend in Spanish American literature begun at approximately the turn of the century; focused on particular regions of the continent in an attempt to capture the essence of the Spanish Americans' ways of thinking and feeling, and of their way of life that distinguished them from mainstream Western ways.

*CRIOLLO(A)* A person born of Spanish parents in the Americas.

**Cromo** (m.) Chrome

**Cruce** (m.) Crossing

**Cuadro** (m.) Picture, painting

**Cuartel** (m.) Barracks, military compound

**Cubiertos** (m.) Silverware

**Cubrir** To cover

**Cueca** (f.) A folkloric dance of Peru, influenced by the *Zamacueca*

**Cuenca** (f.) Basin of a river

**Cuenta** (f.) Account, **tomar en c.** To take into account

**Cuentas (a fin de-)** In the final analysis

**Cuento** (m.) Short story, tale

**Cuerda** (f.) Cord, rope, twine

**Cuero (-crudo)** Rawhide

**Cuidar** To take care of, look after

**Culminar** To culminate

**Culpar** To blame

*CULTURAS ALTERNATIVAS* Alternate or alternative cultures; the "other" cultures of marginal ethnic groups of Latin America, that are largely incompatible with the dominant culture, but they nonetheless offer themselves up as the manifestation of other, and perhaps complementary, ways of life.

**Cumbia** (f.) A popular contemporary Colombian dance

**Cumbre** (f.) Peak

*CUZCO* The capital of the ancient Inca empire.

**Cha-Cha-Cha** (f.) A Cuban dance

**Chapetón(ona)** (Peru) A derogatory term for a Spaniard

**Charango** (m.) A musical instrument, variation of the lute, used in the Andean area

**Charla** (f.) Chat, talk

**Charro(a)** (Mex.) Cowboy, cowgirl

***CHICHIMECAS*** One of the subgroups among the Aztecs.

**Chileanización** (f.) Nationalization of resources and foreign-owned enterprises in Chile

**Chilena** (f.) A folkloric dance of Argentina, influenced by the *Zamacueca* of Peru

**Chiripá** (f.) Loose fitting gaucho pants

**Chismear** To gossip

**Chispa** (f.) Spark

**Chiste** (m.) Joke

**Chocar** To bump, smash, or run into

**Choque** (m.) Shock

**Dado** Given, assuming that

**Dandy** (m.) Dandy; a person of exaggerated elegance and ostentation in clothes and manners.

**Danzar** to dance

**Dañar** To damage, harm

**Darse (-cuenta de)** To become aware of, realize

**Dardo** (m.) Dart

**Debajo (de)** Under, underneath

**Deber** (m.) Duty

**Débil** Weak

**Debilitamiento** (m.) Weakening, enfeeblement

**Década** (f.) Decade

**Decaer** To decay, decline

**Decepcionar** To disillusion, disappoint

**Decimar** To decimate

**Dejar** To leave; **D. de** To cease engaging in some activity

***DEMAGOGO*** Demagogue; one who attains power by appeals to the emotions and prejudices of the public.

**Demarcar** To demarcate, delineate, set apart

**Demorar** To delay

**Demostrar** To demonstrate

**Denigrar** To denigrate, defame

**Denuncia** (f.) Denunciation, accusation

***DEPENDENCIA, TEORÍA DE*** Dependency theory, according to which "third world" countries are subordinate to and economically dependent upon the "developed capitalistic" societies, and often the only way out is by revolutionary means; exists in contrast to the "theory of modernization," which advocates free enterprise, "capitalistic" systems as a reformist solution to the socio-economic problems of "Third World" countries.

**Deporte** (m.) Sport

**Deprimente** Depressing
**Derecha** (f.) Political right
**Derecho** (m.) Law (practice of)
**Derribar** To overthrow (a
government)
**Derrocar** To oust, overthrow
**Derrotar** To defeat, overthrow
**Desacatar** To treat
disrespectfully
**Desacuerdo** (m.) Disagreement
**Desafiar** To defy
**Desaforado(a)** Disorderly,
outrageous
**Desagüe** (m.) Drain, outlet
**Desahogo** (m.) Release (from
pain or affliction)
**Desarraigado(a)** Uprooted
**Desarrollar** To develop
**Desatar** To untie, undo
**Descamisado(a)** Shirtless
person
**Descarriado(a)** Going or led
astray
**Desconforme** Nonconformity
(with)
**Desdichado(a)** Unfortunate,
unhappy
**Desechar** To reject, exclude
**Desembarcar** To unload, put
ashore
**Desempeñar** To perform, play a
part
**Desempleo** (m.) Unemployment
**Desenterrar** To disinter, dig up
**Desequilibrado(a)** Out of
equilibrium
**Desertar** To desert
**Desesperado(a)** In a state of
despair, desperate
**Desfile** (m.) Parade

**Desgraciadamente**
Unfortunately
**Deshacerse (de)** To free oneself
of
**Designio** (m.) Design
**Desmontar** To take apart,
unsaddle
**Desaparecido(a)** One who has
disappeared
**Desilusionar** To disillusion, to
become disillusioned
**Deslumbrante** Dazzling,
bewildering
**Desordenar** To disorder, put
into disarray
**Despedida** (f.) Farewell, leave-
taking
**Desplazar** to displace
**Despojar** To despoil; **D. de** To
deprive of
**Desprecio** (m.) Contempt, scorn
**Desprender(se) de** To free
oneself of
**Desprovisto(a)** Deprived
**Destacar** To stand out
**Desterrar** To banish, exile
*DESTINO MANIFIESTO*
Manifest Destiny; the 19th
century doctrine according to
which the United States took
upon itself the responsibility,
at times interpreted as a
quasi-religious duty, of
expanding its dominion
throughout the whole of
North America.
**Destreza** (f.) Dexterity
**Desvalido(a)** Helpless, destitute
**Desvanecer(se)** To disappear
**Desventaja** (f.) Disadvantage

**Desviar**  To deviate, detour

**Desvirtuar**  To spoil, ruin, invalidate

*DETERMINISMO GEOGRÁFICO*  Geographical determinism; the theory that geographical conditions determine the social and psychological characteristics of a people.

**Deuda** (f.)  Debt

**Deudor(a)**  Debtor

**Diatriba** (f.)  Diatribe, bitter and abusive speech or writing

**Dibujo** (f.)  Drawing

**Dictar**  To dictate, command, prescribe

**Didáctico(a)**  Didactic, for the purpose of instructing or informing

**Difusora** (f.)  A TV or radio broadcasting station

**Diluir**  To dissolve

**Diluvio** (m.)  Flood

**Diputado(a)**  A government representative of the people of a certain district (comparable to the position of a U. S. Representative).

**Discorde**  Discordant, dissonant

**Disculpa** (f.)  Apology, excuse

**Diseminar**  To disseminate, distribute, spread out

**Diseño** (m.)  Design

**Disfrazar**  To disguise

**Disfrutar**  To enjoy

**Disgusto** (m.)  Disgust, displeasure, loathing

**Disminuir**  To diminish

**Disolver**  To dissolve

**Disparar**  To shoot, fire upon

**Disperso(a)**  Dispersed, spread out

**Disponible**  Available, disposable

**Dispuesto(a)**  Disposed, ready

**Ditabranda** (f.) (Port.)  A contraction of *ditadura* (dictatorship); a *ditabranda* is a "soft" or benign sort of dictatorship, often typical of Brazilian culture.

**Divergir**  To diverge

**Dolor** (m.)  Pain

**Domar**  To tame, control

**Dominio** (m.)  Dominion, control, domination

**Don** (m.)  Gift; **D. de palabra**  Gift of gab, of speech

*DONATÁRIO* (Port.)  Recipient of a land grant, comparable to the Spanish *encomendero*.

**Dorado(a)**  Browned, of a brown color

**Dosis** (f.)  Dose

**Dotar**  To endow, give a dowry

**Dote** (m.)  Dowry

**Dramaturgo(a)**  Playwright

**Duda** (f.)  Doubt

**Duelo** (m.)  Duel

**Dueño(a)**  Owner

**Duque** (m.)  Duke

**Duradero(a)**  Long-lasting

**Durar**  To last

**Duro(a)**  Hard

**Ecléctico(a)**  Eclectic; the practice of selecting from a diversity of sources whatever appears most effectively to

solve a problem or fit a
particular situation.

**Economía Mixta** Mixed
economy; evincing both
capitalistic and socialist
characteristics

**Eficaz** Effective

**Ejemplar** Exemplary

**Ejercer** To exercise, practice,
put to use

*EJIDO* Communal land among
the Amerindians of central
Mexico, consisting of
woodland, pasture, and
cultivated land; re-instituted
principally during Cárdenas's
land reform (1934-40).

*EL DORADO* The "Guilded
Man," from a legend based
on a Chibcha ceremony in the
Colombian area; the "Guilded
Man" was reportedly from a
civilization fabulously rich in
gold.

**Elegir** To elect

**Embajador(a)** Ambassador

**Embarcar** To embark, ship

**Embarque** (m.) Shipment

**Embocadura** (f.) Mouth (of a
river)

**Emboscada** (f.) Ambush

**Emergencia** (f.) Act of
emerging, emergency

**Empapar** To saturate, soak

**Empeorar** To become worse

**Empequeñecer** To make
smaller

**Emperador(a)** Emperor

**Empinado(a)** Steep (as
regarding a slope)

**Empleado(a)** Employee

**Empobrecimiento**
Impoverishment

**Emprender** To initiate (a task,
journey, or conquest)

**Empresa** (f.) Company, firm,
enterprise, undertaking;
**Libre e.** Free enterprise

**Empresario(a)** Manufacturer,
impresario, promoter,
constructor

**Empuje** (m.) Push, pressure

**Enajenar** To alienate

**Enardecer** To enrage

**Encabezar** To head, lead

**Encarcelar** To imprison

**Encargarse (de)** To take on the
task of

**Encarnar** To incarnate, embody

**Enchufar** To plug in, connect

**Encima (de)** Above, on top of

*ENCOMIENDA* Spanish grant
of authority over land and the
Amerindians residing therein;
carried with it the obligation
to Christianize and protect
the Amerindians in exchange
for tribute from them in
goods and labor.

**Endémico(a)** Endemic

**Enemistad** (f.) Enmity, hatred

**Enfoque** (m.) Focus

**Enfrentar(se) a** To confront

**Enganchar** To hook, get caught

**Engañar** To deceive

**Engendrar** To engender

**Enmascarar** To mask, cover up

**Enredadera** (f.) A type of
clinging vine

**Enredado(a)** Entangled

**Enriquecer(se)** To become rich

**Ensanchar** To broaden

**Ensayo** (m.) Essay

**Ensimismamiento** (m.) A state of introspection, when one turns within oneself

**Entendimiento** (m.) Understanding

**Enterrar** To bury

**Entrabar** To engage in

**Entregar** To give, give up

**Entrelazar** To become entertwined with

**Entrenar** To train

**Entretejer** To interweave

**Entretenimiento** (m.) Entertainment

**Entrevista** (f.) Interview

**Envolver** To wrap, involve

**Epopeya** (f.) Epic narrative poem, usually of considerable length, in celebration of some heroic aspect of a people's tradition.

**Equipado(a)** Equipped

**Equipo** (m.) Crew, team

**Equitativo(a)** Equal, equitable

**Equivaler** To be the equivalent of

**Eruptar** To erupt

**Escabroso(a)** Rough, rugged, craggy

**Escala** (f.) Scale, level

**Escasez** (f.) Shortage, scarcity

**Escaso(a)** Scarce

**Escena** (f.) Scene

**Escepticismo** (m.) Skepticism

**Esclavo(a)** Slave

*ESCOLASTICISMO* Scholasticism; the predominant philosophy of the Middle Ages, following Aristotelian thought concerning the natural order of the cosmos.

**Esconder** To hide, conceal

**Escudriñar** To search (for)

**Esfera** (f.) Sphere

**Esfuerzo** (m.) Force, effort

**Esfumar** To become smoke, disappear

**Espada** (f.) Sword

**Espalda** (f.) Back

**Espectro** (m.) Spectrum

**Espejo** (m.) Mirror

**Esperanza** (f.) Hope

**Espina** (f.) Thorn; **E. dorsal** Spinal column

**Esquina** (f.) Corner (of street)

**Estadista** (f. o m.) Statesperson

**Estadunidense** (f. o m.) A person from the United States

**Estallar** To explode, burst open

**Estancamiento** (m.) Stagnation

**Estancia** (f.) Large land holding (the term is common in Southern South America)

**Estanciero(a)** The owner of an *Estancia*

**Estaño** (m.) Tin

**Estatura** (f.) Stature, height

**Estilo** (m.) A folkloric musical piece from Argentina or Uruguay, influenced by the *Romances*

**Estirar** To stretch, extend

**Estoico(a)** Stoic, a person apparently unaffected by grief and pain, and at times even pleasure and joy

**Estorbar** To hinder, obstruct

**Estrecho(a)** Narrow, close, rigid, austere

**Estrella** (f.) Star

**Estrenar** To use something or do something for the first time

**Estribo** (m.) Stirrup

**Estuario** (m.) Estuary

**Estupefacto(a)** Stupefied, dumbfounded

**Etapa** (f.) Stage, period

**Europeizante** A europeanized custom or lifestyle

**Evitar** To avoid

**Excomulgación** (f.) Excommunication

**Excomunión** (f.) Excommunication

**Exigir** To demand

**Exiliar** To exile

**Éxito** (m.) Success

**Expatriarse** To expatriate, leave one's country

**Expedidor(a)** Agent, shipper, sender

**Experimentar** To experience, experiment

**Explotar** To exploit, explode

*EXPRESIONISMO*
Expressionism; A late 19th century and early 20th century movement, chiefly in painting; its goal was not to depict objective reality or a subjective impression of it, but subjective emotions and responses that objects and events aroused in the artist;

eventually became a distorted and exaggerated depiction

**Exprimir** To squeeze, press

**Expropiar** To expropiate

**Exterminio** (m.) Extermination

**Extraer** To extract, pull

**Extranjero(a)** Foreigner

**Fábrica** (f.) Factory

**Facción** (f.) Political party, physical feature of a person

**Faceta** (f.) Facet

**Fachada** (f.) Façade

**Facón** (m.) Dagger, knife; used by the *Gauchos*

**Factible** Feasible

**Faja** (f.) Band, sash

**Fallecer** To pass away, die

**Falta** (f.) Lack

**Familia (-inmediata)**
Immediate family; in Latin America, indicative of traditionally close family ties

**Fastidiar(se) de** To become tired of, bored with

**Favela** (f.) (Port.) Slum district

**Fazenda** (f.) (Port.) Plantation, comparable to the Spanish *Hacienda*

**Fecha** (f.) Date

*FEDERALISMO* Federalism; a political philosophy that advocates a form of government in which a relatively loose collection of states making up the union recognizes the sovereignty of central authority, while the union allows the states certain residual powers.

*FEDERALISTAS* Argentina; those citizens of the 19th century who defended traditional values, much like the conservatives of the rest of Spanish America, except that they customarily defended greater autonomy for the provinces.

**Ferretería** (f.) Hardware store

**Ferrocarril** (m.) Railroad, railway

**Fijar(se) en** To notice, pay attention to

**Fijo** (m.) Fixed, firmly placed

**Fila** (f.) File, row, rank

**Finca** (f.) Large land holding; common to Central America and Northern South America

**Flaco(a)** Thin, skinny

**Flaqueza** (f.) Weakness

**Flojo(a)** Lazy, loose, lax

**Florecimiento** (m.) Flowering, flourishing

**Flota** (f.) Fleet

**Fluvial** Fluvial, as regarding a river

**Foco** (m.) Focus

**Fomentar** To foment, promote, further

**Fondo** (m.) Depth, bottom

**Foráneo(a)** Foreign

**Forjar** To forge, form, build

**Fortalecer** To fortify

**Fortaleza** (f.) Fort

**Fracasar** To fail

**Fraile** (m.) Priest

**Freno** (m.) Brake, restraint, control

**Frigorífico** (m.) Packing house and refrigeration chambers

**Frontera** (f.) Border

**Fronterizo(a)** A city, person, or other entity existing along the border of a country

**Fuego** (m.) Fire, warfare; **Fuegos artificiales** Fireworks

**Fuente** (f.) Source, fountain

**Fuera (de)** Outside of

**Fuerte** (m.) Fort

**Fuerza (-motriz)** Motivating force

**Fuga** (f.) Flight, escape

**Fundir** To fuse, melt

**Fusilar** To execute before a firing squad

**Fusionismo** Fusionism; a contradictory combination of elements typical of baroque styles and methods

**Gachupín(ina)** A derogatory term used in reference to a Spaniard

**Galicismo** Gallicism; a French word or phrase appearing in another language

**Galleta** (f.) Cookie, cracker

**Gallina** (f.) Chicken

**Gallo** (m.) Rooster

**Gana** (f.) Desire, wish, inclination

**Ganadero(a)** Owner of cattle, rancher

**Ganado** (m.) Cattle

**Ganar** To win, earn

**Gañan** (m.) Amerindian wage
earner during the colonial
period

**Gastar** To wear out, waste

**Gasto** (m.) Expense,
expenditure

**Género** (m.) Genre, genus,
class, kind

**Genial** Delightful, brilliant
(especially regarding a
person)

**Genio** (m.) Nature, disposition,
temper

**Gentileza** (f.) Gentility, courtesy

**Gigante** (f. o m.) Giant

**Girar** To gyrate, turn around

*GOBERNADOR* Governor;
during the colonial period, of
a province called a *Gobernia*.

*GOBIERNO*
*PARLAMENTARIO*
Parliamentary government; a
government consisting of a
representative body having
supreme legislative powers.

**Golpe (-de estado)** (m.) *Coup
d'etat*, military revolt, palace
revolt

**Gota** (f.) Drop

**Gozar (de)** To enjoy

**Granja** (f.) Farm

**Granjero(a)** Owner and/or
operator of a farm

**Gratis** Gratis, free

**Gravidez** (m.) Gravity

**Gremio** (m.) Guild, or
brotherhood of craftsmen
during the colonial period, a
forerunner to the trade unions

**Grieta** (f.) Wrinkle

**Grosero(a)** Course, rude,
discourteous

**Guajiro(a)** Peasant (Cuba and
Caribbean)

**Guajolote** (Mex.) (m.) Turkey

**Guano** (m.) Seabird droppings,
used as fertilizer

**Guapo(a)** Handsome, good
looking

*GUARANÍ* The large
Amerindian group of
Paraguay, northern
Argentina, and southern
Brazil.

**Güero(a)** A person of relatively
light skin, but not necessary
blond

*GUERRA FLORIDA* Bellicose
activity engaged in by the
Aztecs against neighboring
civilizations, especially the
Tlaxcaltecas, for the purpose
of taking prisoners for
sacrifice to the gods.

**Guerrero(a)** Warrior

**Guía** (f. o m.) Guide

**Guiar** To lead, guide

**Guitarrón** (m.) A large base
guitar used in Mexico,
especially with the *Mariachi*
bands.

**Habanera** (f.) A popular dance
from Cuba

**Habitar** To inhabit

**Habsburgos** Hapsburgs; royal
German family, ruled Spain
from 1516 to 1700, when the
Bourbons took the throne.

**Hacendado(a)** (Port.
**fazendeiro[a]**) Hacienda
(plantation) owner
**Hacienda** (f.)  Large land
holding in Spanish America,
an evolutionary product of the
*Encomienda* and
*Repartimiento.*
**Hallar**  To find
**Hambriento(a)**  Hungry
**Harpa** (f.)  Harp
**Hazaña** (f.)  Accomplishment,
deed
**Hecho** (m.)  Fact, deed, act
**Hectárea** (f.)  Hectare (10,000
square meters), slightly over
two and one-half acres
**Heredero(a)**  Heir, heiress
**Hereje** (f. o m.)  Heretic
**Herida** (f.)  Wound
**Herrero(a)**  Blacksmith
**Hervir**  To boil
*HIBRIDACIÓN*  Hybridization;
the result of a syncretic
combination of plural cultural
traits into a complex mixture.
*HIDALGO* (Port. *FIDALGO*)
Son-of-somebody who is
important, but not necessarily
rich; a term used during the
precolonial and early colonial
period in Spain and America.
*HIDALGUISMO*  Rights of
nobility to which virtually
every Spaniard aspired during
the precolonial and early
colonial period in Spain and
America; under certain
circumstances the prestige
could be purchased.

**Hielo** (m.)  Ice
**Hierro** (m.)  Iron
**Hijo(a)** (**-natural**)  Child born
out of wedlock
**Hilo** (m.)  Thread
**Hincapié** (m.)  Emphasis; **Hacer
h. en**  To emphasize
**Hinchar**  To swell
**Hondo(a)**  Deep, profound
**Honrar**  To honor
**Horizonte** (m.)  Horizon
**Horno** (m.)  Furnace, oven
*HUASIPUNGO*  An Amerindian
name among the Incas for the
small plots of land the
peasants cultivated.
**Hueco** (m.)  Vacuum, empty
space
**Huelga** (f.)  Strike (of workers)
**Huella** (f.)  Track, trace
**Hueso** (m.)  Bone
**Huésped** (f. o m.)  Guest
**Huir**  To flee
*HUITZILOPOCHTLI*  Aztec
God of war.
**Humilde**  Humble
**Hundir**  To submerge, sink
**Huracán** (m.)  Hurricane

**Idílico(a)**  Idyllic; of picturesque,
natural simplicity
**Igualar**  To become equal with,
to match
**Ilustre** (f. o m.)  Illustrious
*IMAGEN POPULAR* o
*FOLKLÓRICA*  A collection
of icons, legends, folktales,
clichés, and sayings, in part
true and in part fictitious,
surrounding cultural heroes—

while they are still living. An
"image" appeals to and
inspires a sense of pride—
though given the social class
involved it can provoke
repulsion—in the general
populace, thereby aiding in
the creation of a collective
identity.

**Impacientarse** To become
impatient

**Imperio** (m.) Empire

**Ímpetu** (m.) Impetus

**Imponer** To impose

**Importe** (m.) Amount

**Impuesto** (m.) Tax, tribute

**Inaudito(a)** Unheard of

*INCAS* The name given to the
Amerindians making up the
empire stretching from
Southern Columbia to the
Northern tip of Argentina and
Chile. The term "Incas" is
somewhat of a misnomer,
since it was actually the name
of the Amerindian
aristocracy.

**Incluso(a)** Including, that
includes

**Incomodidad** (f.)
Inconvenience, annoyance,
discomfort

**Incongruente** Incongruent,
incompatible

**Incurrir (i. -deudas)** To incur
debts, become liable

**Indeleble** Indelible

*INDIANISMO* Indianism; in
contrast to *Indigenismo*,
involves the literary practice

of integrating Amerindian
themes into the text, but from
an idealized, romantic view,
rather than a genuine view of
Amerindian life and customs.

**Índice** (m.) Index

**Indicio** (m.) Indication,
evidence, sign

*INDIGENISMO* Indigenism; in
contrast to *Indianismo*, the
literary practice of integrating
Amerindian themes into the
text through an attempt to
present the Amerindians' own
point of view and thereby
attain a heightened degree of
authenticity.

**Indomable** Untameable,
unmanageable

**Ineficaz** Inefficient, ineffectual

**Inflingir** To inflict

**Influjo** (m.) Influx

**Infranqueable** Insurmountable

**Infructuoso(a)** Fruitless,
unproductive

**Infundir** To infuse

**Ingenio** (m.) Ingenuity,
creativity

**Ingrato(a)** Harsh, unyielding

**Ingreso** (m.) Income

**Inicio** (m.) Beginning

**Inmaduro(a)** Immature

**Inquietud** (f.) Restlessness,
anxiety

*INQUISICIÓN* The Spanish
Inquisition, an organization
and an important instrument
of the *Contrarreforma* set up
for the purpose of enforcing
the practice of Catholicism,

which included costly wars against the Protestant countries, censorship and book burnings, a system of religious purification, a ban on persons of Jewish origin, bans on foreign travel and foreign trade, and severe punishment, sometimes death sentences, to all those who were considered heretics.

**Inseguro(a)** Insecure

**Instaurar** To renovate, restore

**Insuperable** Insurmountable

*INTENDENTE* A military and financial administrator of a political division called an *Intendencia*, a form of political division created during the Bourbon reforms for more effective military and financial administration.

**Intercambio** (m.) Exchange

**Interino(a)** Interim

**Intermediario(a)** Intermediate, middle person

**Intervenir** To intervene, meddle

**Intocable** (f. o m.) Untouchable

**Intransigente** Intransigent, irreconcilable

**Intransitable** Not passable, impractible

**Intrépido(a)** Intrepid, daring

**Introspección** (f.) Introspection, self-examination, contemplation of one's own feelings and thoughts

**Inundación** (f.) Flood

**Inútil** Useless

**Invasor(a)** Invader

**Invertir** To invest (money)

**Invierno** (m.) Winter

**Inyectar** To inject

**Ironía** (f.) Irony; the use of words to convey, in a subtle manner, the opposite of their literal meaning.

**Istmo** (m.) Isthmus

**Izar** To raise (a banner or flag)

**Izquierda** (f.) Political left

**Jarabe** (m.) A traditional folkloric dance of Mexico, accompanied by a *Mariachi* band.

**Jardín** (m.) Garden

**Jardinero(a)** Gardener

**Jazz Tropical** A mixture of Caribbean music and North American jazz styles

**Jerarquización** (f.) The process of becoming hierarchical

**Jinete** (f. o m.) Horseman, horsewoman

**Jitanjáfora** (f.) The name for a fusion of avant garde literary techniques with everyday Afro-American linguistic expressions

**Jornada** (f.) Journey

**Joropo** (m.) A folkloric dance of Venezuela, influenced by the *Zamacueca* of Peru

**Joya** (f.) Jewel

**Juego** (m.) Game

**Jugo** (m.) Juice

**Juguete** (m.) Toy

**Juguetón(ona)** Playful

*JUNTA* Council or governing body, usually of military

origin, and charged with
directing the affairs of a
country.

**Labrador(a)** Worker, laborer
**Labrar** To labor, work
**Ladrón(ona)** Thief
**Laico(a)** Layperson
**Lambada** (f.) Popular dance of
contemporary Brazil
**Lamentar** To lament
**Lana** (f.) Wool
**Lancha** (f.) Raft, barge, boat
**Lanzar** To launch, throw, hurl
*LATIFUNDIA* A system of
large landed estates,
traditionally a holdover of
European medieval serfdom.
**Lazo** (m.) Tie, bond
**Lealtad** (f.) Loyalty
**Legendario(a)** Legendary
**Lejano(a)** Distant, far
**Lema** (m.) Slogan, theme, motto
**Lento(a)** Slow
**Lepra** (f.) Leprosy
**Letanía** (f.) Litany; a liturgical
prayer consisting of a series
of phrases recited by a leader
and repeated by the audience
**Letrado(a)** Literate, educated,
cultivated
**Levantamiento** (m.) Uprising
**Levantar(se)** To arise, get up
*LEYENDA NEGRA* The
product of a campaign by
Spain's enemies in Europe,
especially the English,
designed to defame her in
order to enhance their own

image among other European
nations.
*LEYES DE BURGOS* Spanish
laws of 1512-13, incorporated
into the legislation designed
to protect the Amerindians
from unjust oppression and
exploitation.
*LIBERAL* Liberal; primarily
during the 19th century in
Latin America, one who
advocates political, social,
and economic reforms
involving greater individual
freedom and rights and less
central control by the
government.
**Libre** Free; **L. empresa** Free
trade
**Licencia** (f.) License,
permission
**Lideraje** (m.) Leadership
**Ligadura** (f.) Ligature, binding
**Ligar** To link, unite
**Ligero(a)** Light
**Limbo** (m.) Limbo; region or
condition of oblivion or
neglect; in Catholicism, the
intermediate place between
Heaven and Earth where
souls must remain due to
their not having received the
proper ordinances of the
Church.
**Limosnero(a)** Beggar
**Limpiar** To clean (up)
**Lindo(a)** Pretty, lovely
**Lírica** (f.) Lyrics (a short poetic
form or the words of a song)
**Listo(a)** Ready

**Litoral** (m.)  Coastal, littoral
**Liturgia** (f.)  Liturgy
*LOCALISMO*  Localism;
villages separated by
mountain ranges and other
geographical impediments,
which make communication
difficult and prolongs their
integration into a coherent
nation-state in the modern
sense.
**Locura** (f.)  Madness, insanity
**Lograr**  To achieve, accomplish
**Lona** (f.)  Canvas
**Lucha** (f.)  Fight, struggle
**Lúgubre**  Lugubrious, dismal,
gloomy
**Lujo** (m.)  Luxury
**Luta** (f.)  Lute

**Llama** (f.)  Llama, a wool-
bearing ruminant of the
Andean area
**Llamamiento** (m.)  Calling, a
call to action
**Llanura** (f.)  Plain, flatness
**Llegar**  To arrive
**Llave** (f.)  Key
**Lluvia** (f.)  Rain

*MACHISMO*  Manliness;
involves physical strength,
sexual virility, and a
readiness to demonstrate
either one or both at a
moment's notice. This self-
assertion includes, and is
often most evident, through
verbal action.

*MACUMBA* (f.)  A Brazilian
fetishistic ritual-cult, largely
African in origin and most
common in Rio de Janeiro,
that combines drumming,
dancing, and chanting that
often puts its practitioners in
a trance-state.
**Madrastra**  Stepmother
**Madurar**  To mature
**Madurez** (f.)  Maturity
**Mal** (m.)  Ailment, fault, flaw
**Malestar** (m.)  Malaise,
indisposition
**Mambo** (m.)  Cuban dance
*MAMELUCO(A)* (Port.)  A
person of racial mixture
consisting of Amerindian and
European heritage.
**Manchar**  To soil
**Mandato** (m.)  Mandate, order
**Mandatorio** (m.)  Mandatory,
compulsory
**Mando** (m.)  Command, control
**Manganeso** (m.)  Manganese
**Maní** (m.)  Peanuts
**Manifesto** (m.)  Manifest or
manifesto, public declaration
**Maniobra** (f.)  Maneuver,
procedure
**Mano (-de obra)** (f.)  Labor,
workmanship
**Manso(a)**  Gentle, meek, mild
**Mantener**  To maintain, defend
a point of view
**Mantenimiento** (m.)
Maintenance
**Manto** (m.)  Cloak, cape
**Manzana** (f.)  City block, apple
**Mar** (f. o m.)  Ocean, sea

**Maraña** (f.) Jungle,
entanglement
**Maravilla** (f.) Marvel,
enchantment
**Marfil** (m.) Ivory
**Marginado(a)** Marginalized,
barred from active
participation in the social,
political, and economic life of
a society.
**Mariachi** (f.) Traditional
Mexican musical group that
uses guitars, *Guitarrones*,
violins, and trumpets to
accompany the songs.
*MARIANISMO* Marianist cult,
a cult to the Virgin Mary that
emerged chiefly from the
Spanish and Portuguese
nations and contributed to a
sense of national heritage and
identity; each country placed
itself under the protection of a
national image in the form of
the Virgin: la Virgen de
Guadalupe in Mexico, la de
Copacabana in Peru, la de
Luján in Argentina, and so
on.
**Marinero(a)** Sailor
**Marítimo(a)** Maritime, marine
**Marqués(esa)** Marquee
**Máscara** (f.) Mask
*MASCARADA (O MÁSCARA)*
Masquerade, charade, an
integral part of popular
festivals during the Baroque
period.
**Matadero** (m.) Slaughtering
house

**Matorral** (m.) Thicket
*MAYAS* The ancient
Amerindian group inhabiting
the Guatemalan and southern
Mexican and Yucatán region.
**Médico(a)** Doctor of medicine
**Medida** (f.) Measure, size; **A m.
que** While, at the same time
that
**Medio** (m.) Medium, ambient,
environment; **Por m. de** By
means of
**Medio-oeste** (m.) Midwest
**Medir** To measure, judge
**Membresía** (f.) Membership
**Menospreciarse** To undervalue,
or despise, oneself
**Mensaje** (m.) Message
**Menudo (-a m.)** Often
**Mercader** (f. o m.) Merchant,
dealer, shop keeper
**Mercado** (m.) Market
**Mercancía** (f.) Merchandise
**Merecer** To deserve, be
deserving of
**Merengue** (m.) Contemporary
dance form originating in
Santo Domingo
**Meritocracia** (f.) Meritocracy; a
society rewarding its citizens
exclusively on the basis of
individual merit.
**Meseta** (f.) Table land, plateau
*MESOAMÉRICA* Middle
America, consisting of
southern Mexico and Central
America.
*MESTIZO(A)* Of mixed ethnic
background, usually Spanish
and Amerindian.

**Meta** (f.) Goal

*MEXICAS* One of the subgroups among the Aztecas.

**Mezcla** (f.) Mixture

**Migrar** To migrate

*MILENARISMO* Millenarism; the expectancy of a 1,000 year period after the second coming of Christ, as foretold in the *Bible*, when there will be peace, serenity, joy, and freedom from strife.

*MITA* In Quechua, "turn." An Inca institution consisting of labor donated by the subjects of the emperor as a tribute or payment (the equivalent of the *repartimiento* in Mexico).

**Moda** (f.) Mode, style, fashion

*MODERNIDAD* Modernity; the general view, as a product of Renaissance and Enlightenment thought, and the Scientific and Industrial Revolutions, that the emancipation of all humankind and material progress for all societies can be achieved by means of the proper ("enlightened") social, political, and economic programs.

*MODERNISMO* A literary movement in Spanish America of roughly the last decade and a half of the 19th century and the first decade of this century; aesthetically it intensified the expression of Latin American pluralism with the assimilation of multiple forms, styles, techniques, and themes.

*"MODERNISMO"* An artistic movement in Brazil (not to be confused with Spanish American *modernism*) inaugurated in 1922 with the *Semana de Arte Moderno* and motivated by an effort to discover an authentic expression by a fusion of all the arts into a synthetic portrayal of Brazilian pluralism and Western World trends.

*MODERNIZACIÓN, TEORÍA DE* Theory of modernization; a "reformist" rather than "revolutionary" doctrine with roots in the free enterprise "capitalist" system as an answer to social and economic problems, and democracy as a response to political problems; exists in contrast to the "dependency theory," of Marxist or quasi-Marxist origins.

**Molino (m. de aire)** (m.) Windmill

**Moneda** (f.) Coin

*MONOCULTURA* Monoculture; the economic dependence of a country basically on one source (i.e. petroleum in Venezuela, coffee in Colombia, sugar in Cuba, bananas in Honduras, and so on).

**Montón** (m.) A big pile

**Moreno(a)** A person of dark of skin, usually of *Mestizo* origin

*MORO(A)* Of the Moslem people of mixed Berber and Arab descent, now living chiefly in northern Africa.

**Motín** (m.) Riot, uprising, mutiny

**Mozárabe** (f. o m.) A Christian that has adopted the Muslim culture

**Mudéjar** (f. o m.) A person maintaining the Islamic faith but living as a subject of the Catholic Kings

**Mudo(a)** Mute, silent

**Mueble** (m.) Furniture

**Muestra** (f.) Example, sample

**Mujeriego** (m.) Womanizer

**Muladí** (f. o m.) A former Christian who is now of the Islamic faith

*MULATO(A)* A person of Afro-American and European ethnic background.

**Muro** (m.) Wall

**Nacimiento** (m.) Birth

*NACIONALISMO CULTURAL* A form of nationalism developed through an effort to give artistic expression to the collective beliefs, sentiments, desires, and dreams of the community making up a sovereign state.

*NACIONALIZACIÓN* The conversion of a sector of industry, agriculture, commerce, and/or public service from private to government ownership.

*NAHUATL* The language spoken by the Aztecs and other groups in Mexico.

**Naipe** (m.) Playing card

*NATURALISMO* Naturalism; the literary movement of the latter part of the 19th century which set for itself the task of realizing a "scientific" study of a particular aspect of society through narrative description. In Latin America, naturalism merged with realism to yield a hybrid product that is often termed *Realismo-Naturalismo* in this text.

**Negar** To deny; **Negarse (a)** To refuse (to do something)

*NEGRO(A) DE GANHO* (Port.) During the colonial period, a slave who is allowed to work during his/her spare time.

*NEOCLASICISMO* Neoclassicism; a revival of classical Greek aesthetics and forms in art, literature, and music during the latter part of the 17th century, and well into the 18th century, that in Latin America spilled into the beginning of the 19th century.

**Netamente** Purely, completely

**Nevar** To snow

**Niñez** (f.) Childhood

**Níquel** (m.) Nickel

**Nitratos** (m.) Nitrates, chemical compounds used as fertilizer

**Nivel** (m.) Level

**Nobleza** (f.) Nobility

**Nopal** (m.) Cactus (prickly pear)

**Norteño(a)** A person from the north

*NOVELA DE LA TIERRA* A subgenre of the novel the action of which often occurs in the remotely populated areas of the provinces; it portrays a struggle between characters of diverse interests, prejudices, and/or ideologies, and between humans and the forces of nature, with nature usually triumphing.

*NOVELA PICARESCA* Picaresque novel; a subgenre of the novel whose narrative is customarily in first person and whose protagonist is a *Pícaro* (rogue) who has a sarcastic and often bitter view of life, human nature, and society.

*NOVOMUNDISMO* "New-worldism"; the general literary trend, found in *Criollismo* and *Arielismo*, and initiated by Spanish American *Modernismo*, toward renewed interest in that which is inherently "American."

**Nudo** (m.) Knot

**Nueva Canción** Music of social protest created during the 1950s and 1960s, especially popular in Chile

*NUEVAS LEYES* The New Laws of 1542 drawn up by the Spanish Crown in order to exact a more just treatment of the Amerindians in the colonies.

**Nutrir** To nurture

**Ñáñigo** (m.) A Cuban ritual-cult, of African origins but sprinkled with Catholic elements, and originally limited to men only.

**Obra** (f.) Artistic work; **-O. maestra** Masterpiece; **Mano de o.** Unskilled labor

*OBRAJE* (m.) A textile workshop, became of importance during the last years of the Spanish colonial period.

**Obstinar(se) en** To be obstinate (about), to persist (in)

**Ocio** (m.) Leisure, idleness

**Oculto(a)** Occult, hidden, concealed

**Odiar** To hate

**Oído** (m.) Hate, hatred

**Ola** (f.) Wave

*OLIGARQUÍA* Oligarchy, a government dominated by the traditional, and typically conservative, moneyed class.

**Olvido** (m.) Forgetfulness

**Omiso(a)** Neglectful, remiss; **Hacer caso o. de** to ignore

**Onda** (f.) Wave

**Ondulación** (f.) Undulation, quivering

**Oneroso(a)** Onerous, burdensome

**Oprimir** To oppress

**Opuesto(a)** Opposite

**Ordenanza** (f.) Ordinance

**Orgullo** (m.) Pride

**Oro** (m.) Gold

**Oscuro(a)** Dark

**Otorgar** To grant, consent

**Oveja** (f.) Sheep

**Oxímoron** Oxymoron, a combination of contradictory or incongruous words

*PACTO IMPLÍCITO (o TÁCITO)* An implicit, unwritten, generally unspoken, agreement between two or more parties that is commonly accepted usually without the necessity of its being made explicit.

**Padecer** To suffer

**Padrino** (m.) Godfather

**Pago** (m.) Payment

**Paisaje** (m.) Landscape

**Paja** (f.) Straw

**Paladar** (m.) Palate, roof of the mouth

**Palanca** (f.) Lever, bar; **Tener p.** To have pull, influence

**Pantalón** (m.) Pants, trousers

**Pantano** (m.) Swamp

**Pañuelo** (m.) Handkerchief

**Paquete** (m.) Package

**Papel** (m.) Paper, role (in society or in a play)

**Par** (m.) Pair, couple, equal, on a par

**Paradero** (m.) Resting spot

**Paradoja** (f.) Paradox, the result of a combination of contradictory elements leading to vicious circularity

**Parar(se)** To stand up

**Parcela** (f.) Parcel (of land)

**Parco(a)** Sparing, Scanty

*PARDO(A)* (Port.) A person of Afro-American and European ethnic mixture.

**Pareja** (f.) Pair, couple

**Parentesco** (m.) Kindred, relationship

**Pariah** (f. o m.) Pariah, outcast

**Pariente** (f. o m.) Relative, family relation

*PARNASIANISMO* Parnassianism; a French literary technique involving an impersonal, yet obsessive, cultivation of aesthetic forms of expression.

**Parodia** (f.) Parody; a literary work that mimics another work or works, and/or some aspect of society, so as to hold it up to ridicule.

**Parquedad** (f.) With excessive moderation, sparingly

**Parra** (f.) Grapevine

**Partidario(a)** Partisan

**Pasatiempo** (m.) Pastime

**Pasillo** (m.) Passage, hallway

**Paso** (m.) Pace, step

*PATERNALISMO* The practice of treating or governing people in a patriarchal manner, especially by providing for their needs, while allowing them a minimum of responsibility, and while expecting their loyalty in return.

**Patria** (f.) Native country

**Patrocinar** To sponsor

**Patrón(ona)** Patron, landowner, lord, protector

*PATRONATO* Patronage; right of king to appoint church officials.

**Paulatino(a)** Slow, gradual

**Paulista** (f. o m.) A person from São Paulo, today the largest city of Brasil

**Pavor** (m.) Fear

**Payaso(a)** Clown

**Pecuniario(a)** Pecuniary, monetary

**Pedazo** (m.) Piece, morsel

**Pegado(a)** Tight (regarding the fit of clothing)

**Pelear** To fight

**Peligro** (m.) Danger

**Pelo** (m.) Hair

**Pena** (f.) Embarrassment, sorrow, grief, pain

**Pendón** (m.) Banner, standard

*PENINSULAR* (f. o m.) A Spaniard born in Spain, in contrast to the *Criollo(a)*, a Spaniard born in the colonies.

**Pensador(a)** Thinker

**Peon** (m.) Unskilled worker

**Pequeñez** (f.) Smallness, trifle

**Pera** (f.) Pear

**Perder** To lose

**Pérdida** (f.) Loss

**Perdurar** To endure, last a long time

**Perenne** Perennial

**Pereza** (f.) Laziness

**Periodista** (f. o m.) Reporter (of newspaper or magazine)

**Período** Period, term (of presidency)

**Permanecer** To remain

**Perpetuo(a)** Perpetual, constant

**Perseguir** To pursue

**Perseverancia** (f.) Perseverance

*PERSONALISMO* Personalism; the nature of Latin American concrete, personal, interrelational ties, as a natural outgrowth of a paternalistic culture; exists in contrast to the relatively abstract, institutional, systematic ties more typical of Anglo-American culture.

**Pesadez** (f.) Heaviness, tiresomeness

**Pesadilla** (f.) Nightmare

**Pesado(a)** Heavy

**Pesar** (-a p. de) In spite of

**Pesca** (f.) Fishing industry

**Pésimo(a)** Of a bad state or condition

**Peyorativo(a)** Pejorative, having negative connotations

**Pícaro(a)** Rogue, a wily, scheming, tricky person

**Piedad** (f.) Mercy, piety, pity

**Piel** (f.) Skin, hide

**Pigmentocracia** Pigmentocracy, a term that has been attached to the racial fusion in colonial Latin America.

**Piloto** (f. o m.) Navigator (of a ship)

**Pintar(se) como** To depict as

**Pintoresco** Picturesque

**Pintura** (f.) Painting

**Piña** (f.) Pineapple

**Pirotécnica** Pyrotechnics; of or pertaining to fireworks

**Placentero(a)** Pleasing

**Placer** (m.) Pleasure

**Plagar** To plague, infest

**Plástico(a)** Pliable, flexible (literally, plastic)

**Plata** (f.) Silver

**Platino** (m.) Platinum

**Playa** (f.) Beach

**Plazo** (m.) Term, time, date

**Plebescito** (m.) Plebiscite, a direct vote in which the political party or individual in control is either accepted or rejected, and hence will either remain in power or step down

**Plebeyo(a)** Plebeian, person of lower class

**Pleito** (m.) Dispute, debate, strife

**Pleno(a)** Complete, full

**Plomo** (m.) Lead

*PLURALIDAD* Plurality; regarding culture, a chief characteristic that has resulted from the synchretic combining and overlapping of a complex of practices and traits to produce a hybrid mixture; when used regarding politics, the winning vote in elections consisting of more than two candidates, even though that winning vote is less than 50%.

**Poblar** To populate

**Poder** To be able (to do something), power

**Poderío** (m.) Power, might, dominion

*POPULISMO* Populism; a political tactic directed toward the masses and usually advocating a more equitable distribution of wealth and power, although sometimes with a tinge of falsity or hypocrisy.

**Pordiosero(a)** Beggar

**Porqué** (m.) Reason, motive

**Portavoz** (f. o m.) Spokesperson, mouthpiece

**Porteño(a)** A person from a port city

**Porvenir** (m.) Future

**Posar** To perch

*POSITIVISMO* Positivism; a philosophy, developed by French intellectual Auguste Comte, that emphasized mathematical and scientific knowledge, and was designed to supersede theology and metaphysics, which were considered less developed doctrines—and hence lower on the evolutionary scale—governing human thought and conduct.

**Postizo(a)** Fake, artificial

**Póstumo(a)** Posthumous, coming after, a work

published after the death of the author

**Postura** (f.) Posture, stance, position

**Preconcebir** To preconceive

**Predecir** To foretell

**Predilecto(a)** Favorite

**Prelado** (eccl.) Prelate

**Premio** (m.) Prize, reward

**Prensa** (f.) Press (newspapers, magazines)

**Presentimiento** (m.) Presentment, foreshadowing

**Préstamo** (m.) Loan

**Prestar** To lend

**Presuponer** To presuppose

**Presupuesto** (m.) Budget

**Pretexto** (m.) Excuse

*PRÊTO(A)* (Port.) A person of dark skin, usually of pure Afro-American origin, as distinguished from *Pardo(a)* or *Mulato(a)*, a person of mixed Afro-American and European ethnic background; used in preference to *Negro(a)*, also meaning "black."

**Prevalecer** To prevail

**Prever** To foresee

**Prima** (f.) Prime

**Primitivismo** Primitivism; in the arts, fascination with the cultures and the way of life of the so-called "primitive" peoples, in Latin America in part as a result of influence from French surrealism

**Prisa** (f.) Haste, urgency

**Probar** To prove, try (out)

**Procedimiento** (m.) Procedure

**Prójimo(a)** Neighbor

**Prometedor(a)** Promising

**Promovedor(a)** Promoter, one who promotes

**Promover** To promote

**Pronosticar** To forecast

**Propagar** To propagate, spread, disseminate

**Propensidad** (f.) Propensity, disposition

**Propuesta** (f.) Proposal, offer

**Proseguir** To continue, proceed

**Prostíbulo** (m.) House of prostitution

**Protectorado** (m.) Protectorate; a relationship of protection and partial control of a superior power over a dependent country.

**Provecho (m.)** Benefit, profit, gain

**Proveer** To provide

**Provincia** (f.) Province, local environs

**Prueba** (f.) Proof

**Pugilismo** (m.) Boxing, sparring

**Púdico(a)** Chaste, modest

**Puente** (m.) Bridge

**Puerto** (m.) Seaport

**Puesto** (m.) Post, political or bureaucratic position

**Punzante** Sharp, pricking

*QUECHUA* One of the languages spoken by the Amerindians of the Inca empire.

**Quedar** To remain, stay

**Quehacer** (m.) Work, chore, domestic duties

**Queja** (f.) Complaint, grumbling

*QUETZALCOATL* Aztec god of peace and culture, appropriated from the ancient Toltecs.

**Quienquiera** Whoever, whomever

*QUILOMBO* (m.) (Port.) Colony of runaway slaves, the most notable of which was Palmares in Brazil.

*QUINTO* (m.) A tax consisting of 1/5 of the income from the mines. It was at times reduced to as little as 1/10, according to what was perceived to be the colonists' capacity to pay the crown its due share.

*QUIPUS* Strings of different colors and with a variety of knots that contained messages; transferred from village to village by relay runners during the Inca period.

**Radicar** To reside, settle, take roots

**Raíz** (f.) Root

**Rama** (f.) Branch

**Rango** (m.) Rank (military)

**Rastro** (m.) Track, trace

**Raza** (f.) Race

**Real, realista** Royal, royalist

*REALISMO* Realism; the literary movement, during the last half of the 19th century, the works of which emphasized objective portrayals of the life and times of particular segments of society; in Latin America realism merged with naturalism to yield a hybrid product that is often termed *Realismo-Naturalismo* in this text.

*REALISMO MÁGICO* Magical realism; a subtle combination in literature of apparently real and magical or irreal elements (due to limited space in this Glossary, see Chapter Nineteen for a more extensive definition).

**Reanudar** To renew, resume

**Rebeldía** (f.) Rebelliousness, defiance

**Recaer** To fall to, fall back, relapse, backslide

**Recaudar** To collect, gather

**Recelo** (m.) Fear, distrust

**Recetar** To prescribe

**Rechazar** To reject

**Recibo** (m.) Receipt

**Recién** Recently, just, newly

**Recio(a)** Strong, coarse, harsh

**Reclutar** To recruit

**Recobrar** To recover

**Recoger** To gather up

**Reconocimiento** (m.) Recognition, reconnaissance

*RECONQUISTA* Reconquest; the prolonged campaign by the Spaniards to "reconquer" the Peninsula following the

Moorish invasion beginning in 711 a.d.; the last of the Moors were finally expelled in 1492.

**Recuerdo** (m.) Memory, remembrance

**Recurrir (a)** To resort to

**Recurso** (m.) Resource, means

**Red** (f.) Net

**Redactar** To write, draw up

*REDUCCIÓN* Reduction; during the Spanish colonial period, it entailed a relocation of the recently converted Amerindians into villages that could be more effectively administered.

**Reemplazar** To replace

**Refinar** To refine

**Reflejo** (m.) Reflection

*REFORMA* Reformation; the effort in the 16th century to reconstitute the life and teachings of Christianity, a period that also marked the rise of the Protestant religions.

*REFORMISTA* Reformist; a political leader interested in social, economic, and political reforms—hence avoiding revolution—that might provide opportunities, which in the long run chiefly benefit the middle classes.

**Refrán** (m.) Proverb, saying

**Refuerzo** (m.) Reinforcement (of new soldiers)

**Regalar** To give

*REGIONALISMO* Regionalism; interest in the way of life in the provincial environs of a country; in literature, a preference for the social, political, and economic characteristics of particular regions within a country.

**Regir** To rule, govern

**Regla** (f.) Rule, code of conduct

**Regresar** To return

**Retrógrado(a)** Retrogressive

**Rehén** (f. o m.) Hostage

**Reiterar** To repeat

**Relámpago** (m.) Lightning

**Relegar** To relegate

**Relevar** To relieve (of a duty)

**Relieve** (m.) Relief, low relief, in architecture; **Correr en r.** Relay

**Reliquia** (f.) Relic

**Reloj** (m.) Clock, watch

**Remediar** To remedy, find a remedy for

**Remoldear** To recast, put into another form

*RENACIMIENTO* Renaissance; the humanist revival of classical art, literature, and learning; originated in Italy in the 14th century and lasted through the 16th century.

**Rendir** To yield, give up, surrender

**Renegar** To deny

**Renombre** (m.) Renown, fame

**Renovado(a)** Renewed, renovated.

*REPARTIMIENTO* Literally, re-distribution; an institution

set up by the Spanish crown
in order to regulate the
division of Amerindians for
labor, principally in the
mines and agricultural zones,
according to local needs; was
in effect chiefly during the
seventeenth century.

**Repeler** To repeal

**Repleto(a)** Replete, full

**Reposar** To repose, lie, rest

**Represalia** (f.) Reprisal

**Repudiar** To repudiate, reject

*REQUERIMIENTO*
Requirement; a document,
presented to the villages and
towns of Amerindians prior
to the Spaniards' entering
them for conquest; read in
Spanish with a translator,
when available, the
*Requerimiento* demanded of
the Amerindians that they lay
down their arms, submit to
the King of Spain, and
embrace the Catholic
religion, for if not, the
conquerors would not be held
accountable for the
consequences.

**Res** (m.) Beef, cattle

**Rescate** (m.) Ransom

**Resignado(a)** Resigned

**Respirar** To breath, get a breath
(of fresh air)

**Respiro** (m.) Breath, gasp,
moment of rest

**Respuesta** (f.) Answer, reply

**Restaurar** To restore

**Restringir** To restrict

**Resucitar** To be resurrected

**Resuelto(a)** Resolved

**Retener** To retain

**Retirado(a)** At a distance, far
removed, withdrawn

**Retiro** (m.) Retreat, refuge

**Retoño** (m.) Sprout

**Retratar** To take a photograph

**Retrato** (m.) Portrait,
photograph

**Revés** Back, reverse; **Al r.**
Wrong side out, inside out

**Revista** (f.) Magazine

**Revoltoso(a)** Turbulent,
seditious

*REVOLUCIONARIO(A)*
Revolutionary; a political
leader whose sentiments rest
with the peasants and
workers, and hence pushes
for radical agrarian reform
and more exacting labor laws;
in contrast to a reformist, who
tends to favor middle class
interests.

**Ribera** (f.) Shore, bank

**Rienda** (f.) Rein, of a bridle

**Riesgo** (m.) Risk

**Rincón** (m.) Corner

**Riña** (f.) Quarrel, dispute

**Rodear** To surround, encircle

**Romance** Romance; a historical
ballad, usually in the form of
a brief lyric

*ROMANTICISMO*
Romanticism; a literary and
artistic movement arising in
Europe at the end of the 18th
century and the beginning of
the 19th century that

emphasized the artist's subjective experience in response to the predominance of classical forms prevailing at the time.

**Romper** To break, tear

**Ropa** (f.) Clothes, clothing

**Rosario** (m.) Rosary

**Rostro** (m.) Face

**Rotundamente** Categorically, completely

**Rubio(a)** Blond

**Ruidoso(a)** Noisy, loud

**Rumba** (f.) A Cuban dance

**Rumba-Fox** (f.) A mixture of Caribbean and North American dance

**Rumbo** (m.) Direction, destination

**Ruta** (f.) Route

**Sable** (m.) Saber

**Sabor** (m.) Taste, flavor, zest

**Sacar** To take out

**Sádico(a)** Sadistic

**Sagacidad** Sagacity, sagaciousness

**Sala** (f.) Room, hall

**Salario** (m.) Salary

**Salón** (m.) Salon, drawing room, meeting room, dance hall

**Salsa** (f.) A popular contemporary Colombian dance

**Salud** (f.) Health

**Salvo** (m.) Except, save

**Samba** (f.) A Popular dance of Brazil, combining African and some native Amerindian

elements; commonly associated with the *Carnaval*

**Samba-Fox** (f.) A mixture of Caribbean and North American dances

**Sandía** (f.) Watermelon

*SANDINISTAS* A coalition of factions that united against the Somoza regime in Nicaragua, which they toppled in 1979 in a revolutionary conflict, and then held control of the country until 1990.

**Sangriento(a)** Bloody

**Sano(a)** Healthy

*SANTERÍA* A syncretic mix in Cuba of Christianism and the African *Yoruba* religion from the area of present-day Nigeria; it has been estimated that at the time of the Cuban Revolution three quarters of the population practiced this religion.

**Saquear** To plunder, loot, pillage

**Sastre** (f. o m.) Tailor

**Sátira** Satire; a literary mode using irony, derision, and wit to expose cultural hypocrisy, folly, and contradictory practices.

*SAUDADE* (f.) (Port.) A longing, or profound nostalgia, for something intangible, vague, beyond, and virtually indescribable, yet sensed at intuitive and sentimental levels.

**Saya** (f.) A form of petticoat

**Seco(a)** Dry

**Sector** (m.) An organized body within a corporate state

**Sed** (f.) Thirst

**Seda** (f.) Silk

**Sede** (f.) Seat (of government or an important ceremony or event)

**Sedentario(a)** Sedentary

**Selva** (f.) Jungle

**Semblanza** (f.) Aspect, characteristic

**Semilla** (f.) Seed

**Senador(a)** Senator

**Sencillo(a)** Simple

**Sensual** Sensuous, sensual

**Senzala** (f.) (Port.) Slave quarters

**Señal** (f.) Sign, signal

**Sequía** (f.) Drought

**Ser (s. humano)** (m.) Human being

**Seriedad** Seriousness, solemnity

*SERTÃO* (m.) (Port.) The backlands of Brasil west of northeastern coast.

**Servidumbre** (f.) Servitude

**Show de auditorio** (m.) Variety show

**Siderurgía** (f.) Iron works

**Siembra** (f.) Sowing, seeding

**Siervo(a)** Serf

*SIGLO DE LAS LUCES,* o *ILUSTRACIÓN* Enlightenment; the 18th century movement in Europe placing renewed emphasis on logic, reason, and criticism of ethical and esthetic norms, and entailing the vision of an emancipation of all humankind through rational social, political, and economic organization; coicided with the neoclassical movement in the arts.

**Silla (de montar)** (f.) Saddle, for horseback riding

**Síncope** (f.) Syncope; a shift of accent in a musical composition that occurs when a weak beat is stressed

*SINCRETISMO* Syncretism; the fusion of two or more apparently incompatible perspectives, intellectual forms, religious beliefs, or ritualistic practices.

**Sindicato** (m.) Workers' union

**Sinfin** (m.) Without end, countless

**Síntoma** (f.) Symptom

**Sirvienta** (f.) Maid

**Sitio** (m.) Site, place

**Soberano(a)** Sovereign

**Sobrar** To exceed, be more than enough

**Sobresaliente** Standing out, excelling, surpassing

**Sobrevivir** To survive

**Sobrio(a)** Sober, temperate

**Socio(a)** Business partner, companion

*SOCIO-POLÍTICO-ECONÓMICO* The three terms by which Latin America's cultures and civilizations are qualified and evaluated throughout this text.

**Sofocar** To suffocate, to put out, extinguish

**Soldadera** (f.) A "woman soldier," who fought alongside the men during the Mexican Revolution.

**Soledad** (f.) Solitude

**Soltero(a)** Unmarried

**Sombra** (f.) Shadow

**Sombrío(a)** Somber, gloomy

**Sonámbulo(a)** Sleepwalker

**Son (o Huapango)** (m.) A folkloric dance of Mexico, to an extent influenced by the *Zamacueca* of Peru.

**Sonido** (m.) Sound

**Sonrisa** (f.) Smile

**Soñar** To dream

**Soñoliento(a)** Sleepy

**Sopa** (f.) Soup

**Sórdido(a)** Sordid, wretched, squalid

**Sorprendente** Surprising

**Sorpresa** (f.) Surprise, shock

**Sospechoso(a)** Suspicious

**Sostener** To sustain, defend a point of view

**Suavizar** To soften, smooth

**Subida** (f.) Ascent

**Subir** To go up, rise

**Sujetar** To subject

**Sublevación** (f.) Insurrection, revolt

**Submundo** (m.) Underworld

**Subrayar** To underline, emphasize

**Subyugar** To subjugate, subdue

**Sudor** (m.) Sweat

**Sueldo** (m.) wage

**Sufrir** To suffer

**Suma** (f.) Sum, addition, summary

**Sumamente** Exceedingly

**Sumergir** To submerge

**Sumiso(a)** Submissive

**Suntuoso(a)** Sumptuous

**Superar** To exceed, pass, overcome

**Superficie** (f.) Surface

**Suplantar** To supplant, replace

**Supuesto** Supposed; **Por s.** Of course

**Suroeste** (m.) Southwest

*SURREALISMO* Surrealism; a movement in France, initiated in 1924 by André Breton, with interest in "exotic" cultures, and with influence from Sigmund Freud in an effort to tap the subconsciousness in the creative artistic process.

**Sutil** Subtle

**Táctil** Tactile, pertaining to touch

**Taller** Shop, workshop

**Tambor** (m.) Drum

**Tamborazo** (m.) A very heavy drum beat

*TANGO* Popular and folkloric music and dance of Argentina, consisting of influence from Andalucia, Cuba, and Brazil, and of sentimental, yet melancholic and often pessimistic, lyrics.

**Tapicería** (f.) Tapestry

**Tarea** (f.) Task, job
**Techo** (m.) Roof
**Técnico(a)** Technician
**Tecnocracia** (f.) Technocracy; a social body under the direction of a group of scientifically trained personnel
**Tejedor(a)** Weaver
**Tejer** To weave, knit
**Tela** (f.) Cloth
**Telenovela** (f.) Soap opera
**Telúrico(a)** Telluric, of or relating to the earth
**Tema** (m.) Theme, topic
**Temblor** (m.) Earthquake
**Temer** To fear
**Temporada** (f.) Season
**Tender (a)** To have a tendency to
*TENOCHTITLÁN* Capital of the Aztec empire, situated on an island in Lake Texcoco at the site of present-day Mexico City.
**Tenue** Tenuous
**Terco(a)** Stubborn, obstinate
**Terquedad** (f.) Stubbornness
**Terrateniente** (f. o m.) Large land owner
**Terremoto** (m.) Earthquake
**Terreno** (m.) Land, soil, field
**Tesoro** (m.) Treasure
*TEXCOCO* The lake in the Valley of Mexico on an island of which Tenochtitlán, the capital city of the Aztec empire, was constructed.

**Texmex** (f.) A mixture of Mexican and Southwestern United States musical styles
*TEZCATLIPOCA* Toltec god of war, later integrated into the Aztec religion.
*TIENDA (DE RAYA)* Comparable to a "company store," where the peasants became indebted to the landowners; unable to pay their debt—since the landowners saw to it that their pay was always insufficient to liquidate the debt—they were confined to the *Hacienda*; when they died, their debt was inherited by their sons, and the vicious circle was repeated.
*TIHUANACO* An ancient Incan fortress on the shores of Lake Titicaca in Bolivia.
**Tiniebla** (f.) Darkness
*TITICACA* A lake in northern Bolivia, bordering on Peru.
**Títire** (f. o m.) Puppet
**Titubear** To stagger, totter, stammer, hesitate
*TLALOC* Ancient Mesoamerican god of rain and fertility, integrated into the Aztec religion.
*TLATELOLCO* Site of the largest market of Tenochtitlán; during the colonial period a convent was constructed at the site, which is today named the *Plaza de las Tres Culturas*.

*TLATOANI* The aristocratic class of the Aztec society.

*TLAXCALTECAS* A tribe northwest of Tenochtitlán, archenemies of the Aztecs, and constantly engaged in the *Guerra Florida* with them.

**Tocar** To touch

*TOLTECAS* An ancient tribe inhabiting the Valley of Mexico, invaded by the Aztecs.

**Tomo** (m.) Tome, volume (of a book)

**Tonada** (f.) Folklore music of Argentina, influenced by the *Romance*

*TONANTZÍN* The Aztec "Mother of the Earth," later replaced in the popular mind-set of the Amerindians by the Catholic Virgin of Guadalupe.

**Toque** (m.) Touch, a little bit of, ringing of bells

**Torbellino** (m.) Whirlwind

**Torcer** To twist

**Torpe** Slow, clumsy, stupid

**Torre** (f.) Tower

**Tortuga** (f.) Tortoise, turtle

**Traer** To bring, fetch

**Trabar** To join, unite, become entangled, jammed

**Traje** (m.) Suit (of clothes)

**Trámite** (m.) Transactions, proceedings

**Trasfondo** (m.) Background

**Trasladarse** To move to another site

**Trastornar** To upset, disturb

**Tratado** (m.) Treaty

**Tratamiento** (m.) Treatment

**Tratar (de)** To try (to do something)

**Trato** (m.) Treatment

**Través (-a t. de)** By means of, through

**Traza** (f.) Trace

**Trazar** To trace

**Trecho** (m.) Space, distance

**Tregua** (f.) Truce

**Tribunal** (m.) Tribunal, court

**Trigo** (m.) Wheat

**Triste** Sad

**Trolebús** (m.) Trolley bus

**Trono** (m.) Throne

**Tropicalismo** Tropicalism; a particular style adopted by Mexican poet Carlos Pellicier in his exaltation of the tropics.

**Tumbar** To overthrow

**Tumulto** (m.) Tumult, uproar

**Tungsteno** (m.) Tungsten

**Tupamaros** The name of a rebel group that appeared in Uruguay in 1967, the first urban guerrilla force in Latin America; the name comes from Tupac Amaru, an Inca chieftain who rebelled against the Spanish Crown in 1780.

*TUPÍ-GUARANÍ* The linguistic base of the dialects spoken by the majority of the Amerindians in Paraguay, northern Argentina, and Brazil.

**Tutelaje** (m.) Tutelage, guardianship

**Ubicar** To be situated, located
**Ultraísmo** Ultraism; a movement in poetry, organized in 1919 in Argentina under the direction of Jorge Luis Borges and others.
**Unánime** Unanimous
**Único(a)** Only, singular, unique, rare
*UNIDAD NEOCLÁSICA* Neoclassical unity of the literary text; a measuring rod, which includes unity of time, place, and action, to which ideal neoclassical works should conform.
*UNITARIOS* "Unitarians"; of Argentina, those of the early 19th century who advocated reforms comparable to the liberals of the rest of Spanish America, except that they pressed for greater central control by the government.
**Urna** (f.) Urn, ballot box
**Usurpador(a)** Usurper, one who takes power illegitimately
**Utilidad** (f.) Utility; **Utilidades** Public utilities
*UTOPÍA* Utopia; from the Greek *topos* (= place), an imaginary and indefinitely remote region of ideal perfection.
**Uva** (f.) grape

**Vaciar** To empty

**Vacilar** To vacillate, waiver, oscillate
**Vacío(a)** Empty; **Vacío** (m.) Vacuum
*VACÍO CULTURAL* The cultural vacuum that remained after the founders of the independent Spanish American republics attempted to cleanse themselves of all vestiges of their cultural and institutional past.
**Vagabundeo (m.)** A roving about
**Vagar** To wander, roam
**Vago(a)** Vague, vagabond
**Vaivén** (m.) Fluctuation, swaying, coming and going
**Valer** To be worth
**Valle** (m.) Valley
**Vanadio** (m.) Vanadium
**Vano** (m.) Vain; **En v.** In vain
**Vasallo(a)** Subject (of the king)
**Vecino(a)** Neighbor
**Vega** (f.) Meadow
**Velo** (m.) Veil
**Vena** (f.) Vein
**Vencer** To defeat, overpower
**Vendedor(a)** Salesperson, trader
**Vender** To sell
**Venta** (f.) Sale
**Ventaja** (f.) Advantage
**Verano** (m.) Summer
**Verdura** (f.) Vegetable
**Vergüenza** (f.) Shame
**Verídico(a)** Veridical, truthful
**Verosimilitud** (f.) Verisimilitude, appearing to be real

**Vertiginoso(a)** Vertiginous, giddy

**Vestigio** (m.) Vestige, remnant, remainder

**Vestuario** (m.) Wardrobe, one's stock of clothing

**Vía** (f.) Way, road, railroad

**Vibrante** Vibrant, vibrating

**Vidrio** (m.) Glass

**Vigencia** State of being in force, under the law

**Vigilar** To watch (over), keep guard

**Vigor** (m.) Vigor; **Poner de v.** To put into effect

**Vigorizar** To invigorate

**Villa** (f.) Village

**Villano(a)** Villain, villainous

*VIRREINATO* Viceroyalty, a province or colony.

*VIRREY* Viceroy, governor of a province or colony.

**Víspera** (f.) Eve, as on the eve of

**Vista** (f.) View

**Vituperio** (m.) Vituperation, blame, invective

**Viudo(a)** Widower (m.), widow (f.)

**Vivienda** (f.) Dwelling, lodging, house

**Vocero(a)** Spokesperson

*VODÚ* Voodoo; a religion originating in Africa as a form of ancestor worship; characterized by participatory rites and the use of trance as a means of communicating with deities and deceased relatives; in present-day practices, makes use of spells, necromancy, and sorcery.

**Voltear** To turn around

**Voltereta** (f.) Turn, turn of events

**Voluble** (f. o m.) Voluble, fickle

**Voluntad** Will, good will; **Fuerza de v.** Will power

**Volver** To return

**Vuelta** (f.) Return

**Yacimiento** (m.) Deposit, field, bed

*YANACONA* The class of workers making up the Inca *Mita*, somewhat comparable to medieval serfs in Europe.

**Yerba Mate** (o **Mate**) (m.) A herb tea consumed by the gauchos and still in widespread use in southern South America East of the Andes

**"Yo"** (m.) Self, ego

**Yugo** (m.) Yoke

**Zafra** (f.) Sugar cane harvesting season

**Zamacueca** (f.) A traditional dance of Peru; has influenced dance and music throughout Spanish America

*ZAMBO(A)* A person of combined Amerindian and Afro-American ethnic background.

**Zócalo** (m.) Central plaza, square

**Zorro** (m.) Fox

# ÍNDICE

The index includes general concepts and technical terms, as well as the names of important individuals throughout Latin America. It will be of use for page references to key words and phrases cited in the "Glosario-Vocabulario," as well as important historical figures and those artists and intellectuals who have contributed most to the development of Latin America's cultures and civilizations. Cities, nations, historical events, and geographical entities are not included in this index.